BUSINESS NEGOTIATION

商务谈判

李庆利　魏培梅◎主　编

刘　振　陈志锋　张　欣　王　丽◎副主编

经济管理出版社

ECONOMY & MANAGEMENT PUBLISHING HOUSE

图书在版编目（CIP）数据

商务谈判/李庆利，魏培梅主编. —北京：经济管理出版社，2023. 12
ISBN 978-7-5096-9581-4

Ⅰ. ①商…　Ⅱ. ①李…　②魏…　Ⅲ. ①商务谈判　Ⅳ. ①F715. 4

中国国家版本馆 CIP 数据核字（2024）第 026829 号

责任编辑：赵亚荣
责任印制：黄章平
责任校对：陈　颖

出版发行：经济管理出版社
　　　　　（北京市海淀区北蜂窝 8 号中雅大厦 A 座 11 层　100038）
网　　　址：www. E-mp. com. cn
电　　　话：(010) 51915602
印　　　刷：唐山玺诚印务有限公司
经　　　销：新华书店
开　　　本：720mm×1000mm/16
印　　　张：28
字　　　数：487 千字
版　　　次：2024 年 2 月第 1 版　2024 年 2 月第 1 次印刷
书　　　号：ISBN 978-7-5096-9581-4
定　　　价：88.00 元

前 言
PREFACE

任何一个国家或企业都不用生产自己所需要的全部商品，而要学会分工。经典的经济或贸易理论告诉我们，每个国家或者企业生产自己的优势产品然后进行交换即分工，可以令相关当事人增加福利或利润，使社会上物质产品极大丰富。这决定了不管是追求利益也好，进行合作也罢，抑或协调分歧，企业必须进行商务谈判，才能保证正常的经营。另外，随着全球经济一体化的发展，不同国家或地区间的贸易往来和企业间的商务合作越来越多，导致了大量国际商务谈判活动的产生。结合中国经济的特色，对商务谈判进行深入的研究与探讨势在必行，在此背景下编者编写了此书。

本书是河南省品牌专业建设点项目教材，校级重点学科和教学团队建设点项目的系列书籍。

本书主要是围绕商务谈判理论、实务和技巧三个部分展开的。商务谈判理论主要是指商务谈判依据的理论、谈判人员的谈判理念和在谈判过程中的基本原则等知识，在本书中主要体现在第一章至第三章的内容。商务谈判实务是谈判人员从准备阶段开始到最后签约、履约一系列过程中每一个环节所对应的每项工作的内容与方法，主要包括本书中的第四章至第八章，如准备阶段的人员遴选、信息收集、计划制订、物质条件的准备和模拟谈判等工作，也包括实质性磋商阶段的价格谈判工作和结束阶段的各项工作。商务谈判技巧或策略是指相关谈判人员在开展各项实务或进行各项工作时所使用的技巧、策略、手段和方式等，本书中第九章至第十章对应该部分的内容。本书第十一章和第十二章分别讲述了商务谈判

礼仪与禁忌，以及商务谈判的文化差异与谈判风格。

本书编写的具体分配工作如下：李庆利（中共厦门市委党校）负责第三章和第十一章内容的撰写；魏培梅（郑州西亚斯学院）负责第一章、第四章和第六章内容的撰写；王丽（厦门南洋职业学院）负责第五章、第八章和第十章内容的撰写；刘振（郑州西亚斯学院）负责第九章内容的撰写；陈志峰（河南财经政法大学）负责第二章和第七章内容的撰写；张欣（郑州工程技术学院）负责第十二章内容的撰写。

在本教材编写过程中，编者参考了有关书籍与资料，在此向其作者表示衷心的感谢！此外，在出版过程中，本书得到了郑州大学西亚斯国际学院领导和同人的大力支持，在此一并表示感谢！

在编写本书的过程中，由于编者水平有限，难免会有疏漏，书中有不当之处，恳请各位专家、学者和广大读者批评指正。

编　者

2023 年 8 月

目　录
CONTENTS

第一章
概 论

本章目标

◆ 了解商务谈判的基本要素

◆ 熟悉商务谈判的特征、职能、程序、模式和基本原则

◆ 掌握判断商务谈判成败的标准

◆ 灵活运用上述基本概念和相关知识

案例导入：ITT 型光导纤维成套设备购买的商务谈判

广东省珠海经济特区光纤公司与美国 ITT 公司正式签订了一份合同。根据这份合同，光纤公司引进 ITT 型光导纤维成套设备及购买的技术专利达到先进水平，更为引人注目的是把美方的报价压到 186 万美元。中方谈判手庄敏女士也因此被中国港澳商界誉为"谈判女杰"。为了掌握行情，庄敏及同伴先后同 12 家公司进行了试探性的谈判，在此基础上才最后选定 ITT 进行实质性谈判。ITT 代表团的业务能力相当高，特别是主谈手莫尔，谈判几乎不用语言，全用数字，所有计算全无差错。但庄敏及同伴没有表现出任何惶恐和被动，原因在于他们牢牢掌握了行情，心中有数。掌握行情可以守住阵地，但要突破对方就必须巧妙地利用矛盾，庄敏在他们的调查摸底中发现，想同中国做光纤生意的外商很多，存在着一定程度的竞争。于是他们决定利用这种竞争来压价。在确定 ITT 为合作伙伴后，又同时拉了英国 STC 公司谈判。这两家公司是兄弟公司，STC 公司是从 ITT 分出来的，但为了各自的利益，手足相残，形同水火。

在一次谈判中，英国人故意把两页文件遗忘在现场，这是有意留给美国人的，因为该公司一直在同一场所中同中方谈判，英国人在文件上把价格压得很低，意在使美国人知难而退，美国人不知是计，捡到文件后如获至宝，赶忙在价格上让步，结果谈判在开局时就很顺利，很快就和中方成交了。

资料来源：https://wenku.baidu.com/view/4655df2fc67da26925c52cc58bd63186bdeb9272.html。

第一节　商务谈判的概念

商务谈判是与交换、贸易密切相关的范畴。当今，各市场主体之间通过谈判手段来消除分歧，寻求彼此的协调一致，已经成为社会经济生活中普遍存在的现象。站在企业的角度，商务谈判不仅是构成企业生产经营活动、市场营销活动的重要内容，而且它的成败与否也在越来越大的程度上对企业整体系统的运行产生制约作用。

一、谈判的动因

由于商务谈判是谈判中的一种类型，因此对商务谈判的界定必须先确定谈判的概念，而对谈判内涵的确定要从谈判的动因说起。人们为什么要谈判？谈判发生的一般动因是什么？对此，应从以下几个方面思考：

（一）追求利益

谈判是一种具有明确的目的性的行为，最基本的目的就是追求自身的利益需要。作为一个社会人，每个人的利益需要是多种多样的。从内容看，有物质的需要、精神的需要；从层次看，马斯洛需要层次原理告诉我们，人的需要包括生理需要、安全需要、社交需要、尊敬需要、自我实现需要，而且各种需要之间存在着递进的关系；从时间看，有短期需要、长期需要等。人们的种种利益需要，有些是可以依靠自身努力来满足的，但是，更多则必须与他人进行交换。显然，这种交换是比较效益的客观要求，其直接动因是使利益需要得到更好的满足。

（二）谋求合作

在现实生活中，出于社会分工、发展水平、资源条件、时空制约等原因，人们及各类组织乃至地区或国家之间，往往形成各种各样的相互依赖关系。例如，一方生产某产品，另一方正需要该产品；一方拥有农产品但需要工业品，另一方拥有工业品而需要农产品；一方拥有市场但需要技术，另一方拥有技术而需要市场等。这种相互差异，为各方发挥优势、实现互补提供了客观基础。

当今社会，随着科学技术的发展和社会的进步，出现了两种平行的趋势：一是社会分工日益明显，生产和劳动的专业化程度日益提高；二是社会协作日益紧密，人们之间的相互依赖性日益增强。在这种社会生活相互依赖关系不断增强的客观趋势下，人们的某种利益目标的实现和实现的程度，越来越不仅取决于自身的努力，还取决于与自身利益目标相关方的态度和行为，取决于彼此之间的互补合作。相互之间的依赖程度越强，就越需要加强相互的合作。可见，社会依赖关系的存在，不仅为相互间的互补合作提供了可能性，同时也是一种必要。正是这种在相互依赖的可能中谋求合作的必要，成了谈判的又一重要动因。

（三）寻求共识

借助他人的资源满足自身的利益需要，必然出现不同主体利益归属的要求和矛盾。古往今来，强权掠夺、发动战争的确是达到一方利益目标的手段。然而，随着社会文明的进步和社会生活相互依赖关系及观念的增强，人们越来越认识到暴力并非处理矛盾的理想方式，它不仅造成许多严重后果并留下诸多隐患，而且大多同时或最终仍要通过非暴力的方式得以解决。人们也越来越认识到摒弃对抗、谋求合作才是处理日益密切的社会联系和相互依赖关系的明智之举，而谈判正是实现互利的最佳选择。

谈判行为的特征是平等协商，即在相互依赖的社会关系中有关各方的地位相对平等，并在此基础上通过彼此商讨和相互沟通来寻求互利合作中各方都能认可和自愿接受的交换条件与实施程序。伴随着社会的进步以及社会生活的依法有序，利益主体维护自身权益的意识自觉增强并日益受到社会的尊重与保护。在这种社会环境下，只有通过谈判来寻求相互合作的共同利益并达成共识、形成协议，才能使互助互惠成为客观现实。因此，寻求共识进而实现互利合作，同样是谈判的动因之一。

上述三种动因之间存在着一些内在的联系。追求利益是谈判的必要；谋求合作及其所依据的相互依赖关系既是谈判的必要，又是谈判的可能；寻求共识则是谈判中能够使追求利益和谋求合作的必要与可能最终成为现实的有效途径。

二、谈判的定义

知道了谈判的动因，我们就可以对谈判进行界定了。在这之前，先来了解一下国内外学者的观点和研究成果。

美国谈判学会主席杰勒德·I.尼尔伦伯格（Gerard I. Nierenberg）1968 年在其所著的《谈判的艺术》（*The Art of Negotiating*）中写道："谈判的定义最为简单，而涉及的范围却最为广泛，每一个要求满足的愿望和每一项寻求满足的需要，至少都是诱发人们展开谈判过程的潜因。只要人们为了改变相互关系而交换观点，只要人们是为了取得一致而磋商协议，他们就是在进行谈判。"

英国学者 P.D.V. 马什（P.D.V. Marsh）1971 年在《合同谈判手册》（*Contract Negotiation Handbook*）一书中对谈判所下的定义是："所谓谈判是指有关各方为了自身的目的，在一项涉及各方利益的事务中进行磋商，并通过调整各自提出的条件，终达成一项各方较为满意的协议这样一个不断协调的过程。"

法国谈判学家克里斯托夫·杜邦（Christophe Dupont）在全面研究了欧美许多谈判专家的著述后在其所著的《谈判的行为、理论与应用》（*Lanegociation Conduite，Theorie，Applications*）中给谈判下了这样的定义："谈判是使两个或数个角色处于面对面位置上的一项活动。各角色因持有分歧而相互对立，但他们彼此又互为依存。他们选择谋求达成协议的实际态度，以便终止分歧，并在他们之间（即使是暂时性的）创造、维持、发展某种关系。"

美国著名谈判咨询顾问 C. 威恩·巴罗（C.Wayne Barlow）和格莱恩·P. 艾森（Glenn P.Eisen）在合著的《谈判技巧》一书中指出："谈判是一种双方致力于说服对方接受其要求时所运用的一种交换意见的技能。其最终目的就是要达成一项对双方都有利的协议。"

我国学者为谈判所下的定义，主要有以下几个观点：

"所谓谈判，乃是个人、组织或国家之间，就一项涉及双方利害关系的标物，利用协商手段，反复调整各自目标，在满足己方利益的前提下取得一致的过程。"

"谈判是人们为了协调彼此之间的关系，满足各自的需要，通过协商而争取达到意见一致的行为和过程。"

"谈判是指人们为了各自的利益动机而进行相互协商并设法达成一致意见的行为。"

综合国内外学者对谈判定义的理解，不同的定义中都有一些相通的基本点：谈判行为的目的性、谈判对象的相互性和谈判手段的协商性。

广义的谈判指各种形式下（包括正式场合下）的"交涉""洽谈""磋商""商量"等。狭义的谈判仅指正式专门场合下安排和进行的谈判。

根据上面的基本点，我们把谈判界定为：谈判就是具有利害关系的双方或多方为谋求一致而进行协商洽谈的沟通协调活动。谈判是一个过程，在这个过程中，利益双方就共同关心或感兴趣的问题进行磋商，协调和调整各自的经济、政治或其他利益，谋求妥协，从而使双方都感到是在有利的条件下达成协议，促成均衡。谈判的目的是协调利害冲突，实现共同利益。

谈判作为协调各方关系的重要手段，被广泛应用于政治、经济、军事、外交、科技等各个领域。

三、商务谈判的概念

在对商务谈判下定义之前，还需要知道商务的范围。商务是指一切有形资产与无形资产的交换或买卖事宜，又简称为交易的事宜。按照国际习惯的划分，商务行为可分为四种类型：第一，直接的商品交易活动，如批发、零售商品业；第二，直接为商品交易服务的活动，如运输、仓储、加工整理等；第三，间接为商品交易服务的活动，如金融、保险、信托、租赁等；第四，具有服务性质的活动，如餐饮、商品信息、咨询、广告等服务。

商务谈判是指买卖双方为了促成交易而进行的活动，或是解决买卖双方的争端并取得各自的经济利益的一种方法和手段。商务谈判就是人们为了实现交易目标而相互协商的活动。

商务谈判有两层含义：一是"商务"，表明行为目标和内容性质；二是"谈判"，表明运作过程和活动方式。没有"商务"，就无法说明谈判的特定目标和内容性质；没有"谈判"，也不能说明商务的运作过程和活动方式。由此可知，商

务谈判正是一种为实现商品交易目标，而就交易条件进行相互协商的活动。

商务谈判主要集中在经济领域，是参与各方为了协调、改善彼此的经济关系，满足贸易的需求，围绕标的物的交易条件，彼此通过信息交流、磋商协议达到交易目的的行为过程。这是市场经济条件下流通领域最普遍的活动之一。商务谈判具体包括商品买卖、投资、劳务输出输入、技术贸易、经济合作等。

第二节　商务谈判的基本要素

商务谈判的要素是指构成商务谈判活动的必要因素，它是从静态结构揭示经济谈判的内在基础。一项完整的商务谈判活动须具备以下要素，否则，谈判活动就无法进行。

一、商务谈判的主体

在商务谈判活动中，主体的存在是必然的。商务谈判主体由关系主体和行为主体构成。关系主体是在商务谈判中有权参加谈判并承担谈判后果的自然人、社会组织及能够在谈判或履约中享有权利、承担义务的各种实体。行为主体是实际参加谈判的人。对谈判主体有关规定的研究和认识是很有必要的。因为谈判主体是谈判的前提，在谈判中要注意避免因谈判的关系主体和行为主体的不合格，而使谈判失败，造成损失。

商务谈判的主体也就是谈判当事人，按照是否上谈判桌与对方进行谈判，可以划分为台上人员和台下人员。台上人员主要包括谈判负责人、主谈人和陪谈人等，而台下人员主要指单位的高层领导和提供一些行政服务的辅助人员。

二、商务谈判的客体

商务谈判的客体是指谈判的标的和议题：有商品方面的，如商品的品质、数量、仓储、装运、保险和检验等；有资金方面的，如价格和付款方式等；有技术合作方面的，主要是技术标准方面的问题等。总之，涉及交易双方利益的一切问题，商品、资金、技术方面的内容，皆可谈判。

在一定的社会环境中，谈判的议题受到诸如法律、政策、道德等内容的制约。因此，谈判内容是否符合有关规定，是决定谈判成功与否的关键。

三、商务谈判的目标

商务谈判的目标是构成谈判活动不可或缺的因素。只有谈判主体和客体，而没有谈判目的，就不能构成真正的谈判活动，而是闲谈。谈判各方鲜明的目的性，使谈判活动具有较强的冲突性和竞争性，而闲谈则不涉及各方的利害关系，也不会导致双方的对立和竞争。

四、商务谈判的背景

商务谈判活动都是在特定的背景下进行的，受到背景环境的具体制约，脱离具体的环境去谈论谈判是没有意义的。商务谈判背景包括环境背景、组织背景和人员背景等。环境背景既包括了外部的大环境，如政治、经济、文化、市场、竞争等，亦包括了谈判的小环境，如时间、地点、场所、交往空间等。组织背景主要指参加谈判的双方或多方企业的建立与发展历程及公司的信誉与市场占有率等。人员背景是指参加谈判的人员所在的部门、职位、性格、爱好等。上述背景决定了谈判的进展情况，也影响了各种谈判策略的制定与实施。

第三节 商务谈判的特征与职能

一、商务谈判的特征

与其他经营业务活动相比，商务谈判具有以下特点：

（一）普遍性
商务谈判中谈判当事方通常是各种类型的企业，但是，绝不仅限于企业等经济组织，政府机关、军队部门、科研院所、医疗机构、文化团体、各类学校等，

为采购所需的（或者销售所生产的）各种物资、设备、器具、用品等，同样会成为谈判的当事方。此外，国际经济贸易合作项目的官方谈判也比比皆是。可见，作为商务谈判主体的当事各方，涉及经济、政治、文化等社会组织，这就是商务谈判主体构成的普遍性特征。这一特征是商务谈判成为各种谈判活动中人们参与最为普遍、与人们息息相关的原因之所在。

（二）交易性

各类社会组织之所以进行或参与商务谈判，其根本原因是因各自需要所产生的交易愿望及交易目标。所谓交易，即买卖商品。在市场经济条件下，货物、技术、劳务、资金、资源、信息等，都具有使用价值和交易价值，都是有形商品或无形商品的不同形式，因而，都可以成为交易内容，即谈判标的。所以，作为实现交易目标的商务谈判，其实不在于谁来谈判，而在于谈什么。凡是当事各方为实现交易目标，而就交易条件进行的协商，即为商务谈判。因此，商务谈判就是针对商品交易的谈判，这就是商务谈判内容性质的交易性特征。这一特征是商务谈判的基本属性，它也表明，拥有对路的交易标的物，是能够与他方进行商务谈判并取得成功的条件。

（三）利益性

商务谈判内容的交易性，决定了商务谈判以追求和实现交易目标的经济利益为目的。在商务谈判中，谈判当事人的谈判计划和策略，都是以追求和实现交易的经济利益为出发点和归宿的，离开了这种经济利益，商务谈判就失去了存在的意义和可能。因此，商务谈判就是以经济利益为目的的谈判，这就是商务谈判目的追求的利益性特征。当然，任何谈判都有利益追求，但商务谈判的利益性特征特指直接的经济利益，这是与其他谈判不同的。

需要指出的是，商务谈判中的经济利益是谈判各方的共同追求，所以，这种利益性应当是"合作的利己主义"，即应当在相互合作中实现自身利益的最大化。在商务谈判中，以双方谈判为例，其利益关系界限如图 1-1 所示。

图 1-1　谈判双方利益关系界限

在图 1-1 中，整个区域即 a＋m＋b 代表谈判双方 A 和 B 的总利益。其中，a 代表 A 方谈判者必须在此次谈判中得到的最低利益，b 代表 B 方谈判者必须在此次谈判中得到的最低利益，m 代表 A、B 双方经过磋商、积极争取得到的利益。很显然，谈判中 A、B 双方的利益区间应分别是 $a \leqslant A \leqslant a+m$ 和 $b \leqslant B \leqslant b+m$。如果谈判的结果不在此范围内成交，比如 $A < a$，即 $B > b+m$，或 $B < b$，即 $A > a+m$，则 A 方或 B 方就会因不能满足其最低利益而退出谈判，谈判也就会因此而破裂。因此，了解和把握谈判的利益界限问题是非常重要的。在谈判中必须满足谈判各方的最低需求，如果一方的期望过高，超越了对方利益的临界点，势必导致谈判失败。所以谈判当事人不仅要考虑己方的利益，同时还要站在对方的立场上，考虑对方的利益和己方提出的要求能否被对方所接受。当然，谈判前人们是无法准确预计谈判结果的，具体谈判各方所得利益的确定，则完全取决于双方谈判实力的对比，以及谈判艺术与技巧的发挥。只有在对方所能接受的临界利益之上考虑己方的利益，谈判才有可能成功，己方的利益追求也才有可能实现。

（四）价格性

以商品交易为内容和以经济利益为目的的商务谈判，其谈判议题必然以价格为核心。一方面，价格的高低直接表明谈判各方通过交易可以实际获得的经济利益的大小；另一方面，虽然商务谈判的议题还会涉及价格以外的其他因素，但这些因素都与价格存在着密切的关系，并往往可以折算为一定的价格。

因此，在商务谈判中，无论谈判议题如何，其实质不是直接围绕着价格，就是间接体现着价格，价格总是商务谈判议题的核心。这就是商务谈判议题核心的价格性特征。这一特征要求商务谈判的当事人必须坚持以价格为核心实现自己的利益，同时，又要善于拓宽思路，从其他因素同价格的联系上争取更多的利益。例如，某谈判至关重要，但经讨价还价后对方在价格上不肯再做让步，双方形成僵局，那么，己方就可以转而要求对方在其他方面提供若干优惠条件，并使对方易于接受。这样做，实际上己方正是灵活运用了谈判议题核心的价格性特征，获得了谈判的成功。

二、商务谈判的职能

商务谈判的职能，即它的应有作用或功能。商务谈判的主要职能如下：

（一）实现购销

我们知道，物质资料的生产是社会存在和发展的基础。人们不能停止消费，因而也不能停止生产，所以，任何社会的生产都是再生产。这里，社会再生产能够顺利进行，其必要条件就是要解决社会产品的价值补偿和物质替换，即所谓产品的"实现"问题，也就是说，要解决社会产品卖得出和买得进的问题。这是就社会总资本的再生产，说明流通的地位。同样，就个别资本的循环和周转而言，资本运动要顺次经过购买、生产、销售三个不同的阶段，其中，虽然第二阶段即生产过程在资本运动中起决定作用，但第一阶段和第三阶段即流通过程是生产过程得以顺利进行的必要条件。如果所需的各种生产要素不能购买，或者生产的产品不能销售，生产过程就不能开始，或者不能继续，资本的循环和周转也就会中断。可见，无论从社会总资本还是个别资本来看，流通都是再生产甚至生产的必要前提。

在现代市场经济中，流通即买和卖，实际上就是商务问题。它关系到整个社会经济的顺利运行，关系到一个社会组织（特别是企业）的发展，也体现了人们及各类社会组织之间的社会关系。而商务问题，首先又是一个商务谈判的问题，因为，任何商务活动都只能和必须借助这样或那样的商务谈判才能成为现实。例如，货物买卖的品种、规格、品质、数量、价格、支付、交货、违约责任等，都要通过商务谈判来确定，只有当事各方经过认真的谈判就上述一系列交易条件达成协议，货物的买卖才能进行。其他如技术贸易、合资、合作等更广泛意义的购销交易，也只能通过相应的商务谈判并达成协议才能实施。所以，商务谈判是各种购销活动的桥梁，决定着各种商品购销关系的实现。

（二）获取信息

当前，社会正处于信息化的时代中。在现代市场经济条件下，由于面临激烈的市场竞争，社会组织特别是企业的生存和发展必须自觉以市场为导向，而只有及时、准确地掌握足够的市场信息，才能知己知彼并正确决策，才能占优占先并灵活应对，才能掌握市场竞争的主动权，因此，信息是现代社会的宝贵资源。商务谈判作为获取信息的重要途径，体现在商务谈判的议题确定、对象选择、背景调查、计划安排、谈判磋商、合同履行等方方面面，贯穿在商务谈判的始终。例如，与对方谈判货物买卖，首先就要了解对方的资质和市场的生产、需求、消费、技术、金融、法律等各种信息，还要了解对方提供的产品的来源、数量、品质、价格、服务、供货能力等，并将其同市场上的同类产品相比较，以便在此基础上提出己方具有的交易条件要求与对方磋商。而且，谈判中的相互磋商，本身也是信息沟通，它反映着市场的供求及其趋势，其中许多信息往往始料不及；同时，这种相互磋商常常使当事各方得到有益的启示，从中可以获得许多有价值的信息。

（三）开拓发展

社会组织的发展不仅需要自身素质和能力的不断提高，而且更需要将这种素质和能力转化为现实效益的不断开拓来推动。所谓开拓就是开辟、扩展。例如，企业的开拓，要求在不断提高企业的整体素质以及产品水平、生产效率的基础上，不断开辟新的市场。而这种新的市场的开辟、扩展，其内容实际上包括产品的扩大销售和各生产要素的扩大引进，即卖和买两个方面的不断扩大。这里，卖和买两个方面的扩大及其所涉及的各项交易，显然是通过一系列商务谈判来完成的。因此，只有通过商务谈判这一纽带，才能实现市场的开拓，进而促进企业的发展。当然，企业开拓市场，通常还要采取产品、价格、渠道、促销等营销组合策略和其他各种经营策略，这些策略的效果最终必然要在商务谈判中得到反映、受到检验，并使之成为现实。

总之，商务谈判是社会组织与外部联系的桥梁、途径和纽带，其中，实现购销是商务谈判的基本职能。

第四节　商务谈判的程序与模式

一、商务谈判的程序

一般比较正式的商务谈判，总是依照一定的程序进行的。商务谈判的程序或步骤大体上可以分为三个阶段：

（一）准备阶段

1. 选择对象

选择对象即选择谈判的对手。当己方决定争取实现某项交易目标而需进行商务谈判时，首先要做的准备工作就是选择谈判对象。选择谈判对象应根据交易目标之必要和相互间商务依赖关系之可能，通过直接的或间接的先期探询即相互寻找、了解交易对象的活动，在若干候选对象中进行分析、比较和谈判的可行性研究，找到己方目标与对象条件的最佳结合点，以实现优化选择。

2. 背景调查

在确定谈判对象的基础上，应以"知己知彼"为原则，对谈判背景进行认真的调查研究。背景调查包括对己方的背景调查和对谈判对象的背景调查，尤其要做好对谈判对象的背景调查。调查的内容应包括环境背景、组织背景和人员背景等方面。背景调查实际上是谈判准备阶段的信息准备，要注重从多种渠道获取信息，建立谈判对象档案，并以动态的观点分析问题。

3. 组建班子

组建好谈判班子，是谈判前最重要的准备工作。在很多情况下，某些组织在即将进行的谈判中其实具有相当的优势，但由于缺乏优秀的谈判人员和协调有序的谈判班子，反而导致了谈判的失败。因此，组建好谈判班子，是谈判取得成功的组织保证。

一般来说，优秀的谈判班子的组建及运作，要抓好三个环节：一是人员个体素质优化，即按照一定的职业道德、知识能力等识、学、才要求，做好对谈判人员的遴选。二是班子规模结构适当，即一方面应根据谈判的客观需要和组织的资源条件，使谈判班子规模适当；另一方面应从组织、业务、性格、年龄等构成方面，使谈判班子结构合理、珠联璧合。三是实现队伍有效管理，即通过谈判班子负责人的挑选和履行其职责，通过确定谈判方针和高层领导适当干预，实现对谈判队伍间接或直接的有效管理。

4. 制订计划

谈判计划是谈判前预先对谈判目标、谈判方略和相关事项所做的设想及其书面安排。它既对谈判前各项主要准备起到提纲挈领的作用，又是正式谈判阶段的行动指南。谈判计划是谈判的重要文件，应注意它的保密性，最好限于主管领导和谈判班子成员才可参阅。谈判计划的制订原则，应当合理、实用、灵活。制订程序应在明确谈判目标以及所要采取的谈判策略的基础上，经谈判班子成员集思广益，报主管领导审批确定。其主要内容一般包括：谈判各层次目标的确定、谈判各种策略的部署、谈判议程模式的安排、谈判所在地点的选择，以及必要说明及附件等。

5. 模拟谈判

模拟谈判是正式谈判前的"彩排"。它是将谈判班子的全体成员分为两部分，一部分人员扮演对方角色，模拟对方的立场、观点和风格，与另一部分己方人员对阵，预演谈判过程。模拟谈判可以帮助己方谈判人员从中发现问题，对既定的谈判计划进行修改和加以完善，使谈判计划更为实用和有效，同时，能使谈判人员获得谈判经验，锻炼谈判能力，从而提高谈判的成功率。模拟谈判的原则是：一要善于假设，提出各种可能出现的问题；二要尽量提高仿真程度，假戏真做；三要把促使对方做出己方希望的决定作为模拟谈判目标；四要认真总结经验，进行必要的反思。模拟谈判的形式，除现场彩排演练以外，还可根据谈判的实际需要，采用列表回答、提问论辩等形式。

（二）谈判阶段

谈判前准备阶段的各项工作完成后，便可以按照谈判计划的时间和地点开始正式的谈判阶段。这个阶段就是谈判当事人为实现预定的交易目标，就交易条件与对方协商的阶段。它是全部谈判程序的中心和关键。

谈判阶段依照活动过程可以分为若干相互联结的环节或步骤。为了简明，这里划分为以下三个环节：

1. 开局

开局即谈判当事人各方从见面开始，到进入交易条件的正式磋商之前的这段过程。开局的主要工作有三项：①营造气氛，即通过相互致意、寒暄、交谈等，营造一种和谐、融洽、合作的谈判气氛，使谈判有一个良好的开端。②协商通则，即根据谈判议题先对谈判目的、计划、进度等非实质性的安排进行协商，并相互介绍谈判人员。在英文中，目的（Purpose）、计划（Plan）、进度（Pace）、成员（Personalities）的第一个字母均为"P"，故简称"4P"。③开场陈述，即分别简单介绍各自对谈判议题的原则性态度、看法和各方的共同利益。各方陈述

后，有时需要做出一种能把各方引向寻求共同利益的进一步陈述，这就是倡议。同时，通过对对方陈述的分析，也可大体了解对方对谈判的需要、诚意和意向，这就是探测。开场陈述之后，谈判即导入实质性的磋商。

2. 磋商

磋商即按照已达成一致的谈判通则，开始就实现交易目标的各项交易条件进行具体协商、讨价还价。它是谈判阶段的核心和最具有实质意义的步骤。磋商过程又包括：①明示和报价。明示，即谈判各方通过各种信息传递方式，明确地表示各自的立场和意见，暴露出分歧点，以便展开讨论。报价，不仅指在价格方面的要价，而且泛指谈判一方向对方提出的所有要求。②交锋。交锋，即谈判各方在已掌握的各种谈判信息的基础上，为了实现各自的谈判目标和利益，针锋相对、据理力争、反驳论辩、说服对方这样一个沟通交流的过程。交锋，常常是一个充满着挑战性的艰辛过程。交锋中，作为谈判人员，一方面要坚定信念、勇往直前；另一方面又要以科学的态度、客观的事实、严密的逻辑，倾听、分析对方的意见并回答对方的质询。③妥协。妥协，就是经过激烈的交锋，为突破谈判僵局、防止谈判破裂和实现谈判目标所做出的让步。实际上，商务谈判不能一口价，磋商中的交锋也不可能各方一直无休止地争论和坚持己见。为了寻求都可以接受的条件和共同利益，适时、适当的妥协是完全必要的。妥协的原则应是有所施、有所受，或者说，有所失、有所得。在商务谈判中，成功的谈判应当使各方都是赢家。而这种"双赢"的结果，必须从各方共同利益的大局着眼，求同存异、互谅互让。从这个意义上可以说，善于做出妥协让步，恰恰是谈判人员成熟的表现。

3. 协议

协议即协商议订，就是谈判各方经过磋商，特别是经过交锋和妥协，达到了共同利益和预期目标，从而拟订协议书并签字生效。协议标志谈判的结束，之前谈判席上唇枪舌剑的对手，顿时亲密无间、互致祝贺。

(三) 履约阶段

经过谈判阶段，除中途破裂、分道扬镳者外，多数会达成协议。而谈判破裂者，有一部分还会重开谈判，最终言归于好。达成协议是谈判各方反复磋商取得的共识。而且，谈判达成一致的条件均具有不可更改性，即只要谈判各方达成协议、签字生效就不能再随意更改，这叫作谈判结束的"不二性"。所以，达成协议，应当说是谈判阶段宣告基本完成，但是，达成协议又只是交易合作的开始，许多合同内容如交货、支付等都只能是后续工作，因此，从实现交易目标的角度，达成协议绝不是大功告成。完整的商务谈判程序，必须包括履约阶段。履约阶段的主要工作是检查协议的履行情况，做好沟通并认真总结。其中，如对方违约，应按照协议索赔；出现争议，需按照协议仲裁。只有在整个合同期协议的全部条款得到了落实，谈判各方的交易目标及交易合作才真正实现，谈判才画上了圆满的句号。

二、商务谈判的模式

商务谈判由于谈判当事方追求的目标、谈判议题、背景条件等千差万别、千变万化，所以，商务谈判很难有固定、划一的模式。然而，通过总结商务谈判的实践和分析影响其模式的基本因素，可以将商务谈判的模式划分为以下六种类型。研究商务谈判的基本模式及其特点，将有助于把握商务谈判的实务和艺术。

（一）快速顺进式

所谓快速，是指商务谈判进行的速度较快。所谓顺进，是指谈判开始后按照事先商定的议题和条款顺序依次逐一磋商。快速顺进式避免了不必要的争议，节省了谈判时间，进而降低了谈判成本。

采用快速顺进式谈判模式的条件是：第一，交易对象熟悉。多次合作，彼此信任。第二，交易内容重复。重复交易，能够迅速就交易条款达成一致。第三，交易背景稳定。交易背景稳定，即环境条件等无大变化。现实中经常性的商务合作伙伴间进行的商务谈判，由于相互信任、交易重复、背景少变，谈判大多进行得快捷、顺利，只需对以往交易合作的条款再次认定即可。

（二）快速跳跃式

快速，同上述。跳跃，则指不按条款顺序依次磋商，而是根据谈判需要跳跃式地选择条款内容逐一讨论。造成跳跃的原因，主要是谈判中某些条款分歧较大，不便就此耽误时间和影响整个谈判进程。而引起分歧的原因，多为交易对象、交易内容、交易背景等方面出现新的情况和变化。这里，跳跃选择又有两种方式：一是从易到难；二是从难到易。

从易到难的跳跃，是指谈判先就较为容易解决的问题进行讨论，然后再集中精力磋商分歧较大的问题。从易到难跳跃的优点主要是，谈判开始先就容易解决的问题达成一致，有利于形成良好的合作气氛和为以后难题的解决奠定基础，而把难题暂先搁置，能使谈判各方从容思考，找出最好的解决办法。

从难到易的跳跃，与上述相反，是指谈判先就分歧较大的条款进行磋商，然后再去敲定其他易于解决的问题。这种跳跃的主要优点是"抓主要矛盾"，即开始谈判时，各方情绪高涨、精力充沛，此时进行"攻坚战"效果较好，而"主要矛盾"一经解决，其他矛盾便迎刃而解了。

无论何种内容的商务谈判，若交易条款存在"难题"，跳跃当属明智之举。这种跳跃，有利于节省谈判时间、提高谈判效率和降低谈判成本，同时，也有利于处理僵局和推动合作，因而成为谈判的一种艺术。

(三) 中速顺进式与中速跳跃式

顺进、跳跃，均如前述。而中速，即指谈判进程进行的速度较慢。这里，中速并无准确的度量规定，一般持续一周至两周的谈判可视为中速。中速谈判的原因，多为交易内容新和较为复杂。而中速跳跃式，所要处理的交易条款往往更为复杂，遇到的"难题"更为棘手。

(四) 慢速顺进式与慢速跳跃式

慢速，即指谈判进程耗费的时间较多、速度较慢。持续两周以上，或需进行多轮的谈判，可视为慢速。一般慢速谈判模式属大型、大宗交易谈判，且交易条件、谈判背景均极为复杂。在慢速谈判中，谈判各方通常需商定较为严密的谈判议程，并严格依照议程和条款顺序逐一认真磋商，故顺进式居多。只有在遇到难以解决的问题或出现僵局时，跳跃才作为一种协调技巧来运用。慢速式商务谈判，谈判各方的工作量很大，谈判成本也高，一般中、小企业较少采用。

第五节 商务谈判的基本原则

商务谈判的基本原则是谈判的指导思想、基本准则，它决定了谈判策略和谈判技巧的选择和运用。

一、自愿原则

自愿原则，是指作为谈判当事人的双方是在没有外来人为强制压力的情况下，出于自身意愿来参加谈判的。谈判是一种自愿的活动，任何一方都可以在任何时候退出或拒绝进入谈判。这犹如维系夫妻关系靠的是感情而不是"捆绑"，谈判任何一方都没有权力以强制的手段挟制另一方必须参与谈判或不得不中途退场，谈判任何一方对谈判结果的接受与否都是谈判方权衡利弊后自愿做出的决定。在商务谈判的过程中，强迫型的行为是不可取的，一旦出现，自愿原则就会遭到破坏，被强迫的一方势必退出谈判，谈判也就会因此而破裂。

二、平等原则

平等原则，是指在商务谈判中无论各方的经济实力强弱、企业或公司规模大小，其地位都是平等的。在商务谈判中，交易的各方拥有相等权利，任何一方提出的议案都需要得到他方的认可，或经过各方的协商取得一致方可确立。从某种意义上讲，双方力量、人格、地位等的相对独立和对等，是谈判行为发生与存在的必要条件。如果谈判中的某一方由于某些特殊原因而丧失了与对方对等的力量或地位，那么另一方可能很快就不再把他作为谈判对手，并且可能试图去寻找其他的而非谈判的途径来解决问题，这样，谈判也就失去了它本来的面目。

在商务谈判中，确立平等的原则并对此达成共识似乎并不难，而真正贯彻落实好这一原则还需要下些功夫。贯彻平等原则，要求谈判各方互相尊重，以礼相待，任何一方都不能仗势欺人、以强凌弱，把自己的意志强加于人。只有坚持这种平等原则，商务谈判才能在互信合作的气氛中顺利进行，才能达到互助互惠的谈判目标。可以说，平等原则是商务谈判的基础。

三、"双赢"原则

"双赢"原则是指谈判达成的协议对于各方都是有利的。要知道，谈判不是竞赛，不是对弈。视谈判为竞赛游戏，只会让你陷入反复讨价还价、彼此竞争的状态中，这种尽力压制对手求胜的行为，往往会导致即使赢了竞赛自己也是输家

的结局。美国谈判学会会长、著名谈判大师尼尔伦伯格曾举过这么一个例子：20世纪70年代初期，纽约发生了大规模的报业风波，纽约市印刷工会主席柏纯·鲍尔发起了几次报业工人罢工，为工人争得了非常好的一份工作合约，同时也限制了报社的许多权利。报社因此财务紧缩、经营困难，不得已只好三家合并成一家，最终纽约市只剩下两份早报及一份晚报，以及成千上万名失业的印刷工人，"谈判是成功了，但病人却死了"。

"双赢"决非摒弃竞争。恰恰相反，正是通过竞争，通过谈判参与各方的较量，通过对各方共同感兴趣目标的不懈追求，寻找到一个能满足各自利益目标的最佳契合点，谈判也就真正成功了。可以说，成功的谈判是建立在充分竞争基础之上的，没有了竞争，谈判的预期利益目标也就无法实现。当然竞争不是无限度的拼杀，更不是你死我活式的搏斗，而是要把握好实质利益和关系利益之间的平衡，尤其要注意"当止即止，过犹不及"。双赢原则的另一个含义是指参与谈判各方应本着互惠合作的原则，通过谈判追求双方利益的更大化而不是简单意义上的眼前利益分割，即追求"$1+1>2$"的利益效应。

四、诚信原则

谈判大师尼尔伦伯格在其《谈判的艺术》一书中明确指出："从本质上讲，谈判是一项诚实的活动。"确实，要达成一项双赢的协议，谈判的诚实原则是必须遵守的，那种只图眼前利益，不惜损害组织主体社会形象，甚至视谈判对手为蠢货的谈判，无异于一种饮鸩止渴的行为，他们根本不懂得诚实在谈判乃至人际交往中的重要性，最后吃亏的往往还是自己。犹太人以善于经商理财、精于谈判而闻名于世，但他们的诚实、他们对协议的尊重与信守也同样举世皆知，在签约前他们会运用各种策略与你周旋，争取目标利益最大化，一旦签约则会充分信守合同，决不反悔。

实际上，诚实守信也是市场经济体系渐趋完善的一种标志，当每个市场参与者都能遵守市场经济的"游戏规则"时，诚信才会成为一个人人都能遵守的基本守则。当然，诚信并不是老实，更不能理解成脱离现实的乌托邦，我们主张在谈判中以诚实守信为前提，最大限度地维护自身根本利益，运用各种策略与技巧追求预期收益目标的最大化。

五、客观原则

无论是把谈判看成双方的合作，还是双方的较量，都无法否认谈判中双方利益冲突这一严酷现实。买方希望价格低一点，而卖方希望价格高一些；贷方希望高利率，借方希望低利率。双方都希望得到对自己有利的结果。这些分歧在谈判中时时刻刻存在着，谈判双方的任务就是消除或调和彼此的分歧，达成协议。消除或调和彼此的分歧有多种方法，一般是通过双方的让步或妥协来实现的。而这种让步或妥协是基于双方的意愿，即愿意接受什么，不愿意接受什么。所以，调和或消除双方的分歧是十分困难的，付出的代价也是巨大的，更谈不上创造性地解决问题。

坚持客观的原则，运用客观标准有利于调和或消除谈判双方的分歧，从而使谈判达成一个明智而公正的协议。所谓客观标准，是指独立于各方意志之外的合乎情理和切实可用的准则。它既可能是一些惯例、通则，也可能是职业标准、道德标准、科学鉴定等。贸易谈判所涉及的内容极其广泛，客观标准也是多种多样的。例如，在大米交易谈判中，卖方报价是每吨 1000 美元，而买方出价是每吨900 美元，那么调和的标准是什么呢？这时市场上同类商品的价格就是参照物，就是谈判的客观标准。当然，这里客观标准只是谈判双方参照的依据，不是商定的价格。这是因为价格议定还要考虑交货期限、交易数量、商品质量等因素。如果双方都能从坚持客观标准这一原则出发，那么，所提出的要求和条件就比较客观、公正，而不是漫天要价，不着边际，调和双方的利益也就变得可能和可行。

六、求同原则

求同原则也叫协商原则，是指谈判中面对利益分歧，从大局着眼，努力寻求共同利益。求同原则要求谈判各方首先要立足于共同利益，要把谈判对象当作合作伙伴，而不仅视为谈判对手。同时，要承认利益分歧，正是由于需求的差异和利益的不同，才可能产生需求的互补和利益的契合，才会形成共同利益。贯彻求同原则，要求在商务谈判中善于从大局出发，要着眼于自身发展的整体利益和长远利益的大局，着眼于长期合作的大局；同时，要善于运用灵活机动的谈判策略，可以求大同存小异，也可以为了求大同而存大异。可以说，求同原则是商务

谈判成功的关键。善于求同，历来是谈判高手具有智慧的表现。

贯彻求同原则，首先要正确对待分歧。要正确对待谈判各方的需求和利益上的分歧，不要"谈虎色变"，只想自己"狮口大开"。要记住，谈判的目的不是扩大矛盾，而是弥合分歧。其次要善于探求各自的利益，要把谈判的重点放在探求各自的利益上，而不是放在对立的立场观点上，通过利益的揭示，调和矛盾，达成协议。最后要寻求双方的契合利益。表面上看，参与谈判的各方，其价值观、需求、利益的不同会带来谈判的阻力，事实上并非如此，正是由于利益需求上存在分歧，才使各方可能在利益需求上相互补充、相互满足，此所谓谈判各方的互补效应和契合利益。

七、把立场与利益分开原则

谈判者所持的立场与其所追求的利益是密切相关的。立场反映了谈判者追求利益的态度和要求，而谈判者的利益则是使其采取某种立场的原因。谈判者持有某种立场为的是争取他所期望的利益，立场的对立无疑源于利益的冲突。虽然每个谈判者都明白，在谈判中所做的一切都是要维护己方的利益，坚持立场的出发点是为了维护利益，但维护利益与坚持立场是完全不同的。为了捍卫立场而进行的磋商，会给谈判带来难以克服的困难，造成无法弥补的损失。比如美国和苏联两国关于全面禁止核试验谈判的破裂就是一例。谈判的双方僵持在一个"关键"的问题上，即美国和苏联每年允许对方在自己的领土上设立多少监视站以调查地震情况。美国坚持不能少于 10 个，而苏联则只同意设立 3 个监视站，结果由于双方各不放弃自己的立场，致使谈判破裂。其中却没有人考虑是 1 个监视站每人观察一天，还是 100 个人在一天内任意窥探。双方都没有在观察程序的设计上做努力，而这恰恰符合两国的利益——希望把两国的冲突限制在最低限度内。

为了克服立场上讨价还价带来的弊端，我们应当在谈判中着眼于利益，而不是立场，在灵活变通的原则下，通过深入观察和分析，找到在立场背后隐藏的共同利益，寻找增进双方利益和协调利益冲突的解决办法。

八、对事不对人原则

对事不对人原则是指在谈判中，把对人即谈判对手的态度和对所谈论的问题的态度区分开来。商务谈判所涉及的是有关双方利益的事物，如货物与服务的价格、成本等，而不是谈判者，参加谈判的人只是事物的载体，谈判桌上发生冲突的是事物。所以，对事应是强硬的，当仁不让，坚持原则；而对人则应是友好的、温和的，关系融洽。

在商务谈判过程中，当双方互不了解，出现争执，以及因人论事时，想解决问题、达成协议是极其困难的。这是因为参加谈判的是有血有肉、有感情、有自我价值观的人。人与人之间可以经由信任、了解、尊敬和友谊建立起良好的关系，从而使一项谈判活动变得顺利、有效。相反，发怒、沮丧、疑惧、仇视和抵抗心理，会将个人的人生观与现实问题结合在一起，使之产生沟通障碍，从而导致双方加深误解，强化成见，最后使谈判破裂。因此，将谈判个人的因素与谈判所涉及的目标分离开，是商务谈判的重要原则之一。

把人与问题分开，并不意味着可以完全不考虑有关人性的问题。事实上谈判者要避免的是把人的问题与谈判的问题混杂在一起，而不是放弃对这一问题的处理。在处理人的问题时，应该注意每一方都应设身处地去理解对方观点的动因，并尽量弄清这种动因所包含的感情成分；谈判者应明确那些在谈判中掺杂的感情问题，并设法进行疏通；谈判双方之间必须有清晰的沟通，讲清双方的利益关系。

总之，把人与问题分开，就意味着谈判双方肩并肩地处理问题。这对于消除感情因素可能引发的不利影响，变消极因素为积极因素，有着非常重要的实践意义。

九、效益原则

在谈判过程中，应当讲求效益，提高谈判的效率，降低谈判成本，这是经济发展的客观要求。如今科学技术的发展可谓日新月异，新产品从进入市场到退出市场的周期日益缩短。因此，企业往往在产品上市之前就开始进行广泛的供需洽谈，想尽早打开市场，多赢得顾客，以取得较好的经济效益。这就从客观上要求商务谈判人员要讲求谈判效益，提高谈判效率。同时，商务谈判也要重视社会效益，要综合考虑合作项目对社会的影响，重视谈判主体的社会角色和社会责任，努力实现组织自身效益和社会效益的统一。例如，某一项投资谈判进行得很顺

利，但该项目投产将严重污染环境，显然这一谈判结果最终会受到社会的抵制。所以，只有在实现谈判自身效益的同时，实现良好的社会效益，才能保证谈判的成功。

十、合法原则

合法原则是指商务谈判必须遵守国家的法律、政策。国际商务谈判还应当遵循有关的国际法和对方国家的有关法规。商务谈判的合法原则，具体体现在以下三个方面：一是谈判主体合法，即谈判参与的各方组织及其谈判人员具有合法的资格；二是谈判议题合法，即谈判所要磋商的交易项目具有合法性，对于法律不允许的行为，如买卖毒品、贩卖人口、走私货物等，其谈判显然是违法的；三是谈判手段合法，即应通过公正、公平、公开的手段达到谈判目的，而不能采用某些不正当的，如行贿受贿、暴力威胁等手段来达到谈判的目的。总之，只有在商务谈判中遵守合法原则，谈判及其协议才具有法律效力，当事各方的利益才能受到法律的保护。随着商品经济的发展，各方的交易将会在越来越广的范围内受到法律的保护和约束。离开经济法规，任何交易谈判都将寸步难行。

除了上述基本原则外，商务谈判还应遵循理智灵活的原则、时间与地位的原则、最低目标的原则、信息原则、科学性与艺术性相结合的原则等。

第六节　商务谈判的评价标准

商务谈判，以经济利益为目标追求，以价值价格为议题核心，但是，并不能简单地说能够取得最大的经济利益，特别是最大的短期利益，就是成功的商务谈判。因此，把握评价商务谈判的成败标准，对于谋划商务谈判，全面实现谈判目标和取得谈判的成功有重要的意义。

评价商务谈判的成败标准，从根本上来说，就是要以效益原则为指导，既要考察谈判带来的经济利益，又要考察投入的谈判成本；既要考察经济效益，又要考察社会效益，以克服商务谈判中的单纯经济观点和短期行为。具体来说，应当包括以下四项：

一、经济利益

评价商务谈判的成败，不能离开交易各方可以获得的直接经济利益。如货物买卖谈判，作为买方，最重要的当然应看货物的品质是否优良、价格是否低廉；而作为卖方，主要则看卖价是否理想、支付条件是否有利等。可以说，交易各方可获得的经济利益的大小，是评价商务谈判成功与否的首要标准。但是需要指出的是，这不应当是唯一标准。

二、谈判成本

商务谈判是一个"给"与"取"兼而有之的过程。为了获得期望的交易利益，也需要一定的投入，这种投入就是谈判付出的成本代价。谈判成本包括费用成本和机会成本。

（一）费用成本

商务谈判的费用成本，是指谈判全过程的费用消耗。谈判全过程是指从谈判准备开始，一直到协议签字生效和善后工作结束。无论谈判成功与否，由谈判过程引起的时间、人力、物力、财力等消耗，都要形成谈判费用成本。这种费用一般计入组织的管理费，并成为总成本的一部分，最终参与经济效益核算。而谈判的经济效益，是指谈判协议生效期间产生的总收入与谈判全过程的费用之间的比率，或者是谈判带来的总收入减去谈判总费用所得的净收入。谈判的费用成本是谈判的显性成本。在谈判产出的经济利益一定的情况下，谈判的费用成本越低，谈判的经济效益越高，所以，谈判费用成本的高低可以成为评价谈判成败的标准之一。

（二）机会成本

商务谈判的成本还包括机会成本。经济学上的机会成本，是指把一定的资源用于生产某物品，而放弃生产另一物品所付出的代价。商务谈判的机会成本可以有两种含义：一是把一定的时间、人力、物力、财力等用于谈判过程，而放弃了把这些要素用于生产经营过程所带来的收入。这种放弃的收入就是谈判的机会成本。二是与现有对象谈判合作，就放弃了与其他对象谈判合作的机会，而后者可

能带来更为理想的合作效果。这种放弃同可能失去与将有限的资源用于其他领域一样，也是一种机会成本。谈判的机会成本是谈判的隐性成本。相对于费用成本，这种机会成本的意义更为重要。因为费用成本，无非是诸项费用的累加，往往数额有限。而在市场经济下，抓住一个谈判机会的同时意味着放弃了更多的其他机会，这种放弃可能付出的代价巨大。所以，必须重视对谈判的机会成本的研究与把握，并在做出谈判决策时予以充分考虑。一项成功的商务谈判，应当能为组织把握住最好的商业机会创造条件。

三、社会效益

商务谈判的社会效益，是指商务谈判所产生的社会效果和社会反映。社会效益包括多方面的内容，有些是有形的，更多是无形的；有些是可以计量的，更多是不能计量的，只能定性描述；即使是可以计量的社会效益，也只能间接折算，而且，计量的指标形式不是以价格为量纲，多通过社会效果、社会声誉、社会福利等来反映。例如，某货物买卖，有利于建立和巩固良好的供应者关系或经销者关系，有利于提高组织的知名度、美誉度和树立良好的组织形象；某技术贸易，导致引进高新科技项目，有利于环境保护，增加了就业机会，成为了新的经济增长点；某项工程承包的完成，有助于改善该地区的投资环境，促进该地区的经济发展和社会进步等。商务谈判追求的社会效益，同社会市场营销观念具有相似之处。把社会效益作为评价商务谈判的成败标准，有利于使谈判当事人的谈判哲学提高到一个新的高度。

四、人际关系

商务谈判是两个组织或企业之间经济往来活动的重要组成部分，它不仅从形式上表示为业务人员之间的关系，而且更深层地代表着两个企业或经济组织之间的关系。因此，在评价一场谈判成功与否时，不仅要看谈判各方市场份额的划分、出价的高低、资本及风险的分摊、利润的分配等经济指标，而且还要看谈判后双方人际关系如何，即通过本次谈判，双方的关系是得以维持，还是得以促进和加强，抑或遭到破坏……商务谈判实践告诉我们，一个能够使本企业业务不断扩大的精明的谈判人员，往往将眼光放得很远，而从不计较某场谈判的得失，因为他知道，良好的信誉、融洽的关系是企业得以发展的重要因素，也是商务谈判成功的重要标志。任何只盯住眼前利益，并为自己某场谈判的所得大声喝彩者，这种喝彩也许是最后一次，至少有可能与本次谈判对手是最后一次，结果是"捡了眼前的芝麻，丢了长远的西瓜"。

根据以上四个方面的评判标准，一项成功的商务谈判应该是这样的谈判，即谈判双方的需要都得到了最大程度的满足，双方的互惠合作关系有了进一步的发展，任何一方的谈判收益都远远大于成本，整个谈判就是高效率的。

本章小结

商务谈判是指买卖双方为了促成交易而进行的活动，或是为了解决买卖双方的争端，并取得各自的经济利益的一种方法和手段。商务谈判就是人们为了实现交易目标而相互协商的活动。

商务谈判的要素是指构成商务谈判活动的必要因素，它是从静态结构揭示经济谈判的内在基础。一项完整的商务谈判活动须具备商务谈判的主体、商务谈判的客体、商务谈判的目标和商务谈判的背景四个方面的要素。

与其他经营业务活动相比，商务谈判目标具有普遍性、交易性、利益性和价格性等特征。商务谈判的职能，即它的应有作用或功能。了解商务谈判的职能，有助于提高对商务谈判的认识和强化对商务谈判的运用。商务谈判的主要职能包括实现购销、获取信息和开拓发展三个方面。

一般比较正式的商务谈判的程序或步骤，大体上可以分为准备、谈判和履约三个阶段。其中，商务谈判前的准备阶段，应当包括以下各项工作：选择对象、背景调查、组建班子、制订计划和模拟谈判。谈判阶段依照活动过程可以分为若干相互联结的环节或步骤，可划分为开局、磋商和协议三个环节。商务谈判的模式有六种类型：快速顺进式、快速跳跃式、中速顺进式、中速跳跃式、慢速顺进式与慢速跳跃式。

在商务谈判中必须遵循自愿原则、平等原则、双赢原则、诚信原则、客观原则、求同原则、把立场与利益分开原则、对事不对人原则、效益原则和合法原则等。

评价商务谈判的成败标准，具体来说，应当包括经济利益、谈判成本（包括费用成本和机会成本）、社会效益和人际关系的变化情况。

第二章
商务谈判的类型与内容

 **本章目标**

◆ 了解商务谈判常见的类型
◆ 掌握商务谈判的内容，尤其是货物买卖的主要内容

第一节　商务谈判的类型

分类的依据不同，商务谈判的类型也不同，下面介绍几种常见的分类方法：

一、按谈判参与方的国域界限划分

依据谈判参与方的国域界限可以把商务谈判划分为国内谈判和国际谈判。如果参加谈判的主体都来自同一个国家或地区内部就是国内商务谈判，参加谈判的主体不是来自同一个国家或地区的就是国际商务谈判。

国内商务谈判中，由于语言、观念一致，谈判的主要问题在于怎样调整双方的不同利益，寻找更多的共同点。国际商务谈判中，由于谈判人员语言、信仰、生活习惯、价值观念、行为规范、道德标准乃至谈判的心理都有着极大的差别，比国内商务谈判复杂得多。

国内谈判和国际谈判的明显区别在于，谈判背景存在较大的差异。对于国际谈判，谈判人员首先必须认真研究对方国家或地区相关的政治、法律、经济、文

化等社会环境背景，同时，也要认真研究对方国家或地区谈判者的个人阅历、谈判作风等人员背景。此外，对谈判人员在外语水平、外事或外贸知识与法律等方面也有相应的要求。

二、按商务谈判对象划分

按商务谈判的对象，即谈判的客体可以将谈判分为货物贸易谈判和非货物贸易谈判。

货物贸易谈判的标的，是存在着客观实体、具有使用价值、双方用以进行交换的商品；货物谈判的标的容易明确；条款的其他附加条件比较简单；谈判的重点是价格条款和品质规格条款；对货物贸易谈判协议的履行检验标准明确；大多数商务谈判都属于货物贸易谈判，并且谈判的成功率较高。

非货物贸易谈判，是指谈判的标的并非具有实体商品的商务谈判，包括技术贸易谈判、劳务贸易谈判等。在现代社会，交易的不仅是有形商品，而且还包括企业的许多无形资产的转让，或者说企业的无形资产也可以成为商品用于交换。随着科学技术的发展和应用，其对社会经济发展的影响越来越明显，越来越重要，非货物贸易谈判在整个商务谈判中的地位会更加明显。一般来说，非货物贸易谈判的标的比较复杂，难以明确，谈判难度大，需要有业务技术专长的专家参与，附加条款多且复杂；在整个谈判中，某一方往往具有较强谈判能力。

三、按谈判议题的规模及各方参加谈判的人员数量划分

谈判规模取决于谈判议题及相应的谈判人员的数量。谈判议题越是结构复杂，涉及的项目内容越多，各方参加谈判的人员数量也会越多。这样，谈判自然有大型、中型、小型之分。但是，这种划分只是相对而言，并没有严格的界限。通常划分谈判规模，以各方台上的谈判人员数量为依据，各方在 12 人以上的为大型谈判，4~12 人为中型谈判，4 人以下为小型谈判。一般情况下，大、中型谈判由于谈判项目内容以及涉及的谈判背景等较为复杂，谈判持续的时间也较长，因而需要充分做好谈判的各方面准备工作。例如，组织好谈判班子（其成员要考虑各类职能专家）、了解分析相关的谈判背景和各方的实力、制订全面的谈判计划和选择有效的谈判策略、做好谈判的物质准备等。小型谈判由于其规模较小，

虽也应做好准备、认真对待，但谈判内容、涉及背景、策略运用等均相对简单。

按照谈判各方参加人员的数量，谈判还可分为小组谈判、单人谈判。小组谈判指各方出席谈判的人员在 2 人以上并组成小组进行的谈判，谈判小组人员较多或职级较高，也称谈判代表团。单人谈判也称单兵谈判，即指各方出席谈判的人员只有 1 人，为"一对一"的谈判。

谈判的人数规模不同，则在谈判人员的选择、谈判的组织与管理上都有很大的不同。例如，在人员的选择上，如果是"一对一"的单人谈判，那么所选择的谈判人员必须是全能型的。也就是说，他必须具备本次谈判所涉及的各个方面的知识和能力，如国际金融、国际贸易、商品、技术和法律等方面的知识。因为在谈判中只有他一个人独立应付全局，难以得到他人的帮助。虽然在谈判前的准备工作中，他可以得到同事的支持和协助，在谈判过程中也可以得到领导的指示，但整个谈判过程始终是以他一个人为中心来进行的。他必须根据自己的经验和知识做出分析、判断和决策。单人谈判尽管有谈判人员不易得到他人帮助的不足，但也有有利之处，即谈判人员可以及时有效地把自己的谈判设想和意图贯彻到谈判中去，不存在小组谈判时内部意见协商困难的现象以及某种程度上的内耗问题。

小组谈判与单人谈判，其规模通常也由谈判议题决定，所以同大、中型谈判与小型谈判相类似。规模大的谈判，有时根据需要也可在首席代表之间安排"一对一"的单人谈判，以磋商某些关键或棘手问题。

四、按参加谈判的利益主体的数量划分

根据参加谈判的利益主体数量的不同，可以将谈判分为双方谈判（两个利益主体）以及多方谈判（两个以上的利益主体）。双方谈判，是指只有两个当事方参与的谈判，如一个卖方和一个买方参与的交易谈判或者只有两个当事方参与的合资谈判均为双方谈判。在两个国家或地区之间进行的双方谈判，也叫双边谈判。多方谈判，是指有三个及三个以上的当事方参与的谈判，如甲、乙、丙三方合资兴办企业的谈判。在国家或地区之间进行的多方谈判，也叫多边谈判。

一般来说，双方谈判的利益关系比较具体，涉及的责、权、利划分较为简单明确，因而谈判也比较易于把握。相比之下，多方谈判的利益关系则要复杂得多，难以协调一致。例如，在建立中外合资企业的谈判中，如果中方是一家企

业，外方也是一家企业，两家企业之间的意见就比较容易协调。如果中方有几家企业，外方也有几家企业，谈判将困难得多。这是因为中方几家企业之间存在着利益上的不一致，需要进行协商谈判；同样，外方几家企业之间也存在利益上的矛盾，需要进行谈判；然后才能在中外企业之间进行协商谈判。这样，矛盾的点和面就大大增加和扩展了，关系也更为复杂。参与方越多，其谈判条件越错综复杂，需要顾及的方面就越多，也就难以在多方的利益关系中加以协调，从而会增加谈判的难度。

五、按商务谈判所在地划分

根据谈判进行的地点不同，可以将谈判分为主场谈判、客场谈判、第三地谈判三种。

主场谈判也称主座谈判，是指在己方所在地、由己方做主人组织的谈判。主场谈判占有"地利"，会给主方带来诸多便利，如容易熟悉谈判环境、利于谈判的各项准备、便于问题的请示和磋商等。因此，主场谈判在谈判人员的自信心、应变能力及应变手段上，均占有天然的优势。如果主方善于利用主场谈判的便利和优势，往往会给谈判带来有利影响。当然，作为东道主，谈判的主方应当礼貌待客，做好谈判的各项准备。

客场谈判也称客座谈判，是指在谈判对手所在地进行的谈判。客场谈判时，客居他乡的谈判人员会受到各种条件的限制，也需要克服种种困难。客场谈判人员，面对谈判对手必须审时度势，认真分析谈判背景、主方的优势与不足等，以便正确运用并调整自己的谈判策略，发挥自己的优势，争取获得满意的谈判结果。这种情况在外交、外贸谈判中，历来为谈判人员所重视。

第三地谈判是指在谈判双方（或各方）以外的地点安排的谈判。第三地谈判可以避免主、客场对谈判的某些影响，为谈判提供良好的环境和平等的气氛，但是，第三方的介入可能使谈判各方的关系发生微妙变化。为了平衡主、客场谈判的利弊，如果谈判需要进行多轮，通常安排主、客场轮换。在这种情况下，谈判人员也应善于抓住主场机会，使其对整个谈判过程产生有利的影响。

不同的谈判地点使谈判双方具有不同的身份（主人身份和客人身份，或者无宾主之分）。谈判双方在谈判过程中都可以借此身份和条件，选择运用某些谈判策略和战术来影响谈判，争取主动。

六、按谈判的态度与方法划分

根据谈判中双方所采取的态度与方法，我们可以将谈判划分为三种类型：软式谈判（或称让步型谈判）、硬式谈判（或称立场型谈判）、原则式谈判（或称价值型谈判）。

软式谈判也称让步型或关系型谈判。在这种谈判中，谈判者希望避免冲突，随时准备为达成协议而让步，希望通过谈判签订一个皆大欢喜的协议。采取这种谈判方法的人，不是把对方当作敌人而是当作朋友。他们的目的是要达成协议而不是获取胜利。因此，在一场让步型的谈判中，一般的做法是：提议、让步、信任对方、保持友善，以及为了避免冲突对抗而屈服于对方，从而建立或维系良好的合作关系。当然，如果当事各方都能视"关系"为重，以宽容、理解的心态，互谅互让、友好协商，那么，无疑谈判的效率高、成本低，相互关系也会得到进一步加强。然而，由于价值观念和利益驱动等原因，有时这只是一种良好的愿望和理想化的境界。事实是，对某些强硬者一味退让，最终往往只能达成不平等甚至是屈辱的协议。只有在有长期友好关系的互信合作伙伴之间，或者在合作高于局部近期利益、今天的"失"是为了明天的"得"的情况下，软式谈判的运用才有意义。

硬式谈判也称立场型谈判。这种谈判视对方为劲敌，强调谈判立场的坚定性，强调针锋相对；认为谈判是一场意志力的竞赛，只有按照己方的立场达成的协议才是谈判的胜利。采用硬式谈判，常常是互不信任、互相指责，谈判也往往易陷入僵局、旷日持久，无法达成协议。而且，这种谈判即使达成某些妥协，也会由于某方的让步而履约消极，甚至想方设法撕毁协议、予以反击，从而陷入新一轮的对峙，最后导致相互关系的完全破裂。在对方玩弄谈判工具需揭露其阴谋、在事关自身的根本利益而无退让的余地、在竞争性商务关系、在一次性交往而不考虑今后合作、在对方思维天真并缺乏洞察利弊得失之能力等场合，运用硬式谈判是有必要的。

原则式谈判也称价值型谈判。这种谈判最早由美国哈佛大学谈判研究中心提出，故又称哈佛谈判术。原则式谈判吸取了软式谈判和硬式谈判之长而避其之

短，强调公正原则和公平价值，主要有以下特征：第一，谈判中对人温和、对事强硬，把人与事分开；第二，主张按照共同接受的具有客观公正性的原则和公平价值来取得协议，而不简单地依靠具体问题的讨价还价；第三，谈判中开诚布公而不施诡计，追求利益而不失风度；第四，努力寻找共同点、消除分歧，争取共同满意的谈判结果。原则式谈判是一种既理性又富有人情味的谈判态度与方法。运用原则式谈判的要求有：当事各方从大局着眼，相互尊重，平等协商；处理问题坚持公正的客观标准，提出相互受益的谈判方案；以诚相待，采取建设性态度，立足于解决问题；求同存异，互谅互让，争取双赢。这种谈判态度与方法，同现代谈判强调的实现互惠合作的宗旨相符，愈益受到社会各界的推崇。

上述三种方法都是比较理论化的谈判方法，现实中的谈判往往与上述三种方法有所差别，或者是三种方法的综合。

七、按谈判的沟通方式划分

根据谈判双方接触的方式，可以将谈判划分为口头谈判、书面谈判和网络谈判三种。

口头谈判是指谈判人员面对面直接用口头语言交流信息和协商条件，或者在异地通过电话进行商谈。口头谈判是谈判活动的主要方式，主要优点是：当面陈述、解释，直接、灵活，为谈判人员展示个人魅力提供了舞台；便于谈判人员在知识、能力、经验等方面相互补充、协同配合，提高整体谈判能力；反馈及时，利于有针对性地调整谈判策略；能够利用情感因素促进谈判的成功等。口头谈判也存在某些缺陷，主要有：利于对方察言观色，推测己方的谈判意图及达到此意图的坚定性；易于受到对方的反击，从而动摇谈判人员的主观意志。但是，这些缺陷反过来也是可供运用的优点。

书面谈判是一种间接的谈判方式，谈判双方不直接见面，而是通过传真、电报、互联网、信函等方式进行商谈。书面谈判通常作为口头谈判的辅助方式，这种谈判方式的好处在于：在阐述自己的主观立场时，用书面形式比口头形式显得更为坚定有力；在向对方表示拒绝时，书面谈判要比面对面的谈判方式方便得多，特别是在双方人员已经建立起个人交往的情况下更是如此。另外，这种谈判方式还比较节省费用。书面谈判缺点是不便于谈判双方的相互了解，由于信函、电报、传真、电子邮件等通信媒介所能传递的信息量有限，因此，书面谈判中切忌文不达意和马虎粗心，对谈判人员的书面表达能力和工作作风有较高的要求。这种谈判方式只适用于交易条件比较规范、明确，内容比较简单，谈判双方彼此比较了解的情况，而不适用于一些内容比较复杂多变，而双方又缺少必要的了解的谈判。

网络谈判是指借助于互联网进行协商、对话的一种特殊谈判。在当今的新经济条件下，互联网的广泛应用使网络谈判成为可能，电子商务的出现、发展、壮大使网络谈判成为必然。虽然面对面谈判仍然是当前最主要的谈判方式，尤其是高层次的谈判，但是由于互联网具有沟通成本低，覆盖范围广，不受时间、地点限制的独特优势，出口商、进口商、供应商、购买者以及代理商等都日益提高了自身对互联网的使用率，网络谈判便是因网络和电子商务的兴起而发展起来的一种新的谈判方式。通过互联网能够了解到市场上的消费需求，而且通过迅速的信息交换可以使供需双方的相互作用一直处于动态变化之中。网上沟通还可以使商务谈判迅速达到最后的缔结合约阶段。与传统谈判方式不同，在这种网络环境下，网络谈判真正意义上实现了"世界就是一张大的谈判桌"的构想。但同时我们必须认识到，由于网络身份认证、网络安全、网络条例法规等方面还不健全，网络谈判要真正成为主要的谈判方式或工具，可能还需要不断地完善与发展，尤其是涉及网络合同谈判及其争端问题的解决方面。

八、按商务交易的地位划分

按商务交易的地位可以将谈判分为买方谈判、卖方谈判和代理谈判。由于处于不同交易地位的谈判者的谈判目标不同，从而谈判者的策略也会有所不同。

买方谈判是指以购买者的身份参加的谈判。买方谈判的优势在于"顾客是上帝"的商业准则，尤其是在商品供大于求的市场环境中，买方作为顾客往往有优越感，在谈判中表现出对卖方"评头论足""吹毛求疵"，以势压人进而极力压价。只有在某种商品短缺或处于垄断地位时，买方才可能"俯首称臣"。当然，买方谈判也存在劣势，相对于卖方而言，买方可能处于信息不对称的尴尬境地，对各类商品的信息，卖方总是要比买方来得及时、准确，收集得齐全、完整。因此，买方谈判要特别重视各种信息的收集研究，在谈判之前，对商品的价格、规格、

质量等进行多方询价、比较，做到心中有数，争取谈判的主动权。

卖方谈判是指以供应者的身份参加的谈判。卖方谈判的优势集中在对各种交易信息的掌握比较准确、完整、及时。卖方利用这一优势，常常是主动出击、待价而沽、虚实相映、"急""停"结合、亦真亦假、若明若暗，力求扩大盈利空间。卖方谈判的劣势主要表现在买方市场环境对卖方构成的种种压力。在竞争日益激烈的市场经济中，卖方的生存和发展往往取决于买方，这就要求卖方谈判的参与者要练就过硬的谈判本领，提高谈判技巧，把握谈判"火候"，该出手时就出手，该退让时就退让。

代理谈判是指接受当事方委托参与的谈判。代理，可分为全权代理和无签约权代理两种。全权代理具有机动性强、责任重大且注重权限的特点。其典型的语言是："我也不是老板，只是受人之托、忠人之事"；"我仅以中立者的立场，如实地介绍交易条件，至于成交价的高低，对我个人无关紧要"；"只要双方开心、满意，我就高兴，我希望交易成交，这样我才有佣金"。当代理谈判者在遇到棘手的问题时往往会说："也许该条件对贵方有点苛刻，我表示同情，但我无权改变我的委托人的要求，不过细细想想这个条件，也是有道理的。"或者说，"贵方的要求已经超出我的权限，如果非要我表态的话，我必须征得我的委托人的同意，修改对我的授权"。无签约权代理的特点是：主动性小、无权签约、说话分量弱，但谈判手的压力小，显得更加洒脱。

九、其他划分方法

除了上述八种主要和常见的分类以外，还存在着其他的分类方法。如根据谈判内容的透明度可分为公开谈判和秘密谈判；根据谈判桌形可分为长桌谈判（两方参加的对等谈判）和圆桌谈判（多方参加的对等谈判）；按谈判时间的长短可分为马拉松式谈判和"闪电"式谈判；按交易地位可分为采购谈判和推销谈判；在国际货物买卖谈判中，有进口谈判和出口谈判；按谈判内容与目标的关系分为实质性谈判、非实质性谈判；按谈判所属部门分为官方谈判、民间谈判、半官半民谈判等。

第二节 商务谈判的内容

商务谈判的内容是复杂的，在不同类型中商务谈判具体内容的表现形式是不相同的。前面分析到，按商务谈判的对象即谈判的客体可以将谈判分为货物贸易谈判和非货物贸易谈判。下面我们就按照该种分类方法来进行分析。

一、货物买卖谈判的主要内容

货物买卖谈判是指针对有形商品即货物的买卖而进行的谈判。与其他一些商务谈判相比，货物买卖谈判有以下特点：①难度相对简单。货物买卖谈判的难度相对较为简单，一是大多数货物有通行的技术标准，二是大多数交易属于重复性交易，三是谈判内容大多围绕与实物商品有关的权利和义务，但绝不能因此而轻视，特别对初次合作、大宗交易、国际货物买卖更是如此。②条款比较全面。货物买卖是商品交易的基本形式，货物买卖谈判也是商务谈判的基本形态。在货物买卖的谈判中，通常要包括货物部分的谈判，如标的、品质、数量、包装、检验等；商务部分的谈判，如价格、交货、支付、索赔等；法律部分的谈判，如不可抗力、仲裁与法律适用等。下面依次进行详细的介绍：

（一）标的

标的即谈判涉及的交易对象或交易内容。在货物买卖合同中，标的即指被交易的具体货物，并应为规范化的商品名称。

（二）品质

货物的品质是指货物的内在质量及外观形态。它是量度货物使用价值和价值的依据，也是货物买卖谈判中的主要交易条件。许多国家的有关法律规定，如果卖方所交货物的品质不符合合同的规定，即可视为违约，买方有权要求赔偿。因此，在谈判中必须对货物品质做出准确、全面的规定。根据货物特点和交易惯例，品质表示方法通常以样品、规格等级、品牌商标、产地名称、说明书和图样等为标准，并在表述品质标准时注意避免使用引起误解的概念。

（三）数量

数量也是货物买卖的主要交易条件，它既影响合同的总金额，又与单价直接相关。许多国家法律规定，卖方所交货物的数量如果小于或大于合同规定，买方有权拒收。有关数量问题，谈判中应根据货物性质和交易需要选用适当的计量单位，如重量单位、长度单位、个数单位等。其中，重量最易引起纠纷，故须对毛重、净重及皮重的扣除方法等予以明确。

（四）包装

包装分为运输包装和销售包装，它不仅有利于保护货物的使用价值，也有利于实现和增加货物的价值。货物买卖中，除少数散装货、裸货外，绝大多数货物需要包装。在货物的包装方面，买卖双方一般主要就包装材料、包装方式、包装标志和包装费用等方面进行磋商。在国际货物买卖中，谈判人员还应注意了解有关国家或地区对包装的规定和偏好。例如，美国、加拿大、日本等国对进口货物严禁用稻草、木丝、报纸作包装垫衬物；伊斯兰国家忌用猪和类似的动物作图案；英国人视孔雀为祸鸟；巴西、叙利亚忌用黄色；法国、比利时忌用墨绿色等；另外有些国家对进口货物的标签内容也有明确的规定。

（五）价格

价格是货物买卖谈判议题的核心，它直接关系交易各方的经济利益，也与其他交易条件有着密切的联系。货物买卖谈判中的价格条款主要涉及以下内容：①价格水平。价格水平即单价，它通常是在买卖双方报价的基础上经过讨价还价最终确定的，而且，价格水平的确定必须联系其他各项交易条件统筹考虑。②价格计算的方式。货物买卖中通常采用固定价格，即在合同中明确规定交易价格并在合同期内不做调整；有时也采用非固定价格，即只规定作价原则或暂行价。这些均应进行具体磋商并达成一致意见。③价格术语的运用。价格术语是贸易（主要是国际贸易）中习惯采用的，用以概括价格构成并说明交易各方权利与义务的专门用语，如离岸价格（FOB）、到岸价格（CIF）、成本加运费价格（CFR）等。使用价格术语，有助于简化交易磋商的内容和规范交易各方责任，应在订立合同时根据交易需要予以运用。

（六）交货

怎样使货物按照合同规定及时、完整地交付给买方，这是卖方的责任和义务，也是货物买卖谈判中的重要内容。在交货问题上，买卖双方主要应就货物运输方式、装运时间、装运地和目的地等进行磋商。其中，装运时间尤其重要，如果卖方未能在合同规定的时间内装运货物，即构成违约，买方有权撤销合同并要求赔偿。对买卖双方来说，交接货时间应争取与自己的生产计划和营销计划相吻合。

（七）支付

货款的支付是货物买卖中的一项重要问题。在不同的支付条件下，尽管表面支付的价格总额不变，但对买方的实际支出和卖方的实际收入却可能有很大影响，所以，谈判各方都应努力争取对自身有利的支付条件。为此，须注意以下问题：①支付手段。货物买卖中的支付手段分为现金结算和非现金结算两种。其中，大多数采用非现金结算，并应就采用的票据如汇票、本票、支票等做出明确规定。②支付时间。支付时间的早晚影响到交易双方的实际收益和风险分担，须根据自身资金周转状况商定具体的支付时间，以免日后出现枝节。对分期付款，须明确首付时间及金额和之后的分期次数及各期的时间与金额；对延期付款，应订明具体的付款时间和进度。③支付货币。在国际货物买卖中，还涉及以何种货币计价和支付的问题。一般情况下，应选择兑换比较方便、币值也较稳定的货币作为计价和支付货币。由于各国普遍实行浮动汇率制度，在出口谈判中选用汇率呈上浮趋势的"硬货币"，进口谈判中选用汇率呈下浮趋势的"软货币"，则为有利。④支付方式。货物买卖中涉及的支付方式主要有汇付、托收和信用证三种，每种方式又有多种具体形式。不同的支付方式为买卖双方带来的收益和风险也不同，谈判中应结合双方实力对比、对方资信状况和贸易惯例选择合适的支付方式。

（八）检验

检验是对被交易的货物的品质、数量、包装等实施的检查和鉴定。检验合格，是卖方履约的重要标志，也是买方支付货款的前提条件。许多国家的法律与有关国际公约都明确规定或默示了买方收到货物后的检验权利和卖方对所供货物不符合合同规定须承担的违约责任。为保障买卖双方的利益和避免合同履行中的矛盾，谈判中关于检验的磋商主要有：①检验内容和方法。检验通常针对交易货物的品质、数量、包装等基本内容进行。检验方法指物理检验还是生化检验，抽样检验还是总体检验等。②检验时间和地点。货物检验的时间和地点通常有：以

离岸品质和数量等为准；以到岸品质和数量等为准；以装运港的检验证明为依据，但货物到达目的港后买方有复验权利并可依此索赔。以上三种做法中，第一种、第二种分别有利于卖方和买方，第三种兼顾了双方利益，比较公平合理，是目前采用比较普遍的做法，但在给予买方复验权的情况下，也须对复验时间和地点做出明确规定。③检验机构。检验机构应具有资格并与交易双方无利害关系。检验机构的类型很多，如中国质检总局主要负责进出口货物的检验。

（九）不可抗力

不可抗力指某些非可控的自然或社会力量引起的突发事件。不可抗力可能会影响合同的顺利履行，贸易实践和各国法律均认可不可抗力，但对其细节没有统一规定。为防止交易中某一方任意扩大或缩小对不可抗力范围的解释和维护当事各方的权益，通过磋商并在合同中规定不可抗力条款是必要的。谈判中关于不可抗力条款一般涉及：①不可抗力事件的范围。②出具不可抗力事件证明的机构。③事件发生后通知对方的期限。④不可抗力事件后合同的履行和处理等。

（十）索赔和仲裁

在货物买卖中，常常会发生一方因种种理由违约的情况，而另一方则有权索取相应的赔偿，这是商务谈判中不可回避的一个问题。关于谈判中的索赔问题，通常应就以下内容达成一致：①索赔的依据，即在什么情况下可索赔。②索赔的有效期限。③索赔损失的计算办法等。

仲裁是指合同当事人在产生争议不能协商解决的情况下，由仲裁机构居中做出的判断和裁决。仲裁一般有以下两个特点：一是仲裁申请的自愿性，即仲裁申请必须由当事各方一致同意并通过订立协议确定，没有仲裁申请协议的争议是不予仲裁的；二是仲裁结论的终局性，即一旦当事各方将争议递交仲裁，就排除了法院对该争议的管辖权，任何一方都不得再向法院起诉。因此，用仲裁方式解决争议，有利于保持交易关系，而且手续简便、费用较低、时间也较短。商务谈判中的仲裁条款应协商的问题主要包括：①仲裁地点。②仲裁机构。③仲裁程序。④仲裁费用等。

在这些内容中，习惯上将货物部分和商务部分的条款列为主要条款，它们属于交易的个别性条款；而将其他条款列为一般条款，它们是适用于每一笔交易的共同性条款。总之，这些内容涉及货物买卖交易的各个方面、各个环节，不可有所疏忽，以避免日后引起纠纷。而且，货物买卖谈判的条款内容往往可以作为其他商务谈判参照的一般基础。

二、技术贸易谈判的主要内容

技术是人类在认识自然和改造自然的反复实践中积累起来的有关生产劳动的经验和知识。世界知识产权组织（WIPO）1977 年出版的《供发展中国家使用的许可证贸易手册》一书中，给技术下的定义是："技术是指制造一种产品的系列知识，所采用的一种工艺，或提供的一项服务，不论这种知识是否反映在一项发明、一项外形设计、一种实用形式或者一种植物新品种上，或者反映在技术情报或技能中，或者反映在专家为设计、安装、开办或维修一个工厂或为管理一个工商企业或其活动而提供的服务或协助等方面。"技术贸易是指以技术为对象的买卖交易活动。技术贸易中的买方又称为"技术引进"或"引进方""受让方"，卖方又称为"技术转让"或"转让方""许可方"。

（一）技术的形式与技术贸易的对象

技术按其表现形态，可分为：①技能化的技术。技能化的技术，即潜存于人体之中的技术。这种技术一般由掌握它的人在一定条件下通过演示、传授表现出来。②知识化的技术。知识化的技术，即借助于其他物质载体而存在的技术，这里的物质载体主要指技术资料，包括图纸、公式、配方、工艺说明等。只要具备相应的知识，就能通过这些技术资料了解和掌握这种技术。③物化的技术。物化的技术，即以机器设备形式存在的技术。前两种通常称为"技术软件"，后一种被称为"技术硬件"。技术贸易的对象，一般是技术软件，即买方要求卖方提供相应的技术资料、技术指导和人员培训，有时也包括提供对掌握软件技术必不可少的技术硬件。而单纯技术硬件的买卖，则一般属于货物买卖。

技术按其公开的程度和受法律保护的程度，可分为：①公开技术或一般技术，指在传播和利用方面不受限制的技术，如报纸杂志发表的科技论文或各种学术报告、超过时效的专利技术或秘密已经公开的专有技术等。②半公开技术或专利技术，专利技术之所以是半公开技术，因为一方面，作为专利技术，按照一般专利法的规定其主要内容应向社会公开，但这种公开并不会使该项技术变为一般的公开技术，因为专利法同时确认和保护该项技术的产权，在一定地域和一定期

限内未经许可不得使用；另一方面，专利技术的所有者为了自身利益，往往并不把该项技术的全部内容公布于众，而是将其最为关键和核心的部分隐藏起来。因此，专利技术既有公开的一面，又有不公开的一面。③秘密技术或专有技术，指没有取得专利权的技术秘诀、技术诀窍。此项技术依靠保密手段而不是法律手段来保护，一旦泄密或破译，则他人可无偿使用。但专有技术相对较为复杂，不易为他人掌握，因而在市场上拥有一定优势。上述中，第一种公开技术或一般技术，显然不是技术贸易的对象，后两种即专利技术和专有技术，则是技术贸易的对象。前述"技术软件"，在实际技术贸易中，亦通常以专利技术和专有技术的形式出现。

需要说明，商标也是技术贸易的对象之一。商标本质上不是技术，但作为产品的标志往往同时代表了产品的技术、质量、信誉，因而成为无形资产。在技术贸易中，引进方同时引进商标，有利于其产品迅速进入市场。

(二) 技术贸易的方式

技术贸易主要有两种方式：一是技术软件，如专利技术、专有技术、商标使用权的买卖；二是技术硬件，如成套或关键设备的买卖。由于技术软件的特点，技术贸易中的卖方实际上只向买方出售了技术的"使用许可"，所以通称"许可贸易"。而技术硬件的买卖，又可归为货物买卖。因此，许可贸易是技术贸易的基本方式，技术贸易也被称为许可贸易。

许可贸易是由交易双方通过签订许可协议，技术的转让方许可技术的引进方享有技术的使用权、产品的制造权和销售权。

许可贸易的内容主要包括专利技术使用权的许可、专有技术使用权的许可、商标使用权的许可。但实际上，在技术贸易中单独购买其中某一项使用权许可的一般只占10%~20%，更多的是专利技术、专有技术、商标结合在一起进行买卖，这要占一半以上，称为"混合许可"。

许可贸易按照许可权利的程度，可分为以下五种类型：①独占许可，指技术的转让方给予引进方在规定地区拥有使用、制造和销售的独占权或垄断权，而转让方和任何第三方在该地区内均无这一技术的使用、制造和销售权。②排他许可，指技术的转让方给予引进方在规定地区拥有使用、制造和销售权，而转让方在该地区除自己保留这种权利外不得再给予第三方。③普通许可，指技术的转让方给予引进方在规定地区拥有使用、制造和销售权，但转让方在该地区仍保留自己和再转让给任何第三方的权利。④可转售许可，也称"分许可"，指技术的引进方有权将所得到的权利在其所在的地区内转售给第三方。⑤互换许可，指双方以各自的技术互相交换、互不收费。互换许可可以是独占的，也可以是非独占的。

（三）技术贸易的特点

技术作为无形商品，与一般货物买卖不同，技术贸易的特点对其谈判的方针、策略以及双方权利、义务关系等有着直接的影响。

技术贸易的特点主要是：

1. 技术贸易实质是使用权的转让

在货物买卖中，买方支付货款获得货物，卖方付出货物得到货款，货物的所有权连同使用权一起转移。技术贸易则不同，由于技术本质上是一种无形的经验和知识，所以引进方虽然支付价款购买并获得了某项技术，但对转让方来说并没有失去这一技术，而只是将其使用权让渡给了对方。

2. 技术价格具有不确定性

在一般货物买卖中，最终的成交价格虽然与最初买卖双方的报价均有差距，但是通常会在双方预期的水平上。在技术贸易中，转让方对技术所做的报价和引进方愿意支付的价款，往往是一个不确定的数值。有两点原因：第一，技术价格无法以价值为基础。对于一般商品，决定其价值量的社会必要劳动时间，实际上是由生产同一商品的无数生产者的个别劳动时间通过竞争机制形成的一个大体上的平均数。然而对于技术，其生产具有非同步性，不可能有很多研究者同时在进行研究，即使如此，也只能是其中的最先成功者的劳动得到社会承认，因此，不可能以社会平均劳动时间决定价值，也就无法以此为基础来确定价格。第二，技术价格并不反映成本。技术引进方对某一技术愿意支付的使用费，不取决于生产此项技术耗费的劳动，而主要取决于其使用后所获得的经济效益。获得的效益越高，愿意支付的费用就越高。所以，技术转让方如用很高的成本研制的某项技术不能给引进方带来预期经济效益，那么，该技术只能低价转让，甚至无人问津。

3. 技术贸易的交易关系具有持续性

在货物买卖中，交易双方钱货两清，交易关系即告结束，而技术贸易则不同。技术的转让方除交付有关技术资料外，通常还要承担引进方的技术咨询和人

员培训，有的还包括有关技术设备的安装和调试等。在大型的技术贸易项目中，上述工作往往需要持续较长时间才能完成。另外，技术转让费如果采取提成支付方式，要在有关技术投入使用后相当长的时间才能陆续支付。可见，技术贸易的交易关系一般要持续较长的一段时间。

4. 国际技术贸易受转让方政府干预较多

在一般国际货物买卖中，各国政府总是积极鼓励本国出口，包括给予各种财政补贴和信贷支持，以增强本国货物在国际市场的竞争能力，但是在技术贸易中，对于技术转让，各国政府均持谨慎态度。因为，技术是一个国家经济发展的根本，是国际经济竞争的制胜法宝，有些技术甚至关系国家安全，所以，许多国家通过立法和行政干预，加强对技术贸易中技术转让的管理和限制，以维护本国的政治经济利益。

（四）技术贸易谈判的主要内容

技术贸易谈判的内容一般包括三个方面：技术部分的谈判、商务部分的谈判和法律部分的谈判。每一方面的谈判又包括若干具体条款。

1. 技术部分的主要谈判内容

（1）标的。标的即技术贸易的对象、内容、范围等，对其关键词语应做出明确的定义。

（2）技术性能。技术性能指技术的水平和特性。在技术贸易中，技术性能的规定相当于技术商品的质量要求。对引进方，达到规定的技术性能是实现技术贸易目标的基本保证；对转让方，则是其承担义务和责任的主要依据。谈判中，对于技术性能也要用能够全面反映该项技术真正水平与特性的指标明确地加以规定。

（3）技术资料的交付。技术资料是技术的载体，保证其完整、可靠并及时送达，是技术贸易的关键环节，这相当于货物买卖中的交货。对此，在谈判中主要应规定：①交付日期，如一次交付的具体时间，分次交付的各次时间。②交付方式，如文字资料、图纸、照片、磁盘、光盘等。③文本。文本即资料使用何种文字，这会直接影响引进方消化、吸收技术资料的时间和效益。④完好性。技术资料发生污损、短缺、丢失，将直接影响技术引进与技术转让工作的进行。谈判中一般规定，引进方应根据资料所随清单清点，如发现短缺、污损或不清晰部分，转让方应在限期内补齐、更换。为确保资料完好无缺，谈判合同中应明确资料的包装方式及标记，以免资料交付过程中可能出现的损坏。

（4）技术咨询和人员培训。单凭转让方提供的技术资料，引进方往往难以完全掌握某些技术，这就要求转让方同时提供技术咨询和人员培训。因此，技术咨询和人员培训，是技术转让方保证转让技术为引进方所掌握而必须承担的义务和责任。技术咨询是指转让方根据引进方的要求，派遣技术专家到引进方给予技术指导和技术服务。谈判技术咨询条款，通常需商定以下事项：①人选。如转让方所派技术专家的专业、职级和人数等，以保证能够胜任和完成工作。对于不称职者，引进方有权要求调换，转让方应承担由此而引起的费用。②工作条件和生活待遇。引进方应为技术专家提供工作、交通、医疗、翻译等项必要条件，提供膳食、住宿、工资福利等项待遇，并对此做出具体规定。人员培训通常有两种方式：一是转让方派技术专家为引进方的技术人员、管理人员、操作人员进行培训；二是引进方派人到转让方进修学习。无论采取何种方式，都应将培训目的、内容、时间、人数、要求及培训费用等有关双方的义务与责任，加以具体规定。

（5）技术考核与验收。一项技术转让，只有最后考核全部合格、通过验收，才能表明转让方已经完成其责任，因此，技术考核与验收是技术部分谈判的重要内容。这部分谈判主要涉及以下内容：①考核验收的方式和标准。考核方式通常有两种：一种是对工艺过程的考核，其标准是先进性、合理性、均衡性和稳定性等；另一种是对最终产品的考核，其标准如产品的型号、规格、品质以及生产效率、资源利用率等。上述考核方式及其验收标准的具体指标，应在谈判中予以确定。经双方同意，也可采用其他方式及标准。②考核验收结果的评定与处理。一般考核验收结果有三种情况：一是全部合格，通过验收，引进方即可签字认可，转让方亦即完成履行的义务和责任；二是大部分合格，延期通过验收，其中若属引进方的责任，如对技术掌握得不够等，转让方仍有义务给予帮助，若属转让方的责任，如技术上的缺陷等，转让方应予改正、解决，并承担相应费用；三是大部分或全部性能指标达不到标准，这表明转让的技术有问题，根据惯例可再给予转让方 1~2 次重新考核的机会，但转让方须承担其考核的费用并被酌处一定罚金，如最终仍不能通过验收，引进方则有权要求索赔。③考核与验收的时间、地点、参与人员等。

（6）技术的改进和交换。科学技术是不断发展的，在技术贸易有效期内，合

同双方都有可能改进此项技术。这个改进的收益和所有权，在谈判中应有明确的规定。按照惯例，如技术贸易采用提成支付的方式，一般要求转让方有义务免费或适当有偿向引进方提供改进和发展了的技术，这叫作"动态技术转让"或"继续技术援助"。同样，引进方也有义务向转让方提供其技术运用中的改进和发展，这叫作"技术反馈权"。在洽谈技术改进的交换时，应注意的问题是：①平等互利。②明确改进技术的所有权属于改进方。③对"重大技术改进"应作明确的定义，并就其是否属于交换范围达成一致意见。

2. 商务部分的主要谈判内容

（1）技术使用的范围和许可的程度。技术贸易实质是转让技术使用权的交易，因此，技术使用的范围和许可的程度，直接关系双方的权益，也关系到技术价格的高低，是技术贸易谈判中的重要内容。关于技术使用的范围，包括三个方面：一是确定技术使用的组织范围。一个大型的公司可能有若干分公司、子公司，跨国公司则有若干海外分支企业，这样引进方使用某技术的组织范围越大，可能获得的收益就越大，转让方要求的价格也会越高。二是确定技术使用的产品范围。引进方使用某技术制造的产品范围越大，可能获得的收益就越大，转让方的要价也会越高。商标使用的产品范围，也有类似问题。三是确定使用某技术生产的产品的销售地区范围。引进方的销售地区越大，可以利用的市场空间越大，可能获得的收益就越大，对转让方构成的市场竞争压力也越大，转让方的要价也就越高。以上三个方面，实际上就是技术的使用权、制造权和销售权问题。关于技术许可程度，即前述的按照许可权利的程度分为的五种类型。不同程度的许可，对转让方和引进方的约束不同，利益和代价也就不同。

（2）价格。技术贸易的价格直接影响着交易双方的经济利益，是技术贸易谈判的议题核心。技术贸易的价格通常由技术使用基本费、项目设计费、技术资料费、技术咨询费、人员培训费等构成。然而，与货物买卖价格不同，技术贸易价格有其特殊性。在技术贸易中，达成交易后技术由卖方转让给买方，但是并不存在所有权的转移，而只是技术使用权的许可，所以，引进方付给转让方一定款额，仅仅是对获得技术使用权的一种酬金或使用费，这里，价格只是一种代名词而已，并非一般意义的范围。因此，技术贸易中技术价格的含义，实际上是技术的引进方为获得技术使用权所愿支付并为转让方接受的技术使用费的货币表现。

影响技术价格的因素，从转让方的角度，主要有以下几个方面：①技术开发费，指该技术设计、试验、制造等人力、物力消耗的成本，包括参加研究开发的技术人员的工资、研究中购置的仪器设备、研究中消耗的能源和原材料等。这部分费用不难计算，而且由于可做多次转让及分摊，实际上数额已不大。②技术转让费，指为转让技术而发生的直接费用，包括接待考察费、技术资料费、咨询服务费、人员培训费等。这部分费用数额也有限，并容易计算。但若在谈判上花费的时间、精力越多，这部分费用也会越高。③利润损失补偿费，指由于技术转让，转让方失去了利用该技术获取市场利润的机会和引进方使用该技术增加了转让方的竞争压力并缩小了转让方的商品市场而导致的利益损失的补偿。这部分费用是技术价格的主体，且最不易确定，往往是双方讨价还价的焦点。

影响技术价格的因素，从引进方的角度，主要有以下几个方面：①技术的使用价值，即技术对提高产品质量和生产效率、节约消耗、改善劳动条件和社会环境等的贡献。贡献越大，则技术形成的利润和带来的效益越大，愿意付出的费用也越高。这部分是主要的决定因素。②技术的水平，即技术的发展阶段和先进程度。显然，能够提高竞争力的新技术、先进技术，引进费用较高；普遍使用的成熟技术、中间技术和过时的老技术、落后技术，则引进费用较低甚至无须引进。③技术的供需状况，包括技术的来源和市场需求两个方面。一方面，如为独家的垄断技术，往往需要高价引进；某技术已为多家掌握并面临未来的竞争威胁，则应低价引进。另一方面，如某技术的市场需求较大，其产品在竞争中有较大优势，且无替代产品，此项技术的费用就会较高；反之，则费用较低。④科研开发能力、技术实力较强，具有开发技术潜在条件的公司，一般不轻易引进耗资过高的技术，或应降价引进。⑤技术许可的类型。不同类型的技术许可，引进方获得的权益不同，独占和排他许可的价格较高，普通许可的价格则较低。⑥技术使用费的支付方式。采用一次总算的支付方式要比分期提成的支付方式费用低。⑦一揽子交易条件。前已述及，商务谈判的特征中虽然价格是议题的核心，但其他交易条件也与价格有密切的关系。在技术贸易中，"硬件"价格的高低、是否需要转让方提供原材料和元器件及其品种和数量、是否作为技术产品的独家代理、是否接受技术保密等其他交易条件，也会对技术引进费用有一定影响。一般而言，技术价格占引进方所获利润的20%~30%，引进方应全面估算预期利润总额，以

便确定买入技术的价格上限。

还须说明，除以上影响技术价格的双方诸项因素，技术贸易的最终成交价格究竟确定在何点，往往由双方的谈判实力（如有利的环境条件、相对较强的组织实力、素质优秀的谈判人员等）、谈判策略和谈判技巧决定。

（3）支付。在技术贸易中，计价的特殊性主要体现在它的支付方式上。技术贸易价格的支付方式主要有以下三种：①一次总算，即签订合同时将技术转让的全部费用一次算定。具体支付可以一次付清，也可以按项目划分为若干阶段或每隔一段固定时间分期付清。一次总算是一种固定计价法，对转让方可以"旱涝保收"，对引进方可以避免对方查账。②提成，即在合同签订时并不确定技术转让费的总额，而是从引进方技术投产后的经济效益中陆续提取一定比例作为技术转让的费用。提成是一种变动计价法，它的主要优点是风险共担。采用提成支付方式，应当谈判确定提成基数、提成率、提成期限、最高提成和最低提成等项，其中，提成率还须确定是固定提成率还是滑动提成率，以保证合同期支付的顺利履行。③入门费加提成，是以上两种支付方式的结合，即合同签订后先支付一定款额，称为"入门费"，以后再按合同规定支付提成费。这里，入门费有定金、先期费用、技术披露费的意义，一般在总价格中所占比重为10%~15%，而且有越来越少的趋势。上述三种支付方式，采用第二种提成方式的较多，采用第三种的正在减少，采用第一种的最少。此外，还有实物支付方式，如补偿贸易等。

（4）保证、索赔和罚款。在技术贸易谈判中，保证、索赔和罚款条款，对于加强转让方的责任，防止转让方以次充好、以假乱真，维护引进方的利益，促使合同的认真执行等有着十分重要的意义。谈判中要求转让方承担的保证责任主要有：对技术的先进性和实用性的保证、对技术资料按时完整交付的保证、对技术咨询和人员培训的保证等，如未能履行即构成违约，引进方则有权要求赔偿。索赔的主要方式是罚款，罚款的目的主要是对违约损失的赔偿，纯粹意义的惩罚则属次要。在谈判保证、索赔和罚款时，必须注意根据可能造成违约的各种情况，协商制定出具体的、切实可行的规定。

3. 法律部分的主要谈判内容

技术贸易谈判中涉及的法律部分的内容，主要包括侵权和保密、不可抗力、仲裁法律适用等项。其中，不可抗力、仲裁等与货物买卖谈判涉及的问题相似，而侵权和保密是技术贸易谈判中的特殊内容。

在技术贸易谈判中，侵权问题是针对专利技术的许可而言，保密问题则是针对专有技术的许可而言。作为专利技术，按照专利法的规定其内容是公开的，但是它同时受到专利法的保护，任何人不经专利权人许可不得使用该技术。不过法律对于专利技术的保护有一定的地域性和时间性，即只有在一定国家或地区的一定期限内，专利权人才拥有该技术的所有权。然而，如果在法律保护地域之外的某地，有第三方获得此项专利技术，但该专利技术的贸易双方在某地进行交易，或者其中一方在某地销售该专利技术的产品，就会构成对第三方的侵权问题。在法律保护地域内的期限以外，也会发生这类问题。

为此，在技术贸易谈判中应当规定：转让方必须保证己方是所提供的专利技术的合法所有者并有权转让，同时保证在合同期内若发生第三方指控侵权，转让方承担全部法律责任，引进方不承担任何责任。对于专有技术，其内容是不公开的，也没有法律的保护，拥有者只有通过保密手段，维持对该专有技术的独占权。因此，在专有技术贸易中，引进方应承担保密的义务和责任，只能在合同规定的范围内使用这一技术，不能扩散。在保密问题的谈判中，应当规定：保密的范围，即引进方只对转让的技术保密；保密的期限，即与合同期相一致；对等保密，即引进方在对转让的技术承担保密义务的同时，转让方也应对所了解的引进方的有关情况给予保密等内容。

三、工程承包谈判

工程承包是承包人通过投标或接受委托等方式，与发包人签订合同或协议，完成所规定的工程任务，并按规定的价格向发包人收取费用。工程承包按承包关系，分为总包、分包、合包等；按承包内容，分为全部承包、部分承包、承包劳务等。工程承包是带动建筑材料、机电产品等货物买卖和带动技术、劳务等贸易的重要方式，在商务活动特别是国际商务活动中占有重要地位。

工程承包是一种综合性交易，其谈判内容主要涉及：①材料、设备的品种、规格、数量与价格；②技术、劳务价格；③工程条件；④工期；⑤工程质量与验收等。

四、租赁谈判

租赁是指出租方将财产交给承租方使用，由承租方交付租金，在租赁关系终止时将原财产归还给出租方。租赁有融资性租赁、服务性租赁、出售与回租租赁、综合性租赁等类型。租赁将融资、融物合为一体，能满足某些急需使用设备而因资金短缺无力购买或只是临时性、季节性使用而又无须自己购买的组织的需要，具有多方面的优越性，是发展速度与发展规模颇有前景的一项商务活动。

租赁谈判前，应认真权衡租赁与购买决策。租赁与贷款购买设备有相似之处，要通过这两种方式的支出的比较分析，确认租赁决策的必要。租赁谈判中，主要包括以下几个方面：①确定租赁的设备；②确定租赁的类型；③确定租金；④设备的交货；⑤租赁期终止及设备的归还。

五、合资谈判

合资指两个或两个以上的组织或个人，按一定资金比例联合投资。其主要特点是合资入股、共同经营、共负盈亏、共担风险。

合资谈判，其目的是建立长期的合作关系，而并非完成一次交易，因此，需要各方做出较多的投入和承诺，比其他商务谈判也更为复杂。合资谈判涉及的内容主要有：①投资总额和注册资本；②投资比例和董事会席位分配；③出资方式和资产评估；④组织机构与职责权限；⑤劳动管理；⑥中外合资经营中的外汇收支平衡；⑦合营的期限和清算等。

六、合作谈判

合作是指按照契约式（股权式即为合资）运作的各种类型、各种方式的商务协作，如合作生产、合作经营、合作开发、补偿贸易等。合作的主要特点是合作而不合资，即双方或各方的权利与义务完全由签订的合同加以规定，优势互补，灵活多样，各自经营，自负盈亏。这里，着重介绍"三来一补"的合作方式及其谈判内容。

"三来一补"即指来料加工、来样加工、来件装配和补偿贸易，它是国内特别是国际上兴起的商务合作的普遍形式。

来料加工、来样加工、来件装配的谈判内容，主要涉及：①来料、来件的质量、数量及时间；②成品质量标准；③原材料、零部件的损耗率与成品合格率；④加工费及支付方式；⑤保证与索赔等。

补偿贸易指合作一方提供技术、设备、器材等兴建企业或改造老企业，待项目竣工投产后，合作的另一方以该项目的产品或双方商定的其他产品来偿还的合作方式。补偿贸易的谈判内容，主要涉及：①供货商的选择；②技术设备的性能及价格；③补偿方式和补偿产品；④补偿产品的作价原则；⑤补偿期限与各期补偿产品的数量；⑥技术设备购买合同与补偿产品购买合同的联结；⑦违约责任等。

本章小结

分类的依据不同，商务谈判的类型也不同。依据谈判参与方的国域界限，可以把商务谈判划分为国内谈判和国际谈判；按商务谈判的对象，即谈判的客体，可以将谈判分为货物贸易谈判和非货物贸易谈判；按谈判议题的规模及各方参加谈判的人员数量划分，谈判自然有大型、中型、小型之分，按照谈判各方参加人员的数量，谈判还可分为小组谈判、单人谈判；根据谈判进行的地点，可以将谈判分为主场谈判、客场谈判、第三地谈判三种；根据谈判中双方所采取的态度与方法，我们可以将谈判划分为软式谈判（或称让步型谈判）、硬式谈判（或称立场型谈判）、原则型谈判（或称价值型谈判）；按谈判双方接触的方式，可以将谈判划分为口头谈判、书面谈判和网络谈判三种；按商务交易的地位，可以分为买方谈判、卖方谈判和代理谈判。

不同类型的商务谈判其具体内容的表现形式是不相同的。货物买卖谈判的主要内容通常要包括：货物部分的谈判，如标的、品质、数量、包装、检验等；商务部分的谈判，如价格、交货、支付、索赔等；法律部分的谈判，如不可抗力、仲裁与法律适用等。技术贸易谈判的主要内容包括：技术部分的主要谈判内容（主要是指标的、技术性能、技术资料的交付、技术咨询和人员培训、技术考核与验收、技术的改进和交换）、商务部分的主要谈判内容（即技术使用的范围和

许可的程度，价格，支付，保证、索赔和罚款）、法律部分的主要谈判内容（主要包括侵权和保密、不可抗力、仲裁法律适用等项，其中，不可抗力、仲裁等与货物买卖谈判涉及的问题相似，而侵权和保密是技术贸易谈判中的特殊内容）。

第三章

商务谈判心理

本章目标

◆ 理解商务谈判心理对整个谈判进程的重要性

◆ 掌握商务谈判心理的概念和禁忌

◆ 了解商务谈判心理的特点

◆ 掌握商务谈判者应具备的素质要求

谈判对象选择、谈判计划制订、谈判策略和技巧的选择与谈判结果的认定，都伴随着谈判各方当事人各种各样的心理现象和心态反应。商务谈判者的心理直接影响着商务谈判行为，对商务谈判的成功与否起着举足轻重的作用。有效地掌握谈判者的心理状况，准确地引导谈判，控制谈判节奏，把谈判者的心理活动控制在最佳状态，可以使谈判者在心理上处于优势地位，从而争取良好的谈判结果，实现预定的谈判目标。

第一节　商务谈判的基本理念

成功的商务谈判，离不开正确理论的指导。正确的谈判理论，对谈判实践及谈判心理的研究都有重要的指导作用。这里，我们介绍几种较典型和较有意义的谈判理论。

一、需要层次理论

谈判需要理论的代表人物是美国纽约尼尔伦伯格—蔡夫—温斯坦法律事务所著名律师杰勒德·L. 尼尔伦伯格（Gerard I. Nierenberg）。他通过大量的实例分析，对谈判的动因、谈判形式、谈判控制等从理论、方法、技巧的角度进行了卓有成效的研究，并提出了具有实践指导意义的"谈判需要理论"。尼尔伦伯格的代表作品有《谈判的艺术》（*The Art of Negotiating*）（1968）和《如何阅读人这本书》（*How to Read a Person Like a Book*）（1971）。

（一）马斯洛的需求层次理论

马斯洛的需求层次理论是尼尔伦伯格谈判需要理论的理论基础。美国心理学家马斯洛（A. H. Maslow）1943 年提出了一种关于人的需要结构的理论。

第一，生理需要。人要维持生存，就会对食物、空气、活动、睡眠等产生需要，而且必须得到满足。这是人最基本的需要。现代各种类型的交易洽商活动，无论怎样紧张、激烈，参加谈判的人员都要保证这种生理上需要的满足，以恢复体力。许多事例证明，在洽商活动中，像就餐、住宿休息、娱乐等事宜安排得越好、越周到，谈判活动的效率也就越高，成效也越显著。相反，当人的这方面需要不能得到很好满足时，会直接影响谈判效果。

第二，安全需要，主要指人的安全感、稳定感、秩序。一个最具有代表性的现象就是参与交易的洽商者普遍对交易中的风险比较关注、担心。对安全需要较为敏感的人，宁可放弃很有吸引力的大笔交易，而选择比较稳妥保险的小额交易，甚至放弃交易。这里我们指的风险，主要是指交易者感觉到的风险，如资金风险、产品性能风险。有些风险尽管实际存在，但没有觉察到，是不会影响其决策行为的。

第三，社会需要，主要是指寻求和改善人际关系的需要。这是在前两种需要得到满足基础上又产生的进一步的要求。任何人都不是在社会上孤立地生活的，人们相互之间需要交往、组织家庭、参加组织、参与各种社会活动。因此，这方面的需要就成为人们行为活动的主要目标和动力。所以社会需要是人的一种较高层次的需要。在经济文化较发达的社会，人们的行为活动更多的是表现社会需要。通过谈判协调行为的活动就是典型的社会交际活动。

第四，尊重的需要，包括自尊、自重、威信和成功，具体表现为希望自己有能力、有成就，能胜任工作，渴望得到别人的赏识和高度评价，得到名誉和荣耀。这种心理需要在谈判活动中表现的最典型的就是有人喜欢显示自己的身份、地位、权威，有的人特别要面子，有的人喜欢听别人的恭维话，也有的人喜欢排场、阔气与豪华。人们在谈判时可能会为了维护面子与尊严愤而退出谈判，放弃他原打算进行的交易，也可能为了取得令人钦佩的谈判业绩，废寝忘食，夜以继日地工作。

第五，自我实现的需要。当上述种种需要都得到充分的满足之后，人们需要的层次又会上升，这就是自我实现的欲望。即每个人都处在最适合他的工作岗位，充分发挥每个人的能力。所以人们也称这一层次的需求为创造性的需求。就拿谈判活动来讲，有项目负责人、专业人员、辅助人员，每个人所具备的能力与应发挥的作用是不一样的。领导者要能够把谈判小组中每个成员协调在一起，充分发挥集体的智慧，做出决策，而谈判小组的成员则负担具体的工作。如果每个人都充分发挥其作用，各司其职，谈判活动无疑会取得十分理想的结果。

马斯洛还认为，上述五种需要的层次是逐步有序升级的。当低一级的需要得到满足后，人们就会追求高一级的需要，并以此作为奋斗的动力。有时在某一时刻，可能存在好几种需要，但各种需要的强度并不是均等的。同时，马斯洛还指出，任何一种需要并不因为下一个需要的产生和发展而消失，各层次的需要相互依存和重叠。

（二）谈判需要理论

尼尔伦伯格运用行为科学、心理科学等原理和知识，总结了他自己不下数千次的谈判经验，提出了谈判的需要理论。尼尔伦伯格认为，任何谈判都是在人与人之间发生的，他们之所以要进行谈判，都是为了满足人的某一种或几种"需要"。这些"需要"决定了谈判的发生、进展和结局。即谈判的前提是谈判各方都有需求，都想从谈判中得到某种东西。尼尔伦伯格指出，从总体上看，谈判者抓住的需要越基本，谈判获得成功的可能性就越大。

尼尔伦伯格将谈判划分为三个层次：个人与个人（P-P）之间的谈判、组织与组织（O-O）之间的谈判、国家与国家（G-G）之间的谈判。在任何一种非个人的谈判中，都有两种需要在同时起着作用：一种是该组织（国家）的需要，另

一种是该谈判者的需要。因而，谈判者应努力通过一定的方式和方法，去发现、诱导个人的需要，进而影响他的立场、观点和看法，以使谈判向有利于实现我方目的的方向发展。

尼尔伦伯格进一步在谈判的三个层次的基础上将适合于不同需要的谈判方法分为六种类型，即谈判者顺从对方的需要、谈判者使对方顺从自己的需要、谈判者同时顺从对方和自己的需要、谈判者违背自己的需要、谈判者违背对方的需要、谈判者同时违背双方的需要。尼尔伦伯格认为，谈判者对第一种方法比对第二种方法更能加以控制，对第二种方法比对第三种方法更能加以控制，以此类推，第六种方法最难控制。谈判者在应用谈判需要模式制定谈判策略时，应根据自己的需要和对对方需要的推测，选择他认为适合于该谈判层次的比较恰当的一种或多种谈判方法。

谈判需要理论在实际应用中，有两个关键的问题：一是探寻需要，二是引导和满足需要。这两个问题是制定谈判策略与战术的基础。在制定谈判策略和战术时，必须考虑三个应用上的问题，即时机（什么时候采用）、场合（在哪里采用）、手段（如何采用）。

二、博弈理论

现代经济科学发展的一个最引人注目的特点，就是将博弈论引入其中。从这一角度出发，许多经济行为都可以理解为某种博弈问题，可以用博弈方法进行分析研究。近年来，随着博弈论运用的领域越来越广泛，博弈论在谈判活动中的应用也越来越受到人们的关注，引起了人们的兴趣。人们将复杂的、不确定的谈判行为，经过简明的博弈分析，使其研究更加科学化、规范化和系统化。

（一）博弈论

博弈论来自英文"game theory"，又译为对策论。对具有博弈性质的决策问题的研究可以追溯到 18 世纪甚至更早。但一般认为，1944 年冯·诺依曼（Von Neumann）和摩根斯坦恩（Morgenstern）合作出版的《博弈论和经济行为》（*The Theory of Games and Economic Behaviour*）一书，标志着系统的博弈理论的形成。但是现代博弈论与该书关系不大。现代博弈论是在 20 世纪五六十年代发展起来的，到 20 世纪 70 年代，博弈论正式成为主流经济学。特别是最近十几年来，博弈论在经济学中，特别是在揭示经济行为相互制约性质方面得到了广泛的运用。

博弈论究竟是什么，可以举个例子来说明：

假如你在一个屋子里，屋里有很多人。这时候，屋里突然失火，火势很大，无法扑灭。此时你的目的就是逃生。你的面前有两个门——左门和右门，你必须在它们之间选择。但问题是，其他人也要争抢这两个门出逃。如果你选择的门是很多人选择的，那么你将因人多拥挤、冲不出去而被烧死；相反，如果你选择的是较少人选择的，那么你将逃生。这里我们不考虑道德因素，你将如何选择？——这就是博弈论！在这个游戏（game）中，策略或计谋将起着举足轻重的作用。

你的选择必须考虑其他人的选择，而其他人的选择也考虑你的选择。你的结果（博弈论称之为支付，即 pay off），不仅取决于你的行动选择（博弈论称之为策略选择），同时取决于他人的策略选择。你和这群人构成一个博弈（game）。

因此，可以简单地说，博弈论就是研究与决策主体的行为发生直接相互作用时的决策以及这种决策的均衡问题。实际上，博弈是一种日常现象。在经济学中，博弈论是研究当某一经济主体的决策受到其他经济主体决策的影响，同时，该经济主体的相应决策又反过来影响其他经济主体选择时的决策问题和均衡问题。

（二）以博弈论解释谈判

博弈论在谈判中的作用，可以从一个简单的谈判模型中来分析。例如，A 有一辆旧车并修理一新，他拥有并使用这辆车的利益为 3000 元。还有一人 B，想买一辆旧车，他年终发了 5000 元奖金，决定从 A 那里买这辆旧车。当他检查完车后，认为这辆车值 4000 元。假设这两人进行交易，A 要价在 3000 元以上，B 愿意付 4000 元以内，双方之间就有了一个差额，这就是谈判的余地，假设交易是自愿的，双方会在 3000~4000 元的某个点上成交。假定成交价格是 3500 元。

从合作博弈的角度讲，双方都能从合作行为中得到利益。具体地说，这个交易是某个资源（旧车）从对它评价低的所有者手中转移到对它评价高的人那里。这个资源在这一交易过程中的潜在利益从 3000 元增加到 4000 元，净增 1000 元利益。同时也带来了利益分享。如果成交价为 3500 元，那么交易双方从资源的转移中各得 500 元利益。

但是，谈判是一种合作性博弈。合作性的结果出现需要谈判双方拥有充分的交流和信息，一旦谈判各方不能够进行信息交流，就难以实现一个有利于每个当

事人的合作利益，这种谈判就是"囚徒困境"。

"囚徒困境"是一种非合作性的博弈情况。假设有两个嫌疑犯被关在隔离的房间里受审。他们彼此之间无法进行交流和沟通，警察向两名嫌疑犯表明，如果一个人招供，而同伙不招供，招供者会被关押半年，同伙将被关押十年；如果都招供，将各判五年徒刑，如果都不招供，将各判一年。我们知道，两个嫌疑犯最佳的策略选择是双方都不认罪，但监禁半年是最吸引人的。所以，每个嫌疑犯都可能有认罪的动机，这样，双方都可能会认罪，结果是各监禁五年。可见，从博弈角度来分析谈判，只有双方合作，才会有剩余，才谈得上双方利益上的分享。

（三）在博弈论基础上建立谈判程序

博弈的最终目的是力求获得个人收益的最大化，故此要研究自己与对手的策略与行为。而谈判，不是为了争个你死我活，也不是要追求己方的利益最大化，而是要达成双方都满意的协议。双方都力求使自己的利益更多一些，谈判过程也就构成一个博弈。建立在博弈论基础上的谈判程序应分为三个步骤：一是建立风险值；二是确立合作的利益；三是达成分享利益的协议。

1. 建立风险值

建立风险值是指打算合作的双方对所要进行的交易内容的评估确定，如前例中，A 对旧车 3000 元的估价，B 对旧车 4000 元的估价。但在实际交易中，情况要复杂得多。首先，许多合作项目的风险值的确定，本身就是一个庞大的系统工程，收益也是长远的，短期内难以确定；其次，还取决于谈判的双方是竞争者还是合作者，前者双方的利益是对抗的，后者双方的利益是一致的，显然后者的风险值比较容易确定。

2. 确立合作剩余

风险值确定后，会产生双方合作的剩余，即谈判的余地，如上面我们所说的1000 元。但如何进行分配却是关键的问题。双方的讨价还价、斗智斗勇就是为了确定双方的剩余。关于剩余的分配，从来没有统一的标准，一般取决于双方实力的对比和谈判策略与技巧的运用。在许多情况下，一方收益的增加必定是另一方收益的减少，如双方的矛盾焦点都集中在交易产品的价格上，但不论怎样分配，不影响总的结果改变，这种情况在博弈中被称为"零和博弈"。它认为，各方利益是相互对立的，为了在博弈中占据上风，多得利益，都不想让对方了解自己解决问题的思路，猜出所选择的对策，所以，其博弈结果总是不确定的。

现代谈判观念认为，谈判不是将一块蛋糕拿来后，商量怎么分，而是要想办法把蛋糕做大，让每一方都能多分。这一点已被博弈理论所证明，即变和博弈。变和博弈研究的前提是进行不同的策略组合，使博弈各方的得益之和增大。这就意味着参与谈判（博弈）各方之间存在着相互配合，即在各自的利益驱动下自觉、独立采取的合作的态度和行为。大家共同合作，将利益扩大，使每一方都多得，结果是皆大欢喜。

3. 达成分享剩余的协议

谈判是不确定的行为，即使谈判是可能的，也无法保证谈判会成功。如果谈判坚持不下去，各方就不能进行有效的合作，也就无法创造新的价值实现更大的利益。不合作的最大问题就是谈判各方难以在如何分割或分享价值的问题上达成一致性的协议。就上例来讲，剩余是指 A 对车 3000 元评价与 B 对车 4000 元评价之间的差额 1000 元，究竟这一剩余应该怎样分配，是平均还是不平均，取决于许多不确定的因素。实际上，很多的谈判，人们对双方合作的剩余是多少也难以确定。因此，在谈判中就要靠各方本着合作的态度，认识到达成协议对双方彼此都有益，双方的谅解与合作是完全可能的，进而达成协议，分享剩余。达成协议是谈判各方分享合作剩余的保证，也是维系各方合作的纽带。

三、公平理论

谈判的实质就是人们相互间交换意见，协调行为，这就必须遵循一些原则，制定一些规章，才会使这种活动更有成效，而公平就是人们所要依据的一个重要原则，公平理论对谈判活动有着重要的指导意义。

（一）亚当斯的公平理论

公平理论是美国心理学家亚当斯（J. S. Adams）于 1965 年首先提出来的。亚当斯根据人们认知公平的基本要素，确立了这些要素相互间的函数关系，从而归纳出衡量人们分配公平感的公式，即：

$Op/Ip = Or/Ir$

式中：O——结果，即分配中的所获，包括物质的、精神的或当事者认为值得计较的任何事物；I——投入，即人们所付出的贡献，也包括精神的、物质的

和相关的任何要素；p——感受公正或不公正的当事者；r——比较中的参照对象，这可以是具体的他人或群体的平均状态，也可以是当事者自身过去经历过的或未来所设想的状态。

由于公平理论的建立主要是从人们认知的心理感觉出发的，因此，当公式两侧相等时，人们就会感到公平、公正。这说明人们在对待分配是否公平时，并不是比较所获得结果绝对量的多少，而是比较所获与所付出的比值。

当公式两侧不相等时，人们则会产生分配的不公平感。如 $Op/Ip < Or/Ir$，人们会觉得吃了亏；反之，如果 $Op/Ip > Or/Ir$，人们觉得占了便宜，也会产生另外一种不公平感，即歉疚感，但多数人此时会心安理得。由于主观上的比较估量极易调整，因此，歉疚感也非常容易消除，这样不公平感便主要是指由前者而产生的吃亏感。

当人们感觉到吃了亏而产生不公平感的时候，就会心存不满或产生怨恨，进而影响到整个情绪与行为，后果是极其消极的。为了恢复公平感，就需要消除产生不公平的根源，一般采取以下几种调整措施：

（1）从实际上扩大自己所得 Op，或增大对方的贡献 Ir，或减少自己付出 Ip，或减少对方所得 Or。但实际上，除 Ip 外，其他三种情况自我不能控制，所以，恢复公平的主要方式是减少自己付出 Ip。例如，一个积极工作的职工，如果在领取报酬时，没有拿到他期望的较多的奖金，而是和其他人一样，那么，他就会产生不公平感，他既不能左右老板给他增加工资，又不能影响别人工作干劲，但他能够使自己消极怠工，敷衍了事。由于不公平感主要是人们的自我认知形成的，因此，人们的调整也很大程度上取决于认知水平。比较常见的有自我安慰、理喻、角色转换等。

（2）改变参照对象，以避开不公平。改变参照对象，可以很快消除人们的不公平感。有句老话，叫作"比上不足，比下有余"，就是指改变参照对象后，人们的心理状态会发生改变。例如，有的大学毕业生当与他同届毕业有成就的同学相比时，就会产生不公平感，抱怨自己的机遇不好，上帝不公平，感叹自己怀才不遇。但如果他改变了对比对象，与没考上大学的同学比，他又会感到自己很幸运，生活、工作也都不错，不满意感也会随即消失。

（3）退出比较，以恢复平衡。人们调整不公平感心态的方式，还有一种比较常见的，就是退出比较，以求平衡。在现实生活中，人们不公平感的产生多是在参照物的比较下形成的，所以，消除不公平感的最简单办法就是退出比较，当参照物消失后，不公平感也随之消失。这种事例在现实中俯拾即是，不胜枚举。

谈判活动具有极大的不确定性，谈判双方在接触过程中，会从各方面对双方谈判人员的心理产生微妙的影响，诸如，谈判中的一方只做出了很小的让步，但在签订协议时，让步的一方可能还觉得不公平；而有的时候，一方做出了很大的牺牲，但他却觉得很平衡。怎样消除谈判一方的不公平感，防止由此带来的消极作用，是十分重要的。

（二）"公平"的判定标准

高明的谈判者必须借助各种谈判技巧，及时觉察谈判对手心理的微妙变化，使谈判各方认为达成协议对于每个人都是相对公平的。

1. 关于公平的四种分配方法的理论探讨

在西方文化中，人们对公平的研究主要考虑两个方面：一是把什么样的因素投入对公正的"运算"；二是采取什么样的分配方式。对谈判中的"公正"问题的研讨及评判标准，可以用对策论的专家们经常讨论的一个例子，即在两位谈判当事人——穷人和富人之间如何"公正"地分配200美元。

方案一：以心理承受的公平为标准，按150：50的比例分配，富人拿多的一份。因为在心理上50美元对穷人来说是个大数目，穷人失去50美元相当于富人失去150美元。例如，一些社会团体的赈灾求助活动，经常是按人们收入的多少进行募捐。

方案二：以实际需要的补偿原则为标准。按上述分配比例，但是让穷人拿多的一份，对于双方的实际需要来说是合理的，即对弱者实行补偿原则。例如，世界上的国家可以分为穷国和富国，或者是发达国家和不发达国家，许多谈判就是免除穷国欠富国的债务。联合国的一些常设机构、组织对一些不发达国家和地区的援助、投资等也属此类。

方案三：以平均分配为标准，即100：100，穷人和富人各得200美元的一半。这种分配表面看也很公正，但由于富人的税率比穷人高，富人拿到这100美元后，缴税后的剩余要比穷人少，所以，有人也指责这种分配不公平。但在现实中，这种方法简便易行，是最为常见的分配方法，也是其他演变分配的基础，如

子女继承遗产、企业或社会发放的救济金等。

方案四：以实际所得平等为标准，按 142 : 58 的比率分配，富人在拿到 142 美元之后需纳税 84 美元，最后实际所得 58 美元，与穷人不够纳税的 58 美元正好相等。这种分配方式经常用于企业给职工的工资较低，但通过较高的福利待遇找齐的情况。

以上四种分配方法，由于人们的选择角度与标准不同，导致了分配比例结果的不同，尽管有巨大的差异，但是人们仍然可以认为这四种方法是公正的。显然，公正是有多重标准的。同样是上述 200 美元的例子，人们还可以用年龄大小、地位高低、饥饿程度、先后时序、资历深浅等作为标准，制定出其他形式的"公正"分配比率。问题的关键在于，参与分配的双方要对公正的标准事先形成共识和认可，这也就说明在具体的谈判中用何种标准来讲求"公正"是一个很重要的问题。

2. 公平或公正的两种分配方法

公平或公正的实际分配方法，也影响公平理论的贯彻。这里我们介绍两种有代表性的方法，即朴素法和拍卖法。

（1）朴素法，由哈佛大学的谈判专家们提出，他们通过对遗产继承问题的研究，以遗产继承者对所继承遗产的评估期望值，得出一种"公正"分配遗产的方法。

假如某夫妇意外死亡，没有留下遗嘱，他们的三个孩子——乔丹、迈克尔、玛丽将如何公正、平等地分配 ABCD 四件物品呢?

首先，让每个孩子对每件物品进行评估，得出的结果如表 3-1 所示。

表 3-1　每个孩子的估价值

单位：美元

	乔丹	迈克尔	玛丽
A	10000	4000	7000
B	2000	1000	4000
C	500	1500	2000
D	800	2000	1000

"公正"分配的方法是将物品分配给对它出价最高的人，然后按所有物品的最高估价总值来作为三个孩子共同平等分享的金额，这就是朴素法的基本内涵。

根据这一方法，乔丹以在三个孩子中对物品 A 的最高估价（10000 美元）得到 A，同样的道理，迈克尔以 2000 美元的价格得到 D，玛丽分别以 4000 美元和2000 美元得到 B 和 C，把 A、B、C、D 四件物品的最高估价相加，得到可共同分享的总金额为 18000 美元，每个孩子可以分得其中的 1/3，即 6000 美元。相应减去他们对物品的评估值，如乔丹对 A 评估 10000 美元，扣除他分得的 6000 美元后，他还应支付 4000 美元；迈克尔减去他对物品 D 评估的 2000 美元后，他还应得到 4000 美元；同理，玛丽分得的 6000 美元与她得到的物品 B 和 C 估值相等。所以，乔丹的 4000 美元要付给迈克尔。由此结束了以朴素法进行的公正分配。

（2）拍卖法，是以类似于公开拍卖的方式处理所有遗物，然后分配者再平分全部拍卖所得。

根据拍卖的原则，依然是乔丹得到物品 A，迈克尔得到 D，玛丽得到 B 和C。这些归属关系与朴素法相比没有变，但是，他们各自支出的金额却有所不同。以乔丹来说，他只要出稍高于 7000 元的金额就可得到 A，而不必出 10000 元，因为拍卖到 7005 元的时候，就只有他来买了。同样，迈克尔为物品 D 也只需支付 1005 元，玛丽则分别为 B 和 C 支付 2005 元和 1505 元。这样全部拍卖总金额为 11520 元，三人平分，各得 3840 元。他们的具体收支状况为：乔丹要为物品A 具体支付 7005 元，再减去他得到的 3840 元，乔丹还要付出 3165 元，依此类推，迈克尔则得到 2835 元，玛丽也可得到 330 元的补贴。由上述分析可见，同样可以称为"公正"，在具体的分配方法上也会产生"公正"的不同结果。

朴素法对迈克尔有利，这使他在获得物品 D 的同时还能得到 4000 美元的补贴；而拍卖法则对乔丹有利，他同样可获得物品 A，但却比朴素法少付出 835 美元，玛丽也喜欢拍卖法，因为她除了可以得到上述两个物品外，还可以得到一些补贴。

公平理论的基本内涵对于我们理解并处理谈判活动的各种问题有重要的指导意义。第一，由于人们选择的角度与标准不同，人们对于公正的看法及所采取的分配方式会有很大的差异，完全绝对的公正是不存在的。人们坐下来谈判就是要

对合作中利益的公平分配的标准达成共识与认可。第二，公平感是一个支配人们行为的重要心理现象，如果人们产生不公平感，则会极大地影响人的行动积极性，而且人们会千方百计地消除不公平感，以求心理平衡。第三，无论是在什么样的公平分配方法中，心理因素的影响作用都越来越重要了。因为在许多情况下，人们对公正的看法取决于心理因素。

四、谈判实力理论

美国谈判学家约翰·温克勒在《谈判技巧》一书中明确地提出了"谈判实力理论"。该理论认为，谈判技巧运用的依据和成功的基础是谈判实力，建立并加强自己谈判实力的基础又在于谈判的充分准备和对对方的充分了解。技巧的运用与实力的消长有极为紧密的关系。通过恰当的语言和交往方式，在对手面前树立或制造己方的印象，探索彼此的力量，采取一切可能的措施增强己方实力。这样，就为谈判技巧更加主动、灵活的运用打下了基础。在商务谈判中，温克勒提出了具有普遍适用性的"价格—质量—服务—条件—价格"逻辑循环谈判的法则，即在谈判中，如果对方在价格上要挟你，就和他们谈质量；如果对方在质量上苛求你，就和他们谈服务；如果对方在服务上挑剔你，就和他们谈条件；如果对方在条件上逼迫你，就和他们谈价格。温克勒的理论具有很强的实践性，尤其是在经营管理方面有较高的应用价值。他根据对谈判过程的研究成果，提出了谈判实力理论的十大原则。

（一）不轻易给对方讨价还价的余地

如果遇到的某些问题大致是确定性的，就应努力使自己处于一种没有必要进行谈判的地位，或至多只能在枝节问题上交涉，核心问题是不可谈判的。

（二）在没有充分准备的情况下应避免仓促参与谈判

在条件许可时应事先进行一些调查研究工作，努力了解对方，其现状如何、利益何在、关键问题是什么、谁是对方做决策的人物等。特别是在谈判的初始阶段双方的接触对整个谈判的影响极大，那些进行了充分准备和调查研究的谈判者，他的亮相将分外有力。反之，如果谈判者不懂得这种博弈知识，那么在未来的谈判中他们的地位将是极其脆弱的。

（三）要通过给予对方心理上更多的满足感来增强谈判的吸引力

这一原则对谈判各方都存在着若干约束条件，如谈判出现争执或僵局、谈判的核心问题与枝节问题相互纠缠或一个老练的谈判者与初涉谈判的新手交涉时尤为有效。要采取一切措施使对方对谈判保持极大的兴趣，要让对方感觉到他的成功，增加其自我满足感。

（四）向对手展示自己的实力时不宜操之过急，而应采取暗示的方式

如通过让对方感到内疚、有愧、有罪过的形式，或把对方邀至你的办公室（而不是去对方办公室）来谈判，或通过第三方的影响，或舆论的压力等形式，都是有效的暗示实力的方法。

（五）要为对手制造竞争气氛，让对手们彼此之间竞争

在商务谈判中，竞争是必然的。在谈判中要善于制造合理的竞争气氛，因为，卖方的竞争越激烈，买方的获利就越大；而买方的竞争越激烈，卖方的地位就越强。对于自身的竞争者，不要惊慌失措，因为对竞争者的惊慌失措将于事无补。

（六）给自己在谈判中的目标和动机幅度留有适当余地

当你要获取时，应提出比你原预想的目标还高些的要求；当你要付出时，应提出比你原预想的目标低些的要求。无论何种情况，让步要稳、要在明处、要小步实施、要大肆渲染、要对等让步。这就是谈判领域中常见的所谓"色拉米香肠"谈判法。

（七）注意信息的收集、分析与保密

谈判者是处于特定社会环境下的人，不会轻易把自己的要求与条件透彻地告诉对方。这就要求在进行谈判的时候，尽可能多地收集对方的信息，只有在十分必要的情况下才能将有关的想法一点一滴地透露出来，不要轻易暴露自己的信息。

（八）在谈判中应多听、多问、少说

谈判虽然在一定程度上包括了演讲，但它毕竟不能等同于演讲。演讲的目的是要把自己的主张与想法告知听众，而谈判的目的除此之外，还要通过与对方的交涉实现自己的目标，这就要求尽可能多地了解和熟悉对方。多听、多问有助于对谈判者之间的相互关系施加某些控制，迫使其改变原定的策略、措施、方法等。

（九）要与对方所希望的目标保持接触

谈判者无论提出什么样的要求，都应与对方希望的目标保持恰当的接触。你的要求与对方的要求之间的差距越大，你需要发出的信号也应该越多。比如，通过你与旁人的闲谈、通过寻找借口、通过变通的形式、通过交换条件、通过中间人的联系等故意把信号传给对方。

（十）要让对方从开始就习惯于你的大目标

谈判者不应一遇困难就轻率地背弃自己所期望的目标，应逐步学会利用公共关系等手段让对方适应己方的大目标，尤其是当你的地位很有利而且对方很需要你时，更应如此。

温克勒极为强调谈判行为对谈判的作用，他认为："谈判过程是一种社会交往的过程，与所有其他社会事务一样，当事人在谈判过程中的行为举止、为人处世的方式，对于谈判的成败至关重要，其意义不亚于一个高妙的谈判策略……谈判者在谈判中的行为将被看作他所代表的组织的素质中最具有说服力的标志。"

五、谈判"三方针"理论

英国谈判专家比尔·斯科特精心挑选了"谋求一致""皆大欢喜""以战取胜"三个词汇来表达他的谈判理论。他极力推崇在友好、和谐的气氛下执行谋求一致的谈判方针，但也积极主张在谋得己方最大利益的前提下给对方以适当满足的"皆大欢喜"的谈判方针，他力主避免多种类型的"以战取胜"的方针。

（一）谋求一致

谋求一致是一种为了谋求双方共同利益，创造最大可能一致性的谈判方针，可比喻为双方共同制作更大的蛋糕，分享更多、更好的蛋糕。美国西方石油公司董事长兼首席执行官哈默博士早年曾帮助列宁同新生的苏维埃政权进行过粮食贸易。他同中国也进行了卓有成效的经济合作，1988年9月28日晚，时任中国国家领导人接见哈默博士，感谢他10年来给予中国的帮助和支持，并希望与他继续合作。哈默博士这次来华，除解决有关已投资建设的平朔安太堡露天煤矿的一些具体问题外，还希望尽快与中国签订合作建设一座设计能力为1500万吨大型煤矿的意向书，与中国海洋石油总公司洽谈进一步合作的问题。类似这类谈判成功的实例都是双方在谋求一致的大前提下进行的。

（二）皆大欢喜

皆大欢喜是一种使谈判双方保持积极的关系、各得其所的谈判方针。与"谋求一致"相比，不是把蛋糕做得尽可能大，而是根据不同需要、不同价值观，分割既定的一块蛋糕。

案例 3-1

20 世纪 40 年代中期，美国著名导演霍华·休斯制作了一部影片——《不法之徒》，女主角是名噪一时的艳星珍罗素，他们共同签订了一个为期一年的合约，按照合约珍罗素应得 100 万美元。一年到期后，珍罗素找到休斯说："我想依照合约的规定得到我的钱。"霍华·休斯虽家财无数，但现金并不充裕。开始，霍华·休斯说他没有现金，只能拿不动产做抵押。珍罗素根本不听休斯的任何借口，她只要属于自己的钱。休斯一再对她说明目前资金短缺，要求珍罗素再等候一时，珍罗素手持合约不同意，指出合约上清楚地说明一年后付款，她的要求合理合法。双方的要求无法满足，争执越来越大。于是在一种咄咄逼人的敌对状况下，各自找来了律师，看来似乎只有诉诸法律才能解决问题。但是，后来他们两人冷静思索了一下，终于找到了皆大欢喜的办法。经过谈判，他们同意把原来签订的一年期的合约改为 20 年的合约，每年由霍华·休斯付给珍罗素五万美元，合约上的总金额 100 万美元不少，但付款的时间变了。这样，霍华·休斯解决了"流动资金"的困难，可以分期付款，并获得了本金的利息。珍罗素将一年的收入延长为 20 年，而个人交纳的收入税金则大大减少了，因而也获利。双方不仅保住了面子，而且也摆脱了诉讼纠纷，满足了不同利益的需要，都是大赢家。

资料来源：朱凤仙. 商务谈判与实务 [M]. 北京：清华大学出版社，2006.

（三）以战取胜

以战取胜是一种陈旧的谈判方针，争个你死我活，结果往往是两败俱伤。

奉行"以战取胜"谈判方针的人，把谈判看成一场尖锐的冲突，施展各种手腕和诡计，其目的是打败对方，其实质是牺牲他人的利益，以取得自己的最大利益。其危害是：①失去友谊；②失去今后与对方合作的机会；③会遭到对方的抵

抗和反击，冒可能失败的风险；④对方屈从的话，也不会积极履行协议；⑤在社会上失去信誉。因此，谈判高手极少使用此方针。只有在一次性谈判和一方比另一方实力强大得多这两种情况下，可能有的谈判人员会采取"以战取胜"的方针。我们应了解这种方针的危害性，防止受到侵害，并掌握识别和抵抗的技巧。

第二节　商务谈判心理概述

谈判是由人来实现的，人的心理对谈判具有强烈的影响。人们在谈判桌上所做出的提议、所发表的意见、所采取的策略和方针，乃至最终的决定，无一不是人们心理活动的结果。因此，只有有效地掌握谈判者的心理状况，才能准确地引导谈判，控制谈判节奏，争取良好的谈判效果。

一、商务谈判心理的定义

商务谈判心理是指在商务谈判活动中谈判者的各种心理活动，它是商务谈判者在谈判活动中对各种情况、条件等客观现实的主观能动的反映。譬如，当谈判人员在商务谈判中第一次与谈判对手会晤时，对方彬彬有礼、态度诚恳、易于沟通，就会对对方有好的印象，对谈判取得成功抱有希望和信心。反之，如果谈判对手态度狂妄、盛气凌人、难以友好相处，谈判人员就会对其留下坏的印象，从而对谈判的顺利开展存有忧虑。

二、商务谈判心理的特点

与其他的心理活动一样，商务谈判心理有其特点和规律性。一般来说，商务谈判心理具有内隐性、相对稳定性、个体差异性等特点。

（一）商务谈判心理的内隐性

商务谈判心理的内隐性是指商务谈判心理藏之于脑、存之于心，别人是无法直接观察到的。但尽管如此，由于人的心理会影响人的行为，行为与心理有密切的联系，因此，人的心理可以反过来从其外显行为加以推测。例如，在商务谈判中，对方作为购买方对所购买的商品在价格、质量、售后服务等方面的谈判协议条件都感到满意，那么在双方接触中，谈判对方会表现出温和、友好、礼貌、赞赏的态度反应和行为举止；如果很不满意，则会表现出冷漠、粗暴、不友好、怀疑甚至挑衅的态度反应和行为举止。掌握这其中的一定规律，我们就能较为充分地了解对方的心理状态。

（二）商务谈判心理的相对稳定性

商务谈判心理的相对稳定性是指人的某种商务谈判心理现象产生后往往具有一定的稳定性。例如，商务谈判人员的谈判能力虽然会随着谈判经历的增多而有所提高，但在一段时间内却是相对稳定的。

正是由于商务谈判心理具有相对稳定性，我们才可以通过观察分析去认识它，而且可以运用一定的心理方法和手段去改变它，使其有利于商务谈判的开展。

（三）商务谈判心理的个体差异性

商务谈判心理的个体差异性是指因谈判者个体的主客观情况的不同，谈判者个体之间的心理状态存在着一定的差异。商务谈判心理的个体差异性要求人们在研究商务谈判心理时，既要注重探索商务谈判心理的共同特点和规律，又要注意把握不同个体心理的独特之处，以有效地为商务谈判服务。

三、研究和掌握商务谈判心理的意义

对商务谈判心理的熟悉，有助于提高谈判人员谈判的艺术性，从而灵活、有效地处理好各种复杂的谈判问题。研究和掌握商务谈判心理，对于商务谈判有以下几个方面的作用：

（一）有助于培养谈判人员自身良好的心理素质

谈判人员良好的心理素质是谈判取得成功的重要基础条件。谈判人员相信谈判成功的坚定信心、对谈判的诚意、在谈判中的耐心等都是保证谈判成功不可或缺的心理素质。良好的心理素质，是谈判者抵御谈判心理挫折的条件和铺设谈判成功之路的基石。

谈判人员对商务谈判心理有正确的认识，就可以有意识地培养自身优良的心理素质，摒弃不良的心理行为习惯，从而把自己造就成商务谈判方面的人才。商务谈判人员应具备的基本心理素质有自信心、耐心和诚心（诚意）。

（二）有助于揣摩谈判对手心理，实施心理诱导

谈判人员对商务谈判心理有所认识，经过实践锻炼，可以通过观察分析谈判对手言谈举止，弄清谈判对手的心理活动状态，如其个性、心理追求、心理动机、情绪状态等。谈判人员在谈判过程中，要仔细倾听对方的发言，观察其神态表情，留心其举止包括细微的动作，以了解谈判对手心理，了解其深藏于背后的实质意图、想法，识别其计谋或攻心术，防止掉入对手设置的谈判陷阱并正确做出自己的谈判决策。

人的心理与行为是相联系的，心理引导行为。而心理是可诱导的，通过对人的心理诱导，可引导人的行为。了解谈判对手心理，可以针对对手不同的心理状况采用不同的策略。了解对手人员的谈判思维特点、对谈判问题的态度等，可以开展有针对性的谈判准备和采取相应的对策，把握谈判的主动权，使谈判向有利于我方的方向转化。比如，需要是人的兴趣产生和发展的基础，谈判人员可以观察对方在谈判中的兴趣表现，分析了解其需要所在；相反地，也可以根据对手的需要进行心理的诱导，激发其对某一事物的兴趣进而促成商务谈判的成功。

（三）有助于恰当地表达和掩饰我方心理

商务谈判必须进行沟通。了解商务谈判心理，有助于表达我方心理，可以有效地促进沟通。如果对方不清楚我方的心理要求或态度，必要时我方可以通过各种合适的途径和方式向对方表达，以有效地促使对方了解并重视我方的心理要求或态度。

作为谈判的另一方，谈判对手也会分析研究我方的心理状态。我方的心理状态，往往蕴含着商务活动的重要信息，有的是不能轻易暴露给对方的。掩饰我方心理，就是要掩饰我方有必要掩饰的情绪、需要、动机、期望目标和行为倾向等。在很多时候，这些是我方在商务谈判中的核心机密，失去了这些秘密也就失去了主动。这些秘密如果为对方所知，就成了助长对方滋生谈判诡计的温床。商务谈判的研究表明，红白脸的运用、撤出谈判的胁迫、最后期限的通牒、拖延战术的采用等，都是以一方了解了另一方的某种重要信息为前提，与一方对另一方的心理态度有充分把握有关的，因而对此不能掉以轻心。

为了不让谈判对手了解我方某些真实的心理状态、意图和想法，谈判人员可以根据自己对谈判心理的认识，在言谈举止、信息传播、谈判策略等方面施以调控，对自己的心理动机（或意图）、情绪状态等做适当的掩饰。如在谈判过程中被迫做出让步，不得不在某个已经决定的问题上撤回，为了掩饰在这个问题上让步的真实原因和心理意图，可以用类似"既然你在交货期方面有所宽限，我们可以在价格方面做出适当的调整"等言词加以掩饰；如我方面临着时间压力，为了掩饰我方重视交货时间的这一心理状态，可借助多个成员提出不同的要求，以扰乱对方的视线，或在议程安排上有意加以掩饰。

（四）有助于营造谈判氛围

商务谈判心理的知识还有助于帮助谈判人员协调与对方的互动，形成一种良好的交际和谈判氛围。

为了使商务谈判能顺利达到预期的目的，需要适当的谈判氛围的配合。适当的谈判氛围可以有效地影响谈判人员的情绪、态度，使谈判顺利推进。一个商务谈判的高手，也是营造谈判氛围的高手，会对不利的谈判气氛加以控制。对谈判气氛的调控往往根据双方谈判态度和采取的策略、方法而变。一般地，谈判者都应尽可能地营造出友好、和谐的谈判气氛以促成双方的谈判。但适当的谈判氛围，并不一味都是温馨、和谐的气氛。出于谈判利益和谈判情境的需要，必要时也会有意地制造紧张甚至不和谐的气氛，以对抗对方的胁迫，给对方施加压力，迫使对方做出让步。

第三节　商务谈判中的个性利用

日常生活中我们经常说某人很有气质、很有魅力。什么是气质呢？给一个科学的定义，就是指人的心理活动在动力方面的典型的、稳定的心理特点，主要表现在情绪体验的强度、速度，表现的隐显，动作的灵敏或迟钝，语言的速度和节奏等方面。

从古到今，许多心理学家对此做了大量研究，通过观察和研究人们的心理活动在动力方面表现出来的特点，把人的气质分为四种类型：胆汁质（兴奋型）、多血质（活泼型）、粘液质（安静型）、抑郁质（抑制型）。古代所创立的气质学

说用体液解释气质类型虽然缺乏科学根据，但人们在日常生活中确实能观察到这四种气质类型的典型代表。

不同谈判人员的性格特征不同，在商务谈判过程中，首席代表或谈判队伍领导人为了提高整个谈判队伍的效率，必须学会利用不同谈判人员的性格特征和心理活动。

一、对多血质气质谈判人员的个性利用

具有多血质气质的谈判人员，其行为表现是活泼好动、精力充沛、交际广泛、应变能力强、反应迅速、动作灵敏，但情绪易起伏激动、注意力分散。所以，具有这种气质的谈判人员能够适应各种谈判气氛与环境，比较容易同对方相处，能够活跃谈判气氛，消息灵通，处理问题也比较灵活，富于创造性，并且积极主动地寻找解决问题的途径，在困难和挫折面前比较乐观、有自信心。但其弱点是注意力不易持久，兴趣多变，不善于发现和注意谈判中的某些细节，看问题有时流于表象，不够深刻。总的来讲，这种气质的人善于与人相处，比较适合做谈判工作。

二、对胆汁质气质谈判人员的个性利用

胆汁质气质类型的特点是热情直率、精力充沛、对事物反应迅速，但不灵活，心境变化剧烈，情绪容易急躁、冲动。在谈判中，这种类型的人工作起来全神贯注，有热情，有效率，喜欢提问题、建议，但也常常出现行动毛草、脾气急躁、忍耐性较差、容易发火也容易息怒的现象。胆汁质谈判者的另一突出特点是对自己的目标决不动摇，也决不轻易改变自己的决定。他们常常为某个小问题或微不足道的细节而争执，不肯轻易让步。因此，在同这类谈判者交谈时，言行一定要慎重，态度要和平、友好，决不能用语言刺激对方，同时，也要尽可能体谅他们的某些过火言行。总之，与这种气质类型的人谈判，往往气氛紧张，但达成协议较迅速。

三、对粘液质气质谈判人员的个性利用

粘液质类型的人安静稳重、反应缓慢、沉默寡言、情绪不易外露、注意力稳

定、善于忍耐，因此，在谈判中能够从容不迫，很少露出紧张、慌乱的神态。他们善于控制自己，有较强的自信心和影响力。对所讨论的合同条件及细节思考周密、言行谨慎。而且一旦下定决心，做出决策，行动起来有条不紊，不轻易受外界因素的干扰，遇到困难和挫折不轻易退却。这种气质的人由于有较强的内倾性，不喜欢过多地表现自己，因此，在交谈中常常聆听别人的讲话，观看别人的"表演"，这使他有更多的机会观察对方，分析其特点，并伺机进攻。所以综合来讲，这是一种较为理想的谈判气质类型。当然，由于这类人不善于交际，在某种情况下，表现比较被动，缺少热情，有时也会错过极好的交易机会。

四、对抑郁质气质谈判人员的个性利用

抑郁质类型的人行运迟缓、孤僻多疑，但观察问题深入细致、体验深刻。这类谈判人员考虑问题慎重多疑，往往能够发现一般人不易察觉的细微之处，他们对合同条款的确定更是千思万虑、反复推敲、不轻易下结论，但在决策阶段，容易犹豫反复，拿不准主意，以至贻误时机。这类人对外界反应比较敏感，也容易受其他因素的干扰，所以与这种气质类型的人谈判，忍耐力、谨慎和细心都是十分重要的。

综上所述，各种气质类型的划分，说明人的气质总是各有特点，具有典型气质特征的谈判者在谈判中的行为特点，也都具有一定的代表性。然而实际情况远比这四种类型要复杂得多，真正属于某种典型气质的人极少，绝大多数人的气质都不是单一的，常常是以一种气质为主，兼有邻近类型的气质特点。应该说气质类型无好坏之分，任何一种气质类型在这种情况下可能具有积极的一面，而在另一种情况下就可能具有消极的意义。或者说，每种气质类型的特点都具有好的一面，又具有不好的一面。一个人的气质类型并不决定其活动的社会价值和成就的高低。实践证明，一个优秀的商务谈判者是由他的思想素质、文化修养和技术能力决定的，但气质也具有一定的影响。在不同性质的工作中，人的气质特点所产生的影响又是各不相同的。因此，了解气质类型无论是对于选择和使用不同气质的谈判者，还是对于分析谈判对手，抑或对于谈判人员自觉地加强心理素质修养都具有重要意义。

虽然决定个人工作成败的关键不是气质特点，但也不能否认，当一个人所具

有的气质特点符合工作要求时，工作起来就比较适应，比较轻松自如。一个成熟的商务谈判者，一方面应该切实了解自己的气质特征，在工作实践中充分发扬有利于谈判活动的好的方面，努力克服不利的方面；另一方面也要善于在谈判桌上辨别谈判对手的气质特征，并根据其主导气质的特点，有针对性地选取适当的谈判方法，推动谈判健康而深入地进行，以取得成功。

第四节　商务谈判者成功心理素质

一、崇高的事业心、责任感

崇高的事业心和责任感是指谈判者要以极大的热情和全部的精力投入到谈判活动中，以对自己工作高度负责的态度抱定必胜的信念去进行谈判活动，只有这样才会有勇有谋、百折不挠、达到目标，才能虚怀若谷、大智若愚、取得成功。只有具有崇高事业心和强烈责任感的谈判者，才会以科学严谨、认真负责、求实创新的态度，本着对自己负责、对别人负责、对集体负责的原则，克服一切困难，顺利完成谈判任务。

二、坚忍不拔的意志

商务谈判不只是一种智力、技能和实力的比试，更是一场意志、耐性和毅力的较量。一些重大的谈判，往往不是一两轮就能完成的。对谈判者而言，如果缺乏应有的意志和耐心，是很难在谈判中成功的。意志和耐心不仅是谈判者应具备的心理素质，也是进行谈判的一种方法和技巧。著名的戴维营和平协议就是一个由于耐心持久而促成的成功谈判的经典案例。这个谈判的成功，应归功于卡特的耐心和意志。

卡特总统是一位富于伦理道德的正派人，他最大的特点就是持久和耐心。有人曾评论说，如果你同他一起待上 10 分钟，你就会像服了一副镇静剂一样。

为了促成埃及和以色列的和平谈判，卡特精心地将谈判地点选择在戴维营，那是一个没有时髦男女出没甚至普通人也很少去的地方。尽管那里环境幽静、风景优美、生活设施配套完善，但卡特总统仅为 14 人安排了两辆自行车的娱乐设备。晚上休息，住宿的人可以任选三部乏味的电影中的任何一部看。到第六天，每个人都把这些电影看过两遍了，他们厌烦得近乎发疯。但是每天早上 8 点，萨达特和贝京都会准时听到卡特的敲门声和那句熟悉的单调话语："你好，我是卡特，再把那个乏味的题目讨论一天吧。"正是由于卡特总统的耐心、坚忍不拔、毫不动摇，到第 13 天，萨达特和贝京都忍耐不住了，再也不想为谈判中的一些问题争论不休了，这就是著名的戴维营和平协议。

三、以礼待人的谈判诚意和态度

谈判的目的是较好地满足谈判双方的需要，是一种交际、一种合作。谈判双方能否互相交往、信任、取得合作，还取决于谈判双方在整个活动中的诚意和态度。谈判作为一种交往活动是人类自尊需要的满足，要得到别人的尊重，前提是要尊重别人。谦虚恭让的谈判风格、优雅得体的举止和豁达宽广的胸怀是一位成功谈判者所必需的。在谈判过程中以诚意感动对方，可以使谈判双方互相信任，建立良好的交往关系，有利于谈判的顺利进行。谈判桌上谦和的态度和化敌为友的含蓄委婉，比任何场合的交谈都更为重要。例如，人挨着谈判桌，摆出一副真诚的姿态，脸上露出淡淡的笑意，对方发言时总是显出认真倾听的样子，常常是很讨人喜欢的。"是呀，但是……""我理解你的处境，但是……""我完全明白你的意思，也赞同你的意见，但是……"这些话既表示了对对方的尊重、理解、同情，同时又赢得了"但是"以后所包含的内容，使谈判向成功又迈进了一步。

四、良好的心理调控能力

要完成伟大的事业没有激情是不行的。但在激情下面，限制我们激情所激发的行动的是那种广泛、不受个人情感影响的观察。谈判是一种高智能的斗智比谋的竞赛活动，感情用事会给谈判造成不利影响。一名成功的谈判者，应具有良好的心理调控能力，在遭受心理挫折时，善于做自我调节、临危不乱、受挫不惊，在整个谈判过程中始终保持清醒、冷静的头脑，保持灵敏的反应能力、较强的思

辨性和准确的语言表达，使自己的作用和潜能得以充分发挥，从而促成谈判的成功。

五、敏锐的感受能力和应变能力

感受力就是对接触到的外界事物的接受能力，这种能力对于一个谈判者来说是非常重要的。尼尔伦伯格在《谈判的艺术》一书中有这样的描述：老练的谈判家能把坐在谈判桌对面的人一眼望穿，断定他将有什么行动和为什么行动。合格的谈判者要随时根据谈判中的情况变化及有关信息，透过复杂多变的现象，抓住问题的实质，迅速分析，综合做出判断，并采取必要的措施，果断地提出解决问题的具体方案。战国时期，齐臣张丑去燕国做人质，燕王要杀张丑，张丑准备逃出燕国，被人抓住。张丑说："燕王之所以要杀我，是因为有人说我有宝珠，燕王想得到这颗宝珠。可现在我已经把这颗宝珠丢失了，燕王却不相信，你如果把我送交燕王，我就说是你夺了我的宝珠，吞到肚子里去了。燕王一定要杀你，剖开你的肚子和肠子。一个贪得无厌的国君，绝对不允许人损害他的私利的。我反正是要死的，你的肠子也会一寸一寸地被切断。"那人害怕，就把张丑放了。张丑的一番说辞，完全掌握了捉拿者的心理弱点。

扩展阅读：谈判者需要熟知的八种基本心理现象

（1）文饰作用。其为一种自我防御机制，即用一种对自己最有利的方式对某些不可能接受的事物进行合理化的解释。

（2）投射。其指把自己的动机归因于他人，是人类理解与思考外部事物最基本的方法之一。

（3）移置作用。将内心矛盾冲突在压抑之后转移到别人身上。

（4）压抑。其指有意识地想将那些与自己动机相冲突的、感到厌恶或痛苦的情感、观念、欲望等排斥出去，以解除内心冲突并获得心理的平衡，如你故意忘掉那些令你无法拒绝的事情、表现出对让你厌恶的事情不感兴趣、有意识地对正在激怒你的对手表示你的不在乎等。

（5）反应形成。其指压抑自己强烈的、不合时宜的冲动，以反常的表现形式沿着与这些被压抑的冲动相反的路子，以他人接受的行为行事。

（6）自我意象。其指通过周围的人对自己的评价和自己的特殊经历，得出的关于自身的综合概念。自我意象是一个人对自己的看法，这些看法在某些方面是积极的，而在另一些方面可能是消极的。比如，一个人会从周围人对他的工作能力和专业水平的钦佩中看到自己，从而"自我感觉良好"，同时，他又会因自己不善社交、不善家务、不善理财等，以及周围人的某些嘲笑而小看自己。带着这样的一种综合概念来看自己，人的许多决断都是为了维护或加强这种自我意象。

（7）角色扮演。其指进一步通过有意识的行为来表现自我意象。大多数情况下，人们可能不会将其自我意象完全暴露出来。谈判者在这时只有通过了解、研究其对手过去的行为和经历，分析、判断对手的自我意象，以期对对手有一个较全面的认识，才能较有依据地对对手在特定条件下对特定问题将做出怎样的反应进行假设，并有针对性地制定出对策。进一步讲，如果一个人试图通过有意识的行为来表现他的自我意象，这就是"角色扮演"。

（8）理性行为。与非理性相对，如一个人能考虑到他可以采取的每一项行动方案可能带来的不同后果，能辨明这些不同后果的轻重优劣，能根据自己的预测选择有可能导致最理想结果的行动方案，我们就能把他看成一个有理性的人。反之则为非理性。

资料来源：［美］杰勒德·I. 尼尔伦伯格. 谈判的艺术 ［M］. 曹景行，陆延译. 上海：上海翻译出版公司，1986.

第五节　商务谈判的心理禁忌

一、必须避免出现的心理状态

（一）信心不足

在激烈的谈判中，如果信心不足，是很难取得成功的。即使达成了交易，也必将付出巨大的代价。在谈判中，八仙过海，各显神通；明比质量与价格，暗斗

意志与智慧。谈判各方为了实现自己的目标，都充分运用各种谈判手段与技巧调整好自己的心理状态，试图从气势上压倒对手。如若信心不足则无力支撑谈判的全过程，在对方的攻击下，很可能中途就败下阵来。信心十足是谈判人员从事谈判活动的必备心理要素。有了充足的信心，谈判者才能使自己的才能得到充分展示，潜能得到充分发挥。在必胜信心的支持下，谈判者能将自己的需求动机转变为需求行为，最终如愿以偿，实现目标。所以，无论如何，谈判人员一定不能表现出信心不足，即使谈判出现十分困难的情形。

（二）热情过度

过分热情，会暴露出你的弱点和愿望，会给人以有求于他的感觉，这样就削弱了自己的谈判力，提高了对手的地位，本来比较容易解决的问题可能就要付更大的代价。对于一般人来说，对于自己喜欢而又无法得到的东西，会有一种强烈取得的意念，可能就会表现热情。但作为谈判者，却要考虑到对手的反应，要用自己的一言一行来牵制对方，努力让谈判的局面朝有利于自己的方向发展。

当己方实力强于对方时，要让对方表现出热情很高，让对方巴结你，强烈要求和你成交，从而维护自己的优势地位。当己方实力弱于对方时，要表现出热心但不过度，感兴趣但不强求，不卑不亢，处之泰然。这样反而使对方对自身产生怀疑，从而增加你的谈判实力。

当谈判出现分歧或僵局时，冷处理比热处理更有效。比如当己方与对手谈论对手的另一个竞争对手时，对方的态度和条件马上就会发生变化。

（三）不知所措

当出现某些比较棘手的问题时，如果没有心理准备，不知所措，就会签订对自己利益损害太大的协议，或者处理不当，不利于谈判的顺利进行。

在谈判中，谈判对手性情不同，各种情形复杂多变，难以预料。如有为一点小事纠缠不清的，有思路不同而令人难以解释的，有故意寻衅找事的，当这些事情发生时，应保持清醒的头脑，分析其原因所在，找出问题的症结。如果是对方蛮不讲理，肆意制造事端，应毫不客气，以牙还牙，不让对方得逞，以免被对方的气势压倒，使对方从中谋利。如果己方亦有责任，则应以礼相待，消除隔阂，加强沟通。

当己方处于不利情形时，也不能不知所措。应做到事前对各种可能出现的最坏局面心里有底，尽量避免不利情况的发生。不知所措，只会乱了自己，帮了对手，谈判人员一定要学会遇险不惊、遇乱不烦才行。

二、对不同类型的谈判对手要区别对待

根据人们自我追求和行为习惯的不同，可以把谈判对手分为三类，即权力型、进取型和关系型。不同类型的谈判者会有不同的心理状态，会采取不同的行为，所以我们要研究不同类型谈判对手的心理，避免触犯某些禁忌。

（一）与权力型对手谈判的禁忌

权力型对手以对别人和对谈判局势施加影响为满足。这类人的特点是，对成功的期望一般，对于保持良好关系的期望一般，对于权力的期望也一般。这类人能够与对方建立友好关系，能有力控制谈判过程。对成功的期望是只要他带回去的结果能使自己的上司和同事满意就行了，在必要的情况下会做出让步，达成一个勉强满意的交易，而不愿意使谈判破裂。

与这类人谈判的禁忌有两点：①试图去支配他、控制他；②逼迫他做出过多的让步，提出相当苛刻的条件。

（二）与进取型对手谈判的禁忌

进取型对手以取得成功为满足，对权力与成功的期望都很高，对关系的期望则很低。这类人尽力争取凡是他认为重要的东西，极力想向对方施加影响，以强权办法求得利益。这类人的目标可能定得并不高，主要是为了能轻易达到谈判目标，甚至轻易地超过目标。同这类人谈判，可让他负责谈判程序的准备，以满足他的权力欲，让他第一个陈述，从而使他觉得自己获得了某种特权，但是要注意控制整个谈判的程序。

同这类人进行谈判的禁忌有如下四点：①不让他插手谈判程序的安排；②不听取他的建议；③让他轻易得手；④屈服于他的压力。

（三）与关系型对手谈判的禁忌

关系型对手以与别人保持良好的关系为满足，对成功与保持良好关系的期望很高，对权力的期望很低。这类人更加期望对他的上司及公司的同事尽责，希望他带回去的协议能得到上司和同事的赞赏，同时也较多地注重与对方人员保持友

好的关系。由于这类人热衷于搞好关系而不追求权力，他在谈判中更容易处于被动地位。

同这类人员进行谈判的禁忌是：①不主动进攻；②对他让步过多；③对他的热情态度掉以轻心。

三、了解不同性格谈判对手的心理特征

在谈判过程中，必须了解不同性格谈判者的心理特征，根据不同的心理采取不同对策，极力避免触犯他们心灵中的禁忌，伤害他们的感情，造成不必要的心理隔阂，阻碍谈判的进行。

(一) 与迟疑的人进行谈判的禁忌

这种人的心理是：①不信任对方。这种人不信任你，没有特殊的理由，只是怕受骗上当。怀疑是他保护自己的一种手段。如果想让他相信，就要拿出确切的证据。②不让对方看透自己。希望自己有一块领地不被人知晓，对方稍有靠近，他们就会敏锐地感觉到，并采取一些行动，误导对方的看法。③极端讨厌被说服。你想一下子说服他是不可能的，即使你的话是真的，并没有骗他。你越说得多，他越不相信。④不立即做出决定。这种人从来不仓促行事，做事要经过全面考虑才采取行动，不轻易相信别人，以至于有时延误了时机，完全根据自己的感觉、意志来行事。他们头脑清晰，考虑问题多。

与这类人谈判的禁忌是：①在心理上和空间上过分接近他；②强迫他接受你的观点；③喋喋不休地说服；④催促他做出决定，不给予他充分的考虑时间。

(二) 与唠叨的人进行谈判的禁忌

这类人的心理是：①具有强烈的自我意识，喋喋不休地说，谈到最后也说不出个所以然来，内心深处却有不堪一击的弱点，尽力想用说话来弥补这个弱点。②爱刨根问底。凡事都通过自己来弄个明白，坚持自己的看法，好与人争辩。经常讨人厌恶，浪费别人时间。喜好驳倒对方。这也不行，那也不是，利用种种手段驳倒对方，看到对方被驳倒灰溜溜的样子，有一种满足感。③心情较为开朗。唠叨是某些人的习惯，不唠叨就难受，把想说的都毫不客气地吐出来后，心情就会开朗。其实，这种人并没有多少心机。

与这类人谈判的禁忌是：①有问必答，这样会没尽头；②和他辩论，即使在

道理上能说服他，但买卖依然不能成交；③表现出不耐烦，不妨听之任之；④胆怯，想开溜。

（三）与沉默的人进行谈判的禁忌

这类人的心理特点是：①不自信。由于不善言辞，生怕被别人误解或被小看，常常闷闷不乐，具有自卑感。②想逃避。对于说话一事感到很麻烦，从来不会因没有说话而感到不自在，自然而然地以听者自居。表现欲差，不愿在人多的场合出头露面，对事物的认识依赖直觉，对好恶反应极为强烈。③行为表情不一致。当他面带微笑时，可能内心正处于一种焦虑和不耐烦的心态。④给人不热情的感觉。这些人看似态度傲慢，其实内心深处也有一种愿为人做些事情的想法。因为答应不爽快，被认为是爱理不理的。

与这类人谈判的禁忌是：①不善察言观色；②感到畏惧；③以寡言对沉默；④强行与之接触。

（四）与顽固的人进行谈判的禁忌

这类人的心理具有如下特点：①非常固执。你说东，他谈西。你越想说服他，他就更加固执地抵抗。这种人很难后退一步，合作起来很不愉快。②自信自满。自以为无所不能，认识事物带有片面性，只按自己的标准行事，往往听不进别人的意见。③控制别人。对某事拘泥于形式，深信自己的所作所为是绝对正确的，怕自己深信的一切被别人修正，相反，想让别人也按他的意志行事。④不愿有所拘束。个性外向者居多，精力充沛，多半在外与众人接触，做起事来很有魄力。

与这类人谈判的禁忌是：①缺乏耐心，急于达成交易；②强制他，企图压服他；③对产品不加详细说明；④太软弱。

（五）与情绪型的人进行谈判的禁忌

这类人的性格特征是：①容易激动。看到新东西，有好奇心，如果很合他的意，马上就会表露出来。一般说来，很难掩饰内心的变化。②情绪变化快，兴趣和注意力容易转移。高兴时有股莫名的冲动，沉不住气，对谁都笑容可掬。心情不好时，敏感的情绪会迅速变化，有时甚至失去控制，恶语伤人。③任性，见异思迁。什么事情都希望由着他的性子办。情绪不稳定，一般没有知心的朋友，较为孤寂。

与这类人谈判的禁忌是：①不善察言观色，抓不住时机；②找不到他的兴趣所在；③打持久战。

第六节　商务谈判心理挫折的防范与应对

一、心理挫折的定义

一个人在做任何事情时不可能都是一帆风顺的，总会遇到这样或那样的问题和困难，这就是我们平常所说的挫折。心理挫折并不是指具体活动受阻，而是活动过程中人们的一种心理感受，或者说是一种感觉，包括由这种感觉所引起的心态及情绪的变化。所谓心理挫折，就是指在某行为活动过程中，人们自己认为或感觉遇到了难以克服的障碍和干扰等，从而在心理上形成的挫折感，并由此产生一种忧虑、焦急、紧张、激动、愤怒、懊悔等情绪性的心理状态。

心理挫折不同于平常所说的挫折。心理挫折是人们的一种主观感受，它的存在并不能说明在客观上就一定存在挫折或失败，也就是说心理挫折的存在并不一定意味着活动挫折的存在。反过来，客观挫折也不一定对每个人都会造成挫折感。由于每个人的心理素质、性格、知识结构、生长环境等都不相同，因此对同一事物活动的反应也就不同。有的人可能会由于困难引发较大的挫折感，而有的人则可能会对困难、阻碍没有什么反应。同样的挫折感所产生的情绪变化也是不同的。比如，有的人在感到挫折后会沮丧、退缩甚至一蹶不振，而有的人则恰恰相反，遇到困难反而更有信心、更加全力以赴。

二、心理挫折对行为的影响

心理挫折虽然是人们的心理状态、感受，是一种内心活动，但它却对人的行为活动有着直接、较大的影响，并通过具体的行为反应表现出来。每个人在感到挫折时所引起的情绪变化是不同的，所以在行为上的反应和表现也各不相同。对绝大多数人而言，在感到挫折时的行为反应主要有以下几种：

（一）言行过激

人们在感到挫折时，最容易产生也是最常见的反应莫过于生气、愤怒了。在这种情况下，人们的言行就会超出原有的正常范围，如说出一些极端的话、做出一些挑衅性的动作等。比如，一个人去买一件东西，他在挑选商品或与老板讨价还价时，说了许多有关产品及商店的问题，这时老板容易产生一种心理挫折，说出一些过激的话，像"你买就买，不买就算了""我不卖了，你上别的地方买去"，甚至做出一些过激的动作，如推搡等。当然，在这种条件下每个人的反应不可能相同，这主要取决于每个人的个人素质以及他们平时的正常行为，因为过激本身就是相对于正常而言的。

（二）畏惧退缩

这种行为反应主要是人们在心理挫折的状态下对自己失去信心、缺乏勇气造成的。此时，人的敏感性、判断力都会下降，最终影响目标的实现。比如，一位刚毕业的律师与一位名律师打一场官司，这位刚毕业的律师很容易产生心理挫折，缺乏应有的自信，在对簿法庭时，无论是他的判断力还是思辨能力甚至语言表达能力都会受到影响，这实际上也为对手的胜利提供了条件。

（三）盲目固执

这是指人们感受到心理挫折以后，往往不愿面对现实认真思考、判断，而是非常顽固地坚持一种错误的思想或意见，盲目地重复某种毫无意义的动作。

以上是几种较为常见和普遍的心理挫折的行为反应。此外，不安、冷漠等也是心理挫折的表现。人们在心理挫折时的情绪反应，都是一种非正常的状态。无论对谁来讲都是一种不适的困扰甚至是苦恼的折磨。但心理挫折对人的行为的影响也因人而异，并不是所有人在遭受心理挫折时都会对行为产生消极、反面的影响。相反，对于一些非常振奋、善于在逆境中生存的人来讲，心理挫折以及客观的活动挫折反而更激发他的进取心，激励他不断前进、不断成功。这一点正是我们所追求的，也是谈判者应具备的心理素质。

三、商务谈判中产生心理挫折的原因

在商务谈判中，谈判者会遇到各种各样的问题、困难和阻碍，由此引起谈判人员心理波动，产生挫折是不可避免的。在商务谈判中，比较容易造成或形成谈

判人员心理挫折的因素，主要有以下几点：

第一，谈判者对谈判内容缺乏应有的了解，掌握的信息不够，制定的谈判目标不合理或者不可行，这种情况对谈判者容易造成心理挫折。比如，你非常喜欢一件衣服，于是暗自决定如果价钱不超过300元就买下，你请售货员帮你取下来，然后一边看衣服一边向售货员询问价钱，"2780元"，售货员漫不经心地答道。此时对你来讲就会产生很大的心理挫折，从而失去谈判的信心和勇气，最终很不情愿地将衣服还给售货员。

第二，由于惯例、经验、典范对谈判者的影响，谈判者容易形成思维定式，将自己的思维和想法禁锢起来。对于出现的新情况、新问题仍然按照经验、惯例去解决，这样既影响谈判的结果，也容易产生心理挫折。比如，你是一家商店的营业员，你们这个商店为"不二价商店"——从不讨价还价。有一位顾客找到你提出打折，你不同意，顾客找出商品存在的疵点，如果你仍不同意打折，谈判就很容易陷入僵局，甚至中断。

第三，由于谈判者自身的某些需要，特别是社会需要和自尊、自我实现需要没有得到很好的满足或受到伤害时，容易造成心理挫折。假设你是公司业务部门的负责人，为公司要新上马的某个项目进行论证，收集了大量的统计资料，做了充分的准备。在论证会上，当你满怀信心地讲完你的理由、论据之后向大家征求意见，这时你的一名下属站起来当众指出你的统计数字中存在的逻辑错误。在这种情况下，你的自尊受到了伤害，必然会产生诸如气愤、沮丧、懊悔等情绪反应。

这些只是在商务谈判中容易造成谈判者心理挫折的常见因素，除此之外，导致谈判者心理挫折的原因还有很多，有来自谈判过程的，还有一些是来自谈判者本身的，如谈判者的知识结构、自身能力等。

四、商务谈判心理挫折的预警机制

在商务谈判中，不管是我方人员还是谈判对方人员产生心理挫折，都不利于谈判的顺利开展。因此，谈判者对商务谈判中的客观挫折要有心理准备，应做好对心理挫折的防范和预警，对我方所出现的心理挫折应有有效的办法及时加以化解，并对谈判对手出现心理挫折而影响谈判顺利进行的问题有较好的应对办法。

（一）加强自身修养

一个人在遭受客观挫折时能否有效摆脱挫折，与他自身的心理素质有很大关系。一般来说，心理素质好的人容易对抗、弱化或承受心理挫折，相反，心理素质差的人当遇到挫折时，则很容易受挫折的影响，产生心理的波动。因此，一个优秀的谈判者往往通过不断加强自身的修养，提高自身的应变能力。

（二）做好充分准备

挫折可以吓倒人，但也可以磨炼人。正确对待心理挫折的关键在于提高自己的思想认识，在商务谈判开始之前，谈判者应做好各项准备工作，对商务谈判中可能出现的各种情况应事先做到心中有数，这样就能及时有效地避免或克服客观挫折的产生，减少谈判者的心理挫折。

（三）勇于面对挫折

常言道："人生不如意事十之八九。"对于商务谈判来说也是一样，商务谈判往往要经过曲折的谈判过程，通过艰苦的努力才能达到成功的彼岸。商务谈判者对于谈判中所遇到的困难，甚至失败也要有充分的心理准备，提高对挫折打击的承受力，并能在挫折打击下从容应对不断变化的环境和情况，为做好下一步工作打下基础。

（四）摆脱挫折情境

相对于勇敢地面对挫折而言，这是一种被动地应对挫折的办法。遭受心理挫折后，当商务谈判者无法再面对挫折情境时，可通过脱离挫折的环境情境、人际情境或转移注意力等方式，让情绪得到修补，使之能以新的精神状态迎接新的挑战，如失意时回想自己过去的辉煌。

（五）适当情绪宣泄

情绪宣泄是用一种合适的途径、手段将挫折的消极情绪释放排泄出去的办法。其目的是把因挫折引起的一系列生理变化产生的能量发泄出去，消除紧张状态。情绪宣泄有直接宣泄和间接宣泄两种形式：直接宣泄有大哭、大喊等形式；间接宣泄有活动释放、找朋友诉说等形式。情绪宣泄有助于维持人的身心健康，形成对挫折的积极适应，并获得应对挫折的适当办法和力量。

（六）学会换位思考

换位也叫移情，就是站在别人的立场上，设身处地地为别人着想，用别人的

眼睛来看这个世界，用别人的心来理解这个世界。积极地参与他人的思想感情，意识到自己也会有这样的时候，这样才能实现与别人的情感交流。"己所不欲，勿施于人"，这是移情的最根本要求。

第七节　商务谈判心理的实用技巧

一、谈判的心理暗示法

所谓心理暗示法，是指以含蓄、隐蔽的语言或形体动作、间接的方式向谈判对手传达思想观点、意见态度、情感愿望等信息，以达到对方在理解和无对抗的状态下自然地接受己方的影响，从而改变对方心理和行为的方法。暗示是一种被人主观意愿肯定了的假说，不一定有根据，可是人们在主观上已经肯定了它的存在，就会使自己的心理尽量趋向于这种主观假说。例如，广告上经常介绍某种商品如何如何好，在你没有使用过之前，对于你来说它就是一种主观假说。但是，出于种种原因，你相信它好，还购买了这种商品，这就是你的心理趋向了这种主观假说，你接受了这种暗示。

暗示是谈判时经常被使用的方法，它虽然没有劝说那么直接，但比劝说更容易被人接受。心理暗示对于谈判对手的影响、在谈判中的地位和作用不容忽视。

心理暗示在谈判中的作用归纳起来有如下几个方面：

（一）启迪思考

这里有个"孔子访老子"的寓言，说的是孔子去拜访老子，问老子身体如何。老子先问孔子："我的牙齿如何"，接着又问"我的舌头如何"，孔子回答说"牙掉了，舌头很好"，说完马上告辞。孔子的学生不解，孔子告诉他的学生："老子已经给我上了一课，他告诉我柔能胜刚。"这个寓言告诉我们，孔子从老子那里获得暗示，也获得了启迪。在谈判过程中己方人员的相互暗示，或谈判对手之间的相互暗示，既是一种传递信息的方法，又是一种启迪。

（二）有效地批评

在公开场合不点名地对某件事进行批评，对做了这件事的人就是一种暗示。在谈判时对谈判对手的某些做法提出忠告，这既是一种暗示，也是对谈判对手的一种含蓄式批评。用这种方法可以起到既不伤和气，又指出对方问题的批评教育的效果。

因此这种方法效果好，容易被人接受，对搞好谈判双方的关系、创造良好的谈判气氛极为有利。毛泽东同志生前就很善于运用这种方法教育人。一次，他在给抗大学员上课时说，有的指挥员头脑不冷静，别人一鼓励就来劲，结果往往事与愿违，成了鲁莽家。有一个学员还没等毛泽东说完就站起来说："主席讲的是我，今后我一定要克服鲁莽毛病。"另一个学员也站起来说："不！主席讲的是我。"他们都认识到了从前鲁莽指挥的教训，从中既获得了暗示，也获得了教育。另外，这种暗示还可以起到防止激化矛盾和冲突的作用。有这样两个暗示的小幽默，对我们谈判也很有启迪。第一则幽默：有一个顾客对冷饮店的老板耳语，我有个办法可以让你的饮料多卖三成，老板急问什么办法，顾客说只要你把要卖出去的每杯饮料倒满。第二则幽默：服务员把一碗汤面洒了顾客一身，连忙道歉"对不起"，顾客回答说："没关系，反正油水也不大。"这两则小幽默都批评了社会上的缺斤短两、以次充好的不良经营作风，这种批评不至于激发矛盾，但又意味深长。

（三）缓解气氛

谈判气氛对谈判的成功与否至关重要。谈判时双方难免要发生矛盾、对立、紧张和冲突。此时，一方可以用暗示的方法表示自己的让步，或用暗示的方法换一个话题，也许能缓和双方的矛盾、对立、紧张、冲突，打破僵局，使问题能够部分或全部地得到解决。谈判时可用于缓和气氛的暗示方法有三种：

（1）让步暗示。在谈判的双方处于矛盾的对立和冲突之中以致陷入僵局时，一方公开地向对方做出让步会感到丢面子，感到是一种失败，从而会造成心理上的极大不平衡。但如果一方在不损害己方根本利益的前提下，对非原则性的某些问题做出让步的暗示，这样做可以既不失面子，又显示出了自己的高姿态，还缓解了紧张对峙的谈判气氛。为了继续谈判，一方对另一方的让步暗示应做出积极的心理反应和行动配合，自己的不冷静情绪也因此可以得到"降温"。让步最简

单的做法是双方暂时停止争辩，等彼此间的紧张气氛缓和了、态度平静了再心平气和地讨论问题。

（2）威胁暗示。这也是谈判时经常运用的一种心理策略。威胁暗示就是指在谈判时采取一些方法，给对方造成心理压力，迫使他改变原来的做法。采用威胁暗示比直接威胁的方法要好得多。采取直接威胁的方法，可能会给谈判带来两种后果：一是吓住对方，使对方经过权衡利弊，幡然醒悟，从而改变原来的做法，做出让步；二是使对方产生反感心理，结果加剧双方的对抗和冲突。而假如采取威胁暗示的方法，则可能缓解双方的冲突、对立，缓和谈判气氛。威胁暗示常常比直接威胁更具威慑力，因为威胁暗示的内容不具体，使对方摸不到底，造成的心理上的压力就会更大。

（3）转换暗示。在谈判过程中，为了缓和一下双方的对峙情绪，一方可以暗示另一方换一个对象或换一种方式讨论问题，即转换暗示。在谈判中，假如谈判的一般成员之间发生了分歧、对立和冲突，就可以采用转换暗示的方法，告诉对方"这个问题跟我说没有用，需要跟我们经理说"。或者告诉他"采取这样的方法是解决不了问题的"。暗示对方转变一下谈话的对象和谈判的方式。

谈判者要想很好地运用暗示这一心理策略，使对方接受并对其产生积极的作用，就必须了解暗示的条件和暗示的技巧。

第一，暗示的条件。掌握暗示的条件是谈判者巧妙地使用暗示心理策略、充分发挥暗示效用的重要因素。要使暗示充分地发挥作用，必须具备两个基本条件：①一方发出信息的含义（包括表层含义和深层含义）必须能够被对方所理解。假如不能被对方理解，暗示的作用就无从谈起。②暗示信息的内涵要与被暗示对象的心理相容。假如暗示信息的内涵与被暗示对象的心理不相容，甚至互相抵触，被暗示的对象一般是抵制这种暗示的。但如果暗示信息的内涵与被暗示对象的心理相容，那就会形成一种"暗合"。暗示的信息可以唤起被暗示对象某些内心深处的情绪、需要、理念等。因此，"相容"和"暗合"是使被暗示对象有意或无意地接受暗示的前提。也只有在这种"相容"和"暗合"条件下，才能使被暗示者形成"无对抗心理"，自然而然地接受你的影响。

第二，暗示的技巧。谈判者要成功地运用暗示这一心理策略，还必须要掌握暗示的技巧。这样才能使有意暗示产生预期效果，避免无意暗示所造成的不良影响。暗示是对被暗示对象的暗示，因此，暗示在一定程度上要受到被暗示对象的知识、经验、理解力和认同性的制约，所以，暗示技巧要在如何能使被启示对象理解和认同上做文章，立足点就在于准确地认知被暗示对象的不同心理特点。同时，暗示还要遵循下面一些规律：

（1）遵循暗示的一定强度规律。暗示要有一定的强度，才能使被暗示的对象感知到。谈判的一方发出暗示信息的强度过弱，就容易被对方忽略；而暗示信息的强度过大过强的话，则又容易引起对方的反感，甚至会产生逆反心理，拒绝接受暗示的信息。所以，暗示的强度要合适。暗示的强度既包括谈判者的身份、地位、扮演的角色、威信等方面，也包括暗示的方式和内容。我国有句谚语叫"人微言轻、人贵言重"，也就是说，没有地位、没有名气、没有威信的人，说话就不容易引起人们的重视，不容易发挥暗示的作用。而有权威、有地位、知名度高的人发出的信息就容易引起人们的重视，对他人的暗示作用就大。谈判者的身份越显赫、地位越高、名气越大、扮演的角色越重要，对谈判对手的心理和行为的影响就越大。但要注意，暗示的方式、方法要恰当，暗示的内容强度要合适，要讲究新颖，但也不要渲染得神乎其神。

（2）遵循暗示对比度规律。对比度强烈的暗示，才容易被人感知。例如，在商贸谈判中，卖方向买方说明自己的产品是经过国家商检局检测的优质产品，优质率达百分之多少，市场占有率达百分之多少。这样便与其他同类商品形成了鲜明对比，暗示买方这是值得信赖的好产品。买方对这样的暗示比较容易接受。而那些没有对比度、平平常常、形象显示不出来的暗示，则不能引起谈判对手的注意和重视，因而不容易被感知。

（3）遵循暗示协同性规律。暗示的内容要与被暗示对象感知到的信息相一致才能发挥作用。例如，在商贸谈判中，谈判的一方一个劲地宣扬自己的产品如何如何好，强烈暗示对方应该购买他们的产品。而另一方听到的却是顾客抱怨其产品的质量差，看到的是要求退货的情景。这就是暗示的内容和被暗示的对象接受的信息不协调一致，这样的暗示无法令对方接受。只有暗示的内容与被暗示对象所感知到的信息协调一致时，暗示才容易让人接受，发挥其应有的效应。

（4）遵循暗示与被暗示的思想、观念、情感、愿望、态度一致性规律。暗示的内容只有与被暗示的对象的思想、观念、情感、愿望、态度等相暗合、相一

致，才能有效地对其施加影响。苏联心理学家、催眠专家曾做过这样的实验：在催眠中让被试验者做各种复杂的课题，刚开始进展很顺利，但当催眠专家让被试验者去拿别人的钱包时，她拒绝了。当催眠专家继续命令她拿时，她不但没有服从，反而醒过来了。由此可见，当被试验者处于被催眠状态时，尚且能拒绝接受与她的思想、道德、观念等不相一致的信息，那么，清醒状态下的人们更是如此了。这个实验告诉我们，在谈判时，要使用暗示这一心理策略，你所暗示的内容必须与被暗示的对象的思想、观念、信念、情感、愿望、态度等相一致，只有这样才能被对方接受，产生"暗示"效果，从而发挥出暗示的效用。

（5）遵循暗示内容要符合对方需要规律。人们在情况紧急、孤立无援、最需要帮助的情况下，是最容易接受暗示的时候。一旦人们有了某种需要，在心理上就会产生紧张、焦虑、不安等现象，就要急于摆脱这种困境，来求得心理上的平衡，此时谈判的一方向其发出暗示的信息最容易被接受。暗示的内容符合对方需要的规律告诉我们，谈判者故意暗示的特定目的，必须要和帮助谈判对手解决困难相结合，要善于在帮助对手的过程中体现暗示的特定目的。

《庄子·齐物论》里有一则寓言：一个养猴子的老人用榛子喂猴子，早晨给每只猴子三个，晚上各给四个，众猴子都不高兴。于是老人改变了一下：早晨给每只猴子四个，晚上各给三个，众猴子皆大欢喜。好笑的是，人类这一自然界最高等级的动物，也有寓言中猴子般的心理。晚清时期，曾国藩率领湘军与太平军作战，连连失败，伤亡惨重。当他在奏折写下"臣屡战屡败，请求处分"等字，又为必将受到皇帝加罪而焦虑。一个幕僚看了奏章，沉吟片刻说："有办法了。"只见他提起笔来，将"屡战屡败"改为"屡败屡战"。曾国藩连连称妙，拍案叫绝。照此呈报上去，皇帝看了奏折，果然认为曾国藩忠心可勉，赞扬了一番。老人每天喂猴子的榛子仍为每只猴子七个，数量并没有增加，但猴子对"朝三暮四"和"朝四暮三"的理解却不一样。假如皇帝看见的是"屡战屡败"几字，肯定认为曾国藩无能力作战，自然要加罪；对"屡败屡战"的理解就明显不同了，认为曾国藩是百折不挠、斗志顽强的良将忠臣，当然要给予嘉奖了。"朝三暮四"换成"朝四暮三"，"屡战屡败"换成"屡败屡战"，猴子理解的重点在前，认为四比三多，皇帝理解的重点在后，认为虽败犹战。猴子与皇帝都接受了同等要素不同组合的心理暗示，形成了多与少、功与罪相互变换的心理效应。

心理暗示技巧在谈判活动中常被运用。比如你代表公司与某公司就某项合作协议进行谈判，不妨先听取对方的意见，尽量提出并探讨对方关心的问题，或者先诚恳地关心对方的某些局部利益等，让对方感觉到你是在替其着想，对合作具有相当诚意，然后再谈己方的利益。这样比一开始就围绕自身利益进行谈判，效果会好得多。

总之，谈判时必须遵循暗示的基本规律。只有掌握暗示的基本技巧，才能成功地运用暗示这一心理策略，进而有效地发挥暗示含蓄、间接地影响谈判对手心理和行为的作用。

二、谈判的心理感染法

所谓感染，是以一定的方式，使谈判对手产生与自己相同或相似的情感和心理上的共鸣。感染实际上是谈判对手之间情感信息的相互传递和传染。心理感染是和心理劝导、心理暗示既相似又不完全相同的影响谈判对手心理和行为的有效方法。该种方法具有以下几个特征：

(一) 心理感染是以谈判的双方互相传递情感信息为前提的

谈判时，谈判双方一定会有情感信息的沟通和交流，谈判双方无论是积极的还是消极的情感信息都会感染对方。假如谈判双方见面后，一方对另一方表现非常冷淡，目光不对视，相见不抬头，相近不握手，怀有戒备和不信任心理，这就等于向对方传递了一种消极情感信息，这种消极情感同时也会感染对方。如果相反，双方见面后其中一方向另一方热情握手，互致问候，主动让座，敬烟敬茶，态度友好诚恳，尊重对方，话题活跃，口气轻松，心境愉快，并且带有幽默感，这就向对方传递了一种积极情感信息，同样也会引起对方的共鸣。

(二) 感染引起谈判双方相同或相似的情感共鸣

谈判一方的积极情感会引起另一方的积极情感，而一方的消极情感同样也会引起另一方的消极情感，双方会产生情感上的共鸣。就是说，主动发出情感信息的一方与被感染的对象的情感具有相同或相似的性质，双方的情感一般是同一而不是对立的。一方的良好心境，会引起另一方的良好心境；一方的不良心境，同样也会引起另一方的不良心境。

（三） 感染体现了谈判一方的非强加性和另一方的自愿接受性

一方发出的情感信息，另一方是自愿接受的，来不得半点强制性。一方的情感不能强加给对方，而对方也是不由自主地接受感染并自愿地进入情感角色的。感染是一种普遍有效的人际影响现象，谈判者如果能自觉、有意识、有目的地把它运用到谈判过程的始终，一定能提高谈判的效果。

感染是影响谈判者心理的有效方法，这种方法如果运用得当，它能成为谈判者的有力武器，可以提高谈判效果。但要想用好这一武器，谈判者必须搞清楚影响感染效果的因素。影响感染效果的因素主要有以下几个方面：

1. 感染者本身素质

感染者素质的高低是影响感染效果的重要因素。"谈判者素质"的概念外延很广，它既包括谈判者的知识、才能、品德，也包括谈判者的权力、地位、威望。假如谈判者知识渊博、才能出众、品德高尚，人们就会对他产生信任感和崇拜心理。如果谈判者是某一方面很权威的专家，处在一定的地位，有相当的权力，并善于果断地行使权力，那么他的言行就容易感染和影响对方。由于感染是"以情动情""以情传情"的心理现象，因此借对方对自己的渊博知识、出众的才能和高尚的品德及其权力、地位、威望等，令对方产生信任感和崇敬心理，这种情感又能推动其他情绪、情感的产生，进而产生连带效应。

2. 感染者和被感染者的关系

谈判双方之间的关系包括谈判双方的认知关系和情感关系。认知关系是指参加谈判的其中一方对另一方的人和事带有评价意义的理解和说明。假如一方对另一方的人格和行为做出积极的评价，他们的人格力量和行为便会强烈地感染对方；如果做出消极的评价，就会失去其感染力。情感关系则是指谈判双方的相互情感体验。如果谈判双方互相都能产生一种深刻而友好的情感，即是一种积极的情感体验，相互间容易受到积极的感染；而假如谈判双方相互间感情淡漠，或情绪严重对立，一方发出的情感信息，另一方就会拒绝接受。

3. 被感染者本身的因素

我们这里把被动接受感染的谈判一方视为被感染者。影响感染效果的因素也包含来自被感染者本身的因素。被感染者的性格特征对感染效果也会有影响，被感染者的性格特征不同，接受感染的效果就会不同。具备情绪、情感型性格特征的谈判者，他们的心理和行为易受情绪的左右和干扰，所以他们容易被感染；而理智型性格的谈判者，遇事冷静，惯于用理智去判断是非，所以，他不太容易被感染。性格内向的谈判者易受消极情绪的感染；而性格外向的谈判者则不管是消极或积极的情绪都容易受到感染。

此外，从谈判者的角色特征看，一般说来女性谈判者比男性更容易受到感染；年轻谈判者比中老年谈判者更容易受到感染。从谈判小组特征看，假如谈判小组凝聚力高，民主气氛好，团结一致，情绪高涨，并且有坚定的信念，则不但不容易接受谈判对手的感染和影响，反而会影响和感染谈判对手；与此相反，假如谈判小组缺乏内聚力，比较松散，缺乏民主气氛，成员情绪低落，信念不坚定，则较易受到谈判对手的感染和影响。

从谈判双方的心理差异来看，如果谈判双方有着共同的兴趣（如都对同一个谈判议题感兴趣）、相同的态度（都想通过双方的努力达成某种协议）、共同的目标（通过谈判实现各自的利益，满足各自的需要）等，就容易接受共同积极情绪的感染和影响；相反，假如谈判双方在态度、目标、需要、利益等方面都存在着对立矛盾，特别是双方存在着严重的价值取向冲突时，就不易受到对方的感染和影响。

由此可见，心理感染方法在谈判中发挥得效果如何，其中既有谈判者本身的因素，也有谈判对手的问题，还会受到谈判对手双方关系的影响。要想提高这一心理策略的运用效果，就要提高感染者本身的素质，同时还要认清被感染对象的不同人格特征，并不断协调双方的关系。只有这样，才能有效地发挥这种心理策略的作用。

本章小结

成功的商务谈判，离不开正确理论的指导。最典型和最有意义的谈判理论有需要层次理论、博弈理论、公平理论、谈判实力理论和谈判"三方针"理论等。

商务谈判心理是指在商务谈判活动中谈判者的各种心理活动，它是商务谈判者在谈判活动中对各种情况、条件等客观现实的主观能动的反映。与其他的心理活动一样，商务谈判心理有其特点和规律性。一般来说，商务谈判心理具有内隐

性、相对稳定性、个体差异性等特点。研究和掌握商务谈判心理，有助于培养谈判人员自身良好的心理素质；有助于揣摩谈判对手心理，实施心理诱导；有助于恰当地表达和掩饰我方心理；有助于营造谈判氛围。

不同谈判人员的性格特征不同，在商务谈判过程中，首席代表或谈判队伍领导人为了提高整个谈判队伍的效率，必须学会利用不同谈判人员（如多血质、胆汁质、粘液质和抑郁质等）的性格特征和心理活动。

谈判者成功心理素质应表现为具有崇高的事业心、责任感，坚忍不拔的意志，以礼待人的谈判诚意和态度，良好的心理调控能力，敏锐的感受能力和应变能力。

商务谈判中必须避免出现的心理状态有信心不足、热情过度和不知所措。根据人们自我追求和行为习惯的不同，可以把谈判对手分为三类，即权力型、进取型和关系型。不同类型的谈判者会有不同的心理状态，会采取不同的行为，所以我们要研究不同类型谈判对手的心理，避免触犯某些禁忌。

在商务谈判中，不管是我方人员还是谈判对方人员产生心理挫折，都不利于谈判的顺利开展。因此，谈判者对商务谈判中的客观挫折要有心理准备，应做好对心理挫折的防范和预警，对我方所出现的心理挫折应有有效的办法及时加以化解，并对谈判对手出现心理挫折而影响谈判顺利进行的问题有较好的应对办法，如加强自身修养、做好充分准备、勇于面对挫折、摆脱挫折情境、适当情绪宣泄、学会换位思考等；同时，也要掌握一些商务谈判心理的实用技巧，如谈判的心理暗示法和谈判的心理感染法。

第四章

商务谈判前的准备

 **本章目标**

◆ 理解商务谈判准备对谈判进程和谈判结果的重要影响

◆ 掌握五项准备工作的原则、范围和方法

案例导入：我国某冶金公司向美国购买组合炉

　　我国某冶金公司要向美国购买一套先进的组合炉，派高级工程师俞存安与美商谈判。为了不辱使命，俞存安做了充分的准备工作，他找了大量有关冶金组合炉的资料，花了很大的精力将国际市场上组合炉的行情及美国这家公司的历史、现状、经营情况等调查得一清二楚。谈判开始，美商一开口要价150万美元，俞存安列举各国成交价格，使美商目瞪口呆，最后终于以80万美元达成协议。当谈判购买冶炼自动设备时，美商报价230万美元，经过讨价还价压到130万美元，俞存安仍然不同意，坚持出价100万美元。美商表示不愿继续谈下去了，把合同往俞存安面前一扔，说："我们已经做了这么大的让步，贵公司仍不能合作，看来你们没有诚意，这笔生意就算了，明天我们回国了。"俞存安闻言轻轻一笑，把手一伸，做了一个优雅的"请"的动作。美商真的走了，冶金公司的其他人有点着急，甚至埋怨老俞不该抠得这么紧。俞存安说："放心吧，他们会回来的。同样的设备，去年他们卖给法国是95万美元，国际市场上这种设备价格100万美元是正常的。"果然不出所料，一个星期后美商又回来继续谈判了。俞存安向美商点明了他们与法国的成交价格，美商又愣住

了，没有想到眼前这位中国人如此精明，于是不敢再报虚价，只得说："现在物价涨得厉害，比不得去年。"俞存安说："每年物价上涨指数没有超过6%的，一年时间，你们算算，该涨多少？"美商被问得哑口无言，在事实面前，不得不让步，最后以101万美元达成了这笔交易。

资料来源：https://wenku.baidu.com/view/49760b4f4b35eefdc9d33314.html。

凡事预则立，不预则废。可以说，任何一项成功的谈判都是建立在良好准备工作基础之上的。进行一场商务谈判，前期准备工作非常关键。谈判准备工作做得充分可靠，谈判者就会增强自信，从容应对谈判过程中的变化，处理好各种问题，在谈判中处于主动地位，为取得谈判成功奠定基础。商务谈判准备工作一般包括谈判的人员准备、背景调查、谈判计划的制订、物质条件的准备及模拟谈判等。

第一节　商务谈判的人员准备

商务谈判的如期进行是从人员准备开始的。人是谈判的行为主体，谈判人员的素质是筹备和策划谈判谋略的决定性主观因素，它直接影响整个谈判过程的发展，影响谈判的成功与失败，最终影响谈判双方的利益分割。

一、谈判人员的选用

谈判人员的遴选是谈判组织准备工作中最关键的一环。谈判人员在掌握专业技能知识的同时，还应具备良好的综合素质。

（一）谈判人员的素质结构

谈判人员的素质结构大体分为三个层次：核心层——识；中间层——学；外围层——才。古人云："学如弓弩，才如箭镞，识以领之，方能中鹄。"这句话形象地说明了三个层次之间的辩证关系。

1. 核心层——识

"识"是谈判人员素质结构中最核心的内容，对谈判人员整体素质起着决定性的作用，主要包括气质性格、心理素质、思想意识等内容。

（1）气质性格。谈判人员应具备适应谈判需要的良好的气质性格。有些性格特征是不利于谈判的，如性格内向、孤僻多疑、不善表达、冷漠刻板、急躁粗暴、唯我独尊、嫉妒心强、心胸狭窄等。良好的气质性格应具备以下特征：大方而不轻佻、豪爽而不急躁、坚强而不固执、果断而不轻率、自重而不自傲、谦虚而不虚伪、活泼而不轻浮、严肃而不呆板、谨慎而不拘谨、老练而不世故、幽默而不庸俗、热情而不多情。

（2）心理素质。在谈判过程中会遇到各种阻力和对抗，也会发生许多突变，谈判人员只有具备良好的心理素质，才能承受住各种压力和挑战，取得最后的成功。谈判人员应具备的良好心理主要有以下几个方面：①自信心。自信心是谈判者最重要的心理素质。所谓自信心，是指谈判者相信自己企业的实力和优势，相信集体的智慧和力量，相信谈判双方的合作意愿和光明前景，具有说服对方的自信和把握谈判的自信。没有自信心，就不可能在极其困难的条件下坚持不懈地努力，为企业争取最佳的谈判成果。自信心的获得建立在充分调查研究的基础上，建立在对谈判双方实力的科学分析的基础上，而不是盲目的自信，更不是藐视对方、轻视困难、固执自己错误的所谓自信。②自制力。自制力是谈判者在谈判过程中遇到激烈的矛盾冲突而能保持冷静、克服心理障碍、控制情绪和行动的能力。谈判过程中难免会由于双方利益的冲突而形成紧张、对立、僵持、争执的局面。如果谈判者自制力差，出现过分的情绪波动，如发怒、争吵、沮丧、对抗，就会破坏良好的谈判气氛，造成自己举止失态、表达不当，使谈判不能进行下去，或者草草收场，败下阵来。谈判者具备良好的自制力，在谈判顺利时不会盲目乐观，喜形于色；在遇到困难时也不会灰心丧气，怨天尤人；在遇到不礼貌的言行时，也能够克制自己不发脾气。③尊重。尊重是谈判者正确对待自己、正确对待谈判对手的良好心理。谈判者首先要有自尊心，维护民族尊严和人格尊严，面对强大的对手不妄自菲薄、奴颜献媚，更不会出卖尊严换取交易。同时谈判者还要尊重对方，尊重对方的利益，尊重对方的意见，尊重对方的习惯，尊重对方的文化观念，尊重对方的正当权利。在谈判中只有互相尊重，平等相待，才可能

保证合作成功。④坦诚。坦诚的谈判者善于坦率地表明自己的立场和观点，真诚地与对方合作，赢得对方的了解和信任。虽然谈判双方都有自己的机密和对策，但是谈判的前提是双方都有合作的愿望。谈判就是通过坦诚、合理的洽谈和协商使合作的愿望变成现实。开诚布公、真诚待人的态度是化解双方矛盾的重要因素。坦诚应该是一切谈判的前提，也是双方差异最终消除的必要条件，更是双方长期合作的重要保证。

（3）思想意识。①政治思想素质。忠于祖国，坚决维护国家主权，坚决维护民族尊严，分清内外，严守国家机密，严格执行保密规定，在经济活动中严格按照党的方针政策办事，正确处理好国家、企业和个人三者利益关系。②信誉意识。把信誉看作商务活动的生命线，高度重视并维护企业良好形象，反对背信弃义谋取企业利益的做法。③合作意识。自觉地将真诚的合作看作一切谈判的基础，以互惠互利作为谈判原则，善于借助一切可借助的力量实现自身利益，善于将竞争与合作有机统一起来。④团队意识。谈判者具备对本企业的认同感、归属感和荣誉感，谈判组织成员之间应具备向心力、凝聚力。⑤效率意识。谈判者视时间为金钱，效益为生命。以只争朝夕的精神，力争花最少的时间和精力取得最好的谈判结果。

2. 中间层——学

"学"是指谈判人员应具备的良好的知识结构和谈判经验。

（1）知识结构。谈判人员要具备较高的知识水平和科学的知识结构，并且要积累丰富的谈判经验。①商务知识。要系统掌握商务知识，如国际贸易、市场营销、国际金融、商检海关、国际商法等方面的知识。②技术知识。要掌握与谈判密切相关的专业技术知识，如商品学、工程技术知识、各类工业材料学知识、计量标准、食品检验、环境保护知识等。③人文知识。要掌握心理学、社会学、民俗学、语言学、行为学知识，要了解对方的风俗习惯、宗教信仰、商务传统和语言习惯。

（2）谈判经验。谈判没有千篇一律的，每一次谈判都有谈判的共性和特殊性。要尽量挑选有多次谈判经验的人作为主谈人，并且要大胆选拔青年骨干，在实践中积累谈判经验。

3. 外围层——才

"才"是指谈判人员所具备的适应谈判需要的各种才能。

（1）社交能力。谈判实质上是人与人之间思想观念、意愿感情的交流过程，是重要的社交活动。谈判人员应该善于与不同的人打交道，也要善于应对各种社交场合。这就要求谈判人员塑造良好的个人形象，掌握各种社交技巧，熟悉各种社交礼仪知识。

（2）表达能力。谈判人员应该有较强的文字表达和口语表达能力。要精通与谈判相关的各种公文、协议合同、报告书的写作，电脑技术的掌握；同时要善于言谈、口齿清晰、思维敏捷、措辞周全，善于驾驭语言，有理、有利、有节地表达己方观点。在涉外商务谈判中要熟练掌握外语的听、说、写、译能力。

（3）组织能力。谈判是一项需要密切配合的集体活动，每个成员都要在组织中发挥出自己的特殊作用。谈判组织要严格管理、协调一致、有机地凝聚在一起，才能发挥出最大的战斗力。

（4）应变能力。谈判中会发生各种突发事件和变化，谈判人员面对突变的形势，要有冷静的头脑、正确的分析、迅速的决断，善于将原则性和灵活性有机结合，机敏地处理好各种矛盾，变被动为主动，变不利为有利。

（5）创新能力。谈判人员要具备丰富的想象力和不懈的创造力，勇于开拓创新，拓展商务谈判的新思路、新模式，创造性地提高谈判工作水平。

（二）谈判人员应具备的素质

1. 坚强的政治思想素质

这是谈判人员必须具备的首要条件，也是谈判成功的必要条件。它首先表现在作为谈判人员必须遵纪守法，廉洁奉公，忠于国家、组织和职守。其次，具有强烈的事业心、进取心和责任感。在商务谈判中，有些谈判人员不能抵御谈判对手变化多端的攻击，为了个人私欲损公肥私，通过向对手透露情报资料，甚至与外商合伙谋划等方式，使己方丧失有利的谈判地位，使国家、企业蒙受巨大的经济损失。因此，谈判人员必须思想过硬，在谈判中不应考虑个人的荣誉得失，应以国家、企业的利益为重，始终把握"失去集团利益就是失职，赢得集团利益就是尽职与成功"的原则，发扬献身精神，有一种超越私利的使命感，使外在的压力变成内在的动力。

2. 健全的心理素质

从来就没有一帆风顺的谈判。谈判过程，特别是其讨价还价阶段是一个非常困难的过程，其中充满了曲折。有时谈判会变成一项马拉松式的较量，这不仅对谈判人员的知识技能、体力等方面是一个考验，而且也要求其具有良好的心理素质。健全的心理素质是谈判者主体素养的重要内容之一，表现为谈判者主体应具备坚忍顽强的意志力和良好的心理调适能力。谈判的艰巨性，不亚于任何其他事业，谈判桌前持久的讨价还价枯燥乏味，令人厌倦。这时，谈判者之间的持久交锋，不仅是一种智力、技能和势力的比试，更是一场意志、耐心和毅力的较量。如果谈判者没有坚忍不拔、忍耐持久的恒心和泰然自若的精神，是难以适应的。这种意志力、忍耐力还表现在一个谈判人员无论在谈判的高潮阶段还是低潮阶段，都能心平如镜，特别是当胜利在望或陷入僵局时，更要能够控制自己的情感，喜形于色或愤愤不平不仅有失风度，而且会让对方抓住弱点与疏漏，给对方造成可乘之机。谈判是斗智比谋的高智能竞技活动，感情用事会影响谈判，控制自己的非理性情感的发泄，幽默大度、灵活巧妙地转化消极情绪为积极情绪，能使自己摆脱困境，战胜对方。因此，良好的心理调适能力是谈判人员必不可少的。

3. 合理的学识结构

谈判是人与人之间利益关系的协调磋商过程。在这个过程中，合理的学识结构是讨价还价、赢得谈判的重要条件。合理的学识结构指谈判者必须具备丰富的知识，不仅要有广博的知识面，而且要有较深的专业学问。

（1）谈判人员的横向知识结构。一名优秀的谈判人员，必须具备完善的相关学科的基础知识，要把自然科学和社会科学统一起来，普通知识和专业知识统一起来，在具备贸易、金融、营销等一些必备的专业知识的同时，还要对心理学、经济学、管理学、财务学、控制论、系统论等一些学科的知识广泛摄取，为我所用，这是谈判人员综合素质的体现。在现实的经贸往来中，谈判人员的知识技能单一化已成为一个现实的问题，技术人员不懂商务、商务人员不懂技术的现象大量存在，已给谈判工作带来了很多困难，因此，谈判人员必须具备多方面的知识，即知识必须有一定的宽度，才能适应复杂的谈判活动的要求。

（2）谈判人员的纵向知识结构。优秀的谈判人员，除了必须具备广博的知识面，还必须具有较深的专业知识，即专业知识要具有足够的深度。专业知识是谈判人员在谈判活动中必须具备的知识，没有系统而精深的专业知识功底，就无法进行成功的谈判。改革开放以来，在我国的对外经济交往中，出现了许多因缺乏高深而系统的专业知识和不懂专业技术而造成的进口设备重大失误的案例，也出现了一些因财务会计的预算错误造成的重大经济损失，因不懂法律造成的外商趁机捣鬼事端等，这些教训令人痛心。因此，谈判者专业知识的学习和积累是必不可少的。扩大知识视野，深化专业知识，猎取有助于谈判成功的广博而丰富的知识，能使谈判者在谈判的具体操作中，左右逢源，运用自如，最终取得谈判的成功。

4. 谈判人员的能力素养

谈判者的能力是指谈判人员驾驭商务谈判这个复杂多变的"竞技场"的能力，是谈判者在谈判桌上充分发挥作用所应具备的主观条件。商务谈判是智慧、能力的较量，谈判人员不仅要应付各种压力、诱惑，还要分辨机会。因此，谈判组织中的人员还需具有以下能力素养：

（1）观察能力。观察能力是指谈判人员对谈判对象进行观察并善于发现和抓住其典型特征与内在实质的能力。谈判人员如能在同谈判对手的接触中判断出其本质身份，获取我们所需要的资料，最后勾画出对方真实意图的轮廓，这对己方采取相应对策具有重要意义。谈判中己方的提议遭到拒绝时，谈判人员要善于分辨出两种不同的拒绝：一是真的拒绝；二是策略性拒绝或犹豫性拒绝。对后一种拒绝，谈判人员应该提供各种提议依据或针对性讨论，促使协议达成。

（2）表达能力。表达能力是指谈判人员在谈判中运用口头语言和行为语言传递有关信息的能力。商务谈判的过程实质上就是一种人际交往的过程，要达到这样的交往，必须实现信息的有效沟通。因此谈判人员的表达能力至关重要，它决定着谈判中信息沟通的有效程度。谈判人员的表达能力应具有表现力、吸引力、感染力和说服力。尤其是口头表达，更要准确和适度，防止说理无据、强词夺理、任意发挥。说错话或露出破绽，都可能导致谈判失败。

（3）自制能力。自制能力是指谈判人员在环境发生激烈变化时自我克服心理障碍的能力。商务谈判是一项复杂的活动，有时甚至非常激烈。这就要求谈判人员要坚持外松内紧的原则，善于在冲突或激变中控制自己的意志和行为，排除一切违反既定方针、意见的各种杂念。激烈的谈判表现在说理上，不是表现在声音

高低上，辩论时，谈判人员应以宁静的态度和平和的举止来影响对方。发生争执，须持之以礼，不可怒形于色。得到意外收获，也不可骄傲自大、喜形于色。

（4）推理能力。推理能力是指谈判人员必须在谈判中由一个或几个已知的前提推出未知事物的能力。从某种意义上讲，商务谈划的过程是复杂推理的过程。谈判的对手绝非等闲之辈，往往是足智多谋的专家。双方心理上处于对立状态，利益上又相互依存，如何发现对手的真实意图、摸清对手的情况，就需要进行周密的推理。

（5）控制能力。控制能力是指谈判人员有目的地运用各种谈判策略和技巧，使谈判的发展变化保持在既定的目标内的能力。谈判趋势变幻莫测，随机性很强，稍有不慎就可能处于被动的境地。谈判人员应具有良好的应变能力，能运用各种有效的方法和手段把握住谈判的局势，善于捕捉一瞬即逝的机会，以变应变，让谈判按预定轨道前进。

（6）协调能力。协调能力指谈判人员在商务谈判过程中解决各种矛盾冲突，使谈判班子成员为实现谈判目标而密切配合、统一行动的能力。协调能力包括解决冲突的能力、善于沟通情况的能力、善于鼓动和说服的能力。协调能力是进行一场成功谈判的根本保障。

5. 健康的身体素质

谈判的复杂性、艰巨性也要求谈判者必须有一个良好的身体素质。谈判者只有精力充沛、体魄健康才能适应谈判超负荷的工作需要。

（三）不宜选用的人

构建谈判队伍，选择谈判人员时，千万不能选用遇事就要挟别人的人，也不能选用缺乏集体精神和易于变节的人。因为该类人员不仅不能胜任谈判的工作，更重要的是随着谈判的进行最有可能成为谈判对方的商业间谍，从而增加了谈判的机会成本。

二、谈判队伍的规模

谈判班子的规模问题指的是谈判班子的规模多大才是最为合适的。合理的谈判队伍规模不是绝对的，必须根据具体情况来确定，既可以是一个人，也可超过一个人。

（一）一个人谈判（又称一对一的个体谈判）

一个人谈判或单人谈判的优缺点如表4-1所示。

表4-1　一个人谈判的优缺点

优点	缺点
避免对方攻击实力较弱成员； 避免多人参加谈判时内容不协调； 谈判者可独自当机立断采取对策，产生较高的谈判效率	担负多方面工作，对付多方面问题，可能影响工作效果； 单独决策，面临决策压力较大； 无法在维持良好的谈判形象的同时扮演多种角色，谈判策略运用受限制； 只能适用于谈判内容比较简单的情况，但现代谈判涉及面往往很广

（二）两人以上谈判（又称集体或小组谈判）

小组谈判的优缺点如表4-2所示。

表4-2　小组谈判的优缺点

优点	缺点
集思广益，更好策动对策； 多人参与，有利于掌握谈判主动权； 弱化对方进攻，减轻己方压力； 有利于工作衔接	队伍组建本身有难度； 小组成员间不便协调

（三）谈判队伍规模的选择

上面的单人谈判和小组谈判各具有优点与缺点。因此，谈判队伍人数的多少没有统一的标准，谈判的具体内容、性质、规模以及谈判人员的知识、经验、能力不同，谈判队伍和规模也不同。一般情况下，谈判的内容较多，谈判人员的知识面较窄、经验较少或能力较低的话就选择规模比较大的谈判队伍；反之，谈判队伍的规模可以小一些。但是，在确定谈判队伍规模时，一定要注意双方谈判人员的数量要相当，不能差距过大，如对方出场人数很少，而我方人数很多，这违背了商务谈判的平等原则。同时，也要注意直接上谈判桌的人员数量不能过多，实在需要规模较大的谈判队伍时，可以将谈判人员分成台上的谈判人员与台下的谈判人员。

总之，一场商务谈判应配备多少人员才合适，应根据谈判内容的繁简、技术性的强弱、时间的长短、我方人员谈判能力的高低以及对方谈判人员的多少来具

体确定。一个谈判小组必须配备一名主谈人，再根据需要情况配备陪谈人和翻译。一般而言，对于较小型的商务谈判，谈判人员一般由 2~3 人组成，有时甚至只由一个全权负责，这种小型的谈判对人的政治和业务素质及临场经验要求都比较高。

对于内容比较复杂、较大型的商务谈判，由于涉及的内容广泛、专业性强、资料繁多、组织协调工作量大，所以配备的谈判人员要比小型谈判多一些，有时甚至可达十几至几十人。还可根据实际工作需要，把商务谈判组分成几个小组，如商务小组、技术小组、法律小组等，负责不同方面的谈判。也可以组织台前和幕后两套班子，"台前班子"主要对付谈判以及外商临时提供的技术价格资料，"幕后班子"负责收集、整理有关方面的资料，为台前班子提供技术和价格对比的依据。

三、谈判人员的构成

谈判队伍，也称谈判班子，是指参加一场商务谈判的全体人员组成的群体。组建好一支谈判队伍，是一场成功谈判的根本保证。做好谈判队伍的组建工作，要注意解决以下几个问题：

（一）谈判人员构成的基本原则

1. 知识互补

知识互补包含两层意思：一是谈判人员各具备自己专长的知识，都是处理不同问题的专家，在知识方面相互补充，形成整体的优势。例如，谈判人员分别精通商业、外贸、金融、法律、专业技术等知识，就会组成一支知识全面而又各自精通一门专业的谈判队伍。二是谈判人员书本知识与工作经验的知识互补。谈判队伍中既有高学历的青年知识学者，也有身经百战具有丰富实践经验的谈判老手。高学历学者专家可以发挥理论知识和专业技术特长，有实践经验的人可以发挥见多识广、成熟老练的优势，这样知识与经验互补，才能提高谈判队伍整体战斗力。

2. 性格协调

谈判队伍中的谈判人员性格要互补协调，将不同性格的人的优势发挥出来，互相弥补其不足，才能发挥出整体队伍的最大优势。性格活泼开朗的人，善于表达、反应敏捷、处事果断，但是性情可能比较急躁，看待问题也可能不够深刻，甚至会疏忽大意。性格稳重沉静的人，办事认真细致，说话比较谨慎，原则性较强，看问题比较深刻，善于观察和思考，理性思维比较明显，但是他们不够热情，不善于表达，反应相对比较迟钝，处理问题不够果断，灵活性较差。如果这两类性格的人组合在一起，分别担任不同的角色，就可以发挥出各自的性格特长，优势互补，协调合作。

3. 分工明确

谈判班子里的每一个人都要有明确的分工，担任不同的角色。每个人都有自己特殊的任务，不能工作越位，角色混淆。遇到争论不能七嘴八舌争先恐后发言，该谁讲谁讲，要有主角和配角，要有中心和外围，要有台上和台下。谈判队伍要分工明确、纪律严明。当然，分工明确的同时要注意大家都要为一个共同的目标而通力合作，协同作战。

（二）谈判人员的配备

在商务谈判中根据所需的知识大体上需要配备下列相应的人员：

1. 谈判队伍领导人

谈判队伍领导人又称首席代表，他的职责是负责监督谈判程序、进程，听取专业人员的建议，决定谈判过程中的重要事项，代表单位签约和汇报谈判工作。

由于谈判队伍领导人要负责整个谈判工作，领导谈判队伍，有领导权和决策权，有时谈判领导人也是主谈人，所以谈判队伍领导人选择要求较高，应当根据谈判的具体内容、参与谈判人员的数量和级别，从企业内部部门中挑选，可以是某一个部门的主管，也可以是企业的最高领导。谈判队伍领导人并非一定是己方主谈人员，但他是直接领导和管理谈判队伍的人。在选择组织负责人时要考虑以下几点：①具备较全面的知识。谈判负责人本身除应具有较高的思想政治素质和业务素质外，还必须掌握整个谈判涉及的多方面知识。只有这样才能针对谈判中出现的问题提出正确的见解，制定正确的策略，使谈判朝着正确的方向发展。②具备果断的决策能力。当谈判遇到机遇或是障碍时，能够敏锐地利用机遇，解决问题，做出果断的判断和正确的决策。③具备较强的管理能力。谈判负责人必须具备授权能力、用人能力、协调能力、激励能力、总结能力，使谈判队伍成为具备高度凝聚力和战斗力的集体。④具备一定的权威地位。谈判负责人要具备权

威性，有较大的权力，如决策权、用人权、否决权、签字权等，要有丰富的管理经验和领导威信，能胜任对谈判队伍的管理。谈判负责人一般由高层管理人员或某方面的专家担任，最好与对方谈判负责人具有相对应的地位。

2. 商务人员

商务人员又称经济人员，由熟悉商业贸易、市场行情、价格形势的贸易专家担任，商务人员要负责合同条款和合同价格条件的谈判，帮助谈判方理出合同文本，负责经济贸易的对外联络工作。

3. 技术人员

技术人员又称专业人员，一般由熟悉生产技术、产品标准和科技发展动态的工程师担任，在谈判中负责对有关生产技术、产品性能、质量标准、产品验收、技术服务等问题的谈判，也可为商务谈判中价格决策作技术顾问。

4. 财务人员

财务人员由熟悉财务会计业务和金融知识，具有较强的财务核算能力的财会人员担任，其主要职责是对谈判中的价格核算、支付条件、支付方式、结算货币等与财务相关的问题把关。

5. 法律人员

法律人员由精通经济贸易各种法律条款，以及法律执行事宜的专职律师、法律顾问或本企业熟悉法律的人员担任，具体职责如确认谈判对方经济组织的法人、提供法律方面的建议和意见、监督谈判在法律许可范围内进行，以及检查法律文件的准确性和完整性。

6. 翻译人员

翻译人员由精通外语、熟悉业务的专职或兼职翻译担任，主要负责口头与文字翻译工作，沟通双方意图，配合谈判运用语言策略，准确传递双方的意见、立场和态度。在涉外商务谈判中翻译的水平将直接影响到谈判双方的有效沟通和磋商。当双方能相互使用对方语言时，还要配备翻译人员，是在于可利用翻译提供的重复机会，争取更多的思考时间。

除以上几类人员之外，还可配备其他一些辅助人员，如记录人员等，但是人员数量要适当，要与谈判规模、谈判内容相适应，尽量避免不必要的人员设置。

（三）谈判人员的分工与配合

谈判人员的分工是指每一个谈判者都有明确的分工，都有自己适当的角色，各司其职。谈判人员的配合是指谈判人员之间思路、语言、策略的互相协调，步调一致，要确定各类人员之间的主从关系、呼应关系和配合关系。

1. 主谈与辅谈的分工与配合

所谓主谈是指在谈判的某一阶段，或针对某些方面的议题时的主要发言人，或称谈判首席代表。除主谈以外的小组其他成员处于辅助配合的位置上，故称为辅谈或陪谈。

主谈是谈判工作能否达到预期目标的关键性人物，其主要职责是使已确定的谈判目标和谈判策略在谈判中得以实现。主谈的地位和作用对其提出了较高的要求：深刻理解各项方针政策和法律规范，深刻理解本企业的战略目标和商贸策略，具备熟练的专业技术知识和较广泛的相关知识，有较丰富的商务谈判经验，思维敏捷，善于分析和决断，有较强的表达能力和驾驭谈判进程的能力；有权威气度和大将胸怀，并能与谈判组织其他成员团结协作、默契配合，统领谈判队伍共同为实现谈判目标而努力。

主谈必须与辅谈密切配合才能真正发挥主谈的作用。在谈判中己方一切重要的观点和意见都应主要由主谈表达，尤其是一些关键的评价和结论更得由主谈表述，辅谈决不能随意谈个人观点或说出与主谈不一致的结论。辅谈要配合主谈起到参谋和支持作用。例如，在主谈发言时，自始至终都应得到辅谈的支持。这可以通过口头语言或人体语言做出赞同的表示，并随时拿出相关证据证明主谈观点的正确性。当对方集中火力，多人、多角度刁难主谈时，辅谈要善于使主谈摆脱困境，从不同角度反驳对方的攻击，加强主谈的谈判实力。当主谈谈到涉及辅谈所熟知的专业问题时，辅谈应给予主谈更详尽、更充足的证据支持。例如，在商务条款谈判时，商务人员为主谈，其他人员处于辅谈地位。但是进行合同条款谈判时，专业技术人员和法律人员应从技术的角度和法律的角度对谈判问题进行论证并提供依据，给予主谈有力的支持。当然，在谈判合同的商务条款时，有关商务条件的提出和对方条件的接受与否都应以商务主谈为主。主谈与辅谈的身份、地位、职能不能发生角色越位，否则谈判就会因为己方乱了阵脚而陷于被动。

2. "台上"和"台下"的分工与配合

在比较复杂的谈判中，为了提高谈判的效果，可组织"台上"和"台下"两套班子。台上人员是直接在谈判桌上谈判的人员，台下人员是不直接与对方面对面地谈判，而是为台上谈判人员出谋划策或准备各种必需的资料和证据的人员。一种台下人员可以是负责该项谈判业务的主管领导，可以指导和监督台上人员按既定目标和准则行事，维护企业利益；也可以是台上人员的幕后操纵者，台上人员在大的原则和总体目标上接受台下班子的指挥，敲定谈判成交时也必须征得台下人员认可，但是台上人员在谈判过程中仍然具有随机应变的战术权力。另一种台下人员是具有专业水平的各种参谋，如法律专家、贸易专家、技术专家等，他们主要起参谋职能，向台上人员提供专业方面的参谋建议，台上人员有权对其意见进行取舍或选择。当然台下人员不能过多、过滥，也不能过多地干预台上人员，要充分发挥台上人员的职责权力和主观能动性，及时地、创造性地处理好一些问题，争取实现谈判目标。

四、谈判队伍的管理

要使谈判取得成功，不仅要组建一支优秀的谈判队伍，还要通过有效的管理，使谈判队伍提高谈判力，使整个队伍朝着正确的方向有效地工作，实现谈判的最终目标。谈判队伍的管理包括谈判队伍领导人对谈判队伍的直接管理和高层领导对谈判过程的指导管理。

（一）谈判队伍领导人对谈判队伍的直接管理

谈判队伍领导人对谈判队伍的直接管理主要体现在以下五个方面：①负责挑选谈判人员，组建谈判班子，并就谈判过程中的人员变动与上层领导进行协调。②管理谈判队伍，协调谈判队伍各成员的心理状态和精神状态，处理好成员间的人际关系，增强队伍凝聚力，团结一致，共同努力，实现谈判目标。③领导制订谈判执行计划，确定谈判各阶段目标和战略策略，并根据谈判过程中的实际情况灵活调整。④主管己方谈判策略的实施，对具体的让步时间、幅度，谈判节奏的掌握，决策的时机和方案做出决策安排。⑤负责向上级或有关的利益各方汇报谈判进展情况，获得上级的指示，贯彻执行上级的决策方案，圆满完成谈判使命。

（二）高层领导对谈判过程的指导管理

1. 确定谈判的基本方针和要求

在谈判开始前，高层领导人应向谈判负责人和其他人员指出明确的谈判方针和要求，使谈判人员有明确的方向和工作目标。必须使谈判人员明确：这次谈判的使命和责任是什么？谈判的成功或失败将会给企业带来怎样的影响？谈判的必达目标是什么？满意目标是什么？谈判的期限是什么？谈判中哪些事可以由谈判班子根据实际情况自行裁决？权限范围有多大？哪些问题必须请示上级才可以决定？以上诸问题要做到每个谈判者心中有数、目标明确。

2. 在谈判过程中对谈判人员进行指导和调控

高层领导应与谈判者保持密切联系，随时给予谈判人员指导和调控。谈判内外的情况在不断发展变化，谈判桌上有些重要决策需要高层领导批准，有时谈判外部形势发生变化、企业决策有重大调整，高层领导要给予谈判者及时指导或建议，发挥出指挥谈判队伍的作用。一般来说，在遇到下述情况时，就有关问题与谈判人员进行联系是十分必要的：

（1）谈判桌上出现重大变化，与预料的情况差异很大，交易条件变化已超出授权界限时，需要高层领导做出策略调整，确定新的目标和策略。

（2）企业本部或谈判班子获得某些重要的新信息，需要对谈判目标、策略做重大调整时，高层领导应及时根据新信息做出决定，授权谈判班子执行。

（3）谈判队伍人员发生变动时，尤其是主谈发生变动时，要任命新的主谈，并明确调整后的分工职责。

（三）关键时刻适当干预谈判

当谈判陷入僵局时，高层领导可以主动出面干预，可以会见谈判对方高层领导或谈判班子，表达友好合作意愿，调解矛盾，创造条件使谈判走出僵局，顺利实现理想目标。

第二节 商务谈判的背景调查

商务谈判作为人们运用信息获取自己所需事物的一种经济活动，对信息的依赖十分强烈。因此，谈判者对背景信息的调查与收集就成为了解对方意图、制订谈判计划、确定谈判策略及战略的基本前提。

一、商务谈判背景信息情报收集的主要内容

（一）与谈判有关的环境因素

商务谈判是在特定的社会环境中进行的。社会环境各种因素如政治环境、经济环境、社会文化环境、自然资源环境、基础设施条件、气候条件、地理位置等，都会直接或间接地影响谈判。谈判人员必须对上述各种环境因素进行全面、系统、正确的调查和分析，才能因地制宜地制定出正确的谈判方针和策略。

英国谈判专家马什（Marsh）在其所著的《合同谈判手册》中，对谈判尤其是国际商务谈判的环境因素进行了系统的归类及分析，提出了下面几种与谈判有关的环境因素：

1. 政治状况

（1）该国对企业的管理程度。这涉及参加谈判的企业自主权的大小问题。如果国家对企业管理程度较高，那么政府就会干预或限定谈判内容及谈判过程，关键性问题可能要由政府部门人员做出决定，企业人员没有太多的决定权；相反，如果国家对企业的管理程度较低，企业有较大的自主权，那么企业人员就可以自主决定谈判的内容、目标，以及关键性问题的敲定。

（2）该国对企业的领导形式。如果是中央集权制，那么中央政府权力较集中；如果是地方分治制，那么地方政府和企业权力较大。在计划管理体制下，企业只有争取到了计划指标，才可能在计划范围里实施谈判，灵活性较小；在市场经济条件下，企业建立起独立的管理机制，有较大的经营自主权，谈判的灵活性较强。

（3）对方对谈判项目是否有政治上的关注？如果有，程度如何？哪些领导人对此比较关注？这些领导人各自的权力如何？商务谈判通常是纯商业目的的，但有时可能会受到政治因素的影响，如将政府或政党的政治目的融入商务谈判中，政治因素将影响甚至决定谈判的结果，而商业因素或技术因素则要让步于政治因素。涉及关系国家大局的重要贸易项目，涉及影响两国外交的敏感性很强的贸易往来，都会受到政治因素的影响。尤其是集权程度较高的国家，领导人的权力将会制约谈判结果。

（4）谈判对手当局政府的稳定性如何？在谈判项目上马期间，政局是否会发生变动？总统大选的日子是否在谈判期间？总统大选是否与所谈项目有关？谈判国与邻国关系是否处于敌对状态？有无战争风险？国家政局的稳定性对谈判有重要的影响，一般情况下如果政局发生动乱或者爆发战争，都将使谈判被迫中止，或者已达成的协议变成一张废纸，合同不能履行，造成极大的多方面的损失。这些必须是事先搞清楚的问题。

（5）买卖双方政府之间的政治关系如何？如果两国政府关系友好，那么买卖双方的贸易是受欢迎的，谈判将是顺利的。如果两国政府之间存在敌对矛盾，那么买卖双方的贸易会受到政府的干预甚至被禁止，谈判中的障碍很多。

（6）该国有没有将一些间谍手段运用到商务谈判中的情况？在国内外市场竞争较为激烈的今天，有些国家和公司在商务谈判中采取一些间谍手段，如在客人房间安装窃听器、偷听电话、暗录谈话内容或者用男女关系来诬陷某人等。谈判人员应该提高警惕，防止对方采用各种手段窃取信息，设置陷阱，造成己方谈判被动的局面。

2. 宗教信仰

无论是科学技术高度发达的美国或西欧各国，还是发展中的贫穷国家，宗教信仰深刻地影响着人们的生活方式、价值观念及消费行为和人们的商务交往。世界上有多种宗教信仰，如佛教、伊斯兰教、基督教等。宗教信仰对人的道德观、价值观、行为方式都有直接影响。首先要搞清楚该国家或地区占主导地位的宗教信仰是什么，其次要研究这种占主导地位的宗教信仰对谈判人员的思想行为会产生哪些影响。

宗教信仰对下列事物会产生重大影响：第一，政治事务。例如，该国政府的

施政方针、政治形势、民主权利是否受该国宗教信仰的影响。第二，法律制度。某些宗教色彩浓厚的国家或地区，其法律制度的制定不足，甚至某些宗教教规就是至高无上的法律。第三，国别政策。由于宗教信仰不同，一些国家在对外贸易上制定国别政策，如对于宗教信仰相同的国家实施优惠政策，对于宗教信仰不同的国家，尤其是有宗教歧视和冲突的国家施加种种限制和刁难。第四，社会交往与个人行为。宗教信仰对社会交往的规范、方式、范围都有一定的影响；对个人的社会工作、社交活动、言行举止都有这样那样的鼓励或限制。这些都会形成谈判者在思维模式、价值取向、行为选择上的宗教痕迹。第五，节假日与工作时间。不同宗教信仰的国家都有自己的宗教节日和活动，谈判日期不应与该国的宗教节日、祷告日、礼拜日相冲突，应该尊重对方的宗教习惯。

3. 法律制度

（1）该国家的法律制度是什么？是依据何种法律体系制定的？是英美法还是大陆法？

（2）在现实生活中，法律的执行程度如何？法律执行情况不同将直接影响到谈判成果能否受到保护。有法可依，执法严格，违法必究，将有利于谈判按照法律原则和程序进行，也将保证谈判签订的协议不会受到任意的侵犯。

（3）该国法院受理案件的时间长短如何？法院受理案件时间的长短直接影响谈判双方的经济利益。当谈判双方在交易过程中以及合同履行过程中发生争议，经调解无效，递交法院时，法院受理案件的速度越快，对谈判双方争议的解决就越有利，损失就越小。

（4）该国对执行国外的法律仲裁判决有什么程度？要了解跨国商务谈判活动必然会涉及两国法律适用问题，必须清楚该国执行国外法律仲裁判决需要哪些条件和程序。

（5）该国当地是否有完全脱离于谈判对手的可靠的律师？如果必须要在当地聘请律师，一定要考虑能否聘请到公正可靠的律师，因为律师在商务谈判过程中始终起着重要的参谋和辩护作用。

4. 商业惯例

（1）该国企业是如何经营的？是不是各公司主要的负责人经营或是公司中各级人员均可参与？有没有真正的权威代表？例如，阿拉伯国家公司大多数是由公司负责人说了算；而日本企业的决策必须经过各级人员互相沟通，共同参与，达成一致意见后再由高级主管拍板。

（2）是不是做任何事情都必须见诸文字？或是只有文字协议才具有约束力？合同具有何等重要意义？有些国家必须以合同文字为准，另一些国家有时也以个人信誉和口头承诺为准。

（3）在谈判和签约过程中，律师等专业顾问是不是始终出场，负责审核合同的合法性并签字，还是仅仅起到一种附属作用？

（4）正式的谈判会见场合是否只为双方的领导而安排的，其他出席作陪的成员是否只有当问到具体问题时才能讲话？如果是这样的话，那么谈判成员的职权不是很大，领导人的意志对谈判会产生较大影响。

（5）该国有没有工业间谍活动？应该如何妥善保存机要文件以免谈判机密被对方窃取？

（6）在商务往来中是否有贿赂现象？如果有的话，方式如何？起码的条件如何？调查这些问题目的在于防止不正当的贿赂使己方人员陷入圈套，使公司利益蒙受损失。

（7）一个项目是否可以同时与几家公司谈判，以选择最优惠的条件达成交易？如果可以的话，那么保证交易成功的关键因素是什么？是否仅仅是价格问题？如果一个项目可以同时与几家公司谈判，谈判的选择余地就大得多，如果能够抓住保证交易成功的关键因素，就可以为达成交易寻找最佳伙伴。

（8）业务谈判的常用语种是什么？如使用当地的语言，有没有可靠的翻译？合同文件是否可用两种语言表示？两种语言是否具有同等的法律效力？谈判语言是非常关键的交流表达手段，要争取使用双方都熟悉的语言进行谈判，翻译一定要可靠。合同文件如果使用双方两种语言文字，两种语言应该具有同等的法律效力，这对双方来讲都是公平的。

5. 财政金融状况

（1）该国或公司的外债情况如何？如果该国的外债过高，就有可能因为外债紧张而无能力支付交易的款项，必然使商务谈判成果不能顺利实现。

（2）该国的外汇储备情况如何？该国是主要依靠哪些产品赚取外汇的？如果该国外汇储备较多，则说明该国有较强的对外支付能力；如果外汇储备较少，则

说明该国对外支付会出现困难。该国如果以具有较高附加价值的机械、电子产品、高科技产品为主赚取外汇，则说明该国换汇能力比较强，支付外汇能力也必然较强。

（3）该国货币是否可以自由兑换？有何限制？如果交易双方国家之间的货币不能自由兑换，就要涉及如何完成兑换、要受到哪些限制的问题。汇率变动也会对双方造成一定风险，这也是需要认真考虑和协商的。

（4）该国在国际支付方面信誉如何？是否有延期的情况？了解该国国际支付方面信誉情况也是必要的，如果对方信誉不佳，就要考虑用何种手段控制对方，以免延误支付。

（5）要取得外汇付款，需经过哪些手续和环节？这些问题会涉及商务交易中支付能否顺利实现，怎样避免不必要的障碍。

（6）该国适用的税法是什么？根据哪些法规进行征税？该国是否签订过避免双重征税的协议？与哪些国家签订过？

（7）公司在当地赚取的利润是否可汇出境外？有哪些规定？搞清楚上面的问题可使交易双方资产形成跨国间顺利流动，保证双方经济利益不受损失或少受损失。

6. 社会习俗

谈判者必须了解和尊重该国、该地区的社会风俗习惯，并且善于利用这些社会习俗为己方服务。比如，该国家或地区人们在称呼和衣着方面的社会规范标准是什么？是不是只能在工作时间谈业务？在业余时间和娱乐活动中是否也能谈业务？社交场合是否携带妻子？社交款待和娱乐活动通常在哪里举行？赠送礼物有哪些习俗？当地人在大庭广众之下是否愿意接受别人的批评？人们如何看待荣誉、名声等问题？当地人民公开谈话不喜欢哪些话题？妇女是否参与经营业务？在社会活动中妇女是否与男子具有同样的权利？这些社会习俗都会对人们的行为产生影响和约束力，必须了解和适应。

7. 基础设施与后勤供应系统

该国人力方面必要的熟练工人和非熟练工人、专业技术人员情况如何？该国物力方面建筑材料、建筑设备、维修设备情况如何？在财力方面有无资金雄厚、实力相当的分包商？在聘用外籍工人、进口原材料、引进设备等方面有无限制？

当地的运输条件如何？这些也都需要加以考虑。

8. 气候因素

气候因素对谈判也会产生多方面的影响。例如，该国雨季的长短，冬季的冰雪霜冻情况，夏季的高温情况、潮湿度情况，以及台风、风沙、地震等情况，都是气候状况因素。以上几种环境因素，从各个方面制约和影响着谈判工作，是谈判前准备工作中重要的调查分析内容。

（二）谈判己方的情况

知己知彼，才能百战不殆。在谈判前的准备工作中，不仅要调查分析客观环境和谈判对手的情况，还应该正确了解和评估谈判者自身的状况。古人云："欲胜人者，必先自胜；欲论人者，必先自论；欲知人者，必先自知。"没有对自身的客观评估，就不会客观地认定对方的实力。孟子说过："知人者智，自知者明。"谈判者一定要有自知之明。但是自我评估很容易出现两种倾向：一是过高估计自身的实力，看不到自身的弱点；二是过低评估自身实力，看不到自身的优势。自我评估首先要看到自身所具备的实力和优势，同时要客观地分析自己的需要和实现需要所欠缺的优势条件。

1. 谈判信心的确立

谈判信心来自对自己实力和优势的了解，也来自谈判准备工作是否做得充分。谈判者应该了解自己是否准备好支持自己说服对方的足够的依据，是否对可能遇到的困难有充分的思想准备，一旦谈判破裂是否会找到新的途径实现自己的目标。如果对谈判成功缺乏足够的信心，是否需要寻找足够的信心确立条件，还是需要修正原有的谈判目标和方案。

2. 自我需要的认定

满足需要是谈判的目的，清楚自我需要的各方面情况，才能制定出切实可行的谈判目标和谈判策略。谈判者应该认定以下几个问题：

（1）希望借助谈判满足己方哪些需要。比如，作为谈判中的买方，应该仔细分析自己到底需要什么样的产品和服务、需要多少、要求达到怎样的质量标准、价格可以出多少、必须在什么时间内购买、供方必须满足买方哪些条件等；作为谈判中的卖方，应该仔细分析自己愿意向对方出售哪些产品、是配套产品还是拆零产品、卖出价格的底限是多少、买方的支付方式和时间如何等。

（2）各种需要的满足程度。己方的需要是多种多样的，各种需要重要程度并不一样。要搞清楚哪些需要必须得到全部满足，哪些需要可以降低要求，哪些需要在必要情况下可以不考虑，这样才能抓住谈判中的主要矛盾，保护己方的根本利益。

（3）需要满足的可替代性。需要满足的可替代性大，谈判中己方回旋余地就大；如果需要满足的可替代性很小，那么谈判中己方讨价还价的余地就很小，当然很难达到预期结果。需要满足的可替代性包含两方面内容：一是谈判对手的可选择性有多大。有些谈判者对谈判对手的依赖性很强，就会使己方陷入被动局面，常常被迫屈从于对方的条件。分析谈判对手可选择性要思考这样一些问题：如果不和他谈，是否还有其他的可选择的对象？是否可以在将来再与该对手谈判？如果与其他对手谈判，可得到的收益和遭受的损失是什么？弄清这些问题，才有助于增强自己的谈判力。二是谈判内容可替代性的大小。例如，如果价格需要不能得到满足，可不可以用供货方式、提供服务等需要的满足来替代呢？眼前需要满足不了，是否可以用长期合作的需要满足来替代？这种替代的可能性大小，要通过认真权衡利弊来确定。

（4）满足对方需要的能力鉴定。谈判者不仅要了解自己要从对方得到哪些需要的满足，还必须了解自己能满足对方哪些需要，满足对方需要的能力有多大，在众多的同时提供需要满足的竞争对手中，自己具有哪些优势，占据什么样的竞争地位。

满足自身的需要是参加谈判的目的，满足他人需要的能力是谈判者参与谈判、与对方合作交易的资本。谈判者应该分析自己的实力，认清自己到底能满足对方哪些需要，如出售商品的数量、期限、技术服务等。如果谈判者具有其他企业所没有的满足需要的能力，或是谈判者相较其他企业能更好地满足某种需要，那么谈判者就拥有更多的与对方讨价还价的优势。

（三）有关谈判对手的情报收集

对谈判对手的调查是谈判准备工作最关键的一个环节，如果同一个事先毫无任何了解的对手谈判，会造成极大的困难，甚至会冒很大的风险。谈判对手的情况是复杂多样的，谈判对手的情报主要包括该企业的发展历史、组织特征、产品技术特点、市场占有率和供需能力，价格水平及付款方式，对手的谈判目标、资信情况以及参加谈判人员的资历、地位、性格、爱好、谈判作风及模式等。了解谈判对手的情报极其重要，现实谈判中由于对谈判对手的背景材料准备不足，存在许多上当受骗的例子。

1. 客商身份调查

应该对谈判对手属于哪一类客商了解清楚，避免错误估计对方，使自己失误甚至受骗上当。有以下几种情况：

在世界上享有一定声望和信誉的公司，这类公司是很好的贸易伙伴。对其要求提供准确、完整的各种数据和令人信服的信誉证明。谈判前要做好充分准备，谈判中要有高超的谈判技巧和充足的自信心，不能一味为迎合对方条件而损害自己的根本利益。

对待享有一定知名度的客商，要看到对方比较讲信誉，占领我国市场的心情比较迫切，技术服务和培训工作比较好，对我方在技术方面和合作生产的条件比较易于接受，是较好的贸易伙伴。

对待没有任何知名度的客商，只要确认其身份地位，深入了解其资产、技术、产品、服务等方面的情况，也是我们很好的合作伙伴。因为其知名度不高，谈判条件不会太苛刻，他们也希望多与中国企业合作打出其知名度。

对待专门从事交易中介的客商，要认清他们所介绍客商的资信地位，防止他们打着中介的旗号行使欺骗的手段。

对待"借树乘凉"的客商，不要被其母公司的光环所迷惑，对其应持慎重态度。如果是子公司，要求其出示其母公司准予以母公司的名义洽谈业务，并承担子公司一切风险的授权书。母公司拥有的资产、商誉并不意味着子公司也如此，要警惕子公司打着母公司招牌虚报资产的现象。如果是分公司，它不具备独立的法人资格，公司资产属于母公司，它无权独自签约。

对待各种骗子型的客商，我们一定要调查清楚其真实面目，谨防上当，尤其不要被对方虚假的招牌、优惠的条件、给个人的好处所迷惑，使自己误入圈套。

2. 谈判对手资信调查

对谈判对手进行资信状况的调查研究，是谈判前准备工作极其重要的一步。缺少必要的资信状况分析，谈判对手主体资格不合格或不具备与合同要求基本相当的履约能力，那么所签订的协议就是无效协议或者是没有履行保障的协议，谈

判者就会前功尽弃，蒙受巨大损失。对谈判对手资信情况的调查包括：

（1）对客商合法资格的审查。商务谈判的结果是有一定的经济法律关系的，参加一定的经济法律关系而享受权利和义务关系的组织或个人，叫作经济法律关系主体。作为参加商务谈判的企业组织必须具有法人资格。对对方法人资格的审查，可以要求对方提供有关证件，如法人成立地注册登记证明、法人所属资格证明；验看其营业执照，详细掌握对方企业名称、法定地址、成立时间、注册资本、经营范围等；还要弄清对方法人的组织性质，是有限公司还是无限责任公司，是母公司还是子公司或分公司，因为公司组织性质不同，其承担的责任是不一样的；还要确定其法人的国籍，即其应受哪一国家法律管辖。对于对方提供的证明文件要通过一定的手段和途径进行验证。对客商合法资格的审查还应包括对前来谈判的客商的代表资格或签约资格进行审查；在对方当事人找到保证人时，还应对保证人进行调查，了解其是否具有担保资格和能力；在对方委托第三者谈判或签约时，应对代理人的情况加以了解，了解其是否有足够权力和资格代表委托人参加谈判。

（2）对谈判对手资本、信用及履约能力的审查。对谈判对手资本的审查主要是审查对方的注册资本、资产负债表、收支状况、销售状况、资金状况等有关事件。对方具备了法律意义上的主体资格，但并不一定具备很强的行为能力。因此，应该通过公共会计组织审计的年度报告及银行、资信征询机构出具的证明来核实。

通过对谈判对手商业信誉及履约能力的审查，主要调查该公司的经营历史、经营作风、产品的市场声誉与金融机构的财务状况，以及在以往的商务活动中是否具有良好的商业信誉。作为一家信息咨询公司，邓白氏公司在与若干中国公司的长期业务合作中，发现不少中国公司存在着某些对国际商务活动中风险和信用（资信）认识上的误区，如"外商是我们的老客户，信用应该没问题""客户是朋友的朋友，怎么能不信任""对方商号是大公司，跟他们做生意放心"等。针对这些误区，邓白氏提出了若干忠告，如"对老客户的资信状况也要定期调查，特别是当其突然下大订单或有异常举措时，千万不要掉以轻心""防人之心不可无。无论是何方来的大老板，打交道前先摸摸底细，资信好的大公司不能保证其属下的公司也有良好的资信"等。

3. 了解对方谈判人员的权限

谈判的一个重要法则是不与没有决策权的人谈判。弄清对方谈判人员的权限有多大，对谈判获得多少实质性的结果有重要影响。不了解谈判对手的权力范围，将没有足够决策权的人作为谈判对象，不仅在浪费时间，甚至可能会错过更好的交易机会。一般来说，对方参加谈判人员的规格越高，权限也就越大；如果对方参加谈判的人员规格较低，我们就应该了解：对方参加谈判人员是否得到授权？对方参谈人员在多大程度上能独立做出决定？有没有决定是否让步的权力？

4. 了解对方的谈判时限

谈判时限与谈判任务量、谈判策略、谈判结果都有重要关系。谈判者需要在一定的时间内完成特定的谈判任务，可供谈判的时间长短与谈判者的技能发挥状况成正比。时间越短，对谈判者而言，用以完成谈判任务的选择机会就越少，哪一方可供谈判的时间越长，他就拥有较大的主动权。了解对方谈判时限，就可以了解对方在谈判中会采取何种态度、何种策略，我方就可制定相应的策略。因此，要注意收集对手的谈判时限信息，辨别表面现象和真实意图，做到心中有数，针对对方谈判时限制定谈判策略。

5. 了解对方谈判人员其他情况

要从多方面收集对方信息，以便全面掌握谈判对手。比如，谈判对手谈判班子的组成情况，即主谈人背景、谈判班子内部的相互关系、谈判班子成员的个人情况，包括谈判成员的资历、能力、信念、性格、心理类型、个人作风、爱好与禁忌等；谈判对手的谈判目标，所追求的核心利益、特殊利益；谈判对手对己方的信任程度，包括对己方经营与财务状况、付款能力、谈判能力等因素的评价和信任程度等。

（四）竞争者的情况

为了让商务谈判能顺利进行，准备阶段除了收集上面三个方面的信息以外，还需要了解竞争者的情况。如在市场经济运行中，同类产品的供求状况，相关产品与替代产品的供求状况，主要竞争厂家的生产能力、经营状况和市场占有率，竞争者的推销力量、市场营销状况、价格水平、应用状况等。

二、商务谈判背景信息情报调查的信息渠道

商务谈判背景调查工作应该坚持长期一贯性，企业应该不间断地收集各种信息，为制定战略目标提供可靠依据；同时，面对某一具体谈判，又要有针对性地调查具体情况。调查要寻求多种信息渠道，使调查的结果全面、真实、准确地反映现实情况。

（1）印刷媒体。印刷媒体主要通过报纸、杂志、内部刊物和专业书籍中登载的消息、图表、数字、照片来获取信息。这个渠道可提供比较丰富的各种环境信息、竞争对手信息和市场行情信息。谈判者可以通过这些渠道获得比较详细而准确的综合信息。

（2）电脑网络。电脑网络是 21 世纪非常重要的获取资料的渠道。人们可以经常在电脑网络上方便、快捷地查阅国内外许多公司信息、产品信息、市场信息以及其他多种信息。

（3）电波媒介。电波媒介即通过广播、电视播发的有关新闻资料，如政治新闻、经济动态、市场行情、广告等。其优点是迅速、准确、现场感强，缺点是信息转瞬即逝，不易保存。

（4）统计资料。统计资料主要包括各国政府或国际组织的各类统计年鉴，也包括各银行组织、国际信息咨询公司、各大企业的统计数据和各类报表，特点是材料详尽，可提供大量原始数据。

（5）各种会议。通过参加各种商品交易会、展览会、订货会、企业界联谊会、经济组织专题研讨会来获取资料，特点是信息非常新鲜，要善于从中捕捉有价值的东西。

（6）各种专门机构。各种专门机构包括国内贸易部、对外贸易部、对外经济贸易促进会、各类银行、进出口公司、本公司在国外的办事处、分公司、驻各国的大使馆等。

（7）知情人士。知情人士主要包括各类记者、公司的商务代理人、当地的华人、华侨、驻外使馆人员、留学生等。

三、商务谈判背景信息情报调查的原则

（1）可靠性。收集的信息要力求真实可靠，要选用经过验证的结论、经过审核的数据和经过确认的事实。不要满足于用一种方法收集信息，可以采用几种方法，从不同角度来反映客观事实，不要凭主观判断片面做出结论。如果收集的信息不可靠甚至是错误的，就会给谈判工作埋下隐患，造成不可估量的损失。

（2）全面性。背景调查的资料力求全面系统，应该从整体上反映事物的本质，不能仅仅靠支离破碎的信息来评估某些事物。尤其对一些重要信息，如经济环境、市场状况、商品销售情况、谈判对手的实力和商誉情况，在时间上和空间上都会存在差异，只有将调查工作做得更全面一些，才能保证所获得信息的完整、准确性。

（3）可比性。调查资料要具备可比性。一方面可以横向比较，针对同一问题收集多个资料，就可以在比较中得出正确的结论；另一方面可以纵向比较，如市场行情、产品销售状况、企业商誉情况等，有了不同时期的资料，就可以通过事物的过去分析其现在和未来的发展趋势，找出事物发展的规律。

（4）针对性。背景调查工作是一项内容繁杂的工作，需要耗费大量的精力和时间，短时间内不可能把所有背景都调查清楚。要将与谈判有最密切联系的资料作为重点调查内容，要将最急需了解的问题作为优先调查内容，这样才能提高调查工作效率，争取时间，占据主动。

（5）长期性。背景调查既是谈判前的一项准备工作，又是企业一件长期的任务。在企业经营管理工作中重视信息的重要作用，建立完善的信息收集网络，不间断地将各种重要信息随时进行收集存档，就可以为企业经营、商务谈判不失时机地提供各种决策依据。如果平时不重视信息收集工作，事到临头匆匆忙忙搞调查，就很难保证调查工作的周密和完善。从这个角度来看，背景调查工作不仅仅是谈判人员的临时任务，还应该是企业各方面都要承担的长期任务。

四、商务谈判背景信息情报调查的方法

（1）访谈法。调查者直接面对访问对象进行问答，包括个别对象采访，也包括召集多人举行座谈。在访谈之前，应准备好一份调查提纲，有针对性地设计一

些问题。访谈对象回答问题可录音或记录，以便事后整理分析。这种方法的特点是可以有针对性地抽样选择访谈对象，可以直接感受到对方的态度、心情和表述。

（2）问卷法。调查者事先印刷好问卷，发放给相关人士，填写好以后收集上来进行分析。问卷的设计要讲究科学性和针对性，既要有封闭式问题又要有开放式问题。这种方法的特点是可以广泛收集相关信息，有利于实现调查者的主导意向，易于整理分析，难点在于如何调动被调查者填写问卷的积极性以及保证填写内容的真实性。

（3）文献法。文献法是用于收集第二手资料的方法，可以从公开出版的报纸、杂志、书籍中收集，也可以从未公开的各种资料、文件、报告中收集。文献法的特点是可以收集到比较权威、比较准确的信息，但是要注意信息是否陈旧、过时。

（4）电子媒体收集法。电子媒体指电话、电脑、电视、广播等媒体。电子媒体收集信息的作用越来越重要，通过电子媒体收集信息有许多优点：传播速度快，可以及时获取最新信息；传播范围广，可以毫不费力地收集到各个国家的重要信息；表现力生动，电脑、电视媒体可以提供声音、图像，提供真实的现场情景；尤其是电脑，储存的信息相当丰富，网上调研已成为最便捷的调研方法。

（5）观察法。观察法是指调查者亲临调查现场收集事物情景动态信息。这种方法可以补充以上几种方法的不足。通过亲自观察得到最为真实、可靠的信息。但是这种方法也有局限性，例如，受交通条件限制，有些现场不能亲自去观察；受观察者自身条件限制，观察难免不全面，也难免受主观意识的影响而带有偏见。

（6）实验法。实验法即对调研内容进行现场实验的方法，如通过商务活动的试举办，商品试销、试购，谈判模拟等方法来收集事物动态信息。这种方法比观察法又进一步，可以发现一些在静态时不易发觉的新信息。

五、信息情报的整理与筛选

收集到的信息不能直接使用，为了保证资料的真实性与可靠性，要去伪存真；在保证真实、可靠的基础上，结合谈判项目的具体内容，确定信息的重要程度，从而制定出具体的谈判方案和对策。信息情报的整理与筛选的步骤如下：

第一，将收集的资料进行鉴别和分析，剔除某些不真实的信息、某些不能有足够证据证明的信息、某些带有较多主观臆断色彩的信息，保存那些可靠的、有可比性的信息，避免造成错误的判断和决策。

第二，在已经证明资料可靠性的基础上将资料进行归纳和分类。将原始资料按时间顺序、问题性质、反映问题角度等要求分门别类地排列成序，以便于更明确地反映问题的各个侧面和整体面貌。

第三，将整理好的资料做认真的研究分析，从表面的现象探求其内在本质，由此问题逻辑推理到彼问题，由感性认识上升到理性认识，然后提出有重要意义的问题。

第四，将提出的问题做出正确的判断和结论，并对谈判决策提出有指导意义的意见，供企业领导和谈判者参考。

第五，写出背景调查报告。调查报告是调查工作的最终成果，对谈判有直接的指导作用。调查报告要有充足的事实、准确的数据，还要有对谈判工作起指导作用的初步结论。

第三节　商务谈判的计划制订

谈判计划是谈判人员在谈判前事先对谈判目标、具体内容和谈判步骤所做的安排。它是谈判者行动的指针、方向和纲领，制订周密、细致的谈判计划是保证谈判顺利进行的必要条件。

一、制订商务谈判计划的必要性分析

常言说，"千里之行，始于足下"，谈判准备阶段是谈判的基础，而准备工作如何，在于是否有一个较完善的谈判计划。因为，商务谈判是一项错综复杂的工作，它受主观与客观、可控与不可控诸多因素影响，再加上谈判双方知识结构的差别等原因，制订谈判计划可以影响并推动谈判成功。

谈判计划可以预测将会出现的问题，而不会在问题突然出现时感到诧异；健全、有效的谈判计划有助于设立各种具体目标，从而形成一种任务感，为这样一

些目标而工作将有助于激励下属人员工作，以提高他们的工作效率；谈判计划能指明谈判的发展方向与发展界限，并能有效地减少失误和失败；谈判计划是一种履行其他管理职能的绝对必要的先决条件，是依赖于对部门目标的充分理解和指导组织机构未来的健全、有效的计划；健全、有效的谈判计划，是优秀管理的特征之一。制订谈判计划的工作尽管很繁杂、具体，但对于谈判的准备阶段是十分重要的。一个全面、具体、周密的谈判计划，能确保己方谈判方案顺利完成；相反，一个很粗糙的谈判计划，往往会使己方在谈判桌上漏洞百出，十分被动，也难以实现预期的谈判目标。

二、商务谈判计划的要求

（一）商务谈判计划的合理性

商务谈判计划要具有一定的合理性，必须建立在周密、细致的调查和正确、科学分析的基础上，真正体现出企业的根本利益和发展战略，并能对谈判人员起到纲领性的指导作用。谈判计划的合理性要考虑以下几个方面的问题：

1. 合理只能是相对合理，而不能做到绝对合理

现实中任何一个可行方案都难以达到绝对合理的要求。这是由于制订计划前所掌握的资料和信息不可能达到绝对准确和全面，对社会环境、经济环境、谈判对手的评价和预测不可能绝对正确、没有失误，谈判过程会受到偶然因素的影响，会出现意外变化，谈判人员思想水平、认识能力都有一定的局限性。所以很难制订出一个绝对合理的谈判计划，所谓合理只是一个相对概念。

2. 合理是一个应从理性角度把握的概念

任何谈判都不可能追求十全十美，也不容易达到最满意的目标。幻想没有任何妥协和让步就获得全盘胜利是不现实的。谈判不能以最理想的方案作为目标，而只能以比较令人满意的目标作为评估标准。如果符合国家大政方针，符合企业根本利益，有利于企业长远合作和发展，满足谈判实践的要求，能够确保在可接受的最低限度的基础上实现期待目标值，这就是一个合理的计划。

3. 合理是谈判双方都能接受的合理

谈判计划虽然是己方人员制订给自己人看的计划，但是这个计划应该是和对方进行过多次交流和接触之后，双方在一些关键问题上达成共识之后制订的，因

此它的合理性已经渗入对方的意愿。而且计划目标能否实现，谈判策略能否奏效，让步幅度是否合适等，这些必须受到对方态度的影响。只顾己方利益和条件不考虑对方各种因素，那么这个计划的合理性是没有可靠保证的。

（二）商务谈判计划的灵活性

谈判过程中各种情况都可能发生突然变化，要使谈判人员在复杂多变的形势中取得比较理想的结果，就必须使谈判计划具有一定的灵活性。谈判人员在不违背根本原则的情况下，根据情况的变化，在权限允许的范围内灵活地处理有关问题，取得较为有利的谈判结果。谈判计划的灵活性表现在：谈判目标有几个可供选择的目标；策略方案根据实际情况可选择某一种方案；指标有上下浮动的余地，还要把可能发生的情况考虑在计划中，如果情况变动较大，原计划不合适，可以实施第二套备用计划。

（三）商务谈判计划的实用性

商务谈判计划力求简明、具体、清楚，要尽量使谈判人员很容易记住其主要内容和基本原则。涉及的概念、原则、方法、数字、目标一定要明确，不要因为概念含糊不清而导致理解上的混乱。计划内容还要具体，不要过于空泛和抽象，不要有过多的夸张、描绘、情感语言，内容具体才便于在谈判中操作运用。

三、商务谈判计划的内容

商务谈判计划主要包括谈判主题和目标的确定、谈判策略的部署、谈判议程的安排以及谈判人员的分工职责、谈判地点等内容，其中，比较重要的是谈判目标的确定、谈判策略的布置和谈判议程的安排等内容。

（一）谈判主题和目标的确定

谈判的主题是指参加谈判的目的，而谈判目标则是谈判主题的具体化，整个谈判活动都是围绕主题和目标进行的。谈判主题必须简单明确，最好能用一句话加以概括和表述。谈判主题是我方公开的观点，不一定非得和对方经过磋商的谈判主题完全一致。

谈判目标是指谈判要达到的具体目标，它指明谈判的方向和要达到的目的、企业对本次谈判的期望水平。确定谈判目标主要依据对许多因素的综合分析才可以做出判断，如对谈判双方各自优势、劣势进行分析，考虑今后是否会与谈判对

手保持长期的业务往来（与策略有关），考虑交易本身的性质与重要程度、谈判与交易的时间限制等因素。

商务谈判的目标主要是以满意的条件达成一笔交易，确定正确的谈判目标是保证谈判成功的基础。谈判目标要有弹性，如果在谈判中缺乏回旋余地，那么稍遇分歧就会使谈判"流产"。谈判的目标可以分为三个层次：

1. 最低限度目标

最低限度目标是在谈判中对己方而言毫无退让余地，必须达到的最基本的目标。对己方而言，宁愿谈判破裂，放弃商贸合作项目，也不愿接受比最低限度目标更低的条件。它是达成交易的最低期望值，谈判中必须保证最低目标的实现，否则谈判将无任何意义。因此，也可以说最低限度目标是谈判者必须坚守的最后一道防线。最低目标显然是一个不理想的谈判结果，只有顶住压力全力争取预期目标，才能避免背水一战的局面。

2. 可以接受的目标

可以接受的目标是谈判人员根据各种主、客观因素，经过对谈判对手的全面估价，对企业利益的全面考虑、科学论证后所确定的目标。该目标是力求争取实现的期望值，是保证基本利益的目标，只有在迫不得已的情况下才能放弃。这个目标是一个区间或范围，己方可努力争取或做出让步的范围，谈判中的讨价还价就是在争取实现可接受的目标，所以可接受的目标的实现，往往意味着谈判取得成功。

3. 最高期望目标

最高期望目标是对谈判者最有利的一种理想目标，是指通过谈判达到了预期的目标，除此之外还得到了额外的利益。当然，最优目标很少有机会达到，没有人会将所有的利益全部让出，这种目标设定很多时候是一种策略上的选择，它可以增大让步的幅度，作为谈判的筹码，可以尽可能多地换取对方的利益，它还可以起到迷惑谈判对手的作用，亦真亦假，对方无法准确地判断出你所要达到的目标，对本方的其他目标起到了保护作用。

上述三种目标并不是孤立存在的，而是存在一定的内部关联性，是密不可分的谈判整体，需要通过计划有机地结合起来。谈判目标的确定是一个非常关键的工作，制订时要注意以下的事项：首先，不能盲目乐观地将全部精力放在争取最高期望目标上，而很少考虑谈判过程中会出现的种种困难，造成束手无策的被动局面。谈判目标要有一点弹性，定出上、中、下限目标，根据谈判实际情况随机应变、调整目标。其次，所谓最高期望目标不仅有一个，可能同时有几个目标，在这种情况下就要将各个目标进行排队，抓住最重要的目标努力实现，而其他次要目标可让步或降低要求。最后，己方最低限度目标要严格保密，除参加谈判的己方人员之外，绝对不可透露给谈判对手，这是商业机密。如果一旦疏忽大意透露出己方最低限度目标，就会使对方主动出击，使己方陷于被动。

（二）谈判策略的部署

谈判的策略指谈判者为了达到和实现自己的谈判目标，在对各种主客观情况充分估量的基础上，拟采取的基本途径和方法。谈判目标明确以后，就要拟定实现这些目标所采取的基本途径和策略。谈判策略包括多种策略，如开局策略、报价策略、磋商策略、成交策略、让步策略、打破僵局策略、进攻策略、防守策略、语言策略等，要根据谈判过程中可能出现的情况，事先有所准备，心中有数，在谈判中灵活运用。

谈判策略确定的步骤如下：第一，确定双方的谈判目标体系、交易条款的重要程度及让步的幅度；第二，确定在争取重要条款时可能会遇到的阻碍及对方会提出什么样的交换条件等；第三，确定采取怎样的策略（如开局策略、报价策略、进攻策略和防守策略等）。

（三）谈判议程的安排

谈判议程的安排对谈判双方非常重要，议程本身就是一种谈判策略，必须高度重视这项工作。谈判议程一般要说明谈判时间的安排和谈判议题的确定。谈判议程可由一方准备，也可由双方协商确定。议程包括通则议程和细则议程，前者由谈判双方共同使用，后者供己方使用。

1. 谈判议程拟定需注意的问题

谈判实践中，谈判议程一般以东道主为先，经协商后确定，或双方共同商议。谈判者应尽量争取谈判议程的拟定，这样对己方来讲是很有利的。谈判议程拟定需注意的问题包括：第一，议程安排要根据己方的具体情况，在程序上能扬长避短，保证己方优势的发挥；第二，议程的安排和布局要为己方运用谈判手段和策略埋下契机；第三，谈判议程的内容要能体现己方谈判的总体方案，统筹

兼顾。

2. 谈判议程的主要内容

（1）时间安排。时间安排即确定谈判在什么时间举行、多长时间、各个阶段时间如何分配、议题出现的时间顺序等。谈判时间的安排是议程中的重要环节。如果时间安排得很仓促，准备不充分，匆忙上阵，心浮气躁，很难沉着冷静地在谈判中实施各种策略；如果时间安排得很拖延，不仅会耗费大量的时间和精力，而且随着时间的推移，各种环境因素都会发生变化，还可能会错过一些重要的机遇。从"时间就是金钱，效益就是生命"的观点来看，精心安排好谈判时间是很必要的。

在确定何时开始谈判、谈判计划多长时间结束时要考虑以下几个因素：

第一，谈判准备的程度。如果已经做好参加谈判的充分准备，谈判时间安排得越早越好，而且也不怕马拉松式的长时间谈判；如果没有做好充分准备，不宜匆匆忙忙开始谈判，俗话说："不打无准备之仗。"

第二，谈判人员的身体和情绪状况。如果参加谈判的人员多为中年以上的人，要考虑他们的身体状况能否适应较长时间的谈判。如果身体状况不太好，可以将一项长时间谈判分割成几个较短时间的阶段谈判。

第三，市场形势的紧迫程度。如果所谈项目与市场形势密切相关，瞬息万变的市场形势不允许稳坐钓鱼台式的长时间谈判，谈判就要及早、及时，不要拖太长的时间。

第四，谈判议题的需要。对于多项议题的大型谈判，不可能在短时间内解决问题，所需时间相对长一些；对于单项议题的小型谈判，没有必要耗费很长时间，力争在较短时间内达成一致。

另外，谈判过程中时间的安排要讲策略，主要包括：

第一，对于主要的议题或争执较大的焦点问题，最好安排在总谈判时间的3/5 时提出来，这样既经过一定程度的交换意见，有一定基础，又不会拖得太晚而显得仓促。

第二，合理安排好己方各谈判人员发言的顺序和时间，尤其是关键人物关键问题的提出应选择最成熟的时机，当然也要给对方人员足够的时间表达意向和提出问题。

第三，对于不太重要的议题、容易达成一致的议题可以放在谈判的开始阶段或即将结束阶段，应把大部分时间用在关键性问题的磋商上。

第四，己方的具体谈判期限要在谈判开始前保密，如果对方摸清己方谈判期限，就会在时间上用各种方法拖延，待到谈判期限快要临近时才开始谈正题，迫使己方为急于结束谈判而匆忙接受不理想的结果。

（2）确定谈判议题。谈判议题就是谈判双方提出和讨论的各种问题。确定谈判议题首先要明确己方要提出哪些问题，要讨论哪些问题。要把所有问题全盘进行比较和分析：哪些问题是主要议题，列入重点讨论范围；哪些问题是非重点问题；哪些问题可以忽略；这些问题之间是什么关系，在逻辑上有什么联系。还要预测对方要提出哪些问题，哪些问题是需要己方必须认真对待、全力以赴去解决的；哪些问题可以根据情况做出让步；哪些问题是可以不予以讨论的。

（3）通则议程与细则议程的内容。通则议程是谈判双方共同遵照使用的日程安排，一般要经过双方协商同意后方能正式生效。在通则议程中，通常应确定以下一些内容：谈判总体时间及各分阶段时间的安排；双方谈判讨论的中心议题，尤其是第一阶段谈判的安排；列入谈判范围的各种问题、问题讨论的顺序；谈判中各种人员的安排；谈判地点及招待事宜。细则议程是对己方参加谈判的策略的具体安排，只供己方人员使用，具有保密性。其内容一般包括以下几个方面：谈判中的统一口径，如发言的观点、文件资料的说明等；对谈判过程中可能出现的各种情况的对策安排；己方发言的策略，如何时提出问题、提什么问题、向何人提问、谁来提问、谁来补充、谁来回答对方问题、谁来反驳对方提问、在什么情况下要求暂时停止谈判等；谈判人员更换的预先安排；己方谈判时间的策略安排、谈判时间期限。

（四）商务谈判地点的选定

商务谈判地点的选定一般有以下三种情况：一是在己方国家或公司所在地谈判；二是在对方所在国或公司所在地谈判；三是在谈判双方之外的国家或地点谈判。不同地点均有其各自的优点和缺点，需要谈判者充分利用地点的优势，克服地点的劣势，变不利为有利，变有利为促使谈判成功的因素。

1. 在己方地点谈判

在己方地点谈判是大多数商务人员比较喜欢的，因为它具有以下有利因素：

谈判者在家门口谈判，有较好的心理态势，自信心比较强；己方谈判者不需要耗费精力去适应新的地理环境、社会环境和人际关系，从而可以把精力更集中地用于谈判；可以选择己方较为熟悉的谈判场所进行谈判，按照自身的文化习惯和喜好布置谈判场所；作为东道主，可以通过安排谈判之余的活动来主动掌握谈判进程，并且从文化上、心理上对对方施加潜移默化的影响；"台上"人员与"台下"人员的沟通联系比较方便，谈判队伍可以非常便捷地随时与高层领导联络，获取所需资料和指示，谈判人员心理压力相对比较小；谈判人员免去车马劳顿，以逸待劳，可以以饱满的精神和充沛的体力参加谈判；可以节省去外地谈判的差旅费用和旅途时间，提高经济效益。

但是，在己方地点谈判也会造成对己方的不利影响，如由于身在公司所在地，不易与公司工作脱钩，经常会由于公司事务需要解决而干扰谈判人员，分散谈判人员的注意力；由于离高层领导近，联系方便，会产生依赖心理，一些问题不能自主决断而频繁地请示领导，也会造成失误和被动；己方作为东道主要负责安排谈判会场以及谈判中的各种事宜，要负责对客方人员的接待工作，安排宴请、游览等活动，所以己方负担比较重。

2. 在对方地点谈判

在对方地点谈判也是各有利弊。对己方的有利因素是：己方谈判人员远离家乡，可以全身心投入谈判，避免主场谈判时来自工作单位和家庭事务等方面的干扰；在高层领导规定的范围，更有利于发挥谈判人员的主观能动性，减少谈判人员的依赖性和频繁地请示领导；可以实地考察一下对方公司的产品情况，获取直接信息资料；己方省却了作为东道主所必须承担的招待宾客、布置场所、安排活动等项事务。

对己方的不利因素表现在：由于与公司本部相距遥远，某些信息的传递、资料的获取比较困难，某些重要问题也不易及时磋商；谈判人员对当地环境、气候、风俗、饮食等方面会出现不适应，再加上旅途劳累、时差不适应等因素，会使谈判人员身体状况受到不利影响；在谈判场所的安排、谈判日程的安排等方面处于被动地位，己方也要防止对方过多安排旅游景点等活动而消磨谈判人员的精力和时间。

3. 在双方地点之外的第三地谈判

对双方的有利因素是：由于在双方所在地之外的地点谈判，对双方来讲是平等的，不存在偏向，双方均无东道主优势，也无作客他乡的劣势，策略运用的条件相当。对双方的不利因素是：双方首先要为谈判地点的确定而谈判，地点的确定要使双方都满意也不是一件容易的事，在这方面要花费不少时间和精力；第三地点谈判通常被相互关系不融洽、信任程度不高的谈判双方所选用。

4. 在双方所在地交叉谈判

有些多轮谈判可以采用在双方所在地轮流交叉谈判的办法。这样的好处是对双方都是公平的，也可以各自考察对方实际情况，各自都担当东道主和客人的角色，对增进双方相互了解、融洽感情是有好处的。

（五）谈判人员的分工职责

这部分内容已在人员准备中描述得比较详细，这里就不再重复叙述。

四、商务谈判计划书的模板

根据上面对商务谈判书内容的具体描述，下面给出一个模板供大家参考。

商务谈判策划书模板

（一）谈判主题

（二）谈判会议的时间及地点

（三）谈判团队人员组成（首席代表、商务人员、技术人员、法律人员）

（四）双方的背景及优劣势分析

包括我方核心利益、对方利益、我方优势和劣势及对方优势和劣势。

（五）谈判目标

（六）程序与议程及具体策略

1. 开局阶段的策略

2. 磋商阶段的策略

3. 成交阶段的策略

（要根据谈判的进程，及时调整方案）

（七）谈判效果预测

（八）谈判风险预测及应急预案

主要说明出现意外情况时处置的方法、策略、合同如何约定。

（九）谈判费用预算

（十）附属计划

包括谈判日程表、接待计划、会务保障计划、保密要求、谈判终结的判定和处理。

第四节　商务谈判的物质条件准备

一旦谈判所在地确定下来以后，作为主场谈判的一方就要为商务谈判做好物质条件的准备。物质条件的准备主要包括商务谈判场景的布置及为客人准备好食宿问题。

一、商务谈判场景的布置

适宜的谈判场所，对谈判效果有着直接的影响作用。谈判现场的环境布置与座次的安排，都应体现礼仪的规范和对客人的尊重。座次安排更是敏感问题，应小心谨慎处理。

（一）商务谈判场所的选择

商务谈判场所的选择应该满足以下几方面要求：

（1）谈判室所在地交通、通信方便，便于有关人员来往，便于满足双方通信要求。

（2）环境优美安静，避免外界干扰。

（3）生活设施良好，使双方在谈判中不会感觉到不方便、不舒服。

（4）医疗卫生、保安条件良好，使双方能精力充沛、安心地参加谈判。

（5）作为东道主应当尽量征求客方人员的意见，达到客方的满意。

（二）商务谈判场所的布置

谈判室可选择公司（或租用商厦）的洽谈室、会议室，小规模谈判也可以在会客室，有条件最好安排两三个房间，选择一个房间作为主要谈判室，另一间作为双方都可以单独进行内部协商的密谈室，可能的话再配一间休息室。

1. 主谈室布置

主谈室应当宽大舒适，光线充足，色调柔和，空气流通，温度适宜，使双方能心情愉快、精神饱满地参加谈判。谈判桌居于房间中间。主谈室一般不宜装设电话，以免干扰谈判进程，泄露有关秘密；主谈室也不要安装录音设备，录音设备对谈判双方都会产生心理压力，难以畅所欲言，影响谈判的正常进行。如果双方协商需要录音，也可配备。

2. 密谈室布置

密谈室是供谈判双方内部协商机密问题单独使用的房间。它最好靠近主谈室，有较好的隔音性能，室内配备黑板、桌子、笔记本等物品，窗户上要有窗帘，光线不宜太亮。作为东道主，绝不允许在密谈室安装微型录音设施偷录对方密谈信息。作为客户在对方场所谈判，使用密谈室时一定要提高警惕。

3. 休息室布置

休息室是供谈判双方在紧张的谈判间隙休息用的，休息室应该布置得轻松、舒适，以便能使双方放松一下紧张的神经。室内最好布置一些鲜花，放一些轻柔的音乐，准备一些茶点，以便于调节心情、舒缓气氛。

（三）谈判双方座位的安排

谈判双方座位的安排对谈判气氛、对内部人员之间的交流、对谈判双方便于工作都有重要的影响。谈判座位的安排也要遵循国际惯例，讲究礼节。适当的座次安排，能够充分发挥谈判人员最佳的传播功能，使双方的言语交往与非语言沟通收到最佳的效果。

1. 长方形或椭圆形谈判桌

双边谈判一般采用长方形或椭圆形谈判桌，显得比较正规，通常主客各坐一边，若谈判桌横放（见图4-1），则正面对门为上座，应属于客方，背面对门为下座，属于主方。

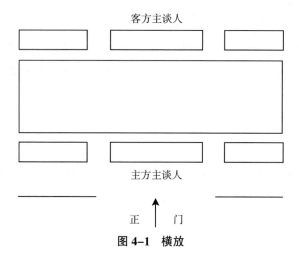

图 4-1　横放

　　若谈判桌竖放（见图 4-2），则应以进门方向为准，右侧为上，属于客方，左侧为下，属于主方。双方主谈人（首席代表）各在己方一边的中间就座，翻译安排在主谈人右侧，其余人员则遵循右高左低的原则，依照职位高低自近而远地分别在主谈人两侧就座。具体操作时，用摆放写有人名牌子的方法表明座位，会更加简明方便。

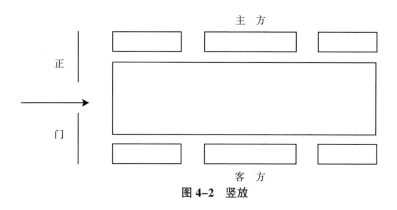

图 4-2　竖放

　　这种座位安排方法适用于比较正规、比较严肃的谈判。它的好处是双方相对而坐，中间有桌子相隔，有利于己方信息的保密，一方谈判人员相互接近，便于商谈和交流意见，也可形成心理上的安全感和凝聚力。它的不利之处在于人为地造成双方对立感，容易形成紧张、呆滞的谈判气氛，对融洽双方关系有不利的影响，需要运用语言、表情等手段缓和这种紧张对立的气氛。

2. 圆形谈判桌

多边谈判一般采用圆形谈判桌（见图 4-3），国际惯例上称为"圆桌会议"。采用圆桌谈判，谈判各方围桌交叉而坐，尊卑界限被淡化，彼此感到气氛较为和谐、融洽，容易达成共识。

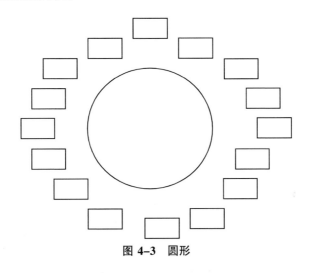

图 4-3 圆形

3. 马蹄形座位

小型的谈判，也可不设谈判桌，直接在会客室沙发上进行，双方主谈人在中间长沙发就座，主左客右，翻译在主谈人后面，双方其余人员分坐两边（见图 4-4），呈马蹄形，这样双方交谈比较随和、友好。但比较正规的谈判，不宜采用这种方式。

图 4-4 马蹄形

谈判时的座次安排，是一个比较敏感的界域问题。谈判中的座次包含两层含义：一是谈判双方的座次；二是谈判一方内部的座次。一个敏锐的谈判行家，会有意识地安排谈判人员的座次，并借以进行对己方最有利的谈判。

二、谈判人员的食宿准备

东道主一定要按照周到细致、方便舒适的原则，妥善安排好谈判人员的食宿问题。东道主要根据谈判人员的饮食习惯，尽量安排可口的饭菜；本着友好的态度，尽量提供方便、安全的住宿条件。

第五节　模拟谈判

为了更直接地预见谈判的前景，可以采取模拟谈判的方法改进和完善谈判的准备工作。模拟谈判指正式谈判前的"彩排"，将谈判小组成员一分为二，一部分人扮演谈判对手，并以对手的立场、观点和作风来与另一部分己方谈判人员交锋，预演谈判的过程。

一、模拟谈判的必要性

模拟谈判可以使谈判者获得实践经验，取得重大成果。在模拟谈判中，谈判者不用担心谈判失败，从检验谈判方案可能产生的效果出发，不仅可以使谈判者注意到那些原本被忽略或被轻视的重要问题，而且通过站在对方角度进行思考，可以使己方在谈判策略设计方面显得更加有针对性；同时，也将丰富己方在消除双方分歧方面的建设性思路。通过模拟谈判，己方对于将要谈判的各个问题，都将明确考虑可接受的解决方案和妥协方案。模拟谈判可以锻炼谈判者的应变能力，培养和提高谈判者的素质。

二、拟定假设

要使模拟谈判做到真正有效，还有赖于拟定正确的假设条件。

拟定假设是指根据某些既定的事实或常识，将某些事物承认为事实，不管这些事物是否发生，但仍视其为事实进行推理。因而，假设是模拟谈判的前提，又是模拟谈判的基础，它的作用是根本性的。按照假设在谈判中包含的内容，可以分为三类：一是对客观环境的假设；二是对自身的假设；三是对对方的假设。在谈判中，常常由于双方误解事实真相而浪费大量的时间，也许曲解事实的原因就在于一方或双方的假设错误。因此，谈判者必须牢记，自己所做的假设只是一种推测，如果把假设奉为必然将是非常危险的。拟定假设的关键在于提高假设的精确度，使之更接近事实。为此，在拟定假设条件时要注意：

（1）让具有丰富谈判经验的人做假设，这些人身经百战，提出假设的可靠度高。

（2）必须按照正确的逻辑思维进行推理，遵守思维的一般规律。

（3）必须以事实为基准，所拟定的事实越多、越全面，假设的准确度就越高。

（4）要正确区分事实与经验、事实与主观臆断，只有事实才是靠得住的。

模拟谈判的假设归根结底只是一种推测，带有或然性，若把或然性奉为必然而指导行动，先入为主，对谈判有害无益。

一般而言，模拟谈判需要下列三类人员：①知识型人员，这种知识是指理论与实践相对完美结合的知识。这种人员能够运用所掌握的知识触类旁通、举一反三，能把握模拟谈判的方方面面，使其具有理论依据和现实基础，同时，他们能从科学的角度去研究谈判中的问题。②预见型人员，这种人员对于模拟谈判是很重要的。他们能够根据事物的变化发展规律，加上自己的业务经验，准确地推断出事物发展的方向，对谈判中出现的问题相当敏感，往往能对谈判的进程提出独到的见解。③求实型人员，这种人员有着强烈的脚踏实地的工作作风，考虑问题客观、周密，不凭主观印象，一切以事实为出发点，对模拟谈判中的各种假设条件都仔细求证，力求准确。

三、模拟谈判的方法

（一）全景模拟法

全景模拟法指在想象谈判全过程的前提下，有关人员扮演不同的角色所进行的实战性排练。这是最复杂、耗资最大，也是最有效的模拟谈判方法。这种方法

一般适用于关系到企业重大利益的谈判。在采用全景模拟法时，应注意以下两点：

1. 合理地想象谈判全过程

要求谈判人员按照假设的谈判顺序展开充分的想象，不只想象事情发生的结果，更重要的是事物发展的全过程，想象在谈判中双方可能发生的情形，并依照想象的情况和条件，演绎双方交锋时可能出现的一切情境，如谈判的气氛、对方可能提出的问题、己方的答复、双方的策略和技巧等。合理的想象有助于谈判更充分、更准确。所以，这是全景模拟法的基础。

2. 尽可能地扮演谈判中所有会出现的人物

这有两层含义：一层是指对谈判中可能会出现的人物都有所考虑，要指派合适的人员对这些人物的行为和作用加以模仿；另一层是指主谈人员或其他在谈判中准备起重要作用的人员应扮演谈判中的每一个角色，包括自己、己方的顾问，对手及对手的顾问。这种对人物行为、决策、思考方法的模仿，能使己方对谈判中可能会遇到的问题、人物有所预见。同时，站在对方的角度上进行思考，有助于己方制定更完善的策略。

（二）讨论会模拟法

这种方法类似于头脑风暴法，具体分为两步：第一步，企业组织参加谈判人员和其他相关人员召开讨论会，请他们根据自己的经验，对企业在本次谈判中谋求的利益、对方的基本目标、对方可能采取的策略、己方的对策等问题畅所欲言。不管这些观点、见解如何标新立异，都不会有人指责，有关人员只是忠实地记录，再把会议情况上报领导作为决策参考。第二步，请人针对谈判中种种可能发生的情况，以及对方可能提出的问题等提出疑问，由谈判组成员一一加以解答。讨论会模拟法特别欢迎反对意见。这些意见有助于己方重新审核拟定的方案，从多种角度以多重标准来评价方案的科学性和可行性，并不断完善准备的内容，以提高成功率。国外的模拟谈判对反对意见倍加重视，然而这个问题在我国企业中长期没有得到应有的重视。有的领导往往难以容忍反对意见，讨论会往往变成"一言堂"。这种讨论不是为了使谈判方案更加完善，而是成了表示赞成的一种仪式。这就违背了讨论会模拟法的初衷。

（三）列表模拟法

这是最简单的模拟方法，一般使用于小型的常规性谈判。具体操作过程是：

通过对应表格的形式，在表格的一方列出己方经济、科技、人员、策略等方面的优缺点和对方的目标及策略；另一方则相应地罗列出己方针对这些问题在谈判中所应采取的措施。这种模拟方法的最大缺陷在于，它实际上还是谈判人员的一种主观产物，只是尽可能地搜寻问题并列出对策。对于这些问题是否真的会在谈判中发生，这一对策是否能起到预期的作用，由于没有通过实践的检验，因此，不能百分之百地讲这一对策是完全可行的。

四、模拟谈判的总结

模拟谈判的目的在于总结经验，发现问题，提出对策，完善谈判方案。所以，模拟谈判的总结是必不可少的。模拟谈判的总结应包括以下内容：对方的观点、风格、精神；对方的反对意见及解决办法；自己的有利条件及运用状况；自己的不足及改进措施；谈判所需情报资料是否完善；双方各自的妥协条件及可共同接受的条件；谈判破裂与否的界限等。

可见，谈判总结涉及各方面的内容，只有通过总结，才能积累经验，吸取教训，完善谈判的准备工作。

本章小结

商务谈判的如期进行是从人员准备开始的。谈判人员应具备的素质为坚强的政治思想素质、健全的心理素质、合理的学识结构、谈判人员的能力素养和健康的身体素质。一场商务谈判应配备多少人员才合适，应根据谈判内容的繁简、技术性的强弱、时间的长短、我方人员谈判能力的高低以及对方谈判人员的多少来具体确定。在商务谈判中根据所需的知识大体上需要配备下列相应的人员：谈判队伍领导人、商务人员、技术人员、财务人员、法律人员和翻译人员。谈判人员要进行合理的分工与配合。谈判人员的分工是指每一个谈判者都有明确的分工，都有自己适当的角色，各司其职。谈判人员的配合是指谈判人员之间思路、语言、策略的互相协调，步调一致，要确定各类人员之间的主从关系、呼应关系和配合关系。要使谈判取得成功，不仅要组建一支优秀的谈判队伍，还要通过有效的管理，使谈判组织提高谈判力。谈判队伍的管理包括谈判队伍领导人对谈判组

织的直接管理和高层领导对谈判过程的指导。

商务谈判作为人们运用信息获取自己所需事物的一种经济活动，对信息的依赖十分强烈。因此，谈判者对背景信息的调查与收集就成为了解对方意图、制订谈判计划、确定谈判策略及战略的基本前提。商务谈判背景信息情报收集的主要内容包含：与谈判有关的环境因素、谈判己方的情况、有关谈判对手的情报收集、竞争者的情况。调查要寻求多种信息渠道（印刷媒体、电脑网络、电波媒介、统计资料、各种会议、各种专门机构、知情人士），使调查的结果全面、真实、准确地反映现实情况。在收集各种信息情报时要遵循可靠性、全面性、可比性、针对性和长期性的基本原则。收集到的信息不能直接使用，为了保证资料的真实性与可靠性，要去伪存真；在保证真实、可靠的基础上，结合谈判项目的具体内容，确定信息的重要程度，从而制定出具体的谈判方案和对策。

商务谈判计划主要包括谈判主题和目标、谈判策略的部署、谈判议程的安排以及谈判人员的分工职责、谈判地点等内容。其中，比较重要的是谈判目标的确定、谈判策略的布置和谈判议程的安排等内容。

一旦谈判所在地确定下来以后，作为主场谈判的一方就要为商务谈判做好物质条件的准备。物质条件的准备主要包括商务谈判场景的布置及为客人准备好食宿问题。

为了更直接地预见谈判的前景，可以采取模拟谈判的方法改进和完善谈判的准备工作。模拟谈判指正式谈判前的"彩排"，将谈判小组成员一分为二，一部分人扮演谈判对手，并以对手的立场、观点和作风来与另一部分己方谈判人员交锋，预演谈判的过程。模拟谈判可以使谈判者获得实践经验，取得重大成果。在模拟谈判中，谈判者要使模拟谈判做到真正有效，还有赖于拟定正确的假设条件。模拟谈判的方法常见的有全景模拟法、讨论会模拟法和列表模拟法。模拟谈判的目的在于总结经验，发现问题，提出对策，完善谈判方案。所以，模拟谈判的总结是必不可少的。

第五章
商务谈判的开局

本章目标

◆ 正确理解商务谈判开局和建立良好开局气氛

◆ 认真领会并掌握开局的策略技巧

◆ 熟练掌握关于商务谈判开局环节的相关知识

◆ 学会在实际谈判中灵活运用各种策略成功地进行谈判的开局

第一节　谈判开局概述

所谓谈判开局，是指一场谈判开始时，谈判各方之间的寒暄和表态以及对谈判对手的底细进行探测，为影响、控制谈判进程奠定良好的基础。谈判的开局阶段是指谈判准备阶段之后，谈判双方进入面对面谈判的开始阶段。开局阶段的具体目标是在轻松、诚挚气氛的基础上，力争继续巩固和发展已经建立起来的和谐气氛，并在进入实质性谈判前，双方就谈判程序及态度、意图等取得一致或交换一下意见。此外，还要摸清对方的真正需要，尽快掌握对方有关谈判的经验、技巧、谈判作风方面的信息，以及使用的谈判谋略等，特别应注意摸清对方对要成交买卖的期望值的大致轮廓，做到心中有数。

一、谈判开局阶段的作用与任务

（一）开局在整个谈判过程中的地位与作用

对整场谈判而言，谈判开局对整个谈判过程起着相当重要的影响和制约作用。它不仅决定着双方在谈判中的力量对比，决定着双方在谈判中采取的态度和方式，同时也决定着双方对谈判局面的控制，进而决定着谈判的结果。所以应该研究谈判的开局，把握和控制谈判的局势。

开局阶段虽然在时间上只占整个谈判过程的很小一段，涉及的内容似乎与整个谈判的主题关系不大，但它却是十分重要的。因为开局阶段往往关系到双方谈判的诚意和积极性，关系到谈判的格调和发展趋势。一个良好的开局将为谈判成功奠定良好的基础。

开局阶段人们的精力最为充沛，注意力也最为集中。而洽谈的格局就是在开局后的几分钟内确定的。开局还是双方阐明各自立场的阶段，谈判双方阵容中的个人地位及所承担的角色在开局阶段完全暴露出来。有经验的洽谈人员都能在这一阶段采取各种有效措施，充分发挥其应有作用，使谈判向着健康的方向发展。

（二）谈判开局阶段的任务

一个良好的开局会为以后的商务谈判取得成功打下良好的基础。为达到以上目标，开局阶段主要有四项任务：

1. 具体问题的说明

此部分主要包括谈判的目的、谈判计划、谈判进度和谈判成员四个方面的内容。谈判双方初次见面，要互相介绍参加谈判的人员，包括姓名、职务、谈判角色等情况。然后双方进一步明确谈判要达到的目标，这个目标应该是双方共同追求的合作目标。同时双方还要磋商确定谈判的大体议程和进度，以及需要共同遵守的纪律和共同履行的义务等问题。具体问题的说明目的就是谈判双方友好接触，统一共识，明确规则，安排议程，掌握进度，把握成功。

2. 营造适宜的谈判气氛

谈判气氛会影响谈判者的情绪和行为方式，进而影响到谈判的发展。谈判气氛受多种因素的影响。客观环境对谈判的气氛有重要影响，如双方面临的政治形势、经济形势、市场变化、文化气氛、实力差距，以及谈判时的天气、时间、突发事件等。对于客观环境对气氛的影响，需要在谈判准备阶段做好充分准备，尽可能营造有利于谈判的环境气氛。谈判人员主观因素对谈判气氛的影响是直接的，在谈判开局阶段一项重要的任务就是发挥谈判人员的主观能动性，营造良好的谈判气氛。谈判气氛的形成一般是通过双方相互介绍、寒暄，以及双方接触时的表情、动作、姿态和说话的语气等方面。谈判气氛既可以表达双方谈判者对谈判的期望，也可以表达出谈判的策略特点，因此也是双方互相摸底的重要信息。

3. 开场陈述和报价

双方各自陈述己方的观点和愿望，并提出倡议。陈述己方对问题的理解，即己方认为谈判应涉及的问题及问题的性质、地位；己方希望取得的利益和谈判的立场。陈述的目的是使对方理解己方的意思，既要体现一定的原则性，又要体现合作性和灵活性。然后，双方各自提出各种设想和解决问题的方案，并观察双方合作的可靠程度，设想在符合商业原则的基础上寻求实现双方共同利益的最佳途径。

4. 在陈述的基础上进行报价

报价就是双方各自提出最佳的交易条件，是各自立场和利益需求的具体体现。报价既要考虑对方对己方有利，又要考虑成功的可能性。报价要准确、清楚。双方不受对方报价的影响，可按自己的意图进行报价。报价的目的是使双方了解对方的具体立场和条件，了解双方存在的分歧和差距，为进行磋商准备条件。

二、谈判开局的方式与原则

（一）谈判开局的方式

如果谈判的准备工作已经全部完成，这时，就可以向对方主动提交洽谈方案，或者在对方提交的方案基础上给予相应的答复。向对方提交方案有以下几种方式：

1. 提交书面材料，不做口头陈述

这是一种局限性很大的方式，只在两种情况下运用：第一种情况是本部门在谈判规则的束缚下不可能有别的选择方式。比如，本部门向政府部门投标，这个政府部门规定在裁定的期间内不与投标者见面、磋商。第二种情况是本部门准备把提交最初的书面材料也作为最后的交易条件。这时要求文字材料要明确具体，

各项交易条件要准确无误，让对方一目了然，只需回答"是"与"不是"，无须再做任何解释。如果是对对方所提出的交易条件进行还价，还价的交易条件也必须是终局的，对方要么全盘接受，要么全盘拒绝。

2. 提交书面材料，并做口头陈述

在会谈前将书面材料提交给对方，这种方法有很多优点，如书面交易条件内容完整，能把复杂的内容用详细的文字表达出来，对方可一读再读，全面理解。提交书面交易条件也有缺点，如写上去的东西可能会成为一种对自己一方的限制，并难以更改。另外，文字形式的条款不如口语带有感情色彩，细微差别的表达也不如口语，特别是在不同语种之间，更有局限性。因此，谈判者应掌握不同形式下的谈判技巧。在提出书面交易条件之后，应努力做到下述要点：让对方多发言，不可多回答对方提出的问题；尽量试探出对方反对意见的坚定性，即如果不做任何相应的让步，对方能否顺从意见；不要只注意眼前利益，还要注意目前的合同与其他合同的内在联系；无论心里如何感觉，都要表现出冷静、泰然自若；要随时注意纠正对方的某些概念性错误，不要只在对本企业不利时才纠正。

3. 面谈提出交易条件

这种形式是事先双方不提交任何书面形式的文件，仅在会谈时提出交易条件。这种谈判方式有许多优点：可以见机行事，有很大的灵活性；先磋商后承担义务；可充分利用感情因素，建立个人关系，缓解谈判气氛等。但这种谈判方式也存在着某些缺点：容易受到对方的反击；阐述复杂的统计数字与图表等相当困难；语言的不同，可能会产生误会。运用这种谈判方式应注意下述事项：不要让会谈漫无边际地东拉西扯，而应明确所有要谈的内容，把握要点；不要把精力只集中在一个问题上，而应把每一个问题都谈深、谈透，使双方都能明确各自的立场；不要忙于自己承担义务，而应为谈判留有充分的余地；不要只注意眼前利益，要注意到目前的合同与其他合同的内容联系；无论心里如何考虑，都要表现得镇定自若；要随时注意纠正对方的某些概念性错误，不要只对本方不利时才去纠正。

（二）谈判开局的原则

要使谈判开局营造出有利于谈判进行的良好气氛，就要遵循一定的原则。如在开局阶段，谈判双方发言的次序、发言的时间分配以及议事日程的确定等，这些问题都需要按照一定的原则进行，否则就会影响谈判的结果和效率。谈判开局阶段应遵循的原则如下：开局发言机会均等；表达内容简洁、轻松；善于提出有利于合作的意见，同时征求对方看法；肯定对方的意见；队员之间相互配合。遵循上述原则，谈判开局就不会出现东一句西一句的混乱局面，就可以把核心问题突出出来，从而营造出适宜的谈判氛围。这对谈判的顺利进行和最终结果的实现都会起到作用。

三、营造良好开局气氛

对整场谈判而言，谈判开局对整个谈判过程起着相当重要的影响和制约作用。它不仅决定着双方在谈判中的力量对比，决定着双方在谈判中采取的态度和方式，同时也决定着双方对谈判局面的控制，进而决定着谈判的结果。所以应该研究谈判的开局，把握和控制谈判的局势。

（一）商务谈判开局气氛的含义

谈判气氛是谈判对手之间的相互态度，它能够影响谈判人员的心理、情绪和感觉，从而引起相应的反应。因此，谈判气氛对整个谈判过程具有重要的影响，其发展变化直接影响整个谈判的前途。

谈判开局气氛是由参与谈判的所有谈判者的情绪、态度与行为共同制造的，任何谈判个体的情绪、态度与行为都可以影响或改变谈判开局气氛；与此同时，任何谈判个体的情绪、思维都会受到谈判开局气氛的影响，呈现出不同的状态。因此，营造一种有利的谈判开局气氛，从而控制谈判开局，控制谈判对手，对于谈判者来说就显得非常重要。

任何商务谈判都是在一定的气氛下进行的。谈判气氛的营造应该服务于谈判的方针和策略，服务于谈判各阶段的任务，面临的政治形势、经济形势、市场变化、文化氛围、实力差距，以及谈判时的场所、天气、时间、突发事件等。对于客观环境对气氛的影响，需要在谈判准备阶段做到有利于谈判目标的实现。谈判气氛在不同特点的谈判中是不一样的，即使在一个谈判的过程中，影响谈判气氛的因素发生变化，也会使谈判气氛发生微妙的变化。谈判气氛多种多样，有的是冷淡的、对立的，有的是积极的、友好的，有的是平静的、严谨的，有的是简洁明快、节奏紧凑、速战速决的，有的是咬文嚼字、慢条斯理、旷日持久的，还有

介于以上几种谈判气氛之间的自然气氛。而谈判开局阶段气氛的营造更为关键。因为这一阶段的气氛会直接影响到双方是否有一个良好的开端。一般来说，开局气氛如果是冷淡的、对立的、紧张的或者是松懈的，都不利于谈判的成功。不同的谈判气氛对谈判的影响不同，一种谈判气氛可在不知不觉中把谈判朝着某种方向推进，如热烈的、积极的、合作的气氛会把谈判朝着达成一致协议的方向推进，而冷淡的、对立的、紧张的气氛会把谈判推向更为严峻的境地。因此，在谈判一开始，营造出一种合作的、诚挚的、轻松的、认真的和解决问题的气氛，对谈判可以起到十分积极的作用。

谈判气氛在谈判一开始就已形成，但它必须在整个谈判过程中都得到保持，这就需要谈判人员的共同努力。谈判双方见面后的短暂接触，对谈判气氛的形成具有关键性的作用。谈判双方人员的目光、动作、姿态、表情、气质、谈话内容及语调、语速等，会形成不同的谈判气氛。

实际上，当双方走到一起准备谈判时，洽谈的气氛就已经形成。热情还是冷漠，友好还是猜忌，轻松活泼还是拘谨紧张，都已基本确定，甚至整个谈判的进展（如谁主谈、谈多少、双方的策略）也都受到了很多的影响。当然，谈判气氛不仅受开局时的影响，双方见面之前的预先接触、谈判深入后的交流都会对谈判气氛产生影响，但谈判开始瞬间的影响最强烈，它奠定了谈判的基础。此后，谈判气氛的波动比较有限。

（二）开局气氛的要求

1. 礼貌、尊重的气氛

谈判双方在开局阶段要营造出一种尊重对方、彬彬有礼的气氛。开局阶段谈判可以有高层领导参加，以示对对方的尊重。谈判人员服饰仪表要整洁大方，无论是表情、动作还是说话语气都应该表现出尊重、礼貌，不能流露出轻视对方、以势压人的态度，不能以武断、蔑视、指责的语气讲话，应使双方能够在文明礼貌、相互尊重的气氛中开始谈判。

2. 自然、轻松的气氛

谈判双方抱着各自的立场和目标坐到一起谈判，极易出现冲突和僵持。如果一开局气氛就非常紧张、僵硬，可能会过早地造成情绪激动和对立，使谈判陷入僵局。过分的紧张和僵硬还会使谈判者的思维偏激、固执和僵化，不利于细心分析对方的观点，不利于灵活地运用谈判策略。所以，谈判人员在开局阶段要营造一种平和、自然、轻松的气氛。例如，随意谈一些题外的轻松话题，松弛一下紧绷着的神经，不要过早与对方发生争论。语气要自然、平和，表情要轻松、亲切，尽量谈论中性话题，不要过早刺激对方。

3. 友好、合作的气氛

开局阶段要使双方有一种"有缘相知"的感觉，双方都愿意友好合作，都愿意在合作中共同受益。因此，谈判双方实质上不是"对手"，而是"伙伴"。基于这一点，营造友好、合作的气氛并不仅仅是出于谈判策略的需要，更重要的是双方长期合作的需要。尽管随着谈判的进行会出现激烈的争辩或者矛盾冲突，但是双方是在友好、合作的气氛中去争辩，不是越辩越远，而是越辩越近。因此，要求谈判者真诚地表达对对方的友好愿望和对合作成功的期望，此外，热情的握手、热烈的掌声、信任的目光、自然的微笑都是营造友好、合作气氛的手段。

4. 积极、进取的气氛

谈判毕竟不是社交沙龙，谈判者都肩负着重要的使命，要付出巨大的努力去完成各项重要任务，双方都应该在积极、进取的气氛中认真工作。谈判者要准时到达谈判场所，仪表端庄整洁，精力要充沛，充满自信，坐姿要端正，发言要响亮有力，要表现出追求进取、追求效率、追求成功的决心，不论有多大分歧、有多少困难，相信一定会获得双方都满意的结果。谈判就在这样一种积极进取、紧张有序、追求效率的气氛中开始。

（三）谈判开局气氛的营造

要想获得谈判的成功，必须营造出一种有利于谈判的和谐气氛。任何一种谈判都是在一定的气氛下进行的，谈判气氛的形成与变化将直接关系到谈判的成败得失，影响到整个谈判的根本利益和前途，成功的谈判者无一不重视在谈判的开局阶段创造良好的谈判气氛。良好的气氛具有以下众多的良好效应：为即将开始的谈判奠定良好的基础；传达友好、合作的信息；能减少双方的防范情绪；有利于协调双方的思想和行动；能显示主谈人的文化修养和谈判诚意。在谈判之初建立一种和谐、融洽、合作的谈判气氛无疑是非常重要的。如果商务谈判一开始就形成了良好的气氛，双方就容易沟通，便于协商，所以谈判者都愿意在一个良好的气氛中进行谈判。如果谈判一开始双方就怒气冲天，见面时拒绝握手，甚至拒

绝坐在一张谈判桌上，无疑会使整个谈判蒙上一层阴影。

谈判开局气氛对整个谈判过程起着相当重要的影响和制约作用。可以说，哪一方如果控制了谈判开局气氛，那么，在某种程度上就等于控制住了谈判对手。根据谈判气氛的高低，可以把商务谈判的开局气氛分为高调气氛、低调气氛和自然气氛。

1. 营造高调气氛

高调气氛是指谈判情势比较热烈，谈判双方情绪积极、态度主动，愉快因素成为谈判情势主导因素的谈判开局气氛。通常在下述情况下，谈判一方应努力营造高调的谈判开局气氛：己方占有较大优势，价格等主要条款对自己极为有利，己方希望尽早达成协议与对方签订合同。在高调气氛中，谈判对手往往只注意到他自己的有利方面，而且对谈判前景的看法也倾向于乐观，因此，高调气氛可以促进协议的达成。

营造高调气氛通常有以下几种方法：

（1）感情攻击法。感情攻击法是指通过某一特殊事件来引发普遍存在于人们心中的感情因素，并使这种感情迸发出来，从而达到营造气氛的目的。

案例 5-1

中国一家彩电生产企业准备从日本引进一条生产线，于是与日本一家公司进行了接触。双方分别派出了一个谈判小组就此问题进行谈判。谈判那天，双方谈判代表刚刚就座，中方的首席代表（副总经理）就站了起来，他对大家说："在谈判开始之前，我有一个好消息要与大家分享。我的太太在昨天夜里为我生了一个大胖儿子！"此话一出，中方职员纷纷站起来向他道贺。日方代表于是也纷纷站起来向他道贺。整个谈判会场的气氛顿时高涨起来，谈判进行得非常顺利。中方企业以合理的价格顺利地引进了一条生产线。

资料来源：https://wenku.baidu.com/view/bcabe20f33b765cee0508763231126edb6ela7661.html。

这位副总经理为什么要提自己太太生孩子的事呢？原来，这位副总经理在与日本企业的以往接触中发现，日本人很愿意板起面孔谈判，刻意制造一种冰冷的谈判气氛，给对方造成一种心理压力，从而控制整个谈判，趁机抬高价码或提高条件。于是，他便想出了用自己的喜事来打破日本人的冰冷面孔，营造一种有利于己方的高调气氛。

（2）称赞法。称赞法是指通过称赞对方来削弱对方的心理防线，从而唤起对方的谈判热情，调动对方的情绪，营造高调气氛。采用称赞法时应该注意以下几点：一是选择恰当的称赞目标。选择称赞目标的基本原则是投其所好，即选择那些对方最引以为豪的，并希望己方注意的目标。二是选择恰当的称赞时机。如果时机选择得不好，称赞法往往适得其反。三是选择恰当的称赞方式。称赞方式一定要自然，不要让对方认为你是在刻意奉承他，否则会引起其反感。

案例 5-2

东南亚某个国家的华人企业想要做日本一著名电子公司在当地的代理商。双方几次磋商均未达成协议。在最后的一次谈判中，华人企业的谈判代表发现日方代表喝茶及取放茶杯的姿势十分特别，于是他说道："从您喝茶的姿势来看，您十分精通茶道，能否为我们介绍一下？"这句话正好点中了日方代表的兴趣所在，于是他滔滔不绝地讲述起来。结果，后面的谈判进行得异常顺利，那个华人企业终于拿到了他所希望的地区代理权。

资料来源：http://ishare.iask.sina.com.cn/f/avw0BspAKyY.html。

（3）幽默法。幽默法是指用幽默的方式来消除谈判对手的戒备心理，使其积极参与到谈判中来，从而营造出高调谈判开局气氛。采用幽默法时要注意以下几点：一是选择恰当的时机。二是采取适当的方式。三是要收发有度。

（4）问题挑逗法。问题挑逗法是指提出一些尖锐问题诱使对方与自己争议，通过争议使对方逐渐进入谈判角色。这种方法通常是在对方谈判热情不高时采用，有些类似于"激将法"。但是，这种方法很难把握好火候，在使用时应慎重一些，要选择好退路。

2. 营造低调气氛

低调气氛是指谈判气氛十分严肃、低落，谈判的一方情绪消极、态度冷淡，不快因素构成谈判情势的主导因素。通常在下面这种情况下谈判一方应该努力营造低调的谈判开局气氛：本方有讨价还价的"砝码"，但是并不占有绝对优势，

合同中某些条款并未达到本方的要求，如果本方施加压力，对方会在某些问题上做出让步。低调气氛会给谈判双方都造成较大的心理压力，在这种情况下，哪一方心理承受力弱，哪一方往往会妥协让步。因此，在营造低调气氛时，本方一定要做好充分的心理准备并要有较强的心理承受力。营造低调气氛通常有以下几种方法：

（1）感情攻击法。这里的感情攻击法与营造高调气氛的感情攻击法性质相同，即都是以情感诱发作为营造气氛的手段，但两者的作用方向相反。在营造高调气氛的感情攻击中，是激发对方产生积极的情感，使谈判开局充满热烈的气氛；而在营造低调气氛时，是要诱发对方产生消极情感，使一种低沉、严肃的气氛笼罩在谈判开始阶段。

（2）沉默法。沉默法是以沉默的方式来使谈判气氛降温，从而达到向对方施加心理压力的目的。注意这里所讲的沉默并非是一言不发，而是指本方尽量避免针对谈判的实质问题发表议论。采用沉默法要注意以下两点：一是要有恰当的沉默理由。通常人们采用的理由有：假装对某项技术问题不理解、假装不理解对方对某个问题的陈述、假装对对方的某个礼仪失误表示十分不满。二是要沉默有度，适时进行反击，迫使对方让步。

（3）疲劳战术。疲劳战术是指使对方对某一个问题或某几个问题反复进行陈述，从生理和心理上使对手疲劳，降低对手的热情，从而达到控制对手并迫使其让步的目的。一般来讲，人在疲劳的状态下，思维的敏捷程度下降，容易出现错误，热情降低，工作情绪不高，比较容易屈从于别人的看法。采用疲劳战术应注意以下两点：一是多准备一些问题，而且问题要合理，每个问题都能起到使对手疲劳的作用。二是认真倾听对手的每一句话，抓住错误、记录下来，作为迫使对方让步的"砝码"。

（4）指责法。指责法是指对对手的某项错误或礼仪失误严加指责，使其感到内疚，从而达到营造低调气氛、迫使谈判对手让步的目的。

3. 营造自然气氛

自然气氛是指谈判双方情绪平稳，谈判气氛既不热烈，也不消沉。自然气氛无须刻意地去营造，许多谈判都是在这种气氛中开始的。这种谈判开局气氛便于向对手进行摸底，因为谈判双方在自然气氛中传达的信息往往要比在高调气氛和低调气氛中传送的信息更准确、真实。当谈判一方对谈判对手的情况了解甚少，对手的谈判态度不甚明朗时，谋求在平缓的气氛中开始对话是比较有利的。

营造自然气氛要做到以下几点：注意自己的行为、礼仪；要多听、多记，不要与谈判对手就某一问题过早发生争议；要准备几个问题，询问方式要自然；对对方的提问，能做正面回答的一定要正面回答，不能回答的要采用恰当方式进行回避。

谈判气氛并非是一成不变的。在谈判中，谈判人员可以根据需要来营造适于自己的谈判气氛。但是，谈判气氛的形成并非完全是人为因素的结果，客观条件也会对谈判气氛产生重要的影响，如节假日、天气情况、突发事件等。因此，在营造谈判气氛时，一定要注意外界客观因素的影响。

四、开局阶段的注意事项

（一）合理运用影响谈判气氛的因素

谈判气氛影响谈判人员的心理、情绪和感觉，从而引起相应的反应。形成洽谈气氛的关键时间是短暂的，可能只有几秒钟，最多也不超过几分钟。实际上，从双方走到一起准备洽谈时，洽谈的气氛就已经形成了，而且将会延续下去，以后很难改变。因为这时，热烈或冷漠、合作或猜疑、友好或防范等情绪已经出现了；行动已经表现出不是轻松便是拘谨。当然，洽谈气氛不仅受最初几秒钟内发生的事情的影响，还受到双方见面之前的预先接触以及洽谈中的接触的影响。但是，开始见面形成的印象，比初见前形成的印象强烈得多，甚至会很快取代以前的印象。

形成谈判气氛的关键因素是谈判者的主观态度，谈判者应积极主动地与对方进行情绪、思想上的沟通，而不能消极地取决于对方的态度。例如，当对方还板着脸时，你应该率先露出微笑，主动地握手，主动地关切，主动地交谈，这都有益于创造良好的气氛。如果谈判者都能充分发挥自己的主观能动性，一定会创造出良好的谈判气氛。为了创造一个良好的谈判气氛，谈判人员应该注意以下几点：谈判者要给对方树立一个开诚布公、可以信赖的良好形象；在服装仪表方面，谈判者要塑造适合自己的形象；谈判双方要彼此尊重，地位平等。

（二）不要在一开始就涉及有分歧的议题

谈判刚开始，良好的气氛尚未形成，最好先谈一些友好的或中性的话题。如询问对方的问题，以示关心；回顾以往可能有过交往的历史，以密切关系；谈论共同感兴趣的新闻；幽默而得体地开开玩笑等。这些都有助于缓解谈判开始的紧张气氛，达到联络感情的目的。双方见面后，在涉及谈判有关的话题以前，双方可先做一些随意性的交谈，但也忌讳过分闲聊，离题太远，要服务于谈判目的；在接触谈判话题时，先谈双方容易达成一致的话题，语气要轻松、自然。如果能够在此基础上，悉心培养这种感觉，就可能形成积极谋求一致的气氛。不要刚一见面就提出要求。如果这样，很容易使对方的态度即刻变得比较强硬，谈判的气氛随之恶化，双方唇枪舌剑，寸步不让，易使谈判陷于僵局。由此可见，谈判尚未达成必要的气氛之前，不可不顾效果地提出要求，这不仅不利于培养起良好的谈判气氛，还会使谈判基调骤然降温。

（三）心平气和，坦诚相见

谈判之前，双方无论是否有成见，身份、地位、观点、要求有何不同，一旦坐到谈判桌前，就意味着双方共同选择了磋商与合作的方式解决问题。因此，谈判之初就应心平气和，坦诚相见，这样才能使谈判在良好的气氛中开场。这就要求谈判者抛弃偏见，全心全意地效力于谈判，切勿在谈判之初就以对抗的心理出发，这只会不利于谈判工作顺利进行。

第二节　商务谈判开局策略

一、谈判开局策略

在商务谈判策略体系中，涉及谈判开局的具体策略是很多的。为了促使谈判成功，形成一个良好的谈判气氛，谈判人员在开局阶段应该做到：态度诚恳，真挚友好，务实灵活，求大同存小异，不纠缠枝节问题，努力适应双方的利益需要。

谈判开局策略是谈判者为谋求谈判开局中有利地位和实现对谈判开局的控制

而采取的行动方式或手段。在正常情况下，谈判双方都是抱着实现自己合理利益的目的而与对方坐在谈判桌前的，因而双方都希望能在一个轻松、愉快的气氛中进行谈判。营造适当的谈判气氛实质上是为实施谈判开局策略打下基础。商务谈判开局策略一般包括以下几种方式：

（一）协商式开局策略

协商式开局策略是指以协商、肯定的语言进行陈述，使对方对自己产生好感，创造双方对谈判的理解充满一致性的感受，从而使谈判双方在友好的气氛中展开谈判工作。

协商式开局策略的目的在于创造取得谈判胜利的条件。运用协商式开局策略的具体方式有很多，比如，在谈判开始时，以一种协商的口吻来征求谈判对手的意见，然后，对其意见表示赞同或认可，并按照其意见进行工作。运用这种方式应该注意的是，拿来征求对手意见的问题应是无关紧要的问题，即对手对该问题的意见不会影响到己方的具体利益。另外，在赞成对方意见时，态度不要过于献媚，要让对方感觉到自己是出于尊重，而不是奉承。

协商式开局策略的运用还有一种重要途径，就是在谈判开始时以问询方式或补充方式诱使谈判对手走入你的既定安排，从而在双方间达成一种一致和共识。所谓问询方式，是指将答案设计成问题来询问对方，如"你看我们把价格及付款方式问题放到后面讨论怎么样？"所谓补充方式，是指借以对对方意见的补充，使自己的意见变成对方的意见。

协商式开局策略适用于双方实力比较接近，双方过去没有商务往来的经历。第一次接触，都希望有一个好的开端。要多用外交礼节性语言、中性话题，使双方在平等、合作的气氛中开局。比如，谈判一方以协商的口气来征求谈判对手的意见，然后对对方意见表示赞同或认可，双方达成共识。交谈中语言要友好礼貌，要表示出充分尊重对方意见的态度，但又不刻意奉承对方。姿态上应该不卑不亢，沉稳中不失热情，自信但不骄傲，适当把握分寸，顺利打开局面。

（二）进攻式开局策略

进攻式开局策略是指通过语言或行为来表达己方强硬的姿态，从而获得谈判对手必要的尊重，并借以制造心理优势，使谈判顺利进行下去。进攻式开局策略只在特殊情况下使用，如发现谈判对手居高临下，以某种气势压人，有某种不尊

重己方的倾向；或发现谈判对手在刻意制造低调气氛，这种气氛对己方的讨价还价十分不利，如果任其发展下去，对己方是不利的，因此要变被动为主动，不能被对方气势压倒，采取以攻为守的策略，捍卫己方的尊严和正当权益，使双方站在平等的地位上进行谈判。进攻式策略要运用得好，必须注意有理、有利、有节，不能使谈判一开始就陷入僵局。要切中问题要害，对事不对人，既表现出己方的自尊、自信和认真的态度，又不能过于咄咄逼人，使谈判气氛过于紧张，一旦问题表达清楚，对方也有所改观，就应及时调节一下气氛，使双方重新建立起一种友好、轻松的谈判气氛。

采用进攻式开局策略一定要谨慎，因为，在谈判开局阶段就设法显示自己的实力，使谈判开局就处于剑拔弩张的气氛中，对谈判进一步发展极为不利。

案例 5-3

日本一家著名的汽车公司在美国刚刚登陆时，急需找一家美国代理商来为其销售产品，以弥补其不了解美国市场的缺陷。当日本汽车公司准备与美国的一家公司就此问题进行谈判时，日本公司的谈判代表路上堵车迟到了。美国公司的代表紧紧抓住这件事不放，想要以此为手段获取更多的优惠条件。日本公司的代表发现无路可退，于是站起来说："我们十分抱歉耽误了你的时间，但是这绝非我们的本意，我们对美国的交通状况了解不足，所以导致了这个不愉快的结果，我希望我们不要再为这个无所谓的问题耽误宝贵的时间了，如果因为这件事怀疑到我们合作的诚意，那么，我们只好结束这次谈判。我认为，我们所提出的优惠代理条件是不会在美国找不到合作伙伴的。"

日本代表的一席话说得美国代理商哑口无言，美国人也不想失去这次赚钱的机会，于是谈判顺利地进行下去。

资料来源：https://wenku.baidu.com/view/9344e2145f0e7cd18425365d.html。

（三）坦诚式开局策略

坦诚式开局策略是指以开诚布公的方式向谈判对手陈述自己的观点或意愿，尽快打开谈判局面。这种策略比较适用于双方过去有过商务往来，而且关系很好，互相比较了解，将这种友好关系作为谈判的基础。在陈述中可以真诚、热情地畅谈双方过去的友好合作关系，适当地称赞对方在商务往来中的良好信誉。由于双方关系比较密切，可以省去一些礼节性的外交辞令，坦率地陈述己方观点以及对对方的期望，使对方产生信任感。

这种策略有时也可用于实力不如对方的谈判者。己方实力弱于对方，这是双方都了解的事实，因此没有必要掩盖。坦率地表明己方存在的弱点，使对方理智地考虑谈判目标。这种坦诚也表达出了实力较弱一方不惧怕对手的压力，充满自信和实事求是的精神，这比那种"打肿脸充胖子"、大唱高调掩饰自己弱点的人要好得多。

案例 5-4

北京某公司的一位党委书记在同外商谈判时，发现对方对自己的身份持有强烈的戒备心理。这种状态妨碍了谈判的进行。于是，这位党委书记当机立断，站起来对对方说道："我是党委书记，但也懂经济、搞经济，并且拥有决策权。我们摊子小，并且实力不大，但人实在，愿意真诚与贵方合作。咱们谈得成也好，谈不成也好，至少你这个外来的'洋'先生可以交一个我这样的'土'朋友。"寥寥几句肺腑之言，打消了对方的疑惑，使谈判顺利地向纵深发展。

资料来源：https://wenku.baidu.com/view/8a455c71a8ea998fcc22bcd126fff705cc175cbd.html。

（四）挑剔式开局策略

挑剔式开局策略是指开局时，对对手的某项错误或礼仪失误严加指责，使其感到内疚，从而达到营造低调气氛、迫使对方让步的目的。

案例 5-5

巴西一家公司到美国去采购成套设备。巴西谈判小组成员因为上街购物耽误了时间。当他们到达谈判地点时，比预定时间晚了45分钟。美方代表对此极为不满，花了很长时间来指责巴西代表不遵守时间、没有信用，如果经常这样下去的话，以后很多工作很难合作，浪费时间就是浪费资源、浪费金钱。对此巴西代表感到理亏，只好不停地向美方代表道歉。谈判开始以后美方代表似

乎还对巴西代表来迟一事耿耿于怀，一时间弄得巴西代表手足无措，说话处处被动，无心与美方代表讨价还价，对美方提出的许多要求也没有静下心来认真考虑，匆匆忙忙就签订了合同。

等到合同签订以后，巴西代表平静下来，头脑不再发热时才发现自己吃了大亏，上了美方的当，但已经晚了。

资料来源：https://wenku.baidu.com/view/34749ac4d8ef5ef7ba0d4a7302768e9951e76e8e.html。

本案例中，美国谈判代表成功地使用挑剔式开局策略，迫使巴西谈判代表自觉理亏，在来不及认真思考的情况下匆忙签下对美方有利的合同。

（五）保留式开局策略

保留式开局策略是指在谈判开始时，对谈判对手提出的关键性问题不做彻底的、确切的回答，而是有所保留，从而给对手造成神秘感，以吸引对手步入谈判。

注意在采取保留式开局策略时不要违反商务谈判的道德原则，即以诚信为本，向对方传递的信息可以是模糊信息，但不能是虚假信息，否则，会将自己陷于非常难堪的局面之中。

保留式开局策略适用于低调气氛和自然气氛，但不适用于高调气氛。保留式开局策略还可以将其他的谈判气氛转为低调气氛。

案例 5-6

江西省某工艺雕刻厂原是一家濒临倒闭的小厂，经过几年的努力，发展为产值 200 多万元的规模，产品打入日本市场，战胜了其他国家在日本经营多年的厂家，被誉为"天下第一雕刻"。有一年，日本三家株式会社的老板同一天接连而至，到该厂定货。其中一家资本雄厚的大商社，要求原价包销该厂的佛坛产品。这应该说是好消息。但该厂想，这几家原来都是经销韩国、中国台湾地区产品的商社，为什么争先恐后、不约而同到本厂来定货？他们查阅了日本市场的资料，得出：本厂的木材质量上乘、技艺高超是吸引外商定货的主要原因。于是该厂采用了"待价而沽""欲擒故纵"的谈判策略，先不理那家大商社，而是积极抓住两家小商社求货心切的心理，把佛坛的梁、榴、柱分别与其他国家的产品做比较。在此基础上，该厂将产品当金条一样争价钱、论成色，使其价格达到了理想的高度。首先与小商社拍板成交，使那家大客商产生失去货源的危机感。那家大客商不但更急于定货，而且想垄断货源，于是大批定货，以致定货数量超过该厂现有生产能力的好几倍。

资料来源：https://wenku.baidu.com/view/21a3ecf7e73a580216fc700abb68a98270feac64.html。

本案例中，该厂成功的关键在于其策略不是盲目的、消极的。首先，该厂产品确实好，而几家客商求货心切，在货比货后让客商折服；其次，该厂巧于审势布阵，先与小客商谈，并非疏远大客商，而是牵制大客商，促其产生失去货源的危机感。这样订货数量和价格才有大幅增加。

（六）慎重式开局策略

慎重式开局策略是指以严谨、凝重的语言进行陈述，表达出对谈判的高度重视和鲜明的态度，目的在于使对方放弃某些不适当的意图，以达到把握谈判的目的。

慎重式开局策略适用于谈判双方有过商务往来，但对方曾有过不太令人满意的表现，己方要通过严谨、慎重的态度，引起对方对某些问题的重视。例如，可以对过去双方业务关系中对方的不妥之处表示遗憾，并希望通过本次合作能够改变这种状况。可以用一些礼貌性的提问来考察对方的态度、想法，不急于拉近关系，注意与对方保持一定的距离。当然，慎重并不等于没有谈判诚意，也不等于冷漠和猜疑，这种策略正是为了寻求更有效的谈判成果而使用的。

在谈判中，应该根据不同的实际情况，并根据不同的需要，决定使用何种开局策略，这样将会对谈判结果起到至关重要的决定性作用，不能盲目地采取强硬的态度，也不能只是一味地退让，要有进有退，注意使用不同的谈判技巧，如此才能使谈判过程更加顺利，达到己方预期的效果。在生活中也是一样，谈判并不只存在于商务谈判或者国际事务之中，生活中处处存在着谈判，如果把握好技巧的运用，会消除日常生活中的许多冲突和摩擦。

二、开局策略选择影响因素

不同内容和类型的谈判，需要有不同的开局策略与之对应。谈判开局策略的

选择要受到谈判双方实力对比、谈判形势、谈判气氛营造等一系列因素的制约和影响，选择谈判开局策略必须全面考虑这些因素，并且在实施时还要依据谈判经验对其进行调整。一般来说，确定恰当的开局策略需要考虑以下几个因素：

（一）谈判双方之间的关系

（1）如果双方在过去有过业务往来，且关系很好，那么这种友好的关系应作为双方谈判的基础，在这种情况下，开局阶段的气氛应是热烈、真诚、友好和轻松愉快的。开局时，我方谈判人员在语言上应是热情洋溢的；内容上可以畅谈双方过去的友好合作关系，或两企业之间的人员交往，亦可适当地称赞对方企业的进步与发展；态度上应该比较自由、放松、亲切。在结束寒暄后，可以这样将话题切入实质性谈判："过去我们双方一直合作得很愉快，我想，这次我们仍然会合作愉快的。"

（2）如果双方有过业务往来，但关系一般，那么开局的目标是要争取创造一个比较友好、和谐的气氛。但是，此时，我方的谈判人员在语言的热情程度上要有所控制；在内容上，可以简单聊一聊双方过去的业务往来及人员交往，亦可说一说双方谈判人员在日常生活中的兴趣和爱好；在姿态上，可以随和自然。寒暄结束后，可以这样把话题切入实质性谈判："过去我们双方一直保持着业务往来关系，我们希望通过这一次的交易磋商，将我们双方的关系推进到一个新的高度。"

（3）如果双方过去有过一定的业务往来，但我方对对方的印象不好，那么开局阶段谈判气氛应是严肃、凝重的。我方谈判人员在开局时，语言上在注意礼貌的同时，应该比较严谨甚至可以带一点冷峻；内容上可以就过去双方的关系表示不满和遗憾，以及希望通过磋商来改变这种状况；态度上应该充满正气，与对方保持一定距离。在寒暄结束后，可以这样将话题引入实质性谈判："过去我们双方有过一段合作关系，但遗憾的是并不那么令人愉快，我们希望这一次能成为一次令人愉快的合作。千里之行，始于足下。让我们从这里开始吧。"

（4）如果过去双方人员并没有业务往来，那么第一次的交往应力争创造一个真诚、友好的气氛，以淡化和消除双方的陌生感以及由此带来的防备，为后面的实质性谈判奠定良好的基础。因此，己方谈判人员在语言上，应该表现得礼貌友好，但又不失身份，内容上多以天气情况、途中见闻、个人爱好等比较轻松的话题为主，也可以就个人在公司的任职时间、负责的范围、专业经历进行一般性的询问和交谈，态度上不卑不亢，沉稳中又不失热情，自信但不傲气。寒暄后，可以这样开始实质性谈判："这笔交易是我们双方的第一次业务交往，希望它能够成为我们双方发展长期友好合作关系的一个良好开端。我们都是带着希望而来的，只要我们共同努力，我们一定会带着满意而归。"

（二）双方的实力

就双方的实力而言，有以下三种情况：

（1）双方谈判实力相当，为了防止一开始就强化对手的戒备心理和激起对方的对立情绪，以致影响实质性谈判，在开局阶段，仍然要力求创造一个友好、轻松、和谐的气氛。己方谈判人员在语言和姿态上要做到轻松而不失严谨、礼貌而不失自信、热情而不失沉稳。

（2）如果我方谈判实力明显强于对方，为了使对方能够清醒地意识到这一点，并且在谈判中不抱过高的期望值，从而产生威慑作用，同时，又不至于将对方吓跑，在开局阶段，在语言和姿态上，既要表现得礼貌友好，又要充分显示出己方的自信和气势。

（3）如果我方谈判实力弱于对方，为了不使对方在气势上占上风，从而影响后面的实质性谈判，开局阶段，在语言和姿态上，一方面要表示出友好、积极合作；另一方面也要充满自信，举止沉稳，谈吐大方，使对方不至于轻视我们。

商务谈判中，谈判的双方毕竟不是敌对的关系，但也并不是不存在利益的冲突和矛盾。在没有任何技巧与原则的谈判中，谈判者往往会陷入难以自拔的境地，要么谈判陷入僵局，要么双方在达成协议后总觉得双方的目标都没有达到，或者谈判一方总有似乎失掉了一场对局的感觉。

三、开局策略选择要求

商务谈判开局策略的选择，要求以能激发谈判对手的欲望为目的。唯有如此，谈判才有可能顺利进行下去。为此，我们需要知道如何引起对方的注意与兴趣，进而刺激对方的欲望。

（一）如何引起对方的注意与兴趣

1. 服务与推销过程

谈判的服务过程是指谈判对方对此次谈判的态度是主动的，他们对产品感兴趣、有要求、急想购买。洽谈一开始，或是在洽谈以前，他们就已吐露了这一点。谈判的推销过程是指谈判的一方采取主动措施吸引对方的注意力，使对方产生购买欲望，让他们认识到购买某一种产品是一种必需，然后促使其做出购买决定。

以上两种过程谈判者都会遇到，但大多数情况是属于推销过程。

推销过程是由四个发展阶段完成的，即引起注意—产生兴趣—形成欲望—决定购买。注意力阶段一结束，购买兴趣阶段在 30 秒钟内即告开始，而购买欲望阶段则可能需要几个小时甚至几十个小时，所以，在谈判的开局阶段能否很快地引起对方的注意和兴趣，进而激发对方的欲望，是问题的关键所在。

在开局阶段必须充分注意以下几个问题：①怎样用简单的几句话介绍产品的有用性？②应提出哪些问题，促使顾客坦诚地说出具体的要求？这些问题是否应当考虑对方的实际情况？是否与对方的切身利益相关？③有哪些既能说明产品的优点又令人信服的实例会引起对方的兴趣？④怎样帮助对方解决他们所提出的问题？⑤向对方提供哪些资料，使其更乐于接受你的建议？⑥为了很好地进行磋商，在洽谈开始时应该说些什么？

2. 目视与第一句话

在说话时，谈判者的双眼要目视对方的眼睛，第一句话的重要性不亚于有吸引力的宣传广告。

一般情况下，只要把习惯上的第一句话省略就可以改进你的谈话，如："我们是为了……""我们只是想知道……""很抱歉，打搅你了，但……"总之，开头的话必须生动，不能拖泥带水，也不能支支吾吾。

3. 解决问题的专家

作为一名谈判人员，应该帮助对方解决一些具体问题，而且这些问题要事先有考虑，需要注意把价格议在业务洽谈之首是很不讲求策略的做法。

4. 采取不同的方法

商务谈判者应坚持的不同应该表现在三个方面：与别人不同、与你的过去不同、与对方的设想不同。实用、新颖的会谈方式也是引起对方注意的好办法。

5. 防止干扰

有时候，外部因素可能会使对方不能集中全部精力开展正常的业务谈判。受到干扰后，双方应立即检查一下正在进行的洽谈工作，目的是看一看对方是否忘记了洽谈的衔接处。

6. 撩拨对方的兴趣

必须使谈判对方清楚地意识到他们接受你的建议后会得到好处，示范是谈判者向对方提供的一种有说服力的证据。

（二）刺激对方的欲望

（1）欲望因人而异。对某一事物没有需要就不会对其产生欲望。

（2）指点对方的渴望。目前，说服对方的最好办法是向他们介绍并示范你的产品，从而使他们意识到你的产品能够满足他们的某种愿望需求。

（3）购买欲望与说服工作。首先是刺激对方的购买欲望，然后再做说服工作，使对方产生购买行为。在通常情况下，对方可以从摆出的事实中找出自己做出决策的正当理由，因而也就不会因为做出了购买决定而感到后悔。

第三节　谈判开局技巧

一、以逸待劳法

在经济谈判中，采用"以逸待劳"之计颇为有效。在谈判开始，对手常常是精神饱满、咄咄逼人，我方可以主动以委婉的战术，避其锋芒，待对手锐气全消，到了精疲力竭、头昏脑涨之际，我方可反守为攻，后发制人，对手就会全线崩溃，不得不接受我方的条件。

案例 5-7

有一次，一位美国商人赴日本谈判，飞机刚在东京着陆，就受到了两位来

迎接的日本高级职员彬彬有礼的接待，十分殷勤地为他办好了一切手续，让他一个人坐在轿车的宽大后座上。美国商人问："为何不上来一起坐？"日本人毕恭毕敬地回答道："您是重要人物，我们不应妨碍您休息。"美国商人听了，心中一种自豪的满足感油然而生。接着日本人又殷勤地问："您是不是非得准时回国？到时我们可以事先给您买好飞机票，并安排这辆车送您去机场。"毫无防备的美国商人觉得日本人体贴周到，就毫不犹豫地说："第 14 天以后的早上。"至此，日本人已经掌握了美国商人回国的最后期限。美国商人急于谈判，而日本人却说不急，并安排他游览日本名胜古迹。白天四处奔波已经使美国商人疲惫不堪，每天晚上还不得不跪在硬地板上，接受日本人殷勤好客的晚宴款待，常常一跪就是三四小时。美国商人心中厌烦透顶，但表面上又不得不连声称谢。这样一直折腾了 11 天，第 12 天疲惫不堪的美国商人才终于坐在了谈判桌上，然而下午又安排了高尔夫。第 13 天谈判再次开始，但为了出席盛大的欢送宴会，谈判又提前结束。美国商人着急了，因为还有一个更重要的谈判等着他回去，他必须在第 14 天上午回国，可是 13 天稀里糊涂过去了，却毫无结果。第 14 天上午，飞往美国的班机就要起飞了，日本人才全盘抛出了谈判条件，疲惫不堪又急于回国的美国商人的心理防线已经彻底崩溃，就只好稀里糊涂地接受了日本人的条件。狡猾的日本人正是采用了"以逸待劳"的策略，使用"疲劳战术"，迫使美国商人在谈判的最后期限就范。

资料来源：https：//wuxizazhi.cnki.net/Search/NFCZ1987Z1057.html。

在经济谈判中，若用"反劳为逸"之计，也可收到奇效，具体地说就是采用轮战战术与对手周旋，待对手被拖得疲惫不堪之际，我方再派出主将与之舌战，如此则常常能轻而易举地取胜。

案例 5-8

日本的一家公司应美国一家公司之邀赴美国纽约谈判。日本人远道而来，美国人想采用"以逸待劳"之计战胜日本人。于是日本人一下飞机就被弄到了谈判桌上，美国人先声夺人，咄咄逼人，毫不掩饰地想取得主动权，从而使谈判绕着他们的指挥棒转。第一轮谈判，美国人侃侃而谈，但日本人只是在认真地做笔记记录的同时随便地敷衍几句，连谈三轮，皆是如此。第四天，第二批日本人替换了第一批，第二批日本人故伎重演与美国人周旋了三天以后，又被第三批日本人替换，第三批日本人又与美国人周旋了三天，到了第九天，美国人已经精疲力竭、言尽词穷。第十天日本公司的总经理率领一支强大的谈判队伍与美国人进行最后的谈判，此时精力充沛的日本人个个胸有成竹，大谈特谈，句句击中美国人的要害，疲惫不堪的美国人已经无力反击了，只好束手就擒。原来，日本人正是采用了"反劳为逸"之计，他们先派出了三批"庸军"与美国人周旋，只让他们全面了解美国人各方面的情况，但并不进行实质性的谈判，待美国人的底盘暴露无遗，而且已经疲惫不堪以后，日本人却派出了精力充沛的主力阵容一举将美国人击败。

资料来源：https://zhidao.baidu.com/question/1755561310026845828.html。

二、盛情款待法

盛情款待法是指谈判的主方以盛情款待对方为名，来麻痹对方的警惕，以达到在谈判中占据先机的目的。

谈判行为是一个寻求互相合作的过程。坐在谈判桌前进行磋商，双方都应是抱有诚意而来，否则谈判行为没必要也不可能实现。根据马斯洛和尼尔伦伯格的需要理论，谈判目标属于自我实现的需要，它是建立在满足较低层次的其他需要的前提下才得以实现的。因此，东道主的热情接待，安置舒适安全的环境，谈判前的叙情寒暄、私下的友好往来，谈判过程中的温、谦、礼、让都应是真诚的。除非你想刺伤对方，故意造成谈判破裂。

可是，在谈判活动中谈判人员接纳真诚的承受力是因人而异的。一些老练的谈判对手会利用你在真诚面前的脆弱心理承受力，假意逢迎迷惑你。据说日本商人在一些商务谈判中就经常运用此策略。他们派专人到机场恭迎你，然后领你到高级宾馆下榻，又非常热情地宴请款待。在你需要洗漱休息时他们又特意为你安排一些娱乐活动。每一句话、每一个行动看上去都是极其真诚的，让你盛情难却，直到你疲惫至极，还没充分恢复时，他们便提出进行谈判，往往使你哑巴吃

黄连，有苦说不出。你能抱怨对方什么呢？他们是盛情，可你是既难以推却又难以承受。在谈判中我们还经常看到一些对手，他们非常有"涵养""修养"，对我们极其尊重。他们不仅很少指责，甚至还会说："按您的意思很好""就您的威望来说我们不敢提出异议"等，表现得毕恭毕敬。这种情况貌似对方顺从己意，实则是假意逢迎，利用对你的自尊心理的满足，滋长你的虚荣心，在不给你任何实惠的掩藏下，实现他的目的。言多必失，一旦失口你迫于维护面子，只得拱手相送。所以，在谈判中我们应提高警惕，不能被表面的虚情假意迷惑而损害自己的利益。

案例 5-9

一位怒气冲冲的顾客来到乳制品公司，声称他在食用该公司生产的奶粉中发现了一只苍蝇，他要求该公司为此进行赔偿。

面对顾客的强烈批评，该公司的老板并没有恼怒，而是耐心地倾听。等顾客说完了之后，他才说："是吗？那还了得！如果是我们的过失，这问题就非常严重了，我一定要求工厂全面停工，然后对生产过程进行总检查。"接着老板进一步向顾客解释："我公司的奶粉，是将罐内空气抽出，再装氮气密封起来，活苍蝇绝不可能，我有信心要仔细检查。请您告诉我您使用时开罐的情况和保管的情况好吗？"

经过老板的这一番解释，顾客自知保管有误，脸上露出尴尬的神情，说："是吗？我希望以后别再发生类似的事情。"

资料来源：https://wenku.baidu.com/view/76ee4ab1a7c30c22590102020740be1e640eccf5.html。

很多人在面对出现的情况时，会选择针锋相对，那样结果只能是无休止的争吵。而案例中的老板却选择了向对方表示理解的方式，并成功地利用这一方式使顾客消除了怒气，认识到自己的失误。从中可看出，向对方表示理解这一表面的让步，也能使对方让步。

三、先声夺人法

谈判中是选择"先声夺人"还是"后发制人"，一定要根据不同的情况灵活处理。一般来说，如果你准备充分，知己知彼，就要采取先声夺人的方法；如果你不是行家，而对方是行家，那你要沉住气，从对方的言谈中获取信息，及时修正自己的想法；如果你的谈判对手是个外行，那么，无论你是"内行"或者"外行"，你都要争取主动，力争牵制、诱导对方。

自由市场上的老练商贩，大都深谙此道。当顾客是一个精明的家庭主妇时，他们就采取先报价的技术，准备着对方来压价；当顾客是一个毛手毛脚的小伙子时，他们多半先问对方"给多少"，因为对方有可能报出一个比商贩的期望值还要高的价格。

先报价与后报价属于谋略方面的问题，而一些特殊的报价方法，则涉及语言表达技巧方面的问题。同样是报价，运用不同的表达方式，其效果也是不一样的，下面举例进行说明。省保险公司为动员液化石油气用户参加保险，宣传说："参加液化气保险，每天只交保险费一元，若遇到事故，则可得到高达一万元的保险赔偿金。"这种说法，用的是"除法报价"的方法。它是一种价格分解术，以商品的数量或使用时间等概念为除数，以商品价格为被除数，得出一个数字很小的价格商，使买主对本来不低的价格产生一种便宜、低廉的感觉。如果说每年交保险费 365 元的话，效果就差得多了，因为人们觉得 365 是个不小的数字。而用"除法报价法"说成每天交一元，人们听起来在心理上就容易接受了。

由此想开去，既然有"除法报价法"，也会有"加法报价法"。有时，怕报高价会吓跑客户，就把价格分解成若干层次渐进提出，使若干次的报价，最后加起来仍等于当初想一次性报出的高价。比如，文具商向画家推销一套笔墨纸砚。如果他一次报高价，画家可能根本不买。但文具商可以先报笔价，要价很低；成交之后再谈墨价，要价也不高；待笔、墨卖出之后，接着谈纸价，再谈砚价，抬高价格。画家已经买了笔和墨，自然想"配套成龙"，不忍放弃纸和砚，在谈判中便很难在价格方面做出让步了。

采用"加法报价法"，卖方依恃的多半是所出售的商品具有系列组合性和配套性。买方一旦买了组件 1，就无法割舍组件 2 和 3 了。针对这一情况，作为买方，在谈判前就要考虑商品的系列化特点，谈判中及时发现卖方"加法报价"的企图，挫败这种"诱招"。一个优秀的推销员，见到顾客时很少直接逼问："你想出什么价?"相反，他会不动声色地说："我知道您是个行家，经验丰富，根本不

会出 20 元的价钱，但你也不可能以 15 元的价钱买到。"这些话似乎是顺口说来，实际上却是报价，只言片语就把价格限制在 15~20 元。这种报价方法，既报高限，又报低限，"抓两头，议中间"，传达出这样的信息：讨价还价是允许的，但必须在某个范围之内。比如上面这个例子，无形中就将讨价还价的范围规定在 15~20 元了。有时候，在和谈判对手你来我往之间，常会感到自己置身于不利处境中，一时又说不出为什么，明知是对手故意设计的，用来干扰和削弱我方的谈判力。比如，座位阳光刺眼，看不清对手的表情；会议室纷乱嘈杂，常有干扰和噪声；疲劳战术，连续谈判；并在我方疲劳和困倦的时候提出一些细小但比较关键的改动让你难以觉察。比如，突然的噪声、不良的环境，使人容易疲劳。更有甚者，利用外部环境形成压力。例如，我国知识产权代表团首次赴美谈判时，纽约好几家中资公司都"碰巧"关门，忙于应付所谓的反倾销活动，美方企图以此对我代表团造成一定的心理压力。

遭遇"阳光刺眼"策略时，我们应该立即提出拉上窗帘或者更换座位。而我们经常会碍于面子，默默忍受，没有即时提出。

不善待对手的做法不符合马斯洛需求理论中生理需求的一点，即谈判对手没有得到基本的、良好的工作环境。虐待对手的做法尽管不符合谈判的伦理，但做得微妙时，对方有时是很难觉察到的。然而任何事情都应该掌握一个度，如果我们利用自己的主场故意让对方不舒服，且对方有所觉察的话，那么当我们到对方的主场谈判时，我们可能会面临对方变本加厉的报复。所以，这样的做法不是我们所提倡的。

四、以静制动法

"以静制动"是中国古代的谋略术语，语出自老子所著的《道德经》。他说，天"虚而不屈，动知其白，守其黑，为天下式"。意思是说，人能把激烈的情绪平息下去，以一种清静无为的心理状态，敏锐地观测事物的运动变化，才能抓住突破口，迅速攻击，克敌制胜。

我们提倡在谈判活动中"贵虚""尚静"，就是以一种特殊的心理状态，攻破对手的心理防线。所以，"贵虚""尚静"有两层含义：一是指一种清虚、敏锐、明澈如玄的心境，这是一种特殊的心理状态，灵感的思想的火花的迸发，就是在此心理状态下的直觉体悟和生命经验；二是指冷静地预测事态的发展变化，抓住薄弱环节，出其不意，突袭对方。

在运用"以静制动"的谈判技巧的时候，要注意以下两点：

（1）谈判双方在关键问题或有争议的问题上，急于要求对方表态，己方反其道而行之，一言不发或者避而不谈，借以激怒对方，扰乱对方的心理，迫使对方说出自己的真实意图，然后迅速出击，达到改变对方谈判态度的目的。

（2）当对方处于优势，己方处于劣势时，在行动上采取以退为进的方法，静观其变，然后伺机采取行动。

案例 5-10

一位著名的谈判专家代理他的邻居与保险公司交涉一项赔偿事宜。谈判在专家的客厅进行。保险公司的理赔员首先发表意见："先生，我知道你是交涉专家，一向都是针对巨额款项谈判，恐怕我无法承受你的要价，我们公司若是只付 100 美元的赔偿金，你觉得如何？"

谈判专家表情严肃地沉默着，根据以往的经验，不论对方提出的条件如何，都应表示出不满意，此时，他的安静派上了用场。因为以他的经验得知，当对方提出第一个条件之后，总暗示着可以提出第二个、第三个。

理赔员果然沉不住气了，他说："抱歉，请勿介意我刚才的提议，再加一些，200 美元如何？"

又是一阵长久的沉默，终于，谈判专家开口了："抱歉，这个价钱令人无法接受。"理赔员继续说："好吧，那么 300 美元如何？"谈判专家沉思良久，才说道："300 美元？我不知道。"理赔员显得有点慌乱了，他说："好吧，400 美元。"又是踌躇了好一阵子，谈判专家才缓缓地说道："400 美元？喔，我不知道。""就赔 500 美元吧！"理赔员痛心疾首地说。

就这样，谈判专家只是重复着他良久的沉默，重复着他痛苦的表情，重复着说不厌的那句老话。最后，谈判的结果是这件理赔案终于在 950 美元的条件下达成协议，而他的邻居原来只希望获得 300 美元的赔偿金。

资料来源：https://wenku.baidu.com/view/5b9abb41a01614791711cc7931b765ce05087aa6.html。

本章小结

谈判开局对整个谈判过程起着至关重要的作用。开局阶段的具体目标是建立在轻松、诚挚气氛的基础上，力争继续巩固和发展已经建立起来的和谐气氛，并在进入实质性谈判前，双方就谈判程序及态度、意图等取得一致或交换一下意见。此外，还要摸清对方的真正需要，尽快掌握对方有关谈判的经验、技巧、谈判作风方面的信息，以及使用的谈判谋略等，特别应注意摸清对方对要成交买卖的期望值的大致轮廓，做到心中有数。营造一种有利的谈判开局气氛，从而控制谈判开局，控制谈判对手，对于谈判者来说就显得非常重要。开局气氛要求礼貌、尊重、自然、轻松、积极、进取、友好、合作。

在商务谈判策略体系中，涉及谈判开局的具体策略是很多的：第一，协商式开局策略。它是指以协商、肯定的语言进行陈述，使对方对自己产生好感，创造双方对谈判的理解充满"一致性"的感受，从而使谈判双方在友好的气氛中展开谈判工作。第二，进攻式开局策略。该策略是指通过语言或行为来表达己方强硬的姿态，从而获得谈判对手必要的尊重，并借以制造心理优势，使谈判顺利进行下去。第三，坦诚式开局策略。坦诚式开局策略是指以开诚布公的方式向谈判对手陈述自己的观点或意愿，尽快打开谈判局面。第四，保留式开局策略。它是指在谈判开始时，对谈判对手提出的关键性问题不做彻底的、确切的回答，而是有所保留，从而给对手造成神秘感，以吸引对手步入谈判。第五，慎重式开局策略。该策略指以严谨、凝重的语言进行陈述，表达出对谈判的高度重视和鲜明的态度，目的在于使对方放弃某些不适当的意图，以达到把握谈判的目的。不同内容和类型的谈判，需要有不同的开局策略与之对应。谈判开局策略的选择要受到谈判双方实力对比、谈判形势、谈判气氛营造等一系列因素的制约和影响。常见的谈判开局技巧有以逸待劳法、盛情款待法、先声夺人法和以静制动法。

第六章
商务谈判的报价

本章目标

◆ 正确理解价格、价格影响因素以及价格关系

◆ 认真领会并掌握价格谈判中关于报价、价格解释、价格评论的相关概念、原则、方法以及策略技巧

◆ 学会在实际谈判中灵活运用各种策略成功地进行报价

商务谈判过程中的价格谈判，是商务谈判的核心。报价作为价格谈判的首要环节，对于最终价格的达成具有重要的决定性意义。

第一节　商务谈判报价概述

谈判中的价格往往是买卖双方对商品、服务等可以认可和接受的价格。商务谈判中的价格谈判，实际上就是买卖双方根据自己在谈判中的地位、自己的谈判经验和能力去分割利益的过程。因此，从谈判的角度来讲，价格并不是一成不变的。有时，一元钱的差异也会影响购买者的决定；而有时即使价格非常高也不一定会形成谈判的障碍。因此，懂得怎样使用价格因素，把握价格导向，对谈判者有着重要的意义。

一、影响谈判价格的因素

影响谈判价格形成的直接因素主要有商品本身的价值、货币的价值以及市场供求状况。这其中每一因素又是由许多子因素决定的，并处在相互联系、不断变化之中。因此在市场经济条件下，价格是一种复杂的、动态的机制。

影响谈判价格的具体因素主要有：

1. 市场行情

市场行情，是指谈判标的物在市场上的一般价格及波动范围。市场行情是市场供求状况的反映，是价格磋商的主要依据。谈判的价格不能偏离市场行情太大，否则谈判成功的可能性就很小。因此，谈判者必须掌握市场的供求状况及趋势，从而了解商品的价格水平和走向。只有这样，才能取得价格谈判的主动权。

2. 谈判者的需求情况

谈判者的需求情况不同，他们对价格的接受程度也就不同。如一件新颖的衣服，即使价格偏高，年轻人也可以接受，而老年人则可能偏重面料质地，因而不会接受。如某公司从国外进口一批设备，由于需求不同，谈判结果可能会有以下几种：国外厂商追求利益的最大化，该公司追求填补国内市场空白，谈判结果可能是高价；国外厂商追求的是开拓我国市场，该公司追求的是利润的最大化，谈判结果可能是低价；双方都追求利润最大化，谈判结果可能是妥协后的折中，或者是谈判失败。由于双方需求不同而造成对利益追求的不同，最终导致谈判价格的不同。

3. 产品的技术含量和复杂程度

产品的结构、性能越复杂，制造技术和工艺要求越高和越精细，其价格就会越高，而且，该产品核计成本和估算价值就越困难，同时，可以参照的同类产品也越少，价格标准的伸缩性也就越大。

4. 货物的新旧程度

货物当然是新的比旧的好，但新的自然价格比较高。其实，一些"二手货"，如发达国家的"二手"设备、工具、车辆等，只要折旧年限不很长，经过检修，技术性能仍相当良好，售价也相当低廉。这说明，货物的新旧程度对价格有很大影响。

5. 附带条件和服务

谈判的附带条件，如质量保证、安装调试、免费维修、配件供应等，能提高标的物的价格水平，缓冲价格谈判的阻力。而且，许多附带条件和服务也是产品的组成部分，交易者对此当然非常重视。

6. 交货期的早晚

商务谈判中，如果一方"等米下锅"，则可能比较忽略价格的高低，如果某方不考虑交货期的早晚，只注重价格的高低，最终的价格可能就低一些。但在实际谈判中，交货期不可以太长，否则可能会吃亏，因为市场是时刻变化的。

7. 交易量的大小

大宗交易或一揽子交易，要比小笔生意或单一买卖，更能减少价格在谈判中的阻力。大宗交易中，万元的差额可能算不了什么；而在小笔生意中，蝇头小利也会斤斤计较。在一揽子交易中，货物质量不等，价格贵贱不同，交易者往往忽略价格核算的精确性或不便提出异议。

8. 支付方式

货款的支付方式有很多，如现金结算、支票、信用卡结算、以产品抵偿、一次性付款、分期付款或延期付款等，都对价格有很重要的影响。谈判中，如果能提出易于被对方接受的支付方式和时间，将会使己方在价格上占据优势。

9. 产品和企业的信誉

产品和企业的良好信誉，是宝贵的无形资产，对价格有重要的影响。产品和企业信誉良好，价格自然就高一些。客户宁肯出高价买名品，也不愿意与不守信誉的企业打交道。

10. 销售时机

旺季畅销，供不应求，则价格上扬，此时对方对价格就不很敏感；淡季滞销，供过于求，只能削价处理，对方更在意价格。

二、价格谈判中的价格关系

商务谈判中的价格谈判，除了解影响价格的诸多因素之外，还要善于正确认识和处理各种价格关系。

(一) 实际（绝对）价格与相对价格

商品具有两个因素：价值与使用价值。我们把反映商品价值的价格，称为绝对价格；而把反映商品使用价值的价格，称为相对价格。

商务谈判中，人们往往比较强调反映商品价值的绝对价格，忽视反映商品使用价值的相对价格。其实，商品的价格，既要反映价值，又要反映供求关系。而反映使用价值的相对价格，实质上反映着一种对有用性的需求。因此，相对价格在谈判中应当受到重视。在价格谈判中，作为卖方，应注重启发买方关注交易商品的有用性和能为其带来的实际利益，从而把买方的注意力吸引到相对价格上来，这容易使谈判取得成功；而作为买方，在尽量争取降低绝对价格的同时，也要善于运用相对价格的原理，通过谈判设法增加一系列附带条件，来增加己方的实际利益。可见，运用相对价格进行谈判，对于卖方和买方都有重要意义。而价格谈判成功的关键往往在于正确运用绝对价格与相对价格的原理及其谈判技巧。

运用相对价格时可利用的要素主要有：

（1）支付方式的选择。可以考虑使用不同的支付方式来降低相对价格，如优惠的付款方式、赊账、分期付账、非现金付账（支票、信用卡或用其他产品抵偿）、在资金不紧张的时候支付等。

（2）强调产品的功能和优点。针对对方的实质需求，详细列出各种可以使价格显得比较便宜的因素，并在与对方洽谈中不断提起应用，这样的价格洽谈就会顺利一些。

（3）强调购销差价和产品的复杂性。在原材料和半成品的商务谈判中，谈判人员一定要设法搞清所销原材料和半成品的价格和成本与成品售价之间的比例，成本占其全部收入的比例越小，价格问题就越显得微不足道。同时，产品越复杂、越高级，价格问题也就越微不足道。

（4）强调实际价值对价格的影响。如果某种产品经过使用其价值仍然不变，或者对方认为所谈项目是一项好的投资，就会减弱对价格的敏感性。一项产品经过一段时间使用仍能转卖出去，那么购买这项产品的风险和所能带来的损失就小，对方对价格就不会那样敏感。

（5）提供优惠以及友好的服务。大宗交易中，可在小事上向对方提供各种优惠，如提供一些不收费的小零件或样品、免费向对方提供一些廉价的备用件等。

同时在谈判中给予对方周到的服务和相当的礼遇，在交易活动中始终提供有益的帮助和建议，以此影响对方对价格的看法，对方会把任何一种额外的服务项目都看成是某种形式的减价。

（6）提供对方急需的产品，对急需的产品人们很少计较价格。

（7）声誉对价格的影响。包括企业的声誉、产品的声誉、谈判者的声誉等，这些都会对产品价格产生影响。一般来说，人们对名牌产品的价格是很少考虑的，声誉高，价格自然就高。

（8）安全感。在谈判中向对方显示你的可靠性或向他提供某种保证，让对方有安全的感觉，可以降低价格在对方心目中的地位。

（9）心理价格。在人们心中，99元和100元是不一样的，会给人一种便宜之感。

（10）大宗交易或一揽子交易。

（二）消极价格与积极价格

日常生活中可以发现，一位老教授不肯花30元买件新衬衣，但愿意花50元买两本书；一位年轻人不肯花50元买两本书，但请朋友吃饭花了100元却不以为然。在这两个例子中，前面的"不肯"，说明对价格的反应及行为消极，属于消极价格；而后面的"愿意"，表明对价格的反应及行为积极，属于积极价格。消极价格和积极价格带有浓厚的主观色彩，不同的人，在不同的环境下会有不同的看法。

运用积极价格进行商务谈判，是一种十分有效的谈判技巧，也就是谈判者如何使消极价格转变为积极价格。谈判中常常会有这种情形，如果对方迫切需要某种货物，他就会把价格因素放在次要地位，而着重考虑交货期、数量、品质等。因此，商务谈判中尽管价格是核心，但绝不能只盯住价格，就价格谈价格。要善于针对对方的利益需求，开展消极价格向积极价格的转化工作，从而获得谈判的成功。

（三）主观价格与客观价格

价格谈判中，人们往往追求"物美价廉"，总希望货物越优越好，而价格越低越好，或者同等的货物，低廉的价格，似乎这样才占了便宜，才赢得了价格谈判的胜利。这就是主观价格。但实际上，如果真的"物美"，势必就"价高"，否

则，卖者就要亏本，连简单再生产也无法维持。所以，通常情况下，"物美价廉"是没有的，或者是很少有的。客观价格，也就是针对产品本身具有的各种功能和特点的市场相对价，即能够客观反映商品价值的价格。

现实交易的结果往往是：作为买方，一味追求"物美价廉"的主观价格，必然要与卖方的"物美价高"的客观价格发生冲突，结果可能是谈判破裂或卖方暗地里偷工减料或以次充好。因此，谈判者不要过分追求主观价格，而忽视了客观价格，应遵循价值规律，如此才能实现公平交易和互惠互利。

（四）固定价格与浮动价格

商务谈判中的价格谈判，多数是按照固定价格计算的。但是，并不是所有的价格谈判都应当采用固定价格，尤其是大型项目的价格确定，采用固定价格与浮动价格相结合的方式很有必要。大型项目工程的工期一般持续较长，短则 1~2 年，长则 5~6 年甚至 10 年以上，有些原材料、设备到工程接近尾声才要用，如果在项目谈判时预先确定所有价格，显然是不合理的。一般而言，许多原材料的价格是随时间而变化的，工资通常也是一项不断增长的费用，此外有时还要受到汇率变动的影响等。因此，在项目投资比较大、建设周期比较长的情况下，分清哪些按照固定价格计算，哪些采用浮动价格，对于交易双方来说都可以避免由于不确定因素带来的风险；也可以避免由于单纯采用固定价格，交易一方将风险因素全部转移到价格中去，而致使整个价格上扬。采用浮动价格，其涉及的有关参数不是任意的，而是由有关权威机构确定的。就浮动价格进行谈判，主要是讨论有关权威机构公布的参数及有关公式的选用。

（五）综合价格与单项价格

商务谈判，特别是综合性交易的谈判，双方往往比较注重综合价格，即进行整体性的讨价还价，有时常常出现互不相让的情况，甚至导致谈判失败。其实，此时可以改变一下谈判方式：将整个交易进行分解，对各单项交易进行逐一分析，并在此基础上进行单项价格的磋商。这样，不仅可以通过对某些单项交易的调整使综合交易更加符合实际需要，而且可以通过对单项价格的进一步磋商，实现综合价格的合理化。

例如，一个综合性的技术引进项目，其综合价格较高。采用单项价格谈判后，通过项目分解可以发现，其中先进技术应予引进，但有些则不必一味追求先进。某些适用的中间技术引进效果反而更好，其价格也低得多；同时，其中关键设备应予引进，但一些附属设备可不必引进而自行配套，其单项费用又可节省。这样，一个综合性的技术引进项目，通过单项价格谈判，不仅使综合项目得到优化，而且综合价格大幅度降低。实践表明，当谈判在综合价格上出现僵局时，采用单项价格谈判，常常会取得意想不到的效果。

（六）主要商品价格与辅助商品价格

某些商品，不仅要考虑主要商品的价格，还要考虑其配件等辅助商品的价格。许多厂商的定价策略采用组合定价，对主要商品定价低，但对辅助商品却定价高，并由此增加盈利。例如，某些机器、车辆，整机、新车价格相对较低，但零部件的价格却较高。使用这种机器或车辆，几年之后当维修和更换配件时，就要支付昂贵的费用。在价格谈判时，不仅要关注主要商品价格，也要关注辅助商品价格，包括配件、相关商品的价格，切不可盲目乐观，落入"价格陷阱"。

三、价格"昂贵"的确切含义

在谈判中，常会遇到对方提出价格"昂贵"的问题，谈判人员应该想办法搞清这个"贵"的含义是什么，不能糊里糊涂接受"太贵"这一概念，从而上当或失去成交机会。一般来说，对方认为贵的原因可能有以下几个方面：

第一，总体经济状况不佳导致价格太贵。对方目前的经济状况不好，或是欠缺支付能力，或是计划支付的资金有限，或是他认为你在利用有利的市场条件，或是他正打定主意要同其他供货者谈一谈，这些都有可能是对方觉得太贵的原因。如果经过观察，发现对方确实经济状况不好，在相当一段时间内都无力购买，那么最好的办法是暂时放弃。

第二，暂时的经济状况不佳导致价格太贵。如果对方称目前没有足够的现款，可以主动建议使用分期付款等其他的支付方法，如果对方仍不接受你的价格，则说明他的这一说法只是一种托词。

第三，手头没有足够的款项导致价格太贵。这种情况多发生在中间商身上，资金没有周转到手，这种情况下无须降价，赊账就可以解决问题。

第四，预算有限导致价格太贵。这是在谈判中要求对方降价的最常见原因，不要上当。如果对方不准备花太多钱来购买，说明你没有激发起对方获得这一产

品的强烈欲望。

第五，主观想法导致价格太贵。当对方主观认为你的出价太高时，你要努力证明你的价格是合理的，动用大量事实解释，改变对方的看法，说服对方接受你的价格。

第六，同类产品及代用品导致价格太贵。如果对方用同类产品及代用品的低廉价格与你的产品价格相比较，则要设法让他们知道你的产品的优点和能够给他们的更多利益，从而刺激他们的购买欲望。

第七，竞争者的价格导致价格太贵。如果对方以竞争者的价格作参照，提出不合理价格的话，你应该解释价格不同的原因，指出对方在进行价格比较时忽略了哪些方面，指出你的价格所包含的内容。但是，如果价格比竞争者高出很多，那么必须做出如下选择：或者向对方提供一些补偿；或者调整价格；或者坚持原价，能卖多少就卖多少，即使谈判毫无结果也在所不惜。

第八，从前的价格导致价格太贵。现在的价格高于从前的价格，对方要求恢复原来的价格，这时谈判者应解释价格上涨的原因，并指出现在的价格已经很低了，或者可以出于老关系的考虑，在其他方面提供一些好处。

第九，习惯性压价导致价格太贵。面对讨价还价的老手，最好的办法是对此置之不理，或将其视为玩笑，把话题集中在产品的优点或其他问题上。

第十，出于试探价格的真假导致价格太贵。对方不清楚你的价格是否有讨价还价的余地，因而使用这种方法进行价格试探。这种情况下，价格在双方之间已基本上不是障碍了，只要以礼相待而不为之所动，自然对方不再继续坚持。

四、价格谈判中应注意的问题

在实际谈判中，谈判人员要明确，商品满足对方需求的特性是价格最有力的支持，即商品的有用性是价格的后盾。因此在价格谈判时应注意以下几点：

第一，制定价格要根据实际情况，合情合理，周详而认真地确立好价格水平。

第二，价格要体现出价值，体现出满足对方需求的特点，起到激发对方需求和欲望的目的。

第三，注意使用相对价格和积极价格。

第四，注意避免过早地提出或讨论价格问题。

第五，注意先价值后价格。

第二节　商务谈判报价的策略和技巧

商务谈判过程中的价格谈判，是商务谈判的核心。它事关交易双方的切身利益，其实质是交易利益的分割过程，包括初始报价和还价；之后经过多回合的讨价和还价，以及双方不断的坚持和让步；直至逐渐接近双方都可以接受的价格，最终达成交易。报价作为价格谈判的首要环节，对于最终价格的达成具有重要的决定性意义。

一、报价的基础和原则

报价，是指报出价格或报出的价格。这里的报价不仅是指在价格方面的要求，而且是包括价格在内的关于整个交易的各项条件，具体有商品的数量、质量、包装、装运、保险、支付、商检、索赔和仲裁等，以及工程项目的承包条件、工期、材料、质量等。其他像委托代理谈判、企业兼并谈判、合作合资谈判、咨询顾问谈判等，尽管其谈判内容各不相同，但谈判双方都会向对方提出各种要求，这种要求即为报价。报价标志着价格谈判的正式开始，也标志着谈判者利益要求的"亮相"。报价是价格谈判中十分关键的步骤，它不仅给谈判对手以利益信号，从而成为能否引发对方交易欲望的前奏，而且在实质上对影响交易的盈余分割和实现谈判目标具有极其重要的意义。

（一）报价的基础

报价绝不是报价一方随心所欲的行为，价格的报出应以影响价格的各种因素、所涉及的各种价格关系以及价格谈判的合理范围为基础。

（1）影响价格的因素是多方面的，其中市场行情和产品成本是报价时应主要考虑的因素。产品成本固然重要，但从对企业有利的角度来看，应以市场行情为标准。因此报价的根本基础是市场行情。要价过高或过低都会使企业蒙受损失，乃至失去成交的机会。

（2）报价还应该充分利用商务谈判中的各种价格关系，积极运用相对价格和积极价格来增强报价的吸引力。

（3）报价不仅要考虑己方的利益，还要考虑报价能被对方接受的可能性，即报价成功的概率。因此报价应在一个合理的范围内，这个范围被称为价格谈判的合理范围，即买方的最高可接受的买价与卖方的最低可接受的卖价这两个临界点所形成的区间。这是交易双方价格谈判的基础。

（二）报价的原则

报价要通过反复分析和权衡，力求把握报价者可能获得的利益与该报价被对方接受的概率之间的最佳结合点，这是报价的最基本原则。因此报价并非简单地提出我方的交易条件，谈判实践告诉我们，在实际谈判中应坚持以下原则：

1. 卖方的开盘价必须是最高价，买方的开盘价必须是最低价

对卖方来讲，开盘价必须是"最高的"，相应地，对买方来讲，开盘价必须是"最低的"，这是报价的首要原则。首先，若我们为卖方，开盘价为我方的要价确定了一个最高限度。一般来讲，除特殊情况外，开盘价一经报出，就不能再提高或更改了。最终双方成交的价格肯定是在此开盘价格以下。若我们为买方，开盘价为我方的要价确定了一个最低限度。一般来讲，没有特殊情况，开盘价也是不能再降低的，最终双方成交的价格肯定在此开盘价格之上。其次，开盘价的高低会影响对方对己方的评价。从人们的观念上来看，"一分钱、一分货"是多数人信奉的观点。因此，开盘价较高，会影响对方对我方提供的商品或劳务的印象和评价。再次，开盘价越高，让步的余地越大。开盘价较高，能够为以后的讨价还价留下充分的回旋余地，使本方在谈判中更富有弹性，便于掌握成交时机。最后，开盘价高，最终成交价的水平也就比较高。开盘价的高低往往对最终成交价的高低具有实质性的影响。因为要价越高，就越有可能与对方在较高的价格水平上进行谈判。

案例 6-1

即使最聪明的人也会上当

欧洲某商业学院的市场学教授，一次被邀在暑假去美国中西部的一所大学，与另外几位美国同行共同主持一个为期四周的高层讲习班。

对方请他自己提出报酬要求，他思考了足足一周，回信要 24000 美元，还自鸣得意地对旁人吹嘘："也该让美国商人明白：要想买到上等货，就要舍得出好价钱。"

那所大学居然回信表示欣然同意。对于这个答复，他虽不至欣喜若狂，但多少也有点惊异其大度和慷慨。为了投桃报李，他按照欧洲人的行事风格，全身心地投入到讲习班的工作。

开学一周后，他和来自得克萨斯州的美国同行闲聊。德州人有句俗话叫"一分钱，一分货"。他俩谈到了报酬问题。

他说，学校还真给面子，自己要 24000 美元，他们就给了 24000 美元，所以这次把太太也带来了，准备讲习班一结束就去纽约逛逛。

但令他难堪的是，那位教授告诉他，其所得报酬是按高级讲习班的"一般"标准定的，一共 52000 美元，夫人的一切开销另外支付。

听了这番话，他的满腔欢喜顿时化为乌有了。

资料来源：[英] 盖温·肯尼迪. 谈判是什么 [M]. 陈述译. 北京：中国宇航出版社，2004.

2. 开盘价必须合情合理

开盘价要报得高一些，但绝不是指要漫天要价、毫无道理、毫无控制。恰恰相反，价高的同时必须合乎情理，必须能够讲得通才行。可以想象，如果报价过高，又讲不出道理，对方必然会认为你缺少谈判的诚意，或者被逼无奈而中止谈判；或者相对地也"漫天要价"；或者提出质疑，而我们又无法解释，其结果只好是被迫无条件地让步。在这种情况下，有时即使你已将交易条件降低到比较公平合理的水平上，对方仍会认为尚有"水分"可挤，因而还是穷追不舍。可见，开盘价脱离现实，便会自找麻烦。

3. 报价应该果断、明确、清楚

开盘价的报出要坚定、果断，这样能够给对方留下我方是认真而诚实的好印象。任何欲言又止、吞吞吐吐的行为，必然会导致对方的不良感受，甚至会产生不信任感。同时，开盘报价要明确、清晰而完整，要清楚到足以避免使对方产生误解或曲解的地步，有些总价可附以详细分项价格清单。也可以借助直观的方法报价，如在口头报价的同时，将具体数据和要点在纸上演示给对方，以便对方能

够准确地了解我方的期望。实践证明，报价时含糊不清最容易使对方产生误解，从而扰乱己方所定步骤，对己不利。

4. 不对报价做任何主动的解释和说明

只要报价是合理的，没必要对己方所报价格作过多的解释、说明和辩解，因为对方不管我方报价的"水分"多少都是会提出质疑的。假如你主动为报价作辩护和说明，对方反而认定你的报价是不合理的，或者说是较勉强的。况且如是在对方还没有提出问题之前，我们便主动加以说明，会提醒对方意识到我方最关心的问题，而这种问题有可能是对方尚未考虑过的。因此，有时过多的说明和解释，会使对方从中找出破绽或突破口，向我们猛烈地反击，有时甚至会使我们自己十分难堪，无法收场。只有当对方对你的报价表示不满或要求你进行解释时，你才可对自己的报价进行辩护和说明。

5. 报价时最好不要报整数

因为报出一个带尾数的价格听起来更可信。美国的麦考·马克在他《经营的诀窍——大学里学不到的学问》一书中说："我不喜欢在谈判时抛出10万美元。这种整数价格是世界上最可能被杀的数字，你应该开价 95500 美元或者是 104500 美元。你可能会得到更好的结果。"确实，从心理学角度分析，人们对整数价的可信度往往偏低：怎么会不多不少刚好是一个整数？这里面肯定有"水分"！这是每个人普遍存在的心理。

二、报价的方式

报价的方式可以依据报价工具和报价模式的不同分为两类：

（一）依据报价工具分类

1. 书面报价方式

书面报价通常是指谈判一方事先提供了较详尽的文字材料、数据和图表等，将本企业愿意承担的义务，以书面形式表达清楚，使对方有时间针对报价作充分的准备，使谈判进程更为紧凑。

但书面形式在客观上易成为该企业承担责任的记录，限制了企业在谈判后期的让步和变化。因此，对实力强大的谈判者，书面报价是有利的；双方实力相当时，也可使用书面报价；对实力较弱的对手则不宜采用书面报价。况且文字形式缺少口头表达的"热情",在翻译成另外一种文字时,精细的内容不易翻译。

书面报价一般用于以下情况:一是在有关规则约束下,本企业没有选择余地,只能以这种方式提出交易条件,如招、投标项目。二是以书面方式提出的交易条件既是最初的交易条件,也是最后的条件,不希望对方讨价还价,如供货价目表(要求内容清楚、全面、完备、无伸缩性)。三是书面标价是一种策略,即成文的要约一般对对手会有相当大的压力,要知道书面印刷的东西比口头表达的要规范得多,易使对方就范(即所谓的正统性权力)。

2. 口头报价方式

口头报价具有很大的灵活性,谈判者可以根据谈判的进程,来调整变更自己的谈判战术,先磋商,后承担义务,没有约束感。口头报价,可充分利用个人沟通技巧、利用情感因素,促成交易达成。察言观色、见机行事,建立某种个人关系,来营造谈判气氛,是这种方式的最大长处。当然,如果谈判人没有娴熟的沟通技巧和经验,会很容易失去议题的头绪,而转向枝节问题;容易因没有完全地理解而产生误会;也容易使对方进行反击。一些复杂的要求,如统计数字、计划图表等,难以用口头阐述清楚。另外,如果对方事先对情况一无所知,他可能一开始并不急于展开谈判,直到他了解了基本情况才进行谈判,从而影响谈判进度。为了克服口头报价的不足,在谈判前可以准备一份关于本次谈判交易重点、特殊需求以及各种具体数字的简明材料,以备临时取用。

(二)依据报价模式分类

1. 高价报价方式

高价报价方式,也称为西欧式报价法。这种方式普遍被西欧和美国的厂商所采用。西欧式报价法与前面谈到的报价原则是一致的,其一般的模式是:首先提出留有较大余地的价格,然后根据买卖双方的实力对比和该笔交易的外部竞争状况,通过给予各种优惠,如数量折扣、报价折扣、佣金和支付条件上的优惠(如延长支付期限、提供优惠信贷等)来逐步软化和接近买方的市场和条件,最终达成成交的目的。实践证明,这种报价方法只要能够稳住买方,往往会有一个不错的结果。

2. 低价报价方式

低价报价方式,也称为日本式报价法。这种方法多被亚洲国家采用。其一般

的做法是：将最低价格列在价格表上，以求首先引起买主的兴趣。由于这种低价格一般是以对卖方最有利的结算条件为前提条件的，并且，在这种低价格交易条件下，各个方面都很难全部满足买方的需求，如果买主要求改变有关条件，则卖主就会相应提高价格，因此，买卖双方最后成交的价格，往往高于价格表中的价格。

日本式报价在面临众多外部对手、竞争激烈时，是一种比较艺术和策略的报价方式。一方面，可以排斥竞争对手而将买方吸引过来，取得竞争优势；另一方面，当其他卖主败下阵来纷纷走掉时，这时买主原有的买方市场的优势就不复存在了，原来是一个买主对多个卖主，谈判中显然优势在买主，而此时，双方谁也不占优势，从而可以坐下来细细地谈，而买主这时要想达到一定的要求，只好任卖主一点一点地把价格抬高才能实现。

聪明的谈判人员，是不愿陷入日本式报价的圈套的。避免陷入日本式报价圈套的最好做法就是：把对方的报价内容与其他客商的报价内容进行一一的比较，看看它们所包含的内容是否一致，从而判断其报价与其他各客商的报价是否具有可比性。不能只看表现形式，不顾内容实质，只注意最后的价格，在对其报价所包含的内容没有进行认真的分析、比较的情况下，匆忙决策，造成不应有的被动和损失。另外，即使某个客商的报价的确比其他厂商优惠，富有竞争力，也不要完全放弃与其他客商的接触与联系，要知道这样做实际上就是给对方一个持续的竞争压力，迫使其继续做出让步。

一般来说，日本式报价较西欧式报价更具有竞争实力，但它不适合买方的心理，因为一般人总是习惯于价格逐步降低，而不是不断地提高。因此，对于那些谈判高手，会一眼识破日本式报价法的计谋，而不至于陷入其制造的圈套。

三、报价的策略与技巧

商务谈判的报价要讲究一定的策略和技巧，因为本方的利益和立场首先是通过最初的报价来表现的，如果报价策略运用得当，就会使对方更相信报价的合理性，从而在谈判中分得更多的利益；反之，则会失去对方的信任，受到对方的攻击，从而陷入被动境地；或者会助长对方的期望，从而失去可能会获得的利益。可见，报价策略的运用直接影响价格谈判的开局、走势和结果。

在价格谈判中，报价策略和技巧有以下几方面：

（一）报价时机选择策略

价格谈判中，报价时机是一个策略性很强的问题。有时，卖方的报价比较合理，但并没有使买方产生交易欲望，原因往往是此时买方正在关注商品的使用价值。所以，价格谈判中，应当首先让对方充分了解商品的使用价值和为对方带来的实际利益，待对方对此发生兴趣后再来谈价格问题。经验表明，提出报价的最佳时机，一般是对方询问价格时，因为这说明对方已对商品产生了交易欲望，此时报价往往水到渠成。

有时，在谈判开始的时候对方就询问价格，这时最好的策略应当是听而不闻。因为此时对方对商品或项目尚缺乏真正的兴趣，过早报价会徒增谈判的阻力。此时首先谈该商品或项目能为交易者带来的好处和利益，待对方的交易欲望被调动起来后再报价。

当然，对方坚持即时报价，也不能故意拖延，否则，会使对方感到不尊重甚至反感，此时应善于采取建设性的态度，把价格同对方可获得的好处和利益联系起来。

（二）报价先后选择策略

在商务谈判中谁先报价，这是一个先发制人还是后发制人的策略选择，报价的先后在某种程度上对谈判结果会产生一定的影响，这个问题尤其要引起每一个谈判者的重视。一般情况下，卖方先报价的较多，但在实际谈判中由哪一方先报价不是固定不变的。

案例 6-2

专家也会犯错

有家跨国公司与盖温联系，请他为公司的高级经理办一次有关谈判问题的两小时研讨会。

公司董事长事前约见了他，征询对研讨会讨论主题的意见，盖温扼要讲了对于谈判者而言最不该做的事是接受对方的第一次出价的观点。他极表赞同，说："这个主题好，能使我的人受益匪浅。"

接下来还谈了些其他细节，他要盖温放手去做，临告别时，盖温提到了报

酬问题。

　　董事长问："你想要多少？"

　　盖温说："通常都是一天一千八百英镑。"心想他大概会嫌要价太高。

　　哪知他回答得很痛快："成！请开发票来。"

　　至今，盖温还是搞不清该要多少劳务费才算适当。

资料来源：https://ishare.iask.com.cn/f/avaIcjRyPtK.html。

1. 先报价的利弊

　　先报价的有利之处在于：一方面，先报价对谈判的影响较大，它实际上等于为谈判划定了一个框架和基准线，最终协议将在这个范围内达成。比如，卖方报价某种计算机每台 3000 元，那么经过双方磋商之后，最终成交价格一定不会超过 3000 元这个界线。另一方面，先报价如果出乎对方的预料和设想，往往会打乱对方的原有部署，甚至动摇对方原来的期望值，使其失去信心。比如，卖方首先报价某货物 3000 元一吨，而买方心里却只能承受 200 元一吨，这与卖方报价相差甚远，即使经过进一步磋商也很难达成协议，因此，只好改变原来部署，要么提价，要么告吹。此外，先报价也是自信的一种表现，如配合以正统性权力和较充分的理由，往往能取得较理想的结果，尤其对实力较强的一方更加有利。总之，先报价在整个谈判中都会持续地起作用。因此，先报价比后报价的影响要大得多。

　　但是先报价也有一定的弊端：一方面，对方听了我方的报价后，可以对他们自己原有的想法进行最后的调整。由于我方先报价，对方对我方交易条件的起点有所了解，他们就可以修改原先准备的报价，获得本来得不到的好处。正如上面例子，卖方报价每台计算机 3000 元，而买方原来准备的报价可能为 3500 元一台。这种情况下，很显然，在卖方报价以后，买方马上就会修改其原来准备的报价条件，于是其报价肯定会低于 3000 元。那么对于买方来讲，后报价至少可以使他获得 500 元的好处。另一方面，我方先报价后，对方还会试图在磋商过程中迫使我方按照他们的路子谈下去。其最常用的做法是：采取一切手段，调动一切积极因素，集中力量攻击我方的报价，逼迫我方一步一步地降价，而并不透露他们自己究竟肯出多高的报价。

2. 先报价与后报价的选择

一般来讲，要通过分析双方谈判实力的对比情况来决定何时先报价。

如果己方的谈判实力强于对方，或者与对方相比，在谈判中处于相对有利的地位，那么己方先报价就是有利的。尤其是在对方对本次交易的行情不太熟悉的情况下，先报价的利益更大。因为这样可为谈判先划定一个基准线。同时，由于己方了解行情，还会适当掌握成交的条件，对己方无疑是利大于弊。

如果通过调查研究，估计到双方的谈判实力相当，谈判过程一定会竞争得十分激烈，那么，同样应该先报价，以便争取更大的影响。

如果己方谈判实力明显弱于对手，特别是在缺乏谈判经验的情况下，应该让对方先报价，因为这样做可以通过对方的报价来观察对方，同时也可以扩大自己的思路和视野，然后再确定应对己方的报价作哪些相应的调整。

此外，在冲突程度高的谈判场合，"先下手为强"；在合作程度高的场合则无所谓。还有，如果对手是谈判高手，则让对方先报价，以避免让对方剥茧抽丝。

以上仅就一般情况而言，在有些商务谈判中，报价的次序也有一定的惯例。比如货物买卖业务的谈判，多半是由卖方先报价，然后买方还价，经过几轮磋商后再告成交。相反，由买方先出价的情况很少。

（三）报价表达策略

报价无论采取口头或书面方式，表达都必须十分肯定、干脆，似乎不能再做任何变动和没有任何可以商量的余地。而"大概""大约""估计"一类含糊其辞的语言，在报价时都是不适宜使用的，因为这会使对方感到报价不实。另外，如果买方以第三方的出价低为由胁迫时，你应明确告诉他"一分价钱，一分货"，并对第三方的低价毫不介意。只有在对方表现出真实的交易意图，为表明以诚相待，才可在价格上开始让步。

（四）报价差别策略

同一商品，因客户性质、购买数量、需求急缓、交易时间、交货地点、支付方式等方面的不同，会形成不同的购销价格，目的是使对方感觉得到了实惠。这种价格差别，体现了商品交易中的市场需求导向，在报价策略中应重视运用。例如，对老客户或大批量需求的客户，为巩固良好的客户关系或建立起稳定的交易联系，可适当实行价格折扣；对新客户，有时为开拓新市场，亦可给予适当让

价；对某些需求弹性较小的商品，可适当实行高价策略；对方"等米下锅"，价格则不宜下降；旺季较淡季，价格自然较高；交货地点远程较近程或区位优越者，应有适当加价；支付方式，一次付款较分期付款或延期付款，价格须给予优惠等。

（五）报价对比策略

价格谈判中，使用报价对比策略，往往可以增强报价的可信度和说服力，一般有很好的效果。报价对比可以从多方面进行。例如，将本企业商品的价格与另一可比商品的价格进行对比，以突出相同使用价值的不同价格；将本企业商品及其附加各种利益后的价格与可比商品不附加各种利益的价格进行对比，以突出不同使用价值的不同价格；将本企业商品的价格与竞争者同一商品的价格进行对比，以突出相同商品的不同价格等。

（六）报价分割策略

这种报价策略，主要是为了迎合买方的求廉心理，将商品的计量单位细分化，然后按照最小的计量单位报价。采用这种报价策略，能使买方对商品价格产生心理上的便宜感，容易为买方所接受。

四、对待对方报价的策略

当对方报价时，应该这样对待对方的报价：

（一）准确把握住对方报价内容

在对方报价过程中，要认真倾听并尽力完整、准确、清楚地把握住对方的报价内容。在对方报价结束之后，对某些不清楚的地方可以要求对方予以解答。同时，应尽可能地将己方对对方报价的理解进行归纳和总结，并力争加以复述，以便在对方确认自己的理解是正确无误之后，进行下一步谈判。

（二）要求对方做出价格解释

在对方报价完毕之后，先不急于还价，而是要求对方对其价格的构成、报价依据、计算的基础以及方式方法等做出详细的解释，即所谓的价格解释。通过对方的价格解释，可以了解对方报价的实质、态势、意图及其诚意，以便从中寻找破绽，从而动摇对方报价的基准，为己方取重要的便利。

（三）针对对方报价选择行动

在进行完价格解释之后，针对对方的报价，有两种行动选择：一是要求对方降低其要价。这是一种比较有利的选择，因为这实质上是对对方报价的一种反击，如果反击成功，即可争取到对方的让步，而己方既没有暴露自己的报价内容，也没有做出任何相应的让步。二是在实在得不到答复的情况下提出自己的报价。除非特殊情况，否则采用此法对己方不利。

第三节 价格解评

价格解评，包括价格解释和价格评论。价格解释，是报价之后的必要补充；价格评论，是讨价之前的必要铺垫。因此，价格解评是价格谈判过程中承前启后的重要环节，也是价格谈判的主要策略与技巧之一。

一、价格解释

卖方在报价以后，买方一般不会马上还价，而是要求对方作价格解释。所谓价格解释，是指卖方就其商品特点及其报价的价值基础、行情依据、计算方式等所做的介绍、说明或解答。价格解释对于卖方和买方，都有重要作用。从卖方来看，可以利用价格解释，充分表达所报价格的真实性、合理性，增强其说服力，软化买方的要求，以迫使买方接受报价或缩小买方讨价的期望值；从买方来看，可以通过对方价格解释分析讨价还价的余地，进而确定价格评论应针对的要害。

（一）价格解释的内容

价格解释的内容，应根据具体交易项目确定。如对货物买卖价格的解释，对技术许可基本费、技术资料费、技术服务费等的解释，对工程承包中的料价和工价的解释，对"三来"加工中加工费的解释等。同时，价格解释的内容应层次清楚，最好按照报价内容的次序逐一进行解释为宜。一般来说，具体要做好以下几个方面的解释：

1. 对货物价格的解释

卖方首先要解释自己的货价是浮动价格还是固定价格，这个价格又是根据什么得出的。如果是固定价格，在合同期间无论发生什么情况都不能再调整价格，说明在目前的报价中就已经包含了调价的因素；如果是浮动价格，在合同期间可以根据情况变化而调价，说明目前的报价中没有包含调价因素。

无论是浮动价格还是固定价格，其调价依据一般都是以物价和工资的变化、通货膨胀率的变化、货币汇率的变化为基础的，而且要规定调价的最大最小值，还要规定限制调价的前提，即规定物价、工资、通货膨胀率和货币汇率等在一定的变化限度内不调价，超过了这个限度才调价。

2. 对技术费用的解释

卖方对技术费用的解释主要包括产品单价的技术生产费用的提成、对科研投资的回收提成等。

3. 对技术服务费的解释

技术服务费包括培训费和技术指导费，主要是实习生、教师、专家等人工费用。

4. 对技术资料费的解释

技术资料费包括技术资料的印刷费用，以及制作的人工费用。

（二）价格解释的原则和技巧

价格解释的基本原则是有理、有利、有节。具体技巧如下：

1. 不留瑕疵，有理有据

在价格解释前，应反复核实需要向对方解释的内容，尽量做到不留瑕疵、有理有据。卖方在报价的相关依据或报价条件上，一定要充分准备，要能够自圆其"报价"的合理性、真实性，使对方找不到毛病，以便维护自己的价格立场。

2. 不问不答

对方不主动问及就不要回答。对于对方没有问到的一切问题，都不要进行解释，以免言多必失，让买方看轻自己，削弱自己在价格谈判中的地位。谈判经验不够丰富的谈判者，往往担心对方没有听明白自己的相关说明，总喜欢旁征博引，试图证明自己的陈述无可置疑。这种做法不可取，因为对方最希望就是你多说话，而他静心倾听，以便发现你的破绽。

3. 有问必答

对对方提出的所有问题都要流畅、痛快地一一回答。吞吞吐吐、欲言又止，极易引起对方的怀疑，甚至会提醒对方注意，从而穷追不舍。为此，卖方应在报价前，充分掌握各种相关资料、信息，并对买方可能提出的问题进行周密的分析、研究和准备，以通过价格解释表明报价的真实、可信。

4. 避虚就实

对报价中实质的部分多讲，比较虚的部分，或"水分"大的部分，少讲甚至不讲。也就是说，该说的尽可能多说。比如，在土地转让报价中对"安置补助费"的解释，可以尽可能地把当地政府对安置补助费标准的相关规定详细地加以说明。可以说"安置补助费标准按规定，分为三类，每一类的收费标准都不同……"因为这类费用可供解释的内容很多，而且这些内容都是硬性的规定，的确应该向对方解释清楚，而对方却难以挑出毛病。还可以多强调自己货物、技术、服务等的特点，多谈一些好讲的问题，或不成问题的问题。同时，若买方提出某些不好讲的问题，即不得不说的时候，应尽可能少说，尽量避其要害或转移视线，有的问题也可采取"拖"的办法：先诚恳记下买方的问题，承诺过几天再给予答复，过几天如果对方不问就算了，若问则再变通解答。比如，技术服务费的解释，如果对方要求你解释收费的项目构成，你可以对主要费用项目构成作些说明，过细子项目收费价格尽量回避不说，或找借口推辞暂时不说，能拖则拖，实在非解释不可时，再设法解释。

5. 能言不书

能用口头表达和解释的，就不要用文字来书写。实在要写的，写在黑板上。非要落到纸上的，宜粗不宜细。这样，会有再解释、修改、否定的退路，从而可以处于主动地位。否则，白纸黑字，具体详尽，想再解释、更改，就很被动。

(三) 价格解释中买方的对策

价格解释中，作为买方，其应对策略应当是善于提问，即不论卖方怎样闪烁其词，也要善于提出各种问题。或单刀直入，或迂回侧击，设法把问题引导到卖方有意躲避或买方最为关心之处，迫使卖方解答，以达到买方的目的。

二、价格评论

买方对价格的评论，就是买方对卖方的价格解释及卖方要价高低性质做出的批评性反应，其目的是在讨价还价前挤一挤卖方价格的"水分"。从买方来看，价格评论可以使买方针对卖方价格解释中的不实之处，指出其报价的不合理之处，从而在讨价还价之前先压一压"虚头"、挤一挤"水分"，为之后的价格谈判创造有利条件；从卖方来看，价格评论其实是对报价及其解释的反馈，便于使卖方了解买方的需求、交易欲望以及最为关切的问题，有利于进一步的价格解释及对讨价有所准备。

（一）价格评论的内容

在对卖方的价格进行评论时，只要对买方有利，可以对所有涉及的内容逐一进行评论，以尽量挤出"水分"。一般来说，具体要做好以下几个方面评论：

1. 对货物价格的评论

对货物价格的评论包括设备、备件、材料等，必须联系货物的技术性能来进行。买方对货物的材料、功能、寿命、功效进行价值分析，以发现价格的不合理因素。只要卖方有意成交，在这种基于分析和比较的评论面前是会表示出降价姿态的。另外，在货物价格的评论中，还要注意多种不同价格之间的横向比较。要做好这种价格的横向比较，就要坚持"货比三家"，做到胸有成竹。

2. 对技术费用的评论

对技术费用的评论应针对卖方价格解释方法的类型来进行，找出其各种技术费用提成的不合理之处，如分析产品的单价、降低提成年限、强调技术的更新换代、找出提成率不合理的地方等。

3. 对技术服务费的评论

对卖方的技术指导费加以评论，首先要评论卖方估计的指导量是否过大，指导专家人数是否太多，如果确实过大、很多，就要去掉多余的部分；其次要评论服务单价，卖方往往通过各种理由把服务单价报得高出很多，买方就应以劳务市场的标准价或习惯价来限制卖方。

4. 对培训费加以评论

买方可以强调，按惯例，专有技术费的报价中都含有培训费，二次付费不合理。买方还应当注意区分卖方实施培训的具体方式：是利用已有的培训中心，还是另建隔离式的场点，或是在自己的研究室、生产车间里培训实习生。不同的场所需要的费用开支是不同的。

（二）价格评论的原则和技巧

价格评论的原则是针锋相对，以理服人。其具体技巧主要有以下几点：

1. 既要猛烈，又要掌握节奏

猛烈，指准中求狠，即切中要害，猛烈攻击，着力渲染，卖方不承诺降价，买方就不松口。掌握节奏，就是评论时不要像"竹筒倒豆子"一下子把所有问题都摆出来，而是要一个问题一个问题地发问、评论，把卖方一步一步地逼向被动，使其不降价就下不了台。

2. 既要自由发言，又要严密组织

在价格谈判中，买方谈判人员可以轮番发言，个个评论，加大卖方心理压力。但绝不能每个人想怎么评论就怎么评论，而是要事先精心谋划、"分配台词"，然后在主谈人的暗示下，其他人员适时、适度发言。因为，卖方也在窥测买方的意图，摸买方的"底牌"。这样，表面上看大家自由发言，但实际上则严密组织。自由发言，是为了显示买方内部立场的一致，以加强对卖方的心理压力；严密组织，则是为了巩固买方自己的防线，不给卖方可乘之机。

3. 重在说理，以理服人

对于买方的价格评论，卖方往往会以种种理由辩解，而不会轻易认输就范。因为，认输就意味着必须降价，并有损自己的声誉。所以，买方若要卖方俯首称臣，必须充分说理，以理服人。同时，既然是说理，评论中虽攻击猛烈，但态度、语气切忌粗暴，而应心平气和。只有在卖方死不认账，"无理搅三分"时，买方可以严厉的口吻对其施加压力。一般来说，卖方也要维护自己的形象，谋求长期的交易利益，不会拉开架式蛮不讲理。相反，只要抓住其破绽，他就会借此台阶修改价格，以示诚意。而此时买方也应适可而止，不必"穷追猛打"，过早把谈判气氛搞僵。只要有理在手，待评论后讨价还价时再逐步达到目的。

4. 分析比较，系统评论

一般情况下，买方总是要对卖方提出的价格解释内容，进行逐项评议，并与同类交易标的价格进行分析比较，明确指出卖方所报价格实在太高。比如，"贵

方技术服务费明显高于同类产品""同样产品，贵方的离岸价比到岸价还高出一个百分点"。通过买方对卖方价格解释进行梳篦式的分析比较，促使卖方主动降价。

5. 针对瑕疵，重点评论

买方在认真倾听卖方价格解释后，就可能发现卖方在作价格解释时的瑕疵或破绽，可以作为买方说服卖方降价的重要依据。比如，发现技术服务费被人为地增加了收费子项目时，"好像这一收费已经在前面的收费内包含了"，当对方也认可后，买方就可以借此议论其他收费项目费率过高，迫使对方降低费率。

6. 评论中允许卖方解释，即评论中再侦察，侦察后再评论

买方进行价格评论时，卖方以进一步的解释予以辩解，这是正常的现象。对此，不仅应当允许并注意倾听，而且还应善于引发，以便侦察反应。实际上，谈判需要舌头，也需要耳朵。买方通过卖方的辩解，可以了解更多的情况，便于调整进一步评论的方向和策略；若又抓到了新的问题，则可使评论增加新意，使评论逐步向纵深发展，从而有利于赢得价格谈判的最终胜利。否则，不耐心听取卖方的辩解，往往之后的进一步评论会缺乏针对性，搞不好还会转来转去就是那么几句话，反而使谈判陷入了"烂泥潭"。

（三）价格评论中卖方对策

价格评论中，作为卖方，其应对策略应当是沉着解答。不论买方如何评论、怎样提问，甚至发难，也要保持沉着，始终以有理、有利、有节为原则，并注意运用答问技巧，不乱方寸。"智者千虑，必有一失"，对于买方抓住的明显矛盾之处，也不能"死要面子"，适当表现出"高姿态"，会显示交易诚意和保持价格谈判的主动地位。

本章小结

价格谈判是商务谈判中的核心。价格谈判首先应当了解影响价格的各种因素，并正确认识和善于处理各种价格关系，善于分辨对方认为价格"昂贵"的真正含义。

价格谈判一般从卖方报价开始。报价要在了解报价基础的同时，遵循开盘价

要高、开盘价须合情合理、开盘价要果断报出、对开盘价不做主动解释等原则。报价策略，直接影响价格谈判的开局、走势和结果。报价策略包括：报价时机选择策略、报价先后策略、报价表达策略、报价差别策略、报价对比策略和报价分割策略。

　　价格解释，是卖方报价之后的行为。价格评论，是买方讨价之前的行为。它们是价格谈判中承前启后的环节，对于买卖双方来说都有重要的作用，应当掌握正确的原则和必要的技巧。

第七章

商务谈判的议价

本章目标

◆ 理解和掌握实质性磋商中讨价与还价的策略与技巧

◆ 了解和熟悉价格谈判的基本理论知识

◆ 通晓谈判中的拒绝技巧

◆ 实践中能灵活运用主要的价格谈判策略和技巧

第一节　讨价策略

磋商阶段也称议价、讨价还价阶段，它是谈判的关键阶段，也是最困难、最紧张的阶段。一般情况下，当谈判一方报价后，另一方不会无条件地接受对方的报价，而要进行一场磋商或者叫讨价还价。这是谈判双方求同存异、合作、谅解、让步的阶段谈判，是双方实力、智力和技术的较量。因此，这一阶段是谈判双方为了实现其目的，运用智慧、使用各种策略的过程。

一、讨价的含义

商务谈判过程中，在谈判一方（通常是卖方）进行价格解释后，另一方（通常是买方）通过价格解释可以了解卖方报价的实质、态势及诚意。卖方可充分利用这个机会，以充实的材料表明自己报价的合理性及诚意，软化买方的要求。

买方对卖方的价格解释及通过解释了解到的卖方价格的贵贱性质会做出批评性的反应，这也叫价格评论。买方进行价格评论后，会要求卖方重新报价或改善报价，即再询盘，这就是讨价。讨价与还价需要多回合的重复，才能取得结果。

显而易见，讨价还价有三层含义：一是讨价，二是还价，三是经历多次的反复磋商，一方或双方做出让步，才能促成交易双方达成一致意见。因而在讨价还价之前，必须进行市场调查研究，其调查研究的主要内容有：商品价格、市场变化情况、商品供求状况、交易商品的性能/规格及商品近期动态、同种商品经营的竞争情况、同类商品的代用品、谈判对手的经营/财务等状况，以及交易双方有无其他购买或出售对象等各方面的情况。作为买方，讨价还价应遵循"货比三家"的原则；作为卖方，在讨价还价中要极力突出自己经营商品的优良性、合理性、公平性等特点。这样在讨价还价过程中才能促成谈判目标朝着对己方有利的方向发展。

二、讨价的作用

（1）发现最合适的价格。谈判者在交易中，由于不了解产品的市场行情，害怕买贵了或卖亏了，通过讨价还价来了解产品究竟值多少钱。这样就能买到更便宜的产品或卖相对高的价格。

（2）展示谈判水平。谈判者为了展示自己的谈判水平，在讨价还价中击败对手，显示自己的才能，提高自己身份。谈判双方通过讨价还价满足了获得尊重和自我实现的需要。

（3）搞清楚底价。谈判大师荷伯·科恩说过："标价牌不是上帝摆在那里的。"根据人们的经验性思维，所有商品的价格都可以商谈，只有讨价还价才能搞清楚底价是多少，只有讨价还价才能促使对方让步。

（4）对付竞争对手。在商务谈判中通过讨价还价来对付竞争对手。为了给第三者施加压力，以便在第三者那儿买到更便宜的产品，因此设法让对方削价。或者为了达到其他目的，可以价格问题为掩护向谈判对手施加压力。

三、讨价策略

讨价策略的运用，包括讨价态度、讨价方式、讨价次数等方面。

（一）讨价态度

因为讨价是伴随着价格评论进行的，故讨价应本着尊重对方、说理的原则进行。又因为不是买方的还价，而是启发、诱导卖方降价，为还价做准备，如果在此时"硬压"，则过早地进入僵局，对结果会有影响，故还价前的讨价应保持平和信赖的气氛，充分说理，以求得最大的效益。

讨一次价，若能得到一次改善价格，对买方有利。不过，无论哪个商人都会固守自己的立场，若不如此，倒不正常了。买方会讨几次价，这应根据价格分析情况及卖方价格解释和价格改善的状况而定。只要卖方没有实质性改善（所谓实质性改善，是指相对于价格分析出的报价虚头超过半数以上的改善或至少30%以上的改善），买方就应依报价计算的谬误、虚头埋设的大小、来人的权限、卖方成交的决心、双方关系的好坏尽力向前推进。

（二）讨价方式

讨价方式，可以分为全面讨价、分别讨价和针对性讨价三种。

（1）全面讨价，常用于价格评论之后对于较复杂的交易的首次讨价。

（2）分别讨价，常用于较复杂交易，对方第一次改善报价之后，或不便采用全面讨价方式的讨价。例如，全面讨价后，将交易内容的不同部分，按照价格中所含"水分"的大小分为"水分"大的、"水分"中等的、"水分"小的三类，再分别讨价；或者不便全面讨价的，如技术贸易价格，按具体项目分为技术许可基本费、技术资料费、技术咨询费、人员培训费和设备费等，再分别讨价。

（3）针对性讨价，常用于在全面讨价和分别讨价的基础上，针对价格仍明显不合理和"水分"较大的个别部分进一步讨价。

从讨价的步骤来看，一般第一阶段采用全面讨价，因为正面交锋的战幕刚刚拉开，买方总喜欢从宏观的角度先笼统压价。第二阶段再按价格"水分"的大小分别讨价。第三阶段进行针对性讨价。另外，不便采用全面讨价的，第一步可以按照交易内容的具体项目分别讨价；第二步再按各项价格"水分"的大小分别讨价；第三步进行针对性讨价。具体讨价策略应注意不能任意起手从哪一块讨价。一般规律（即成功的讨价规律）是从"水分"最大的那一块起手讨价，然后再对"水分"中等的那块讨价，最后谈"水分"较小的那块的讨价问题。下面这个例子能帮助我们很好地理解讨价方式。

案例 7-1

以低价格买好冰箱

美国谈判学家罗伯特有一次去买冰箱，营业员指着罗伯特要的那种冰箱说："259.5 美元一台。"接着罗伯特导演了一场精彩的"喜剧"：

罗伯特（以下简称罗）：这种型号的冰箱有多少种颜色？

营业员（以下简称营）：共有 32 种颜色。

罗：能看看样品吗？

营：当然可以！（接着立即拿来了样品）

罗：（边看边问）你们店里的现货有多少种颜色？

营：现有 22 种。请问您要哪一种？

罗：（指着样品上有但店里没有的颜色）这种颜色同我厨房的墙壁颜色相配！

营：很抱歉，这种颜色现在没有。

罗：其他颜色与我厨房的颜色都不协调。颜色不好，价钱还这么高，要不便宜一点？否则我就要去其他的商店了，我想别的商店会有我要的颜色。

营：好吧，便宜一点。

罗：可这台冰箱有些小毛病！你看这里……

营：我看不出什么。

罗：什么？这一点毛病尽管小，可是冰箱外表有毛病通常不都要打点折吗？

营：……

罗：（又打开冰箱门，看了一会儿）这种冰箱带制冰器吗？

营：有！这个制冰器每天 24 小时为您冻制冰块，1 小时才 3 美分电费。（她认为罗伯特对这个制冰器感兴趣）

罗：这可太糟糕了！我的孩子有轻微哮喘病，医生说绝对不可以吃冰块。你能帮我把它拆下来吗？

营：制冰器没办法拆下来，它和整个制冷系统连在一起。

罗：可是这个制冰器对我根本没用！现在我花钱把它买下来，将来还要为它付电费，这太不合理了！当然，假如价格可以再降低一点的话……

结果，罗伯特以相当低的价格——不到 200 美元买到了他十分中意的冰箱。

资料来源：https://www.doc88.com/p-7816959489791.html？r=1。

（三）讨价次数

所谓讨价次数，是指要求报价方改善报价的有效次数，亦即讨价后对方降价的次数。讨价，作为要求改善报价的行为，不能说只允许一次。究竟讨价可以进行几次，依据讨价方式及心理因素，一般有以下规律：

从全面讨价来分析，一般价格谈判的初始报价都包括一个策略性的虚报部分，同时，报价方又都有愿意保持自己的良好形象和与客户良好关系的心理，因此，讨价中对方"姿态性的改善"往往是会做出的。不过，常言道："事不过三。"讨价一次，当然；讨价两次，可以；若第三次讨价，就可能引起反感了。所以，对于全面讨价，从心理因素的角度，一般可以顺利地进行两次讨价。当然，经过两次改善后的报价，如果还存在明显的不合理，继续讨价仍完全必要。

从分别讨价来分析，当交易内容按照价格中所含"水分"分成三类时，就意味着至少可以讨价三次，其中，"水分"大的、"水分"中等的又可至少攻击两次，这样算来，按三类分别讨价，实际上可能讨价五次以上。若按照交易的具体项目分为五项时，就意味着至少可以讨价五次，其中有的项目肯定不可能只讨一次价，而是要攻击两次以上，这样算来，按五项分别讨价，实际上可能共讨价八次以上。

从针对性讨价来分析，因为这种讨价一般是在全面讨价和分别讨价的基础上有针对性地进行的，所以，无论从实际出发还是从心理因素考虑，讨价次数基本"事不过三"，即通常一两次而已。

四、讨价技巧

（一）投石问路

在谈判中，当遇到对方固守立场，己方无计可施时，可以采用"投石问路"的技巧。投石问路的具体运用，是卖方发盘之后，买方不是马上还盘，而是提出种种假设条件下的商品售价问题。这样既能维持平等信赖的气氛，又有利于还价前对卖方情况的进一步掌握。在卖方的回答中收集可能出现的对己有利的信息，以便及时抓住机会。买方提出的假设条件诸如：假如我们的订货数量加倍或减半呢？假如我们与你们签订一年或更长时期的合同呢？假如我们以现金支付或分期付款呢？假如我们供给你方工具或其他机器设备呢？假如我们在淡季接你们的订单呢？假如我们买下你们的全部商品或同时购买好几种商品呢？这种种假设条件，每一条就是一块"石头"，都能使买方进一步了解卖方的商业习惯和动机。卖方面对着许多买主提出的这些相关的问题，想要拒绝回答是很不容易的。所以许多卖主宁愿降低他的价格，也不愿意接受这种"疲劳轰炸"的询问。卖方在买方提出"石头"后，要仔细考虑后再答复。通常有下述办法成为"投石问路"的对策：

（1）找出买方真正想要购买的东西，因为他不可能做那么多选择、购买那么多商品。

（2）切记不要对"假如"的要求马上估价。

（3）如果买方提出一个"石头"，最好立刻要求以对方订货作为条件。

（4）并不是每个问题都值得回答，你可以要求对方提出"保证"，这可以反过来评估对方的诚意。

（5）有的问题应该花很长的一段时间来回答，也许比限制买方的截止期还要长些。

（6）反问买方是否准备马上订货。当他了解这点以后，也许就会接受大概的估价。

卖方要将买方所提出的"石头"变成一个很好的机会，如提出种种附加条件反请买方考虑等。

案例 7-2

某食品加工厂为了购买某种山野菜与某县土产公司进行谈判。在谈判过程中，食品加工厂的报价是每千克山野菜 15 元。为了试探对方的价格"底牌"，土产公司的代表采用了投石问路的技巧，开口报价每千克山野菜 22 元，并摆出一副非此价不谈的架势。急需山野菜的食品加工厂的代表急了："市场的情况你们都清楚，怎么能指望将山野菜卖到每千克 18 元呢？"食品加工厂的代表在情急之中暴露了价格"底牌"，于是土产公司的代表紧追不放。"那么，你是希望以每千克 18 元的价格与我们成交？"这时，食品加工厂的代表才恍然大悟，只得无奈地应道："可以考虑。"最后，双方真的以每千克 18 元的价格成交，这个结果比土产公司原定的成交价格要高出 3 元钱。如果土产公司的代表

不是巧妙地运用投石问路的技巧揭出对方的"底牌"，是很难找到一个如此合适的价位与对方成交的。

资料来源：https://wenku.baidu.com/view/38fbf6245af5f61fb7360b4c2e3f5727a5e924a5.html。

（二）严格要求

严格要求是买卖双方均可运用的技巧。

买方对卖方的商品从各个方面进行严格检查，提出卖方交易中的许多问题并要求卖方改善报价，就是买方的严格要求策略。买方严格要求卖方的目的就是使卖方降低其商品的价格。从心理角度分析，买方精明强干的行为得到表现，可促成卖方重视买方，从而提高买方谈判地位。买方恰到好处地提出问题，是严格要求策略成功的关键。买方的严格要求范围，一般是在商品质量、性能等使用价值方面和成本价格以及运输等方面寻找"弱点"。"严格要求"的方式要采取对比法，即将卖方的商品及其交易条件与其他卖主的商品和交易条件相比较，使卖方不得不承认自己的弱点，认识到按发盘价卖出的可能性很小，从而不得不降低要求。在此基础上买方适当让步，就能使交易取得成功。

卖方采取的对策通常是：保持耐心，寻找对方提问中的漏洞和不实之词，实事求是地加以解释；对于某些难题、有争议的问题，要快刀斩乱麻，直截了当地提出看法；对于不便回答或次要的问题，要适当回避。当对方节外生枝或无理挑剔时，要及时反驳揭露。对买方提出的要求，卖方不宜轻易让步，同时也可以运用严格要求技巧，向买方提出一些问题和要求，从而加强己方讨价还价力量。

（三）抬价压价战术

这种技巧是商务谈判中应用最为普遍、效果最为显著的方法。常见的做法是，谈判中没有一方一开价，另一方就马上同意，双方拍板成交的，都要经过多次的抬价、压价，才互相妥协，确定出一个一致的价格标准。所以，谈判高手也是抬价压价的高手。

由于谈判中的"黑箱"，即抬价一方不清楚对方要求多少，在什么情况下妥协，因此这一策略运用的关键就是判定抬到多高才是对方能够接受的。一般来讲，抬价是建立在科学的计算，精确的观察、分析、判断的基础上的。当然，忍耐力、经验、能力和信心也是十分重要的。事实证明，抬高价往往会有令人意想不到的收获。许多人常常在双方已商定好的基础上，又反悔变卦，抬高价格，而且往往能如愿以偿。

抬价作用还在于：卖方能较好地遏制买方的进一步要求，从而更好地维护己方利益。美国谈判专家麦科马克例举他参加谈判的一次亲身经历，就很好地说明了这一问题。有一次，他代表一家公司交涉一项购买协议，对方开价是50万元，他和公司的成本分析人员都深信，只要用44万元就可以完成这笔交易。一个月后，他开始和对方谈判，但对方却又声明原先的报价有误，现在开价60万元。这反倒使麦科马克先生怀疑自己原先的估计是否正确。直到最后，当他以50万元的价格与对方成交时，竟然感到非常满意。这是因为，他认为是以低于对手要价10万元之差达成了交易，而对方则成功地遏制了他的进一步要求。

在讨价还价中，双方都不能确定对方能走多远，能得到什么。因此，时间越久，局势就会越有利于有信心、有耐力的一方。中韩的一笔交易，很能说明这一问题。

案例 7-3

中方某公司向韩国某公司出口丁苯橡胶已一年，第二年，中方公司根据国际市场行情将价格从前一年的成交价（前一年 1200 美元/吨）每吨下调了 120 美元。韩方感到可以接受，建议中方到韩国签约。

中方人员一行二人到了首尔该公司总部，双方谈了不到 20 分钟，韩方说："贵方价格仍太高，请贵方看看韩国市场的价格，三天以后再谈。"

中方人员回到饭店感到被戏弄，很生气。但人已来首尔，谈判必须进行，中方人员通过有关协会收集到韩国海关丁苯橡胶进口统计，发现从哥伦比亚、比利时、南非等国进口量较大，从中国进口也不少，中方公司是占份额较大的一家。价格水平南非最低，但高于中国产品价格，哥伦比亚、比利时价格均高出南非价格。在韩国市场的调查中，批发和零售价均高出中方公司的现报价 30%~40%。市场价格虽呈降势，但中方公司的给价是目前世界市场最低的价格。

为什么韩国人员还这么说？中方人员分析对手以为中方人员既然来到了首尔，肯定急于拿合同回国，可以借此机会再压中方一手。那么，韩方会不会在

为不急于订货而找理由呢？

中方人员分析，若不急于订货，为什么邀请中方人员来首尔。再说韩方人员过去与中方人员打过交道，有过合同，且执行顺利，对中方工作很满意，这些人会突然变得不信任中方人员了吗？从态度看不像，他们来机场接中方人员且晚上一起喝酒，保持了良好气氛。

通过上述分析，中方人员共同认为：韩方意在利用中方人员出国心理，再压价。根据这个分析，经过商量中方人员决定在价格条件上做文章。总之，态度应强硬（因为来前对方已表示同意中方报价），不怕空手而归。而且，价格条件还要涨回市场水平（即1200美元/吨左右）。再者，不必用三天给韩方通知，仅一天半就将新的价格条件通知韩方。

在一天半后的中午前，中方人员电话告诉韩方人员："调查已结束，得到的结论是：我方来首尔前的报价低了，应涨回去年成交的价位，但为了老朋友的交情可以下调20美元，而不再是120美元。请贵方研究，有结果请通知我们，若我们不在饭店，则请留言。"

韩方人员接到电话后，一个小时，即回电话约中方人员到其公司会谈。韩方认为，中方不应把过去的价格再往上调。中方认为，这是韩方给的权力。我们按韩方要求进行了市场调查，结果应该涨价。韩方希望中方多少降些价，中方认为原报价已降到底。经过几回合的讨论，双方同意按中方来首尔前的报价成交。这样，中方成功地使韩方放弃了压价的要求，按计划拿回合同。

资料来源：https://wenku.baidu.com/view/63f163d900d276a20029bd64783e0912a3167c4b.html。

压价可以说是对抬价的破解，如果是买方先报价格，可以低于预期目标进行报价，留出讨价还价的余地。如果是卖方先报价，买方压价，则可以采取多种方式：

（1）揭穿对方的把戏，直接指出实质，比如算出对方产品的成本费用，挤出对方报价的水分。

（2）制定一个不能超过预算的金额，或是一个价格的上、下限，然后围绕这些标准，进行讨价还价。

（3）用反抬价来回击。如果在价格上迁就对方，必须在其他方面获得补偿。

（4）召开小组会议，集思广益思考对策。

（5）在合同签订好以前，要求对方做出某种保证，以防反悔。

（6）使对方在合同上签署的人越多越好，这样，对方就难以改口。

第二节　还价策略

在商务谈判中，还价既是对对方的尊重，也是推进谈判的重要步骤。几乎所有的谈判高手对还价都持缜密的态度，事先都进行过多次的研究和讨论。

一、还价的含义

所谓还价，是指针对对方返回的交易条件所做出的表明己方交易条件的行为。通常卖方在做出第一次报价后，经过买方进行价格评论，买方向卖方做出报价的回应价格。买方根据卖方对价格和交易条件的解释做出还价。如果说，卖方的报价是价格谈判中讨价还价范围的一个边界的话，那么，买方的还价将规定与其对立的另一个边界。于是，双方就在这两条边界所规定的界限内，展开激烈的讨价还价。

二、还价策略

还价策略的运用，包括还价前的准备、还价方式、还价起点的确定等方面。

（一）还价前的准备

对方的报价连同主要的合同条款一旦向我方提出之后，我方应立即仔细过目，对其全部内容包括细节部分，都要了如指掌。这些实际上在报价阶段已经做到了，紧接着就从以下方面开展工作：

1. 弄清对方为何如此报价

弄清对方为何如此报价，即弄清对方的真正期望。在弄清对方期望这一问题上，要了解怎样才能使对方得到满足，以及如何在谋得我方利益的同时，不断给对方以满足；还要研究对方报价中哪些东西是必须得到的，而哪些是他希望得到

但不是非得到不可的；对方报价哪些是比较次要的，而这些又恰恰是诱使我方让步的筹码。这样知彼知己，才能在讨价还价中取得主动。为此，在这一阶段要做到以下几点：检查对方报价的全部内容，询问如此报价的原因和根据，以及在各项主要交易条件上有多大的灵活性；注意倾听对方的解释和答复，千万不要主观臆测对方的动机和意图，不要代别人讲话；记下对方的答复，但不要加以评论，避免过早、过深地陷入具体的某一个问题中去，其目的是把谈判的面铺得广一些。相反，当对方了解我方的意图时，应尽力使答复减少到最低限度，只告诉他们最基本的东西，掌握好哪些该说，哪些不该说。好的讨价还价者不会把手中的所有东西全部推开，不会完整、透彻地把他们需要什么以及为什么需要这些东西都讲出来。有经验的讨价还价者只有在十分必要时才会把自己的想法一点一滴地透露出来。

2. 判断谈判形势

判断谈判形势，是为了对讨价还价的实力进行分析。这时首先需要弄清双方的真正分歧，估计什么是对方的谈判重点，此时要区别以下几点：哪些是对方可以接受的，哪些是不能接受的；哪些是对方急于要讨论的；在价格和其他主要条件上对方讨价还价的实力；可能成交的范围。假如双方分歧很大，我方可以拒绝对方的报价，如果决定继续下去，就要准备进入下一回合的谈判。

3. 准备下一回合的谈判

如果准备进入下一回合的谈判，就要进行如下选择：由我方重新报价（口头或者书面均可）；建议对方撤回原价，重新考虑一个比较实际的报价；改变交易形式，比如对售价不进行变动，但对其他一些交易条件如数量、品质、交货时间、支付方式等进行一些改变。改变交易形式的目的是使之更适合成交的要求。接下来应采取下列具体做法来保证我方在还价过程中总的设想和意图得到贯彻：首先，列出两张表。一张包含我方原则上不能做出让步的问题和交易条件，可写成合同条款的形式。另一张则包含我方可以考虑让步或给予优惠的那些具体项目，最好附上数字，表明让步幅度和范围。例如，我方可把对某商品的递价从25元作为起始的价格，由此逐渐往上，30元、35元、40元、45元直到50元，并把50元定为让步上限，这就形成了一个阶梯式的让步数量范围。其次，列一张问题表，以便会谈中掌握提问的顺序，什么时候该谈什么问题，有时是有一定规律的。例如，在进口谈判中，我方往往在其他各项主要合同条款已逐项地同对方拟定之后，最后才抛出价格条款，向对方还价。

（二）还价方式

还价的方式，从性质上分为两类：一类是按比价还价；另一类是按分析的成本价还价。两种还价方式的选取决定于手中掌握的比价材料的多少，如果比价材料丰富且准确，选"按比价还价"，对买方来讲简便，对卖方来讲容易接受，反之，则用"按分析的成本价还价"。如果比价材料准确，但不优惠，而卖方坚持比价，买方从总的价格水平出发，视卖方具体情况而定。有的卖方总价格条件很优惠，态度坚定，买方则应实事求是，谨慎抛出资料。有的卖方以认真的假象、虚假的条件说服买方同意他的价格。例如，"我雇人装卸货，需要人工费"，这属事实；但人工的报酬实际是多少，可能会出现假条件，以掩盖利润。如果买方明确提出给卖方利润，请卖方公开人工费数目及利润数额，卖方若为了掩盖不合理之处，常常拒绝公开，对此，买方也只能"有选择地使用比价材料"。从总体上看，双方在利益的交锋中得到了"平衡"，只是在做法上，应避免"公开的欺骗"之嫌。卖方要注意运用"存在的事实"的成本、费用的技巧。相应的是买方要运用注重"比价真实感"，"贬低"卖方商品价值的策略。

无论是按比价还价，还是按分析的成本价还价，其具体做法均有整体还价、分组还价和逐项还价三种方法，根据谈判双方的情况具体选择。

第一，整体还价，砍下一截。这是按交易标的总价格"还个价"。假如酒店2亿元报价，经过一番或几番价格评论，买方提出1.6亿元还价，这是整体还价。

第二，分组还价，或降或升。在商务谈判中，根据价格计算的便利，或依据物品的使用性，进行分组还价。如上例中的酒店，可以分为客房、餐厅、中央空调等若干部分，按照每一部分还价，这就是分组还价。站在买方的角度，就是想使价格再下降若干；从卖方角度考虑，就是要再增加若干成价格。

第三，逐项还价，有降有升。比如对餐厅转让价的评价，按桌、椅、灶具、厨具等分别还价，这就是逐项还价。其意义与分组还价相同。

还价的方式应该灵活掌握，根据交易物的具体特征确定还价方式，切不可生搬硬套。商务谈判的实践表明，究竟是整体还价在先，还是分组或者逐项还价在先，这并不存在硬性的规定，可以灵活选择。如果仅研究还价的核心部分即价格

的话，那么还价的理论依据是成本。但是在商务谈判实践中，并不排除人们的偏好也会对还价起到一定的影响，这一点，想一想文物拍卖的情景就会明白的。

（三）还价起点的确定

当买方选定了还价的性质和方式后，最关键的问题就是确定还价起点，即以什么条件作为第一个还价。这一锤子敲得好，对双方将起决定性影响。若能敲出双方讨价还价的热情，说明成交有望。若能使卖方跟着买方的还价走，将对买方成交价的高低有决定性影响。倘若敲不好，会使卖方感到没有诚意。那么，怎么确定还价起点呢？

从原则上讲有两条：第一，还价起点要低。力求使自己的还价给对方造成压力，影响或改变对方的判断。第二，接近目标。还价起点要低，但又不能太低，还价起点的高度必须接近对方的目标，使对方有接受的可能性，能够保持价格磋商过程得以正常进行。

从量上来讲，谈判起点的确定要参照三个因素：报价中的含"水"量、与自己目标价格的差距和准备还价的次数。

首先，谈判中的一方在对方的讨价过程中，必须对其报价进行改善，但改善的程度是各不相同的。因此，谈判者修改原报价或重新报价后，价格中所含"水分"的多少是确定还价起点高低的第一项因素。对于所含"水分"较少的报价，还价起点也应较高，这样可使双方均感到对方的合作诚意；对于报价做很少改善就停步不前，并千方百计地要求对方马上还价，故而报价中所含"水分"仍然较高的报价，还价起点就应较低，以便使自己的还价与成交价格的差距同对方价格中所含的"水分"相对应，确保己方在后续的讨价还价中不吃亏。

其次，对方报价与己方的价格目标的差距是确定还价起点的第二项因素。目标价格是己方根据自身利益需要、他人利益需要和各种客观因素制定的，并力图通过讨价还价达到的成交价格。因此，当对方提出报价后，己方应将该报价与自己的目标价格相比较，根据差距确定自己的还价。对方报价距离自己的目标价格越远，其还价起点就应越低；反之，对方报价距离自己的目标价格越接近，其还价起点就应越高。但还价起点必定要低于己方准备成交的价格，以便在后续的讨价还价中留有余地。

最后，己方准备还价的次数是确定还价起点的第三项因素。在每次还价的幅度大致确定的情况下，当己方准备还价的次数较多时，还价的起点就要较低；当己方准备还价的次数较少时，还价的起点就应较高。

三、还价技巧

（一）抛砖引玉

"抛砖引玉"是一个成语，意思是以粗浅的说法引出深奥的道理，即抛出自己的见解，从而引发深刻精到的高明之见。将它运用到谈判的谋略思想中，则是采用巧妙的方法，诱使对方说明或暴露自己的真实意图。具体而言，就是一方主动地摊出各种问题，但不提解决的办法，让谈判对手主动去解决。这种谋略一方面可达到尊重对手的目的，使对手感觉到自己是谈判的主角和中心；另一方面，自己又可以摸到对方的底细，从而争取到谈判的主动权。

抛砖引玉的谈判技巧在美国著名作家马克·吐温买书的小故事里有所体现，我们也可以得到启发。

案例 7-4

一天，作家马克·吐温到街上散步，他走进一家书店，发现书架上摆着他本人的著作。他拿起这本待售的书，向正在营业的店员询问书价，幽默的作家便与店员开了一个玩笑，马克·吐温说："鉴于我出版了这本书，我理应得到50%的折扣权利。"店员听他说得有理，便同意了。马克·吐温又说："同时，我又是这本书的作者，我应当得到优惠50%的折扣。"店员只得点头屈从。马克·吐温继续说："还有，我作为这家书店店主的私人朋友，我相信你一定会同意给我惯常享有的25%的折扣。"店员无可奈何地同意了。"那好吧。"马克·吐温一本正经地说："根据这些优惠折扣，应付金额是多少？"店员拿起了笔，很快算了起来，算罢，他结结巴巴地说："我大概算了算，先生，我们除了应当给您这本书之外，还欠您折合定价的37.5%的金额。"

资料来源：https://nuoha.com/book/chapter/190217/12.html。

在这则谈判案例中，我们不难看出，马克·吐温在和店员开玩笑的时候，他所采用的是以一种"启发式"的、抛砖引玉的技巧在进行谈判。启发式多指己方就谈判事项提出问题，以虚心请教的态度，以相互磋商的口吻，诱使对方说出自己的意见。在运用启发式的谈判谋略时，谈判者应该认识到，"启发式"的关键在于"启"，而重点在于"发"。因为，"启"是"发"的方法和动因，而"发"是"启"的目的和归宿。如果只是"启"而不"发"，则谈判就失去了意义；反之，如果"启"之不当，则"发"非所"启"，反为人所用，同样达不到自己的目的。所以，在谈判中一定要注意"启"的策略，善于抓住对手的心理状态，对症下药。"启"既包含了自己的潜在意图，又诱使对方不能不"发"。

（二）出其不意

在谈判中，使对方惊奇乃是保持压力、进行讨价还价的较好方法。在短时间里它有一定的震慑力量，甚至会使对方措手不及。运用这一策略可包括以下几个方面：

（1）令人惊奇的问题，如新的要求、出乎对方意料的诘问、提出我方所掌握的机密、揭露对方的底细等。

（2）令人惊奇的时间，如截止日期、会谈速度的突然改变，惊人的耐心表现等。

（3）令人惊奇的行动，如退出商谈、拖延的战术、感情上的爆发、坚决的反击。

（4）令人惊奇的人物，谈判人员的更换，更高权威者的出现，技术专家、顾问、律师的到场等。

运用出其不意技巧是在对方无准备的情况下，打乱其计划或部署，或者是利用对方意想不到的事物，向对方反击，以使局势朝着对我方有利的趋势发展。最常使用、收效较好的出其不意方式，就是掌握令对方惊奇的事情、信息、资料，在必要时向对方摊牌，迫使对方在事实面前做出让步、承诺和保证。因此，谈判人员掌握、运用这一策略是比较重要的。

美国谈判专家齐默尔曼在《怎样与日本人谈生意》一书中，介绍了他在与日本人谈判时，运用这一策略取得的意想不到的结果。日本人在谈判中的准备工作之充分是首屈一指的，参加谈判的每一个人都是某一方面的专家，他们善于提出各种细节问题，要求对方予以答复。而要使他们满意，非得把总部的各种高级专家都请来不可，但要这样做十分困难。因此，对付日本谈判人员的最好办法，就是让他们认为，你也准备得十分充分，但不是像日本人那样不厌其烦地提出各种细节问题，而是出其不意，让他们大吃一惊。这样，就打乱了他们的阵脚，使他们忙于研究对策，处理意外问题。例如，齐默尔曼先生常常在下一轮会谈中能清楚地讲出上一轮会谈某一个人提出的某一具体问题，当时是怎样研究的。他甚至能够讲出很久以前会谈的具体细节，这对对方的震惊不亚于提出一个爆炸性的问题。日本人怎么也搞不懂他怎么会有这么好的记忆力，随心所欲地说出他所需要的各种情况。这样，他就轻而易举地扭转了谈判中的被动局面，掌握了谈判的主动权。

但是，运用出其不意策略技巧也要慎重，要充分估计到它可能产生的各种后果。因为运用这一策略既能够使对方措手不及，弄不好也能制造出不信任或恐惧的气氛。它很可能会阻塞双方意见的交流，使双方产生更多的隔阂，甚至使对方感觉丢面子，陷入尴尬的境地。

（三）假出价

假出价是一种不道德的购买技巧。买方利用出高价的手段消除了同行的竞争，取得购买的权利。可是，一旦卖方要卖给他时，他便开始削价了。讨价还价此时才正式开始。

案例 7-5

某华侨想卖掉自己老家的四间房子，买主纷纷前往求购。一位买主静静地观察着：大家报价大约 10000 元，最高的报价 14000 元，这位买主便出价 16000 元，使那位华侨辞掉了其他人。但是，当华侨真正要办理转让手续时，买主突然说：房子墙皮脱落，需要维修，而且对面有厕所，应当把这些不利条件的折价扣除掉。因为华侨早回绝了其他欲购买的人，又急于出国，便不得不以低价把房子卖给了这位买主。

资料来源：https: www.doc88.com/p-6863246218100.html?r=1。

这位买主使用的是"假出价"技巧，以退为进，先挤走其他竞争者，再以附加条件要挟对方，达到目的。这种技巧和抬价技巧可说是大同小异，唯一的差异是：假出价的目的在于消除竞价，排除其他对手，使自己成为卖主的唯一交易对

象。它的功效是使一切都出乎卖主的意料，并且使卖主在货物脱手以后还会以一声解脱似的叹息表示感谢，他的东西终于能以这么好的价钱卖出去了。

如何防备对方使诈呢？我们必须首先认识到有的人是故意假出价。以下的方法可以帮助你有效地阻止对方使诈：

（1）要求对方预付大笔定金，使他不敢轻易反悔。

（2）你自己先提出截止日期，逾期不候。

（3）查查买方过去的诉讼记录，假如他曾与这类的诉讼牵涉，你就要提高警觉了。

（4）对于条件过于优厚的交易，要保持怀疑的态度。

（5）在交易正式完成之前，不要丢掉其他买主的名字和地址。

（6）只要办得到，另请第三者在写就的合同上签名作证。

（四）蚕食技巧

蚕食技巧，又称得寸进尺。"蚕食"是中国古代政治谋略术语，意思是像蚕食桑叶一样，步步为营，得寸进尺。谈判中的"蚕食"是一种渐进的策略技巧。尼尔伦伯格在《谈判的艺术》中是这样界定"蚕食"的："意欲取其尺利，则每次谋其毫厘，一口一口，最后全部到手。"前匈牙利共产党总书记拉科西·马加什把它形象地比喻为"切意大利香肠"。他解释说："你想得到一根意大利香肠，而你的对手把它抓得正牢，这时你一定不要去抢夺。你先恳求他给你薄薄的一片，对此香肠的主人不会介意，至少不会十分认真地计较。第二天，你再请求他给你薄薄的一片，第三天还是如此做。这样，日复一日，一片接着一片，整根香肠就会归你所有。"

所以，谈判中的"蚕食"技巧，西方人也叫"意大利香肠"。

案例 7-6

有位精明的顾客去店里买录像机时，将这一策略运用得淋漓尽致。他对售货员说："我信赖你的诚实，我认为我了解你，你出的数字我决不还价。"（先以道德的压力使对方公平出价。）"等一等，如果我还要买这台带遥控的索尼录像机，会不会在总价上打点折扣？"（以一揽子交易压价。）"还有一件事我要给你提一下，我希望我付给你的价格是公平的——一次双方都获益的交易。如果是

这样的话，三个月后，我的办公室也要买这么一套，现在就可以定了。"（以远利压价。）

资料来源：https://wenku.baidu.com/view/5b1263e7326c1eb91a37f111f18583d048640f57.html。

就这样，这位顾客每次赶在对方报价之前提出新的条件，不动声色地使售货员一再压价，最终得到了非常划算的价格。这给我们以下启发：在讨论还价时，让对方逐步让价的理由是非常宽泛的。

国外谈判专家的实验证实，这是一个十分有效的谈判战术。实验的内容是：要求家庭主妇支持安全驾驶委员会发起的一项运动。先要求家庭主妇在请求以立法鼓励安全驾驶的请愿书上签字，结果绝大部分家庭主妇都签了字。然后实验者又要求这些家庭主妇在她们的院子里竖立一块牌子，上面写着谨慎驾驶的字样。有55%的主妇同意这样的要求。而没有被要求在请愿书上签字的主妇，只有17%的人同意竖了牌子。可见，一点一点地要求容易实现，积少成多，可以达到同样的目的。

但这种战术的运用也具有一定的冒险性，如果一方压得太凶，或要求越来越高的方式不得当，反而会激怒对方，使其固守原价，甚至加价，以进行报复，从而使谈判陷入进退维谷的僵局。因此，只能在具备一定条件的情况下，才能采用这一策略。这些条件是：出价较低的一方，有较为明显的议价倾向；经过科学估算，确信对方出价的"水分"较大；弄清一些不需要的服务费用是否包括在价格之中；熟悉市场行情，一般在对方产品市场疲软的情况下，回旋余地较大。

（五）以退为进

以退为进技巧从表面上看，谈判的一方是退让或妥协，或委曲求全，但实际上退却是为以后更好地进攻，或实现更大的目标。在谈判中运用这一策略较多的形式是，谈判一方故意向对方提出两种不同的条件，然后迫使对方接受条件中的一个。例如，对方购买你的产品，这时你可以提出："我方出售产品享受优惠价的条件是，批量购买在2000件以上，或者是预付货款40%，货款分两次付清。"这样，对方享受优惠价就要在两个条件中选择其一。多数人的做法是，先向对方提出温和的要求，然后再提出强硬的要求。在一般情况下，对方要在两者之间选择其一，自然你的温和要求对方就很容易接受了。以退为进技巧如果运用得当，

效果十分理想。

案例 7-7

　　曾有一家大公司要在某地建立一分支机构，找到当地某一电力公司要求以低价优惠供应电力，但对方态度很坚决，自恃是当地唯一一家电力公司，态度很强硬，谈判陷入了僵局。这家大公司的主谈私下了解到了电力公司对这次谈判非常重视，一旦双方签订了合同，便会使这家电力公司经济效益起死回生，逃脱破产的厄运，这说明这次谈判的成败，对他们来说关系重大。这家大公司主谈便充分利用了这一信息，在谈判桌上也表现出决不让步的姿态，言称："既然贵方无意与我方达成一致，我看这次谈判是没有多大希望了。与其花那么多钱，倒不如自己建个电厂划得来。过后，我会把这个想法报告给董事会的。"说完，便离席不谈了。电力公司谈判人员叫苦不迭，立刻改变了态度，主动表示愿意给予最优惠价格。至此，双方达成了协议。在这场谈判中，起初主动权掌握在电力公司一方。但这家大公司主谈抓住了对方急于谈成的心理，要了一个花招，声称自己建电厂，也就是要退出谈判，给电力公司施加压力。因为若失去给这家公司供电的机会，不仅仅是损失一大笔钱的问题，而且可能这家电力公司面临着破产的威胁，所以，电力公司急忙改变态度，表示愿意以最优惠价格供电，从而使主动权掌握在大公司一方。这样大公司通过谈判技巧的运用，取得了成功。

　　资料来源：https://wenku.baidu.com/view/9e875d4a091c59eef8c75fbfc77da26925c59685.html。

　　运用以退为进技巧要认真考虑后果，这里的退往往是指提出方的另一条件，但如果不认真考虑退一步的后果，万一退步的后果对你十分不利，即使能够挽回，也得不偿失。同时，还要考虑退一步时对方的反应是什么，如果你没有把握弄清对方的反应是什么，也不要轻易使用这一方法。

第三节　拒绝的技巧

谈判中不仅充满了让步，同时也充满了拒绝。因为，谈判中总有我们不能做出的一步。如果说，没有让步就没有谈判的话，那么，没有拒绝不仅没有了让步，同时也就没有了谈判。

一、确定谈判中应拒绝的问题

在议价谈判前，谈判人员要事先对己方应该拒绝的问题认真分析、研究，进行充分的准备，预测在谈判中可能出现的问题，并确定哪些情况下是己方要拒绝的。一般在谈判过程中出现下列情况时己方应该拒绝：对方提出的要求违反相关法律、法规；对方提出的要求违反交易惯例；对方提出的要求超出了己方可达成的交易空间；建立在对方判断失误基础上所提出的问题；对方提供的资料与实物不符；对方在商品价格与质量上弄虚作假；对方谈判的目的不是为了达成协议，而是为刺探我方情报；对方进行虚假谈判，实际上是把我方作为对他目前真正谈判对手施加压力的筹码。

同时，在拒绝对方的时候，一定要真诚地处理，应以尊重和理解的心情表达出来。同样的一个"不"字，以不同的口吻会说出不一样的效果。"不"，可以说是一切词汇中最具魅力的一个词，它意味着自我、独立、尊严，是拒绝的最高境界。"不"，同样可以说是谈判桌上最具弹性的一个词，不能多用，也不能不用，它可能给你的谈判带来希望，也可能带来灾难。关键在于谈判者如何巧妙把握说"不"的问题和时机。

案例 7-8

敢于说"不"——议价的艺术

在比利时的一家画廊里，一位美国画商正和一位印度人在讨价还价。在这位印度人所出售的几十幅作品中，他的每幅售价都在 10~100 美元，而唯独美

国画商看中的三幅画他要价每幅 250 美元。

　　谈判在进行之时，美国画商对印度人的这种做法十分不满，他认为是在敲他的竹杠。所以，在谈判中，美国画商颇多微词，双方迟迟无法成交。突然，印度人做出一个惊人之举，他怒气冲冲地把其中最好的一幅画点火烧了。美国人眼睁睁地看着自己喜爱的画付之一炬，非常惋惜。然而他却不为所动地问印度人余下的两幅画最低价格是多少，印度人仍然坚持 250 美元，美国人还是不愿买下。这时，印度人发疯似地誓言宁可烧掉亦不愿卖了，并点火烧了第二幅画。酷爱收藏名人字画的美国画商此时再也沉不住气了，他开始低声下气地乞求印度人不要再烧最后一幅画，他愿意用 500 美元的高价买下它。

资料来源：https://wenku.baidu.com/view/04294e4dfe4733687e21aa3c.html。

　　在谈判的过程中，你将会收到各种各样的建议、报价、反报价以及其他许许多多的提案。其中，有些可能是你同意的，有些则须进一步讨论，而有些则要求你不得不说"不"！这个"不"字，只要你说得恰到好处，是完全可能对你的谈判战略有利的。例如，在谈判过程中小声说出的许多个"不"字，会使对方习惯了这样的回答。这时候，一旦你对他的某个建议说了一个"同意"时，这个回答对他的影响可能就非常大了。因为也许他已私下认定你是个很难对付的家伙，这一声恰到好处的"同意"，将可能使你获得意想不到的让步。换句话说，最后终于听到了你说"同意"所给他造成心理上的愉悦，会使他接受一些难以接受的条件。

　　当然，为了使否定的回答不至于带有威胁性，不妨尽量用肯定的语气讲出来。因为，说"不"这个意思，毕竟还有许多别的方式，最高明的就是把你这个"不"说成"是"，例如"是呀，但是……"或者"如果……这当然是可以的了"，再或者"我非常赞成你的观点，但是……"等。

二、拒绝的方式

　　谈判中的拒绝，说是"技巧"也好，"艺术"也好，是指拒绝对方时，不能板起脸来，态度生硬地回绝对方；相反，要选择恰当的语言、恰当的方式、恰当的时机，而且要留有余地。这就需要把拒绝作为一种手段、一种学问来探究。下面介绍几种商务谈判中常见的拒绝方式。

（一）借口法

现代企业不是孤立的，它们的生存与外界有千丝万缕的联系。在谈判中也好，在企业的日常运转中也好，有时会碰到一些无法满足的要求。面对对方或者来头很大，或者过去曾经有恩于你，或者是你非常要好的朋友、来往密切的亲戚，如果你简单地拒绝，那么很可能你的企业会遭到报复性打击，或者背上忘恩负义的恶名。对付这类对象，最好的办法是用借口法来拒绝他们。

案例 7-9

上海某合资针织企业的产品销路非常好。有人拿了某领导的批条来找销售经理，要以低于批发的价格购买一大批。销售经理看日近中午，灵机一动，先把来人让进饭厅，招待吃饭，并对来人说："你要的东西数量大，批价低，已经超出我的权限。不过你放心，这件事我马上全力去办。你先吃饭。"饭后，他又对持条人说："你的条子，要我们总经理批。可总经理刚到北京开会去了。你是否先回去，过两天再打电话来问问。"这家伙碰了个软钉子，发不出火，只好快快而返。过了两天，此人打电话去问。销售经理告诉说，他向总经理汇报过了。总经理答复：这种大事要开董事会研究。他安慰持条人说他会尽力向董事会争取的，要持条人过两个星期再打电话问情况。持条人一听这么麻烦，心里早就凉了半截。他明白要董事会里那些外国人点头同意是不可能的事，所以再也不打电话问结果了。

资料来源：https://wenku.baidu.com/view/cf396892a200a6c30c22590102020740belecdb1.html。

销售经理巧妙地把对方的注意力从自己身上转移到总经理身上，再转移到外国董事身上，叫他有气也无处发。

（二）问题法

所谓问题法，就是面对对方的过分要求，提出一连串的问题。这一连串的问题足以使对方明白你不是一个可以任人欺骗的笨蛋。无论对方回答或不回答这一连串的问题，也不论对方承认或不承认，都已经使他明白他提的要求太过分了。

案例 7-10

在一次中国关于某种农业加工机械的贸易谈判中，中方主谈面对日本代表高得出奇的报价，巧妙地采用了问题法来加以拒绝。中方主谈一共提出了四个问题：①不知贵国生产此类产品的公司一共有几家？②不知贵公司的产品价格高于贵国某某牌的依据是什么？③不知世界上生产此类产品的公司一共有几家？④不知贵公司的产品价格高于某某牌（世界名牌）的依据又是什么？这些问题使日方代表非常吃惊。他们不便回答也无法回答。他们明白自己报的价格高得过分了，于是，设法自找台阶，把价格大幅度地降了下来。

资料来源：https://wenku.baidu.com/view/cf396892a200a6c30c22590102020740belecdbl.html。

所以运用问题法来对付上述这种只顾自己利益、不顾对方死活而提出过分要求的谈判对手，确实是一副灵丹妙药。

（三）补偿法

所谓补偿法，顾名思义是在拒绝对方的同时，给予某种补偿。这种补偿往往不是"现货"，即不是可以兑现的金钱、货物、某种利益等，相反，可能是某种未来情况下的允诺，或者提供某种信息（不必是经过核实的、绝对可靠的信息）、某种服务（如产品的售后服务出现损坏或者事故的保险条款等）。这样，如果再加上一番并非己所不为而乃不能为的苦衷，就能在拒绝了一个朋友的同时，继续保持你和他的友谊。

案例 7-11

有一个时期，市场上钢材特别紧张。有个专门经营成批钢材的公司生意非常兴隆。一天，公司经理的好朋友来找他，说急需一吨钢材，而且希望价格特别优惠，要求比市场上的批发价还低10%。公司经理因为过去的亲密友谊，实在无法毫不留情地加以拒绝，所以就巧妙地用补偿法来对付这位朋友。他对朋友说，本公司经营钢材是以千吨为单位的，无法拆开一吨来给他。不过，总不能让老朋友白跑一趟。所以他提议这位朋友去找一个专门经营小额钢材的公司。这家小公司和他们有业务往来。他可以给这家小公司打招呼，以最优惠的价格（毫无疑问，这一"最优惠"的含义是模糊语言。因为再优惠，也不会比市场批发价低10%）卖给他一吨。这位朋友虽然遭到了拒绝，但因为得到了"补偿"，所以拿着他写的条子，高高兴兴地去找那家小公司，最后以批发价买了一吨钢材。

资料来源：https://wenku.baidu.com/view/269707c7b72acfc789eb172ded630b1c58ee9b49.html。

（四）条件法

赤裸裸地拒绝对方必然会恶化双方的关系。不妨在拒绝对方前，先要求对方满足你的条件：如对方能满足，则你也可以满足对方的要求；如对方不能满足，那你也无法满足对方的要求。这就是条件拒绝法。

这种条件拒绝法也常常被外国银行的信贷人员用来拒绝向不合格的发放对象发放贷款。这是一种留有余地的拒绝。银行方面的人绝不能说要求借贷的人"信誉不可靠"或"无还款能力"等。那样既不符合银行的职业道德，也意味着断了自己的财路，因为说不定银行方面看走了眼，这些人将来飞黄腾达了呢？所以，银行方面的人总是使用条件法来拒绝不合格的发放对象。拒绝了对方，又让别人不朝你发火，这就是条件法的威力所在。

三、应对拒绝的技巧

作为一名谈判高手，就是能得心应手地处理谈判对方的拒绝的专家。我们通常面对拒绝时可以采用的应对技巧有以下几种：

（1）直接法。将计就计地利用拒绝，例如对于"没有预算，买不起"的拒绝，可用"所以才要您买这个商品，以增加贵公司的销售额"的方法，若加上其他公司的成功例子更有效。

（2）逆转法。仔细听对方说明，然后逆转地说："虽说如此，但是却有很多的利用之处哦！"仔细考虑其反对的真意，将反对当作质疑，认真应答。

（3）区别法。对客户的拒绝，仔细作以说明，令其接受。例如，对于"因为价格相同"，可说："我们会尽力做售后服务，请放心。"举出其他同行公司所没有的优点，使其接受。

（4）迂回法。暂时不管其拒绝，而讨论别的话题，以此对应其拒绝的方法。

抱着热情与自信的态度，要有丰富的商品知识，并对商品及自己有自信。

（5）追问法。对客户的反对，反问"何故呢?""为什么?"以客户叙说的理由为中心说服之，只是不可以变成逼问的语调。平时要多考虑对应话术，对每个反对理由做充分准备，别仅限于当时的回答。

本章小结

价格磋商阶段是谈判的关键阶段，是谈判双方展示谋略和运用谈判技巧的最佳阶段。讨价还价的过程，就是在特定的商务谈判系统中谈判主体之间分配物质利益与需要的过程，价格谈判中双方的实力、谈判者的态度和行为、准备工作以及所运用的策略技巧对讨价还价的成败至关重要。

第八章

商务谈判的结束

本章目标

◆ 了解和掌握商务谈判结束的判定标准

◆ 领会有效结束谈判的策略

◆ 掌握判断商务谈判结束的方式

◆ 理解结束谈判的技术准备和谈判后管理等

商务谈判的结束是商务谈判中的重要内容，但同时也是谈判者最容易忽视又最容易出问题的阶段。

第一节　商务谈判结束的方式

一、商务谈判结束的判定标准

商务谈判何时结束？是否已经到了签订协议的时机？这是商务谈判结束阶段极为重要的问题。作为一名谈判者，必须准确地判定谈判结束的时机才能运用好结束阶段的策略。一般而言，商务谈判结束可以从以下三个方面判定：

（一）从谈判涉及的交易条件来判定

这个方法主要是从谈判所涉及的交易条件的解决状况来分析判定整个谈判是

否进入终结。谈判的中心任务是交易条件的洽谈，在磋商阶段双方进行多轮的谈判，临近结束阶段要考察交易条件经过多轮谈判之后是否达到以下三条标准，如果已经达到，那么就可判定谈判结束。

1. 分析交易条件中尚存在的分歧

首先，从数量上看，如果双方已达成一致的交易条件占绝大多数，所剩的分歧数量仅占极小部分，就可以判定谈判已进入结束阶段。量变会导致质变，当达成共识的问题数量已经大大超过分歧数量时，谈判性质已经从磋商阶段转变为结束阶段，或者说成交阶段。其次，从质量上看，如果交易条件中最关键、最重要的问题都已经达成一致，仅剩余一些非实质性的无关大局的分歧点，就可以判定谈判已进入结束阶段。谈判中关键性问题常常会起决定性作用，也常常需要耗费大量的时间和精力。谈判是否即将成功，主要看关键问题是否达成共识。如果仅仅在一些次要问题上形成共识，而关键性问题还存在很大差距，是不能判定进入终结阶段的。

2. 考察对方交易条件是否符合己方最低交易条件

如果对方认同的交易条件已经符合己方最低交易条件，谈判自然进入终结阶段。因为双方已经出现在最低限度达成交易的可能性，只有紧紧抓住这个时机，然后继续努力维护并加以改善这种状态，才能实现谈判的成功。当然己方还想争取到更好一些的交易条件，但是己方已经看到可以接受的成果，这无疑是值得珍惜的宝贵成果，是不能轻易放弃的。如果能争取到更优惠的条件当然更好，但是考虑到各方面因素，此时不可强求最佳成果而重新形成双方对立的局面，使有利的时机丢掉。因此，当谈判交易条件符合己方最低交易条件时，就意味着终结阶段的开始。

3. 考察双方在交易条件上的一致性

谈判双方在交易条件上全部或基本达成一致，而且就个别问题如何做技术处理也达成共识，可以判定终结的到来。首先，双方在交易条件上达成一致，不仅指价格，而且包括对其他相关的问题所持的观点、态度、做法、原则都有了共识。其次，个别问题的技术处理也应使双方认可。因为个别问题的技术处理如果不恰当、不严密、有缺陷、有分歧，就会使谈判者在协议达成后提出异议，使谈判重燃战火，甚至使达成的协议被推翻，使前面的劳动成果付之东流。因此，在交易条件基本达成一致的基础上，个别问题的技术处理也达成一致意见，才能判定终结的到来。

(二) 从谈判时间来判定

谈判过程必须在一定时间内终结，当谈判时间即将结束，自然就进入终结阶段。受时间的影响，谈判者调整各自的战术方针，抓紧最后的时间做出有效的成果。时间判定有以下三种标准：

1. 双方约定的谈判时间

在谈判之初，双方一起确定整个谈判所需要的时间，谈判进程完全按约定的时间安排，当谈判已接近规定的时间时，自然进入谈判终结阶段。双方约定多长时间要看谈判规模大小、谈判内容多少、谈判所处的环境形势以及双方政治、经济、市场的需要和本企业利益。如果双方实力不是差距很大，有较好的合作意愿，紧密配合，利益差异不是很悬殊，就容易在约定时间内达成协议，否则就比较困难。按约定时间终结谈判对双方都有时间的紧迫感，促使双方提高工作效率，避免长时间地纠缠一些问题而争辩不休。如果在约定时间内不能达成协议，一般也应该遵守约定的时间将谈判告一段落，或者另约时间继续谈判，或者宣布谈判破裂，双方再重新寻找新的合作伙伴。

2. 单方限定的谈判时间

由谈判一方限定谈判时间，随着时间的终结，谈判随之终结。在谈判中占有优势的一方，或是出于对己方利益的考虑需要在一定时间内结束谈判，或是还有其他可选择的合作者，因此请求或通告对方在己方希望的时限内终结谈判。单方限定谈判时间无疑是对被限定方施加某种压力，被限定方可以随从，也可以不随从，关键要看交易条件是否符合己方谈判目标，如果认为条件合适，又不希望失去这次交易机会，可以随从，但要防止对方以时间限定向己方提出不合理要求。另外，也可利用对手对时间限定的重视性，向对方争取更优惠的条件，以对方优惠条件来换取己方在时间限定上的配合。如果以限定谈判时间为手段向对方施加不合理要求，会引起对方的抵触情绪，破坏平等合作的谈判气氛，从而造成谈判破裂。

3. 形势突变的谈判时间

本来双方已经约定好谈判时间，但是在谈判进行过程中形势发生突然变化，

如市场行情突变、外汇行情大起或大落、公司内部发生重大事件等，谈判者突然改变原有计划，比如要求提前终结谈判。这是由于谈判的外部环境在不断发展变化，谈判进程不可能不受这些变化的影响。

（三）从谈判策略来判定

谈判过程中有多种多样的策略，如果谈判策略实施后决定谈判必然进入终结，这种策略就叫终结策略。终结策略对谈判终结有特殊的导向作用和影响力，它表现出一种最终的冲击力量，具有终结的信号作用。常见的终结策略有以下几种：

1. 最后立场策略

谈判者经过多次磋商之后仍无结果，一方阐明己方最后的立场，讲清只能让步到某种条件，如果对方不接受，谈判即宣布破裂；如果对方接受该条件，那么谈判成交。这种最后立场策略可以作为谈判终结的判定。一方阐明自己最后立场，成败在此一举，如果对方不想使谈判破裂，只能让步接受该条件。如果双方并没有经过充分的磋商，还不具备进入终结阶段的条件，一方提出最后立场就含有恫吓的意味，让对方俯首听从，这样并不能达到预期目标，反而过早地暴露己方最低限度条件，使己方陷入被动局面，这是不可取的。

2. 折衷进退策略

折衷进退策略是指将双方条件差距之和取中间条件作为双方共同前进或妥协的策略。例如，谈判双方经过多次磋商互有让步，但还存在残余问题，而谈判时间已消耗很多，为了尽快达成一致实现合作，一方提出一个比较简单易行的方案，即双方都以同样的幅度妥协退让，如果对方接受此建议，即可判定谈判终结。折衷进退策略虽然不够科学，但是在双方很难说服对方，各自坚持己方条件的情况下，也是寻求尽快解决分歧的一种方法。其目的就是化解双方矛盾差距，比较公平地让双方分别承担相同的义务，避免在残余问题上过多地耗费时间和精力。

3. 总体条件交换策略

双方谈判临近预定谈判结束时间或阶段时，以各自的条件做整体一揽子的进退交换以求达成协议。双方谈判内容涉及许多项目，在每一个分项目上已经进行了多次磋商和讨价还价。经过多个回合谈判后，双方可以将全部条件通盘考虑，做"一揽子"交易。例如，涉及多个内容的成套项目交易谈判、多种技术服务谈判、多种货物买卖谈判，可以统筹全局，总体一次性进行条件交换。这种策略从总体上展开一场全局性磋商，使谈判进入终结阶段。

二、商务谈判结束的方式

一般而言，商务谈判结束的方式有三种：成交、中止、破裂。

（一）成交

成交即谈判双方达成协议，交易得到实现。成交的前提是双方对交易条件经过多次磋商达成共识，对全部或绝大部分问题没有实质上的分歧。成交方式是双方签订具有高度约束力和可操作性的协议书，为双方的商务交易活动提供操作原则和方式。由于商务谈判内容、形式、地点的不同，因此成交的具体做法也是有区别的。

（二）中止

中止谈判是谈判双方因为某种原因未能达成全部或部分成交协议而由双方约定或单方要求暂时终结谈判的方式。如果是在整个谈判进入最后阶段，在解决最后分歧时发生中止，就是终局性中止，并且作为一种谈判结束的方式被采用。中止可分为有约期中止与无约期中止。

1. 有约期中止

有约期中止谈判是指双方在中止谈判时对恢复谈判的时间予以约定的中止方式。如果双方认为成交价格超过了原规定计划或让步幅度超过了预定的权限，或者尚需等上级部门的批准，使谈判难以达成协议，而双方均有成交的意愿和可能，于是经过协商，一致同意中止谈判。这种中止是一种积极姿态的中止，它的目的是促使双方创造条件最后达成协议。

2. 无约期中止

无约期中止谈判是指双方在中止谈判时对恢复谈判的时间无具体约定的中止方式。无约期中止的典型是冷冻政策。在谈判中，或者由于交易条件差距太大，或者由于特殊困难存在，而双方又有成交的需要而不愿使谈判破裂，双方于是采用冷冻政策暂时中止谈判。此外，如果双方对造成谈判中止的原因无法控制，也会采取无约期中止的做法。例如，涉及国家政策突然变化、经济形势发生重大变

化等超越谈判者意志之外的重大事件时，谈判双方难以约定具体的恢复谈判的时间，只能表述为："一旦形势许可""一旦政策允许"，然后择机恢复谈判。这种中止双方均出于无奈，对谈判最终达成协议造成一定的干扰和拖延，是被动式中止方式。

(三) 破裂

破裂是指双方经过最后的努力仍然不能达成共识和签订协议，交易不成，或友好而别，或愤然而去，从而结束谈判。谈判破裂的前提是双方经过多次努力之后，没有任何磋商的余地，至少在谈判范围内的交易已无任何希望，谈判再进行下去已无任何意义。谈判破裂依据双方的态度可分为友好破裂结束谈判和对立破裂结束谈判。

1. 友好破裂结束谈判

友好破裂结束谈判是指双方互相体谅对方面临的困难，讲明难以逾越的实际障碍而友好地结束谈判的做法。在友好破裂方式中，双方没有过分的敌意态度，只是各自坚持自己的交易条件和利益，在多次努力之后最终仍然达不成协议。双方态度始终是友好的，能充分理解对方的立场和原则，能理智地承认双方客观利益上的分歧，对谈判破裂抱着遗憾的态度。谈判破裂并没有使双方关系破裂，反而通过充分的了解和沟通，产生了进一步合作的愿望，为今后双方再度合作留下可能的机会。我们应该提倡这种友好的破裂方式。

2. 对立破裂结束谈判

对立破裂结束谈判是指双方或单方在对立的情绪中愤然结束未达成任何协议的谈判。造成对立破裂的原因有很多，如对对方的态度强烈不满，情绪激愤；在对待对方时不注意交易利益实质性内容，较多责怪对方的语言、态度和行为；一方以高压方式强迫对手接受己方条件，一旦对方拒绝，便不容商量断然破裂；双方条件差距很大，互相指责对方没有诚意，难以沟通和理解，造成破裂。不论何种原因，双方在对立情绪中造成谈判破裂毕竟不是好事，这种破裂不仅没有达成任何协议，而且使双方关系恶化，今后很难再次合作。所以，在破裂不可避免的情况下，首先要尽力使双方情绪冷静下来，不要使用过激的语言，尽量使双方能以友好态度结束谈判，至少不要使双方关系恶化；其次，要摆事实讲道理，不要攻击对方，要以理服人，以情感人，以礼待人，这样才能体现出谈判者良好的修养和风度。

第二节　有效结束谈判的策略

作为一名成功的谈判者，不仅要准确地判定谈判结束的时机和标准，更重要的是要掌握有效结束谈判的策略，这对一次商务谈判的成功与否有至关重要的影响。

一、商务谈判结果

商务谈判结果可以从两个方面看：一是双方是否达成交易；二是经过谈判双方关系发生何种变化。这两个方面是密切相关的，我们根据这两个方面的结果联系起来分析，可以得出以下六种谈判结果：

（一）达成交易并改善关系

这是最理想的一种结果。双方谈判目标顺利完成，并且实现交易，双方关系在原有基础上得到改善，促使今后进一步的合作，既实现了眼前利益，又为双方长远利益发展奠定了良好基础。要想实现这种结果，双方首先要抱着真诚合作的态度进行谈判，同时谈判中双方都能为对方着想并做出一定的让步。

（二）达成交易但关系没有变化

这也是不错的谈判结果。双方谈判结果是达成交易，但是双方关系并没有改善也没有恶化。因为双方力求此次交易能实现各自利益，并且没有刻意去追求建立长期合作关系，也没有太大的矛盾造成不良后果，双方平等相待，互有让步，实现交易成功。

（三）达成交易但关系恶化

虽然达成交易，但是双方付出了一定的代价，双方关系遭到一定的破坏或是产生阴影。这种结果从眼前利益来看是不错的，但是对今后长期合作是不利的，或者说是牺牲双方关系换取交易成果。这是一种短期行为，"一锤子买卖"，对双方长远发展没有好处，但为了眼前的切实利益而孤注一掷也可能出于无奈。

（四）没有成交但改善了关系

俗话说"买卖不成仁义在"。虽然谈判没有达成协议，但是双方的关系得到了极大的改善，为双方下次的成功合作奠定了良好的基础。

（五）没有成交关系也没有变化

这是一次毫无结果的谈判，双方既没有达成交易，也没有改善或恶化双方关系。这种近乎平淡无味的谈判没有取得任何成果，也没有造成任何不良后果。双方都彬彬有礼地坚持己方的交易条件，没有做出有效的让步，也没有激烈地相互攻击，在今后的合作中也有可能进一步发展双方关系。

（六）没有成交但关系恶化

这是最差的结果，谈判双方在对立的情绪中宣布谈判破裂。双方既没有达成交易，又使原有关系遭到破坏；既没有实现眼前的实际利益，又对长远合作关系造成不良的影响。这种结果是谈判者不愿意看到的，所以应该避免这种结果出现。当然在某种特殊环境中、特殊情况下，出于对己方利益的保护、对己方尊严的维护，坚持己方条件不退让，并且反击对方的高压政策和不合理要求，虽然使双方关系恶化，也是一种迫不得已的做法。

二、促进交易达成的条件

对于任何一名谈判者而言，都想让自己负责的谈判任务有一个圆满的结局，使协议得以顺利达成。那么，促进交易达成的条件有哪些？概括来讲，促进交易达成的条件主要有以下几个：

（一）让对方信任自己和自己所代表的公司

在商务谈判过程中，谈判双方对彼此的印象对谈判结果有很大的影响。作为一名出色的谈判者，要想尽办法让对方信任自己和自己所代表的公司。因为没有这种信任，不管你们公司的产品多么吸引人，也不管你的谈判口才有多好，也很难取得满意的谈判效果。所以说，企业的信誉、个人的信誉以及产品的声誉都要精益求精，可以说，它们是促成商务谈判成功结束的三个基础条件。

（二）让对方充分了解企业的产品及产品的价值

一名出色的谈判者，应该让对方充分了解自己企业产品的一些重要信息，比如该产品的优点、特性、产地、生产背景等。因为一旦对方不了解你的产品，他就很可能拒绝在合同上签字，当然这也说明有些必要工作你没做好。

（三）准确把握时机

俗话说："机不可失，时不再来。"但是对于商务谈判而言，我们对待这句古训要有理性的认识。一味地迷信这句古训，会导致谈判人员处在过分紧张的状态，因为他们害怕失去成交的机会。在商务谈判过程中，我们时刻要保持清醒的头脑，审时度势，在恰当的时机果断出手。

（四）为谈判议程做出精心安排

对于一次谈判任务，我们要通盘考虑整项谈判工作，应该知道下一步怎么做，一旦对方提出不同建议应该如何处理。尤其是谈判的开始阶段和最后阶段可能是问题较多的阶段，我们要认真考虑，精心安排。

三、有效结束谈判的策略

对于商务谈判人员而言，要准确把握谈判结束的时机，除此之外，还应该掌握有效结束谈判的策略。在实际的商务谈判过程中，有许多结束谈判的策略，但是我们要知道，这些策略并不适用于各种交易谈判。在实际的谈判过程中，我们应结合自身偏好和谈判整体情况来选择合适的结束谈判的策略。概括来讲，主要有以下几种结束谈判的策略：

（一）优待结束法

1. 样品试用促使对方签约

这种结束法在实际的商务谈判中运用较多，即谈判一方提供一批廉价的或免费的样品让对方使用。这种方法的成交率可能是出人意料的。我国某知名企业允许谈判人员把机器留给顾客使用 10 天，在此期间，让谈判人员随时关注顾客的反应。其结果出人意料的好。谈判人员说："这完全是组织方式的问题，在产品试用期间，我们还可以帮助顾客维修他们原有的一些机器设备，很受顾客的欢迎。"但是这种方法也有弊端，因为一旦公司允许提供样品试用，谈判人员可能就节省了好多的精力，会使谈判人员日渐懒惰。

2. 让利促使对方签约

当对方对大部分交易条件不是很满意，而且谈判价格确实相对较高时，谈判人员可以考虑这种方法，即适当减价或采用回扣等方式，让利给对方。有时为了

使对方尽早地付款或大批量订货，也可以通过让利的方法使谈判圆满结束。比如，谈判人员向对方承诺"你们若能把履约的时间提前一个月，我们将让利3%给你们"，往往可以使谈判圆满提前结束。

（二）诱导结束法

1. 诱导对方同意你的看法，迫使对方成交

这种方法要求谈判者以逻辑推理的方法彻底加以思考，使对方对你所提出的问题总是不自觉地给予肯定的回答，从而有利于协议的签订。比如，有两个火车服务员在火车上推销饮料。第一个服务员习惯这样问乘客："先生（小姐），需要喝的吗？"结果很多乘客都说不需要。第二个服务员习惯这样问顾客："先生（小姐），你喝矿泉水呢还是可乐或者其他的？"结果第二个服务员销售业绩很好。从这个小例子我们不难发现，一个成功的谈判者提问问题的逻辑思维能力要求是很高的，必须要有胆略，抓住时机，步步深入，引导对方做出一个又一个的决定。

2. 诱导对方提出反对意见，从而导致尽快成交

在实际的商务谈判中，我们经常碰到这样的情况：对方对产品已经很感兴趣，但是对于是否购买又迟疑不决。一般情况下，导致这种情况的原因有很多，比如对方还有一些疑问，或对方无权做出决定，或是想更全面地与同类产品比较等，但不管对方因为什么原因，机智地向对方提出问题才是发现真正原因的最好方法。谈判到了最后阶段，对方常常会说："不，我还要再考虑一下。"你可以这样接着说："您尽可以认真地考虑，不过您还有什么不明白的问题吗？"此时，会使对方说出真正原因或者使对方尽快签约。

（三）比较结束法

1. 有利的比较结束法

有利的比较结束法即把对方放在很高的地位的成交法。这种成交法比较常用的交易语言是：这种型号的产品××企业已经订货了，我们发现发达的企业刚开始时总是购买五部，所以我们也将为你们登记订购五部。像你们这样的大企业在市场中呼风唤雨，对于这项能够促进提高贵公司地位的产品，您怎么能错过呢？

2. 不利的比较结束法

不利的比较结束法即把对方放在相对不高的地位的成交法。使用这种方法时，谈判者往往要列举出对方一些令人遗憾的事情，比如，对方拖延谈判，断断

续续，并因此导致了谈判成本的增加和企业的损失。一般而言，这种成交方式多用于保险业。这种成交法比较常用的交易语言是：你们推迟一天，就有被竞争者抢先的危险。千万不要像××企业一样，本来在竞争中处于有利地位，就是因为拖延谈判被别人抢了先。当谈判到了最后的阶段，用这种成交法是非常有分量的。

（四）循序渐进结束法

1. 四步骤程序法

这种方法在现实的商务谈判中运用较多，主要包括：尽可能地总结和强调对方与我方看法的一致点；引导对方同意我方的观点，从而使双方的观点一致；把所有尚待解决的问题和有争议的问题先放一边，暂不讨论；与对方共同讨论一些亟待解决的重大问题。如果对方有不同的看法，可以放到最后讨论。实践证明，这整套方案有利于尽快结束洽谈。

2. 分阶段决策法

为了使双方尽快达成一致，谈判双方应该把亟待解决的问题分为几个部分，然后分几个阶段逐一讨论每一个问题。到了最后阶段，解决了最后一个问题时，谈判也就随之结束了。

（五）虚拟成交结束法

1. 假设性成交法

假设性成交法即假设对方已经完全同意，或者对方对大部分交易条件较满意，对有些交易条件印象不错但又迟疑是否马上做出决定，因此，成交就成了当务之急。这种方法非常简便有效。即使对方阻止你，你还可以使用其他的成交法，不会受到什么损失。假设性成交法的具体方式：一是可以直接或间接地向对方表示成交的意向。比如，你可以拿出合同或订单，向对方表示"请不要错过这次机会，现在就签约吧！现在订货，我们将给你们很大的优惠并保证能尽早供货"等类似话语，向对方展示我方的成交诚意，如果对方没有制止你，那么谈判也就结束了。二是可以呈请对方签字，即把自己拟定的合同或者是双方研究过的合同要点，逐一向对方解释一遍，然后呈请对方签字，往往能获得不错的结果。

2. 自信必然成交法

如果你想谈判对手能够很顺利地在合同上签字，你必须要有这么一种信心：你的产品和交易条件恰好符合对方的意愿。也就是说，作为一名出色的谈判者，

必须要乐观、自信。如果经过你的一番介绍，对方的回答是肯定的，你一定要稳住阵脚，尽量避免讨论急于成交的事项。越是希望对方订货，越是要小心谨慎，表情坦然，说话语速要慢一些，多停顿一些。如果经过你的一番介绍，对方的回答是否定的，你也不应一筹莫展，而是应该通过讨论的方式、谈判语调的变化、姿态和仪表的改变向对方显示出最后一定能成交的信心。但是，此时一定要注意，切忌向对方提出一些有损于个人尊严和人格的请求，比如，像这样的话语："求求你，帮帮我的忙吧""我们做了这么多年的交易，不看僧面看佛面，可怜可怜我吧"等。总之，在谈判结束阶段，切忌流露出任何慌张的迹象，否则，对方会根据你的反应对你产生怀疑，最终影响全局甚至导致谈判中止。

（六）趁热打铁结束法

在一次商务谈判中，肯定会遇到不止一次的高潮和低潮，如果谈判双方能够利用第一次高潮就达成交易，那是再理想不过了，这样谈判双方都可以节省很多的时间。其实在第一次谈判高潮时，双方做出决定的可能性最大，双方洽谈的思路和要点也最清晰。一般来说，第一次谈判高潮所经历的时间往往很长，因为谈判双方都怕遭到对方的拒绝，所以双方都不敢贸然诱导对方做出最终决定，而只是希望在谈判过程中，对方会表示出签约的意向。如果双方都不声不响，无所表示，谈判双方会以为时机还不成熟，结果把本来经过努力可以成交的机会错过了。所以，有经验的谈判者会这样说："我们不能总是把成交机会留给明天。"谈判者必须善于察言观色，抓住可以成交的瞬间机会，趁热打铁，从而及早结束谈判。

第三节　结束谈判的技术准备和谈判后管理

一、全面检查交易条件

即将达成交易的谈判开始之前，谈判者有必要从整体上对谈判所涉及的交易条件进行全面的检查，主要包括：应该清楚还有哪些问题没有得到解决；对合同所涉及的交易条件，尤其是己方所期望成交的交易条件进行最后的检查，同时，应该明确己方对各种交易条件准备让步的限度；针对合同所涉及的交易条件决定选取何种结束谈判的战术；最后应合理安排交易记录事宜。

对交易条件检查的时间和方式应该取决于对应谈判的性质和规模。有时可能被安排在谈判结束前的休息时间里进行；有时需要专门安排一个正式的会议来讨论，必要时需要企业领导来主持。但是不管检查的形式怎样，这个阶段正是谈判者必须做出抉择的时刻，因此，最后对合同所涉及的交易条件进行全面检查就显得尤为重要。

二、确保交易条款准确无误

在实际的商务谈判中，对于谈判双方而言，共同的困难就是如何保证谈判双方对谈判所涉及的内容有一致的理解。国家或地区的差异、语言的差异、个人文化背景的差异等因素都有可能引起误会。所以，在交易即将达成时，务必保证谈判双方对彼此同意的条款有一致的认识和理解。以下几个方面是在实际的商务谈判中最容易出现问题的地方，谈判者必须谨慎对待。

（一）交易价格方面的问题

交易价格方面的问题包括：价格是否包括各种税款或其他法定的费用；在合同商议期间，如果行市价格发生改变，成交价格是否随之变动；对于合同价格并不包括的条款是否应经明确说明；涉外交易中是否考虑汇率的变化等。

（二）索赔的处理

索赔的处理条款包括：索赔的范围有哪些？索赔的法律依据是否根据谈判双方的背景而进行变动？索赔的处理是否排除未来的法律诉讼？

（三）合同履约方面的问题

合同履约方面的问题包括：对"履约"是否有明确的解释？对于合同的履行是否可以分阶段进行？是否相应地做了规定？

上述的这些问题适用于各种谈判。对于上述问题及相关问题，谈判双方应彻底检查，务必保证双方能够真正理解。

三、谈判后管理

（一）谈判总结

当谈判结束后，不管是成功还是破裂，我们都有必要对过去的谈判工作进行全面的、系统的总结。其实，对一次商务谈判而言，从准备工作开始直至结束，对谈判过程中的每个环节都要回顾、总结、分析和评定，吸取每次谈判的经验和教训，不断提高谈判的水平。

1. 谈判过程的总结

从整体上对己方本次谈判活动的准备工作、谈判的方针与策略进行再度评价，检查哪些是成功的，哪些是有待改进的，哪些是失败的。同时，每一个谈判者还应从个人的角度，对自己在谈判中的工作表现进行反思，总结经验和教训。

2. 对签订合同的重新审视

如果谈判的结果是成功的，即谈判双方已经签订了合同，虽然合同已经签字生效，并且一般情况下已经没有更改的可能，但是，我们仍然要对合同条款、细节和谈判过程进行全面审视，找出不足，力争下次谈判时有所改进。

（二）资料管理

1. 谈判资料的整理

谈判后资料的整理主要包括：该回收的谈判文件；根据谈判的原始档案或已经签订的协议撰写和分发谈判纪要；谈判材料和原始档案及协议、合同的立卷归档；如需要，还要准备好进行宣传报道工作所需资料等。

2. 谈判资料的保存与保密

对于上述资料以及总结材料等应该制作成客户档案妥善保存，以便日后作为非常有用的参考资料。在妥善保存谈判资料的同时，还应该注意保密工作。如果有关该次谈判的资料，特别是其中关于己方的谈判方针、策略和技巧方面的资料被对方了解，那么在本次交易和以后的交易中己方将处于十分被动的局面。比如，在实际的商务谈判中，在某个问题上本来可以使对方做出让步的，但是由于对方准确地掌握了己方的情况，可能就不会再做出让步。所以，对于客户的档案，非相关负责人员，未经许可，一律不得调阅，这应该成为企业的一项制度。

（三）关系维护

谈判双方在合同上签字并非意味着交易双方关系的了解，相反，它表明双方的关系进入了一个新的阶段。从近期来讲，交易合同把双方紧紧地联系在一起；从远期来讲，本次成功的交易为双方以后的继续合作奠定了良好的基础。因此，在签订了本次合同后，应该派专人同对方经常联系，谈判者个人也应该同对方谈判人员私下进行经常性的联系，从而保持双方的良好关系。

本章小结

商务谈判何时结束？是否已经到了签订协议的时机？这是商务谈判结束阶段极为重要的问题。商务谈判结束可以从以下三个方面判定：从谈判涉及的交易条件来判定、从谈判时间来判定、从谈判策略来判定。一般而言，商务谈判结束的方式有三种：成交、中止、破裂。

作为一名成功的谈判者，不仅要准确地判定谈判结束的时机和标准，更重要的是要掌握有效结束谈判的策略，这对一次商务谈判的成功与否有至关重要的影响。促进交易达成的条件有：让对方信任自己和自己所代表的公司，让对方充分了解企业的产品及产品的价值，准确把握时机，为谈判议程做出精心安排。在实际的商务谈判过程中，有许多结束谈判的策略，常见的有效结束谈判的策略包括优待结束法、诱导结束法、比较结束法和循序渐进结束法。

务必保证谈判双方对彼此同意的条款有一致的认识和理解。当谈判结束后，不管是成功还是破裂，我们都有必要对过去的谈判工作进行全面、系统的总结。其实，对一次商务谈判而言，从准备工作开始直至结束，对谈判过程中的每个环节都要回顾、总结、分析和评定，吸取每次谈判的经验和教训，不断提高谈判的水平。

谈判结束后，资料需要整理、保存与保密。

|第九章|
商务谈判中的沟通技巧

 **本章目标**

◆ 认识沟通在商务谈判中的重要作用

◆ 弄清商务谈判中的沟通类型

◆ 掌握判断商务谈判成败的标准

◆ 掌握有声语言沟通和无声语言沟通的基本技巧和方法

◆ 了解与掌握商务谈判交往空间和文字语言技巧等

第一节　商务谈判语言概述

作为一门艺术，商务谈判各种策略的实施都需要沟通。很多成功的商务谈判都是谈判双方出色运用沟通技巧的结果。我们学习商务谈判沟通技巧，就是为了成功地运用语言沟通、行为语言沟通、文字沟通和电话沟通来更好地实现商务谈判的目的。

一、商务谈判语言的类型

商务谈判的语言多种多样，按照不同的标准可以分成不同的类型。

（一）按照语言表达方式区分

按照语言表达方式不同，商务谈判语言可以分为有声语言和行为语言。有声语言是指通过人的发音器官来表达的语言，一般理解为听、说、问、答的语言。行为语言是指通过人的形体、姿态等非发音器官来表达的语言，一般理解为肢体语言，也称为体态语言或是无声语言。事实上，不管是生活中还是商务谈判中，这两种语言都是相辅相成的。

（二）按照语言表达特征区分

按照语言表达特征的不同，商务谈判语言可以分为专业商务语言、法律语言、外交语言、文学语言、军事语言等。

1. 专业商务语言

专业商务语言是指在商务谈判过程中使用的与业务内容有关的一些专用或专门术语。谈判业务不同，专业语言相别。例如，在国际商务谈判中，有到岸价、离岸价等专业用语；在产品购销谈判中，有供求市场价格、品质、包装、装运、保险等专业用语；在工程建筑谈判中，有造价、工期、开工、竣工交付使用等专业用语。这些专业语言的特征是简练、明确、专一。但是不管哪种谈判业务，商务谈判语言都要求谈判者表现出诚信形象，职业庄重，睿智而不圆滑，狡辩而不显无赖。

2. 法律语言

法律语言是指商务谈判业务所涉及的有关法律规定的用语。商务谈判业务内容不同，要运用的法律语言也不同。每种法律语言及其术语都有特定的内涵，不能随意解释和使用。法律语言的特征是法定的强制性、通用性和刻板性。法律语言要求谈判者引经据典，字字珠玑，说理透彻，不容更改。通过法律语言的运用可以明确谈判双方各自的权利与义务、权限与责任等。

3. 外交语言

外交语言是一种具有模糊性、缓冲性和圆滑性特征的弹性语言。在商务谈判中使用外交语言既可满足对方自尊的需要，又可以避免己方失礼；既可以说明问题，又能为谈判决策进退留有余地。例如，在商务谈判中常说"互利互惠""双方互惠""可以考虑""深表遗憾""有待研究""双赢"等语言，都属外交语言。外交谈判中要求谈判者时刻认真斟酌辞令，遇事可以文过饰非。当然，外交语言要运用得当，如果过分使用外交语言容易让对方感到无诚意合作。

4. 文学语言

具有明显的文学特征的语言属于文学语言。这种语言的特征是生动、活泼、优雅、诙谐、富于想象、有情调、范围广。在商务谈判中运用文学语言既可以生动明快地说明问题，还可以调节谈判气氛。

5. 军事语言

带有命令性特征的用语属于军事语言。这种语言的特征是干脆、利落、简洁、坚定、自信、铿锵有力。在商务谈判中，适时运用军事语言可以起到提高信心、稳定情绪、稳住阵脚、加速谈判进程的作用。

（三）按谈判者的态度区分

1. 留有余地的语言

该种语言具有弹性，能使谈判者进退有余，并且可以避免过早地暴露己方的意愿和实力，能使我们避开直接的压力，而给我们的谈判带来动力，如"最近几天给您答复""十点左右""适当时候"等。

2. 幽默诙谐的语言

幽默是人类智慧的最高境界。幽默诙谐的语言是用一种愉悦的方式让谈判双方获得精神上的愉悦，从而使人际关系更加和谐，祛除双方忧虑和紧张心理的一种语言表达方式。

3. 威胁强硬的语言

谈判的某一方如果失去了其内在平衡，就容易产生急躁情绪，甚至表现出粗暴的行为，这样就促使威胁强硬的语言进入谈判领域。威胁强硬的语言是非常粗暴和好战的，缺乏商量的语气，很不客气，最容易伤人感情。

二、语言艺术在商务谈判沟通中的作用

美国企业管理学家哈里·西蒙曾经说过："成功的人都是一位出色的语言表达者。"成功的商务谈判都是谈判各方出色运用语言艺术的结果。无论是有声语言还是无声语言，在商务谈判沟通中都起着十分重要的作用。

（一）语言艺术是商务谈判中表达自己观点的有效工具

在整个商务谈判过程中，谈判人员要把自己判断、推理、论证的思维成果准确地表达出来，必须出色地运用语言艺术工具。同样的观点，经过不同的语言表

达，其达到的效果可能就不一样。比如，在谈判中，如果通过行为语言表现出己方的急躁，对达成协议表现得很急迫，那么，对方就可能利用我们的弱点。如果在谈判场上表现得不急不躁，根据价格的高低并比较各方面的条件来决策，那么，我方在谈判中就会处于比较主动的地位，达成有利于己方的协议。

（二）语言艺术是通向谈判成功的桥梁

在商务谈判中，恰当地运用语言艺术来表达同样的问题或一段话，可以使对方听起来有兴趣，并乐于听下去；否则，对方会觉得是陈词滥调，产生反感，进而抵触。许多谈判的实战经验还告诉我们：面对冷漠的或者不合作的谈判对手，通过恰当的语言艺术，可以使对手变得热心起来。

（三）语言艺术是实施谈判策略的主要途径

谈判策略的实施，必须讲究语言艺术。在商务谈判过程中，许多策略如软硬兼施、红脸白脸等，都需要比较高超的语言技巧与艺术。扮演"白脸"的谈判人员，既要态度强硬、寸步不让，又要以理服人；既要"凶狠"，又要言出有状，保持良好的形象。在谈判中，态度强硬不等于蛮横无理，平和的语气、稳重的语调、得体的无声语言，往往比蛮横无理更具有力量。

（四）语言艺术是处理商务谈判中人际关系的关键

一场成功的谈判有三个价值评判标准，即目标实现标准、成本优化标准和人际关系标准。在商务谈判中，除了争取实现自己的预定目标，努力降低谈判成本外，还应该重视建立和维护双方的友好合作关系。在商务谈判中，双方人际关系的变化，主要通过语言交流来体现。谈判各方的语言，都是表达己方的意愿和要求的。如果用语言表达的意愿和要求与双方的实际努力相一致，就可以使双方维持并发展某种良好的关系；反之，可能导致冲突或矛盾，严重时可能导致双方关系破裂，进而使谈判出现败局。较高水平的语言艺术，即使是反驳、说服、否决对方的话，也可以使对方听得入耳。如果语言运用不当，即使是赞同、认可、肯定、支持对方的话，也可能使对方反感。因此，要想既表达清楚自己的意见，又较好地保持双方的良好人际关系，取决于语言艺术的运用。语言艺术决定了谈判双方关系的建立、巩固、发展、改善和调整，从而决定了双方对待谈判的态度。

三、商务谈判沟通中运用语言艺术的原则

对商务谈判而言，不仅仅谈判的内容重要，谈判过程中语言的运用及谈判者所表现出的态度、举止也一样重要。善于运用语言艺术的人懂得利用表情、手势和抑扬顿挫的语调等种种技巧来表达和强调自己的思想和见解。但是，如果这些运用过度或不及，都不能准确地实现自己的初衷，所以，在商务谈判中运用语言艺术时需要遵循一些基本的原则。

（一）客观性原则

客观性原则要求在商务谈判中运用语言艺术表达思想、传递信息时，必须以客观事实为依据，并且运用恰当的语言提供令对方信服的证据。这一原则是其他原则的基础。离开了这一原则，无论一个人有多高水平的语言艺术，他所讲的也只能是谎言，商务谈判也就失去了其存在和进行的意义。

以产品购销谈判为例。作为产品销方不可避免地要对产品的情况做介绍，这时销方要遵循客观性原则，对自己的产品性能、规格、质量等做客观介绍。为了使对方相信，必要时还可通过现场试用或演示。相反，如果采取涂脂抹粉、蒙混过关的做法，这次谈判也许过得了关，得到了暂时的利益，但可能因此使自己的产品信誉下降。长期下去，用户就会畏而远之、越来越少，使长远的利益受到损失。

作为产品的购方，也要实事求是地评价对方产品的性能、质量等，讨论价格问题时，提出压价要有充分的根据。如果双方都能这样遵循客观原则，都能让对方感到自己富有诚意，就可能使谈判顺利进行下去，并为以后长期合作打下良好基础。

（二）针对性原则

针对性原则要求在商务谈判中运用语言艺术要有的放矢、认清对象、对症下药。不同的谈判对手，他们的身份、性格、态度、年龄、性别等不同；即使是同一谈判对手，随时间场合的不同，其需要、价值观等也会有所不同，谈判人员必须针对这些差异运用语言。从使用语言的角度看，把这些差异透视得越细，洽谈效果就越好。

商务谈判的内容非常丰富，每局每次谈判都有其特定的目标、业务内容、谈判对手、谈判时间与地点等，在谈判中必须针对这些特殊性来考虑语言的运用，这样才能增加谈判成功的可能性。

（三）逻辑性原则

逻辑性原则要求在商务谈判过程中运用语言艺术要概念明确、判断恰当、证据确凿，推理符合逻辑规律，具有较强的说服力。

要想提高谈判语言的逻辑性，既要求谈判人员具备一定的逻辑学知识，又要求其在谈判前充分准备，详细掌握有关资料，并加以认真整理，然后在谈判席上以富有逻辑的语言表达出来，为对方认识和理解。

在商务谈判中，逻辑性原则反映在问题的陈述、提问、回答、辩证、说服等各个语言运用方面。陈述问题时，要注意术语概念的同一性，问题或事件及其前因后果的衔接性、全面性、本质性和具体性。提问时要注意察言观色、有的放矢，要注意和谈判议题紧密结合。回答时要切题，除特殊谈判策略的使用外，一般不要答非所问。说服对方时要使语言、声调、表情等恰如其分地反映人的逻辑思维过程。此外，还要善于利用对手在语言逻辑上的混乱和漏洞，及时驳击对手，增强自己语言的说服力。

（四）隐含性原则

隐含性原则要求在商务谈判中运用语言艺术，要根据特定的环境与条件，委婉而含蓄地表达思想、传递信息。

隐含性原则在许多方面集中反映了语言运用的艺术性，除了表现在口头语言中，还直接表现在无声语言中，即无声的行为语言本身就隐含着某种感情和信息。

尽管前面我们强调语言表达要遵循客观性、针对性、逻辑性原则，但这并不是说在任何发问下都必须"直"不打弯、"露"而无遮，相反，在谈判中根据不同条件，掌握和运用"弯弯曲曲""隐隐约约"的语言表达方式，有时会起到良好的效果。

（五）规范性原则

谈判语言的规范性是指谈判过程中的语言表述要文明、清晰、严谨、精确。第一，谈判语言必须坚持文明礼貌的原则，必须符合商界的特点和职业道德要求。无论出现任何情况，都不能使用粗鲁的语言、污秽的语言或攻击辱骂的语言。第二，谈判所用语言必须清晰易懂，口音应当标准化，不能用地方方言或黑

话、俗语之类与人交谈。第三，谈判语言应当注意抑扬顿挫、轻重缓急，避免吐舌挤眼、语不断句、嗓音微弱、大吼大叫或感情用事等。第四，谈判语言应当准确、严谨，特别是在讨价还价等关键时刻，更要注意一言一语的准确性。在谈判过程中，由于一言不慎，导致谈判走向歧途，甚至导致谈判失败的事例屡见不鲜。因此，必须认真思索、谨慎发言，用严谨、精当的语言准确地表述自己的观点、意见，如此，才能通过商务谈判维护或取得自己的经济利益。

（六）说服力原则

说服力是谈判语言的独特标志。这一原则要求谈判人员在谈判沟通过程中无论语言表现形式如何，都应该具有令人信服的力量和力度。比如，是否引起了对方的共鸣？是否达成了协议？是否建立了谈判各方的长期友好合作关系？谈判语言是否具有说服力，最终要用实际效果来检验。

谈判语言的说服力，不仅仅是语言客观性、针对性、逻辑性的辩证统一，还包括更广泛的内容。它要求声调、语气恰如其分，声调的抑扬顿挫和语言的轻重缓急都要适时、适地、适人。谈判人员还要将丰富的面部表情、适当的手势、期待与询问的目光等无声语言，也作为语言说服力的重要组成部分。

上述基本原则都是在商务谈判的语言表达中必须遵守的，运用这些原则的目的是提高语言艺术的说服力，因此说服力的大小是语言艺术高低的衡量尺度，但这几项原则又都是就语言的某一方面而言的，各有侧重、各有针对，在实践中，不能将其绝对化，强调过分或偏废一方都会适得其反，所以在商务谈判中运用语言艺术，必须坚持上述几项原则的有机结合和辩证统一，这样才能使语言具有真正的说服力。

【观念应用 9-1】

在商务谈判中让你的话字字千金

专家建议，在商务谈判中应该尽快切入正题。切入正题之后，就要应对自如地表达出自己想要表达的东西。要做到这一点，你可以参考下列重要法则：

不要说"但是"，而要说"而且"。你很赞成一位同事的想法，你可能会说："这个想法很好，但是你必须……"这样一说，这种认可就大打折扣了。你完全可以说出一个比较具体的希望来表达你的赞赏和建议，比如说："我觉得这个建议很好，而且，如果在这里再稍微改动一下的话，也许会更好……"

不要说"首先"，而要说"已经"。你要向老板汇报一项工程的进展情况，你跟老板说："首先我必须得熟悉一下这项工作。"想想看吧，这样的话可能会使老板（包括你自己）觉得，你还有很多事需要做，却绝不会觉得你已经做完了一些事情。这样的讲话态度会给人一种悲观而绝不是乐观的感觉，所以建议你最好是这样说："是的，我已经相当熟悉这项工作了。"

不要说"错"，而要说"不对"。一位同事不小心把一份工作计划浸上了水，正在向客户道歉。你当然知道，他犯了错误，惹恼了客户，于是你对他说："这件事情是你的错，你必须承担责任。"这样一来，只会引起对方的厌烦心理。你的目的是调和双方的矛盾，避免发生争端，所以，把你的否定态度表达得委婉一些，实事求是地说明你的理由。比如说："你这样做的确是有不对的地方，你最好能够为此承担责任。"

不要说"几点左右"，而要说"几点整"。在和一个重要的生意上的伙伴通电话时，你对他说："我在这周末左右再给您打一次电话。"这就给人一种印象，觉得你并不想立刻拍板，甚至是更糟糕的印象——别人会觉得你的工作态度并不可靠。最好是说："明天××点整我再打电话给您。"

资料来源：中华机械网，http://baike.machine365.com/arts/051209/41/78139.html。

第二节　商务谈判有声语言沟通技巧

语言沟通是人们最熟悉的一件事，人生下来就开始发出信息与外界沟通，我们几乎每天都在与他人沟通。在商务谈判中也是如此，沟通是谈判的基础。但不是每个谈判者都能掌握语言沟通技巧并自如运用。

虽然影响谈判语言运用的因素多种多样，但作为谈判语言仍要求具备一些基本要求，即无论在何种因素条件下，谈判者都应使用文明用语，词语清晰易懂，语句流畅大方。商务谈判中运用有声语言的技巧主要体现在听、问、答、叙、

辩、说服等方面。在谈判桌上必须随时注意这几个方面技巧的运用，以便准确地把握对方的行为与意图。

一、商务谈判中"听"的要诀与技巧

美国科学家富兰克林曾经说过："与人交谈取得成功的重要秘诀，就是多听，永远不要不懂装懂。""听"也是一个商务谈判人员良好个人修养的标志。"听"是我们了解和把握对方观点和立场的主要手段与途径。

案例 9-1

美国著名职业教育家戴尔·卡耐基不仅是一位卓越的演讲家，而且是一个善于聆听的人。一次，卡耐基从欧洲旅游回来去参加朋友的桥牌晚会。晚会上只有卡耐基和另一位女士不会打桥牌，他俩坐在一旁便闲聊上了。

"卡耐基先生，听说你去了欧洲，一定到过许多有趣的地方，欧洲有很多有趣的地方和优美的风景，你能给我讲讲吗？我一直梦想着去欧洲旅行，可到现在还未如愿呢。"卡耐基一听这位女士的开场白，知道她是位健谈者，他从朋友那儿知道她刚从南美的阿根廷回来，阿根廷风景秀美，她一定有一番感受，于是说："是的，欧洲有趣的地方可多了，风景优美。但我喜欢打猎，那儿打猎的地方有一些山，很危险。就是没有大草原，要是能在大草原上边骑马打猎，边欣赏秀丽的景色，那才惬意呢……"

"大草原，"那位女士马上打断卡耐基的话，兴奋地说，"我刚从南美阿根廷回来，那真是个有趣的地方，太好玩了。"

"是吗？你一定过得很愉快吧！能不能给我讲讲大草原的风景呢？我也一直梦想着去大草原的。"

"当然可以，阿根廷的大草原……"那位女士看到有了这么好的一位听众，便滔滔不绝地讲起了在大草原的经历。然后，在卡耐基的引导下，她又讲了布宜诺斯艾利斯的风光和沿途国家的风光，甚至到了最后，变成了她对这一生去过美好地方的回忆。那位女士一直讲了足足一个小时，而卡耐基只讲了几句话。晚会结束，她对晚会主人说："卡耐基先生真会说话，和他在一起让人很愉快。"

资料来源：http://www.360doc.com/content/14/0617/21/2758211_387597551.shtml。

卡耐基只不过说了几句话，却成为一位"健谈者"。卡耐基的策略是：人都需要尊重，倾听是对陌生人表示尊重的最直接、最有效的方法。

（一）"听"的方式

专家认为"听"有两种形式，即积极的听与消极的听。所谓积极的听，就是在交谈中与说话者密切呼应，比如，表示理解或疑惑、支持或反对、愉快或难过等。所谓消极的听，就是指在一定的交谈中，听者处于比较松弛的状态中，即处于一种随意状态中接受信息，比如，平时家庭中的闲谈、非正式场合下的交谈等。

积极的听既有对语言信息的反馈，也有对非语言信息，即表情、姿势等的反馈。而消极的听则往往不是同时具有这种明显的姿势反馈和表情反馈。

（二）"听"的方法

"听"的目的是获取有用的信息，而不是简单地听声音、听语句。倾听的定义是排除杂念，专注于谈话者所说的内容，理解谈话者所表达的思想，获取说话者语言句子中所包含的信息。为此，倾听者要做到专心、会心、耐心、虚心等。

1. 专心

专心是指谈判时倾听者一定要专心致志，努力排除因自身原因造成的注意力分散。

2. 会心

会心是指谈判者专心倾听的同时，还要会听，即能听出语言词句中的真实含义，能跟着说话人的语言产生情绪变化。

3. 耐心

耐心是指谈判者要允许对方唠叨，允许对方使用自己表达思想的方式说话。当嘴快的人与嘴慢的人谈判时，嘴快的要让一让嘴慢的，要耐心等待。谈判时如果出现了抢话、截话现象，谈判对方会很恼火，会认为你看不起人。

4. 虚心

虚心是指谈判者要有谦虚之心。谈判是为了解决问题，是为了消除分歧取得一致。没有和解的谈判不是成功的谈判。化解矛盾的法宝是避免争吵，不引起争吵的妙计是虚心。虚心是有效进行倾听的工具，高明的谈判者大多都是虚心的谈判者。

(三)"听"力障碍

"听"是存在听力障碍的。为了能够听得完全、听得清晰，必须克服一些听力障碍，主要有：第一，只注意与己有关的讲话内容，而忽略对方的其他内容。第二，因精力分散，或思路较对方慢，或观点不一致所造成的少听、漏听。谈判人员的精力和注意力的变化是有一定规律的。一般来说，谈判开始时精力比较充沛，但持续的时间较短，占整个谈判时间的 8.3%~13.3%；谈判过程中，精力趋于下降，时间较长，约占整个时间的 83%；谈判快要达到协议时，又出现精力充沛时期，时间也是很短，占 3.7%~8.7%。第三，凭借感情、兴趣的变化来理解对方讲话内容，从而曲解了对方的原意。一系列试验表明，积极地听对方讲话，其中只有 1/3 的讲话内容是按原意听取的，1/3 的讲话内容是被曲解地听取的，还有 1/3 则是丝毫没有被听进去。第四，受收听者的文化知识、语言水平等的限制，特别是受专业知识与外语水平的限制，而听不懂对方的讲话内容。第五，环境的干扰，常会使人们的注意力分散，形成听力障碍。

(四)"听"的要诀与技巧

商务谈判中必须想尽办法克服听力障碍，掌握"听"的要诀，提高收听效果。"听"的要诀与技巧主要包括：

第一，避免"开小差"，专心致志、集中精力地倾听。精力集中是倾听艺术的最基本、最重要的问题。心理学家研究证明，一般人说话的速度为每分钟 120~180 个字，而听话及思维的速度，则要比说话的速度快 4 倍左右，因此，往往是说话者话还没有说完，听话者就大部分都能够理解了。我们必须注意时刻集中精力地倾听对方讲话，用积极的态度去听，主动与讲话者进行目光接触，并做出相应的表情，以鼓励讲话者。比如，可扬一下眼眉，或是微微一笑，或是赞同地点点头，或否定地摇摇头，也可不解地皱皱眉头等，这些动作配合，可帮助我们集中精力，起到良好的收听效果。

第二，通过记笔记来集中精力。谈判过程中，人的思维在高速运转，大脑接受和处理大量的信息，加上谈判现场的气氛又很紧张，所以只靠记忆是办不到的。记笔记，一方面可以帮助自己回忆和记忆，而且也有助于在对方发言完毕之后，就某些问题向对方提出质询，同时，还可以帮助自己做充分的分析，理解对方讲话的确切含义与精神实质；另一方面，记笔记给讲话者的印象是重视其讲话的内容，当停笔抬头望讲话者时，又会对其产生一种鼓励的作用。

第三，在专心倾听的基础上有鉴别地倾听对手发言，去粗取精、去伪存真、抓住重点，收到良好的"听"的效果。

第四，克服先入为主的倾听做法。

第五，创造良好的谈判环境，使谈判双方能够愉快地交流，有利于己方的谈判环境能够增强自己的谈判地位和实力。对于一些关系重大的商务谈判工作，如果能够进行主场谈判是最为理想的，如果不能争取到主场谈判，至少也应选择一个双方都不十分熟悉的中性场所。

第六，注意不要因轻视对方、抢话、急于反驳而放弃听。

第七，不可为了急于判断问题而耽误听。

第八，听到自己难以应付的问题时，也不要充耳不闻。商务谈判中，可能会遇到一些一时回答不上来的问题，这时，切记不可持一种充耳不闻的态度。要有信心、有勇气去迎接对方提出的每一个问题，用心领会对方每个问题的真实用意，找到摆脱难题的真实答案。培养自己急中生智、举一反三的能力，应多加训练、多加思考，以便自己在遇到问题时不乱、不慌。

二、商务谈判中"叙"的要诀与技巧

"叙"是一种不受对方提出问题的方向、范围的制约，带有主动性的阐述，是商务谈判中传达大量信息、沟通情感的一种方法，也是基于己方的立场、观点、方案等，通过陈述来表示对各种问题的具体看法，以便让对方有所了解。

叙述主要存在商务谈判的开场陈述和整个过程的阐述中，所以下面以入题和阐述技巧为例，说明谈判中的叙述应把握以下几项技巧：叙述应简洁、通俗易懂；叙述应具体、生动，使对方集中精神，全神贯注地收听；叙述应主次分明、层次清楚；语速要适中，语气要平和，态度要坦诚，善于使用弹性用语，避免使用极端用语；叙述应基于客观事实，使对方相信并信任我方；叙述观点要正确，力戒含混不清、前后不一致；叙述时发现错误要及时纠正，以防造成不应有的损失；重复叙述有时是必要的。

总之，叙述应从谈判的实际需要出发，灵活把握上述有关叙述应遵循的原则，以便把握好该叙述什么、不该叙述什么，以及怎样叙述等。

三、商务谈判中"问"的要诀与技巧

(一)提问的方式

(1)一般性提问，这是一种随意性提问，常用在开场之初，寒暄问候，如"住下了吗?""最近生产还可以吧?"也可用在谈判结束时，如"与我们的合作还愉快吧?""办公室的安排怎么样?"这种提问具有很强的礼节性，并不要求认真回答，常常是句客套话。

(2)诱导性提问，指对答案具有强烈暗示性的问句。这一类型问题几乎令对手毫无选择地按发问者所设计的答案作答。这是一种反义疑问句的句型，在谈判中，往往是使对方与自己的观念产生赞同反应的表示。这是一种暗示性提问，是谈判者将答案用问句的方式提出来，以提示对方或提醒对方。如"这不是事实吗?""这就是事实，对吗?""这不是你们签字同意的吗?"谈判者用这种问句将答案说出，使对方在结论面前无力反驳，不便推翻事实。

(3)直接性提问，这是一种针对性提问，是谈判者针对某一问题直接要求对方做出回答。如"请把这个问题解释一下好吗?""你能否把要求降价的原因再说一遍?"

(4)间接性提问，即借助第三者的意图来影响或改变对方意见的发问方式。这是一种从侧面影响谈判对手的提问。当谈判对手执意坚持某一立场态度时，谈判者将第三方抬出来以影响谈判对手。如"张经理不是已经答应过了吗?""李处长不是说过这事了吗?""某某先生对你方能否如期履约关注吗"?

(5)探索性提问，又称澄清式提问，是针对对方的答复重新措辞，使其证实或补充（包括要求引申或举例说明）的一种发问。这一类问题，不但足以确保谈判各方能在述说"同一语言"的基础上进行沟通，而且可以发掘较充分的信息，并且以示发问者对对方答复的重视。这是一种探询对方信息的提问。谈判者使用这种问句，要求对方回答相关问题，或对某一问题要求对方做出进一步说明。如"您刚才说对目前所进行的这笔买卖可做取舍，是不是说您拥有全权跟我进行谈判?""您说贵方对所有的经销点都一视同仁地按定价给予30%的折扣，请说明一下，为什么不对销售量较大的经销点给予更大折扣做鼓励"?

(6)选择性提问，又叫强迫选择式提问，指足以在特定领域中带出特定答复

（如"是"或"否"）的问句。这一类问题可以使发问者获得特定资料或确切的回答。这种问句旨在将本方的意见抛给对方，让对方在下一个规定的范围内进行选择回答。这种提问方式常常在促成购买时使用，以促使对方做出回答。如"你要一台还是两台？""你要 A 型、B 型还是 C 型？"对方只要做出回答，就是同意购买了。这类发问有时会蕴含相当程度的威胁性，在使用时，要语调温柔、措辞得体。

（7）模糊性提问。这种提问常常用来掩盖自己的看法，以诱使对方谈出真实的想法。如"你们厂现在销售情况还行吧？""你们的报价是怎么搞的？"等。

（8）反诘性提问。有时谈判者提出一项无理要求或提出的条件不便回答时，可以使用这种问句。如"你觉得这样行吗？""你说这样行不行？"

（9）迂回性提问。谈判时，对方对某些问题比较敏感，如果直接询问，对方会警觉或者绕开话题不予回答。这时可采用这种方式。比如"价格不算高……你们不是一直按这个价格进货吗？"

（10）多主题提问。这是含有多种主题的问句，即一个问句中包含有多种内容。这种方式常常是为了搞乱对方的思维，提出一大堆问题让对方回答，使对方忙于招架，无暇反攻。如"你能不能把质量、技术、设备、工艺等要求谈一谈？""您能否将这个协议产生的背景、履约的情况、违约的责任，以及双方的看法和态度谈一谈？"如果是正常询问，则不适用于此法。这种问句因含过多的主题而致使对方难以周全把握。许多心理学家认为，一个问题最好只含有一个主题，最多也不能超过两个主题，才能使对方有效地掌握。

商务谈判中，谈判的任何一方都应避免使用盘问式、审问式或威胁式与讽刺式的问句，以免影响双方关系。

（二）提问的要诀与技巧

（1）应该预先准备好问题，最好是一些对方不能够迅速想出适当答案的问题，以期提高发问的效能。

（2）注意发问时机，应该选择对方最适应答复问题的时候才发问，如在对方发言完毕之后提问，或在对方发言停顿或间歇时提问，或在议程规定的辩论时间提问，或在己方发言前后提问。

（3）按平常的语速发问。

（4）对初次见面的谈判对手，在谈判刚开始时，应该先取得同意再进行发问，这是一种礼节。

（5）提出敏感性问题时，应该说明一下发问的理由，以示对人的尊重。

（6）要避免提出那些可能会阻止对方让步的问题，这些问题会明显影响谈判效果。

（7）注意提出问题的句式应尽量简短，所有的问题都必须围绕一个中心议题，并且尽量根据前一个问题的答复构造问句。

（8）提出问题后应保持沉默、专心致志地等待对方做出回答；在对方发言时，如果我们脑中闪现出疑问，千万不要中止倾听对方的谈话而急于提出问题，我们可先把问题记录下来，等待对方讲完后，有合适的时机再提出问题。

（9）如果对方的答案不够完整，甚至回避不答时不要强迫地问，而是要有耐心和毅力等待时机到来时再继续追问，以示对对方的尊重，同时，再继续回答问题也是对方的义务和责任，对方也不会推卸。

（10）在适当的时候，我们可以将一个已经发生，并且答案也是我们知道的问题提出来，验证一下对方的诚实程度，及其处理事物的态度；也可给对方一个暗示，即我们对整个交易的行情是了解的，有关对方的信息我们也是掌握很充分的。

四、商务谈判中"答"的要诀与技巧

商务谈判中，需要巧问，更需要巧答。掌握应答的基本技巧与原则，是谈判者语言运用的具体内容。谈判中回答的要诀应该是：基于谈判的需要，准确把握该说什么、不该说什么，以及应该怎样说，一般不以正确与否来论之，这样才能产生最佳效应。谈判中的回答是一个证明、解释、反驳或推销己方观点的过程。为了能够有效地回答好每个问题，我们应该：

（1）谈判之前应做好充分准备，预先估计对方可能提出的问题，特别是多假设一些难度较大的棘手问题来思考，并准备好应答策略。回答前应给己方留有充分的思考时间，谈判经验告诉我们，在对方提出问题之后，我们可通过点支烟或喝一口茶，或调整一下自己的坐姿和座椅，或整理一下桌子上的资料文件，或翻一翻笔记本等动作来延缓时间，考虑一下对方的问题之后，再回答。

（2）把握对方提问的目的和动机，才能决定怎样回答，贸然作答是不明智的。

（3）对一些值得回答的问题，或一些不便回答的问题，决不"和盘托出"。在商务谈判中，对方提出问题或是想了解我方的观点、立场和态度，或是想确认某些事情。对此，我们应视情况而定。对于应该让对方了解，或者需要表明我方态度的问题要认真回答，而对于那些可能会有损己方形象、泄密或一些无聊的问题，谈判时也不必为难，不予理睬是最好的回答。我们回答问题时可以使用局限式回答，即自己将对方问话的范围缩小，或者在回答之前加以修饰和说明，以缩小回答范围。其技巧往往在于给对方提供的是一些等于没有答复的答复，如：

1）"在答复您的问题之前，我想先听听贵方的观点。"该种回答方式是用对方再叙述的时间争取自己的思考时间。

2）"很抱歉，对您所提及的问题，我并无第一手资料可作答复，但我所了解的粗略印象是……"属于模糊应答法，主要是为了避开实质性问题。

3）"我不太清楚您所说的含义是什么，请您把这个问题再说一下。"让对方澄清他所提出的问题，或许当对方再说一次的时候，也许就找到了答案。

4）"我的价格是高了点儿，但是我们的产品在关键部位使用了优质进口零件，增加了产品的使用寿命。""贵公司的要求是可以理解的，但是我们公司对价格一向采取铁腕政策，因此，实在无可奈何！"这两句属于逆转式语句，让对方先觉得是尊重他的意见，然后话锋一转，提出自己的看法，这叫"退一步而进两步"。

5）丢卒保车，就是当对方抓住了谈判方一个把柄进行重点攻击时，谈判者抛出一个小问题借题发挥，小题大做，掩盖问题向深处发展。

6）缓兵之计，就是在对方逼迫自己回答问题时，自己又一时搞不清对方的真实意图，这时可以采用这种技巧，往后拖一拖。

7）沉默寡言，就是在对方提出过分的条件时，谈判者以不回答的方式给予拒绝。

（4）顾左右而言他。有时，对方提出的某个问题我方可能很难直接从正面回答，但又不能以拒绝回答的方式来逃避问题，这时，谈判高手往往用答非所问的办法来回答。答非所问在商务谈判中是对不能不答的问题的一种行之有效的答复方法。

（5）对于不知道的问题，应坦率地告诉对方不能回答或暂不回答。

（6）以问代答。顾名思义，以问代答是用来应付谈判中那些一时难以回答、不想回答的问题的方式，如同把对方踢过来的球又踢了回去。

（7）"重申"和"打岔"。商务谈判中，要求对方再次阐明其所问的问题，实际上是为自己争取思考问题的时间。打岔的方式是多种多样的，可以借口去洗手间，或去打个电话等。

（8）见机行答。就是在对方提问时灵活机智，随机应变，既可简单明了，又可以绕圈子，是一种虚实相间的回答技巧。

（9）亡羊补牢，就是当自己谈话失误的时候，不要乱了阵脚，赶快采取措施堵住漏洞。这种技巧常常用第三者来当替罪羊。

（10）釜底抽薪，就是当谈判者出现了重大失误，在谈判桌上无法更改时，谈判方采用临阵换将的方法将失误人员撤出谈判，而新的谈判人员则将其前任的一切条件全盘否认，推托不知道或者由上级领导否定谈判者造成的失误。比如："实在对不起，昨天咱们定的价，我们经理不同意。"

五、商务谈判中"辩"的要诀与技巧

商务谈判中的讨价还价集中体现在"辩"上。它具有双方辩者之间相互依赖、相互对抗的二重性。为了获得良好的辩论效果，谈判人员应注意以下几点有关"辩"的技巧：

（1）观点要明确，立场要坚定。

（2）辩路要敏捷、严密，逻辑性要强。

（3）掌握大的原则，枝节不纠缠。

（4）态度要客观公正，措辞要准确犀利。

（5）辩论时应掌握好进攻的尺度。

（6）要善于处理辩论中的优劣势。谈判中的优势与劣势是相对而言的，而且是可以转化的。当处于优势时，谈判人员要注意以优势压顶，并借助语调、手势的配合，渲染己方的观点，切忌表现出轻狂、放纵和得意忘形；当处于劣势时，要从容不迫，沉着冷静，思考对策，保持己方阵脚不乱，才会对对方的优势构成潜在的威胁，从而使对方不贸然进犯。

（7）注意辩论中个人的举止和气度。

六、商务谈判中"说服"的要诀与技巧

说服常常贯穿于商务谈判的始终。它综合运用"听""问""答""叙"及"辩"和"看"等各种技巧，是谈判中最艰巨、最复杂，也是最富技巧性的工作。

案例 9-2

有位商人买了一幅牡丹画参加朋友的生日聚会，并当场将那幅牡丹展示出来，所有人看了都赞叹这幅画活灵活现。当商人正觉得自己送的贺礼是最有气质、最有品位的时候，忽然有人惊讶地发现这幅牡丹图最上面的那朵花竟然是没有画完整的，说是代表"富贵不全"。此时在场的贵宾都在说送画的没有诚意，最难受的是这个商人了，原本是自己的好意却在大家面前出糗。这时主人说话了："各位都看到了，最上面的这朵牡丹花没有画完它该有的边缘，牡丹代表富贵，而我的富贵却是无边的，他祝贺我富贵无边。"这真是太好了！众人听了都觉得有道理，全体鼓掌，认为这是一幅具有深意的完美画作。商人是在场唯一深刻感受两种不同处境的人，他十分佩服这位主人。他知道再有能力的人也有失误之时，就看自己如何不被外人想法影响来解释这样的不圆满了。

资料来源：https://www.sohu.com/a291881199_208827。

(一) 说服的基本方法

要做到说服对方，必须掌握一定的方法：

1. 创造说服的条件

谈判者不能开场就劝说对方购买自己的产品，如果真是那样，对方会被搞得莫名其妙。一般情况下，谈判人员在说服（劝说）对方购买之前，应先展示其产品，介绍其特点，说明其优点，诱惑以利益，见对方已开始心动，这时，便可以劝说了。基本的说服条件是先与对方建立起朋友关系，双方成为朋友之后，许多事情才好办，这时才具备说服的条件。在其他商务活动的谈判中，比如引进项目、工程承包等，在进行说服之前，也是应该先从人际关系的建立开始。谈判者不要急于谈正文，甚至要避开正题，先沟通感情，造成亲近感。有了一定的人缘，双方没有了陌生感，成了好朋友，再谈正题的时候就容易进行了。

2. 选择说服的时机

谈判者进行说服时还应选择一定的时机。谈判人员在创造了说服条件之后，也并不是就可以马上说服，这种时机的选择有多方面的因素需考虑，比如有外人在场时不宜说服，当对方情绪状态不好时不宜说服，在对方思维方式仍停留在过去固定模式时也不宜说服。说服的时机其实是很好选择的，就是当对手快乐、高兴，没有其他闲杂人员在场时进行。

3. 分析顾客的顾虑

谈判者创造了说服的条件、选择了说服的时机还是不够的，还应寻找对方的顾虑。对方有什么想法，有什么顾虑，谈判者必须先搞清楚。知道了对方的心事，就可以对症下药，就可以用论据来说服对方了。常用的论据基本上是围绕对方的"心事"进行的。比如对方担心质量，谈判者就可以说自己的产品在行业协会评比中获得过什么奖励；对方担心交货期，谈判者就可以向对方介绍本企业的生产情况，介绍本企业的设备、员工素质、资金实力等，以打消对方的顾虑。总之，谈判者说服对手，应有的放矢，针对顾客的心事找论据。知己知彼，百战不殆，了解顾客需求才能使谈判成功。

（二）说服他人的要诀与技巧

在说服他人的过程中，如果不能掌握要诀与技巧的话，会存在一些弊病。如先想好几个理由，然后才去和对方辩论；站在领导者的角度上，以教训人的口气，指点他人应该怎样做；不分场合和时间，先批评对方一通，然后强迫对方接受其观点等；胁迫或欺诈对方；将对方视为要击败的敌人等。这些做法，其实未必能够说服对方，其实质是先把对方推到错误的一边，也就等于告诉对方，我已经对你失去信心了。

谈判者在对对方进行说服的时候，既可以用严密的逻辑推理方式进行说服，也可以用形象的语言或事件进行说服。说服他人的过程中一定要注意掌握和应用下面的一些要诀与技巧：

（1）取得他人的信任，只有对方信任你，才会理解你友好的动机。"认同"是双方相互信任的有效方法，就是人们把自己的说服对象视为与自己相同的人，寻找双方的共同点。寻找共同点可从以下几方面入手：寻找双方工作上的共同点，如共同的职业、追求、目标等；寻找双方在生活方面的共同点，如共同的国籍、生活经历和信仰等；寻找双方兴趣、爱好上的共同点，如共同喜欢的电视剧、体育比赛、国内外大事等；寻找双方共同熟悉的第三者，作为认同的媒介，如可寻找双方共同熟悉的另一个人，通过各自与另外一个人的熟悉程度和友好关系，相互之间就有了一定的认同，并进而信任你，也会理解你友好的动机。

（2）换位思考说服。站在他人的角度设身处地地谈问题，从而使对方对你产生一种"自己人"的感觉。这种方法是谈判者在说服对方之前，把自己要说的内容向自己说一遍。谈判者把自己设想成谈判对手，从对手的利益、需求、性格特征等方面进行感受，看看这些话能否说服自己。这样便可发觉哪些话是多余的，哪些话力度稍嫌不够，据此，谈判者便可做出修正。

（3）创造出良好"是"的氛围，切勿把对方置于不同意、不愿做的地位，然后再去批驳他、劝说他。事实表明，从积极的、主动的角度去启发对方、鼓励对方，就会帮助对方提高自信心，并接受己方的意见。

（4）说服用语要推敲。在说服他人时要避免用"愤怒""怨恨""生气"或"恼怒"等字眼。另外，在商务谈判的语言沟通技巧中，还应该注意真诚谦虚、直言与曲言、幽默的使用。特别是幽默语言的使用，常常能使平淡、局促、紧张的场面顿时变得轻松活泼。幽默语言的作用主要有以下五点：一是创造欢快和谐的气氛；二是消除尴尬，摆脱困难处境，一句幽默语言博得大家一笑，难堪顿释；三是把批评变得委婉友善，从而使谈判友好地进行下去；四是含蓄地拒绝对方；五是能增加辩论的力量，谈判中的幽默具有非凡的震撼力和说服力，使本来需要反复讨论的事情豁然开朗。

（5）运用经验和事实说服对方。用事实说服就是谈判者避开正面的说教，甚至避开说教的身份，好像是在无意中把一个事件展现在对方的面前，使对方信服，接受你的建议。这种方式应用得较多的是产品实物展示表演中，比如将产品开动起来，用现场的表演事实说服对方。用经验说服指当谈判人员无法用现场表演或不便于立即表演来证实自己的观点，说服对方的时候，可以用过去的事例说服对方，间接传递信息给对方，使对方信服。这种方法还可以是从历史的角度，收集相关事例来进行说服。

（6）指明利弊说服。这种方法就是谈判人员替谈判对方分析利弊得失，从利与弊的对比中发现得失，打消疑虑，服从劝说。谈判人员可以针对对方对几种购

买产品的取舍疑问，指出几种产品有什么优点、缺点，自己的这种产品比那些设备强在哪儿、差在哪儿，最后促使对手在这些利弊对比中，听从谈判人员的建议。用这种方法，常常有一种客观公正的色彩，就事论事，实事求是，给人以可信之感，是一种比较容易使人接受的说服技术。

（7）先说好的，后说坏的。谈判者如果一定要实事求是地将好的与坏的信息同时传递给谈判对象时，则应先说好的，后说坏的。心理学研究表明，信息传递的顺序对人的情绪影响作用是不一样的。先传递不好的信息，听者依据心理承受能力，会有或长或短的一段时间受到折磨。这时再说好的信息时，这种心理折磨会抵消一大部分好消息带来的愉悦。如果先说好的信息，听者会有一段时间沉浸在欢乐之中，当又听到不好的消息时，这种快乐心情会抵消一部分坏消息带来的不愉快。因此，当谈判者说服沟通时，注意信息传递，要控制好对方情绪。

（8）激将法说服。人常言，请将不如激将。《西游记》里有一段，猪八戒到花果山请孙悟空去解救师父，猪八戒用的就是激将法，说妖怪如何看不起孙大圣，还骂孙大圣算什么东西，把孙悟空气得大怒，跟着猪八戒下山去了。现实生活中谈判人员当然不能编瞎话去激励对方，但是谈判者可以用正义感、勇气、良心、毅力、高尚道德观念等来激励对方，使对方产生强烈的自信心，从而被说服。

总之，说服工作的关键在于抓住对方的心，在此基础上，结合"听""问""答""叙""辩"等技巧，综合地加以运用，方能收到良好的效果。

第三节　商务谈判行为语言沟通技巧

在人际沟通中除了使用语言来传递信息外，还经常采用行为语言的沟通形式来传递信息，如人的表情、姿态、动作等。除了注重有声语言外，仔细观察、收集对方发出的无声语言也是十分重要的。商务谈判人员常常通过人的形体、姿态、表情、物体等非发音器官即人体语言与物体语言与对方沟通，传递信息、表示态度、交流思想，获得有关信息。

一、商务谈判行为语言的作用

（1）对语言沟通的补充和强调作用。行为语言可作为口头语言的补充，起到辅助表达、增强力量、加重语气的作用。谈判者在与对方交谈时，为了强调自己的肯定，会做出挥手、握拳、庄重、坚定等动作或表情。对方若是单纯听到他说一句"是"或"绝对没问题"，可能还会犯疑心，但是看到他的表情或动作，可能也就相信了。在怀疑的时候，在生气的时候，在表示友好的时候，行为语言都能起到非常大的辅助作用。

（2）可代替有声语言表达的意图或情绪。人的动作或感情是极其丰富的，有些动作或表情用语言是难以解释的。这种发泄动作或表情，是人内心思想感情的真实流露。它是在内心复杂思想感情无法用语言表述时的一种宣泄。有时，这种思想感情用语言说出来的时候很复杂，但是用动作或表情表达时却很简单。比如伸一下舌头，做一个鬼脸，双手一伸，眼睛一闭等，都是在当时环境下的一种自然流露。对方在当时环境下完全明白这些动作表情的意义，但若是让做动作、表情者把内心思想感情说出来，那就复杂多了，甚至难以说清楚。

（3）表达真实思想或意图。这是行为语言的一大优点，许多情况下弥补了言语沟通上的不足，传递出与口头语言一致或相反的信息，避免了交往上的窘迫感。有的人言不由衷，说一套做一套。对方说话时是对方表达出来的思想，对方做动作或表情时，却是对方内心的真实思想。如果谈判者能够观察到并识别出对方的行为语言，那么就会了解到对方的真实思想。在日常生活中我们也常常见到这种情况，而且也很容易识别。比如小孩子说"我不哭"，却泪如雨下。但在谈判时，双方都在斗智斗勇，这种情况比较难以识认，就需要谈判者多留心了。

（4）调节谈判人员的思想情绪。行为语言还可以有效地调节人的思想情绪。谈话人或听话人有时通过行为语言以排解心中的烦闷，调节不适的心理，缓解自己无聊的心境，比如紧张时搓手，焦急时跺脚，羞怯时脸红等。如果没有这些行为语言对情绪的宣泄，那么这个人可能就更紧张、更焦急、更羞怯。适当地使用一些行为语言对于稳定自己的心理、情绪是有帮助的。比如谈判时，为了调整紧张的情绪，可以玩弄一下笔帽，折叠一张纸，或者摇晃一下腿、脚等，以排解心中烦闷。

此外，行为语言还有超越有声语言的功能，尤其当双方语言不通时往往通过行为语言来进行沟通。在国际商务谈判活动中，万一翻译不在场，就要发挥行为语言功能来完成沟通。

但是，行为语言还存在一些弊端，表现在对行为语言的识别比行为语言的发出更困难。它要求接受信息的人对交际背景有一定的了解，否则沟通就可能产生障碍。

二、人体语言技巧

语言沟通是通过字、词、句等进行的，行为沟通传播是依靠特殊的动作、表情等符号进行的。人们在用语言沟通时，对字、词、句的理解和使用是非常准确的，不允许对这些字、词、句有错误的认知，否则，沟通时就会发生分歧。行为语言依据表达的媒介不同可划分为人体语言和物体语言。人体语言指通过人体各部位变化所表现出的种种表情、态势传递信息；物体语言指通过人对物品空间位置的不同处理来传递不同信息。

人体语言技巧主要是通过眼睛、面部表情、声调、手势和姿势等表现一定思想内容。

（一）眼睛语言

眼睛是人类心灵的窗户，人的目光是最能传达感情的行为语言符号。人的内心感受会不自觉地通过眼睛表现出来。不同的人有不同的目光习惯，有的严肃，有的自然，有的善良，有的狠毒，有的勇敢，有的懦弱等。同一个人，在不同的心理环境下目光也不同，有时高兴，有时懊丧，有时激动，有时沉着，有时单纯，有时复杂等。人们自古以来就特别重视眼睛和目光。

在不同的文化背景下，目光接触又会表现出不一样的信息内容。例如，阿拉伯人常以凝视对方作为起码的交往礼节，而对于一个美国人就会被看得很不自在。在美国，双方交换一下眼神，就已经表达出相互注意了。在欧洲，英国人与人说话尽量避免双方对视，瑞典人则认为对视是礼貌，而往南到了希腊，又认为凝视对方是无礼的。在亚洲，日本人认为对视对方的脸是失礼的。而我国，与对方对视是必须的。甚至在我国国内，北京人很少长时间注视对方双眼，而在我国中原和西北，又把注视对方作为认真听的一种表现方式。

在相同的文化背景下，通过眼视的方向、方位不同，产生不同的眼神，传递和表达不同的信息。商务谈判中常见的眼睛"语言"有：

（1）对方的视线经常停留在你的脸上或与你对视，说明对方对谈判内容很感兴趣，想急于了解你的态度和诚意，成交的可能性大；交谈涉及价格等关键内容时，对方时时躲避与你视线相交，说明对方把卖价抬得偏高或把买价压得过低。

根据美国心理学家麦克·阿吉乐的观察，当一个人在听对方讲话时，如果久久地注视着对方，两眼不肯从对方脸上离去且时间较长时，说明此人对对方的兴趣已超过了话题本身。如果一个人在听到对方谈论难为情的话时，眼睛便不肯再注视对方，或一个人在对方追问一个问题时不敢注视对方的双眼时，这个人可能是想隐瞒什么。

（2）对方眨眼的时间明显地长于自然眨眼的时间时，说明对方对你谈的内容或对你本人已产生了厌烦情绪，或表明对方较之你而产生了优越感乃至藐视你。

（3）对方的视线时时左右转移、眼神闪烁不定，说明对你所谈的内容不感兴趣，但又不好意思打断你的谈话而产生了焦躁情绪。

（4）对方的视线在说话和倾听时一直他顾，偶尔瞥一下你的脸便迅速移开，说明对方对生意诚意不足或只想占大便宜。

（5）其他的眼睛语言，如互相正视可以表现坦诚，互相瞪眼可以表现敌对，斜眼可以表现鄙夷，不停地上下打量可以表现挑衅，凝视可以表现专注，白眼瞟人可以表现反感，睁大双眼可以表现吃惊，不停眨眼可以表现疑问，眯着眼可以表现思考等。

学习探测对方的眼睛和目光，是谈判人员了解对方心理的一个有效途径。谈判时，两人对视的时间、主动和被动又与个人的实力和地位有关。当一个谈判者地位较高或一方实力较强时，会主动地、经常地、长时间地直视对方。而另一个地位较低或实力较弱的谈判者就会不自觉地躲避对方的直视。一般来说，谈判时，讲话的人往往不紧紧盯着对方。

（二）眉眼语言

眼睛加上眉毛是人面传递信息潜力最大的器官，通过眼视的方向、方位不同，产生不同的眼神，传递和表达不同的信息。商务谈判中常见的眉眼行为有：

（1）凝视，即注视对方。凝视的部位、时间长短不同都给对方以不同影响。

1）自然地凝视对方脸部上由双眼底线和前额构成的三角区域，是商务谈判中最常用的一种凝视行为。这种行为显得严肃认真，给对方以诚恳的感觉，往往能把握谈话的主动权。

2）凝视对方脸部上由双眼上线和唇中点构成的三角区域，是谈判过程中举行的酒会、餐会、茶会等场合常用的凝视行为，这种行为能给对方造成轻松的社交气氛。

（2）扫视与侧视。扫视常用来表示好奇的态度，侧视尤其是斜视常表示轻蔑的态度。过多使用扫视，会让对方觉得你心不在焉，对讨论的问题没兴趣；过多地侧视会给对方造成敌意。

（3）闭眼。闭眼是一种有意义的行为，闭合的时间长达数秒钟，会给对方以孤傲自居之感。如果闭眼的同时，还伴有双臂交叉、仰头等动作，就会给对方以故意拉长脸、目中无人的感觉，这种消极的行为很难使谈判进行下去。

（4）其他眉眼行为如：眉开眼笑，表示欢乐；双眉紧锁，表示忧愁；横眉立目，表示气怒；瞠目结舌，表示惊恐；眼珠转溜，表示邪计上心等。

（三）微笑

笑是人类交往中用得最多的一种表情。人们通过笑，向陌生人表示友好，向相识的人表示问候，向熟悉的人表示关心，向至爱的人表示亲情。在谈判中，会不会笑，是衡量一个人谈判沟通能力的标准。确实，笑可以使陌生变为熟悉，可以使熟悉变为友好，可以使友好变为友爱，可以使友爱变为互爱。笑也有一些区别。英国一家研究机构研究认为，笑有三种主要表情：微笑、轻笑、大笑。微笑是不露出牙齿的抿嘴动作。这种笑常常是对于气氛产生的一种呼应。

商务谈判和交往活动中最常用的就是微笑。微笑来自快乐，它带来快乐也创造快乐。面带微笑的人往往是正式代表的陪伴或同事，他只是显露出牙齿的脸部轻微动作。这种笑常常带有主动色彩。它可能是在谈判者提出某个建议，陈述某个观点，或希望得到对方认可的时候，对自己语言上的动作支持。微笑应发自内心，自然坦诚。谈判人员会笑往往还是具有幽默感的标志。不善笑便不善交往，善意而恰到好处的笑，使自己轻松自如，使别人心旷神怡。另外，大笑是上下牙齿距离明显分开，而且发出声音的动作。这种笑是一种发自内心的情感表露，是一种欢愉时的动作。它可能是谈判者得到了对方赞同，取得了阶段性胜利，或最后签约时发出的。轻笑介于真实与虚伪两者之间，因此，学会微笑，不要让对方怀疑你的诚意。如果高兴就大笑，不应掩饰自己，或使大笑变成轻笑。谈判时，谈判人员要区别出礼节性的笑和为高兴而真正的笑。一般而言，大笑是真诚的，轻笑难以判断，而微笑是礼节性的。

对微笑表情的观察，只是整个行为语言观察的一部分。因此，应当把其与身体各部位的表情、声调、环境等联系起来，以提高判断的准确性。

（四）表情语言

面部表情在商务谈判的传达信息方面起着重要的作用，特别是在谈判的情感交流中，表情的作用占了很大的比例。

（1）表示有兴趣：眼睛轻轻一瞥、眉毛轻扬、微笑。

（2）表示疑虑、批评直至敌意：眼睛轻轻一瞥、皱眉、嘴角向下。

（3）表示对己方感兴趣：亲密注视（视线停留在双目与胸部的三角区域）、眉毛轻扬或持平、微笑或嘴角向上。

（4）表示严肃：严肃注视（视线停留在你的前额的一个假设的三角区域）；眉毛持平、嘴角平平或微笑向下。

（5）表示不置可否、无所谓：眼睛平视、眉毛持平、面带微笑。

（6）表示距离或冷静观察：眼睛平视，视角向下、眉毛平平、面带微笑。

（7）表示发怒、生气或气愤：眼睛睁大、眉毛倒竖、嘴角向两边拉开。

（8）表示愉快、高兴：瞳孔放大、嘴张开、眉毛上扬。

（9）表示兴奋与暗喜：眼睛睁得很大、眉毛向上扬起、嘴角持平或微微向上。

（五）声调语言

人在交往中除了字、词、句之外，声音、语调同样起着重要的沟通作用。同样一句话，用不同的声音和语调，却能表达出截然相反的意思。

案例 9-3

意大利著名悲剧歌唱家罗西有一次出席一个欢迎外宾的宴会。席间有人向大家介绍这位家喻户晓的歌唱家，大家用热烈的掌声邀请他唱一首歌。罗西盛情难却，随手拿起一张纸便唱了起来。他那悲怆的语调、哀怨的声音，立即深深地打动了外宾，许多妇人和小姐情不自禁地流下了同情的眼泪。这时，翻译

却迅速跑出了餐厅，在外面大笑不止，有人问他笑什么，他说，你猜罗西唱的是什么？是菜单！那些西红柿、大白菜怎么经他的嘴一唱，听起来都那么地悲哀！

资料来源：https://wenku.baidu.com/view/15e94463ab00b52acfc789eb172ded630b1c989a.html。

声调确实有着非同寻常的作用。人们从谈话者的语调中可以毫不费力地解读出谈话者的真实心理。不管谈话者是友好还是敌意，是冷静还是激动，是诚恳还是虚假，是羡慕还是傲慢，是同情还是讥笑，听话的人都可以从声调中感受出来，而不用管他的字、词、句的表面意思。研究者在对声调进行分析之后，解读出了一些基本的含义。比如，柔和的声调表示坦率和友好，激动时的声音会微微发颤，同情时声音会比较低沉，平仄阴阳变调时，往往含有嘲讽意味。

老练的谈判者非常善于用正常的声调表达自己的思想感情。一般情况下，正常的声调应该是自然地流露。也就是说，人是有七情六欲的，人在说话时，声调应随着心情自然表现。同时，谈判者应改正一些不良习惯。比如，鼻音太重，往往被听者认为是一种冷漠、傲慢；音量过大或语调过重时，如遇到不愉快的话题，则会被人认为在吵架，被听者误会。另外，谈判者用语调表达感情时，要表达清楚。用问句时，语调要明确、清晰、不含糊，否则，对方会对此产生歧义。

商务谈判中常见的声调运用及背后的含义如下：

（1）对方说话时吐字清晰，声调柔和且高低起伏不大，语气变化的情绪色彩较淡，句尾少有"啊""嗯""是不是"等语言"零碎儿"。这种人大多是文化素质较高、富有谈判经验的业务员。

（2）说话时声调忽高忽低、语速较快、语气变化中情绪色彩很浓的对手，大多是刚刚出道的年轻新手，缺乏经验和耐心，不擅长打"持久战"。

（3）吐字含糊不清、语调多用低沉的喉音，说明对方对你谈的内容乃至你本人都不感兴趣甚至厌烦，或者是下意识地向你表示对方的交易优势和心理优势。

（4）说话时"啊""嗯""是不是"等语言"零碎儿"较多的人，一般都是有多年行政工作经历的国有企业官员。

（六）手势语言

在谈判时，手的动作是较容易解读的行为沟通符号。对方向你伸出手，是表示友好的诚意；对方在你伸手时迟疑半天，是表示不想与你交朋友，或看不起你；先伸手且用力摇晃的人是性格外向、热情活泼的人；总是被动地伸手且手软乏力的人是性格内向、顺从、容忍的人。人们也常常用手的动作告诉对方自己的心理态度。学会识别别人的行为语言，对于掌握对方心理状态十分有用。谈判者应长期观察，久而能熟，同时，自己也应在谈判中控制自己的行为，表现出一种处变不惊的姿态。

手势是人们在交谈中用得最多的一种行为语言，在商务谈判中常见的手势有：

（1）伸出并敞开双掌，说明对方忠厚诚恳、言行一致。

（2）说话时掌心向上的手势，表示谦虚、诚实、屈从、不带有任何威胁性。

（3）掌心向下的手势，表示控制、压抑、压制，带有强制性，使人产生抵触情绪。

（4）挠头，说明对方犹豫不决，感到为难。

（5）对方托腮时若身体前倾，双目注视你的脸，意味着对你谈的内容颇感兴趣；若是身体后仰托腮，同时视线向下，则意味着对你谈的内容有疑虑、有戒心、不以为然甚至厌烦。

（6）搓手，表示对方对谈判结局的急切期待心理。

（7）当彼此站立交谈时，若对方双手交叉于腹部的时候，意味着对方比较谦恭、有求于你，成交的期望值较高；若双臂交叉、叠至胸前并上身后仰，意味着对方不愿合作或优势、傲慢的态度；若倒背双手的同时身体重心在分开的两腿中间，意味着对方充满自信和愿意合作的态度；若背手时做"稍息"状，则意味着戒备、敌意、不愿合作、傲慢甚至蔑视。

（8）食指伸出，其余手指紧握，呈指点状，表示教训、镇压，带有很大威胁性。这种行为令人讨厌，在谈判中应尽量避免。

（9）塔尖式手势，指十指端相触，撑起呈塔尖式，这种手势表示自信，若再伴之以身体后仰，则显得高傲，男性常以塔尖向上、女性则常塔尖向下。

（10）背手常显示一种权威，但在一个人极度紧张、不安时，常常背手，以缓和这种紧张情绪，另外，如果背手伴以俯视踱步，则表示沉思。

（七）姿态语言

达·芬奇说：精神最能通过姿势和四肢的运动来表现。在谈判中，谈判者的

身体姿势能体现出当时的特定心情和态度。当一个谈判者十分放松地坐着，说明他的内心坦率，是一种开放式的交往态度；如果一个人的身体后仰15度，或自然地倚靠着什么，是一种极其放松的标志；如果前倾约20度，是一种较为注意的标志；如果肌肉僵硬，姿势呆板，是比较紧张的标志；如果略微倾向于对方，是一种热情和兴起的标志；如果侧转身子，则表示轻蔑；如果背朝人家，则表示不屑一顾；如果拂袖而去，则是拒绝交往。

动作符号与体态符号常常是并列联用的，从对方的体态上还可以看出另一层意思。如对方手臂交叉胸前，同时两腿交叠，表示他内心不肯与人接触；对方身体挺直，肌肉紧张，双手握拳，说明他非常兴奋，情绪高兴；当一个人时时咬自己的指甲时，可能是他感到与交往的人关系欠佳；当一个人不断地用手抚摸领口或衣服的其他地方时，可能是他有其他的事，准备着离开现场等。

行态端庄、彬彬有礼、宾主分明，反映一种修养、稳重、信心和有力量，常见的姿态有：

（1）双腿合拢、双手前合，上体微前俯、头微低、目视对方，表示他谦恭有礼，并愿意听取对方的意见。

（2）两腿站开，相距肩宽，双手背后，挺胸、抬头，目光平视对方，面带微笑，说明对谈判问题有信心、有兴趣。

（3）一般性的交叉跷腿的坐姿（俗称"二郎腿"），伴之以消极的手势，常表示紧张、缄默和防御态度。

（4）架腿，对方与你初次打交道时采取这种姿势并仰靠在沙发背上，通常带有倨傲、戒备、猜疑、不愿合作等意思。若上身前倾同时又滔滔不绝地说话，意味着对方是个热情且文化素质较低的人，对谈判内容感兴趣。

（5）如果对方将头侧向一边，尤其是倾向讲话人一边，则说明他对所讲的事很感兴趣。

（6）谈话时，对方头部保持中正，有时会微微点点头，则说明他对你的讲话既不厌烦，也非很感兴趣。

（7）十指交叉、搂住后脑，则显示一种权威、优势和自信。

（8）一手支撑着脑袋，则说明对方处于思考状态。

（9）对方若频频弹烟灰、一根接一根地抽，意味着内心紧张、不安，借烟雾和抽烟的动作来掩饰面部表情和可能会颤抖的手，对方很可能是谈判新手或正在采取欺诈手段。

（10）点上烟后却很少抽，说明对方戒备心重或心神不安。

事实上，有的姿态只是一种习惯性的反应，并没有特别的含义。有的令人难以接受的姿态则可能是因人的特殊身份造成的。为此，需要通过某些经过分析和验证的认识过程去了解。

三、物体语言技巧

物体语言是指在摆弄、佩戴、选用某种物体时传递的某种信息，实际也是通过人的姿势来表示信息，在商务谈判中笔、本、眼镜、提包、帽子、香烟、打火机、烟斗、茶杯以及服装、衣饰等物品拿在手中，戴在身上，呈现不同姿势，反映不同内容与含义。

（1）手中玩笔，表示漫不经心，对所谈问题不感兴趣或显示其不在乎的态度。

（2）慢慢打开笔记本，表示关注对方讲话，快速打开笔记本说明发现了重要问题。

（3）猛推一下眼镜，则说明对方因某事而气愤。

（4）摘下眼镜，轻轻揉眼或擦镜片，说明对方精神疲倦，对争论不休的问题厌倦和正在积蓄力量准备反战。

（5）如果轻拿桌上的帽子，或轻轻戴帽，则可能表示要结束这轮谈判，或暗示告辞。

（6）打开包可能想再谈新的问题，关上包则表示到此为止，夹起包则可能无法挽留。

（7）将烟向上吐，表示有主见、傲慢和自信；向下吐则表示情绪低沉、犹豫、沮丧等。

（8）不停地吸烟，表示伤脑筋；深吸一口烟之后，可能是准备反击。

四、无声语言表现规律

在商务谈判过程中，把无声语言传递的信息分类，把能说明和反映各类信息的各种无声语言综合起来，进而探讨无声语言表现规律非常必要。

（一）表示思考状态的无声语言

（1）一手托腮、手掌撑住下巴，手指沿面颊伸直，其余手指放在嘴巴下方，身体向前微倾，表示正在做决断性思考。

（2）不时用手敲自己的脑袋，或者用手摸摸头顶，表示正在思考。

（3）视线左右活动频繁，而且很有规则，表示正在积极思考。

（4）摸着头顶的手若弹抖快，则表示专注于思考。

（5）在谈话中，忽然将视线垂下，表示所谈的某件事情引起了他的思考。

（6）将眼镜摘下，表示想用点时间稍作思考。

（二）表示情绪不稳定的无声语言

（1）握手时，掌心冒汗者，多为情绪激动、内心失去平衡者。

（2）四处张望、视线变化频繁，说明对方心里不安和有警戒意识。

（3）不断变换站、坐等姿态，身体不断摇晃，说明焦躁和情绪不稳。

（4）双脚不断地做分开、交叉动作，表示情绪不安。

（5）说话无故停顿、时常清嗓子、声音时大时小、说话内容前后矛盾，表示对方情绪不稳。

（6）扭绞双手，身体不自觉地颤动，将香烟中途弄灭或燃着放在烟灰缸里，表示焦虑，情绪紧张。

（7）猛拉裤管，不时轻敲桌面，表示对方左右为难、犹豫不决。

（三）表示性格的无声语言

（1）不敢抬头仰视对方的谈判者或被人注视时将视线避开的谈判者，多具有自卑感。

（2）谈判强调以"我"为中心，说话时抑扬顿挫明显、频繁提出自己的主张和使劲与人握手的谈判者，多具有主动、自傲的性格。

（四）表示心情不满的无声语言

稍带醉意，就立即想吐露自己的事情，可能对环境不满；谈话中不断把视线转向别处或拨弄手指的人，表示他已经厌烦谈话；借开玩笑机会，破口大骂或指桑骂槐的人，说明在发泄内心的不满。

五、运用无声语言技巧应注意的问题

（1）无声语言不是对人的行为状态、含义的精确描述，而是含义既广又深，可变性强，有时无声语言所表达的并非一定和内在本质相一致，在商务谈判中有意制造假象也是屡见不鲜的，谈判者应该根据实际情况谨慎、机智地识别和应对各种问题。

（2）弄清无声语言的运用的场合、时间和背景。场合是指谈判地点；时间是指谈判所处的阶段（初期、中期、末期)；背景是指客观条件（个性、能力、关系状况等)。

（3）应善于观察。由于无声语言直接作用于人的视觉，一切尽在无声无息之中，这就要求在倾听对方的同时悉心观察对方，体会对方所给予的各种暗示信息，并采取相应的方式，与对方交换信息，适时做出较为准确的判断，促使谈判向有利于己的方向发展。

六、提高商务谈判行为语言运用能力的方法

（一）观察

（1）通过摄像机来提供具体的、生动的素材，并在专业人员或有丰富谈判经验人员的帮助或提示下来进行分析。

（2）在自然条件下直接观察他人运用的各种行为语言，分析行为语言的意思。

（3）行为语言的运用在多数情况下是与语言的、环境的因素配合的。行为语言和语言环境应成为一个相互协调的整体。

（二）训练

训练的目的是使你的行为语言给人一种自然的感觉。在有条件的情况下，应该在专业人员或者有谈判经验人员的指导下，训练行为语言的使用。

第四节　商务谈判交往空间

一、商务谈判交往空间的含义

个体空间是行为沟通的一种特殊形式。在一般的人际交往活动中，一个人对另一个人靠近还是疏远，等于表示对他融洽还是戒备。这种靠近或疏远，是人的心理造成的。也就是说，一个人为了保持自己的身体安全，以获得心理平衡而对交往距离和空间进行调整和控制的范围，就是个体空间。这是由于人保护自己身体不受伤害的心理在起作用。人并非要拒绝与人交往，只是这种交往有一个范围，当你在这个范围之外，这个人感到安全，他就会很自在；如果这个范围被破坏，有人进入到这个范围之内，那么，他就会警觉，甚至躲避起来。美国谈判学家罗伯特·索默对此解释说：人具有一个把自己圈起来的心理上的个体空间，它就像一个无形的"气泡"一样，一旦这个"气泡"被人触动，就会感到不自在，甚至不安全，就会焦躁起来。

在商务谈判中，交往空间是指交往者彼此间为了保持自己的领域以获得心理平衡而对交往距离和空间进行控制与调整的范围。其主要影响因素有社会文化习俗、社会生活环境、人与人之间的亲密与熟悉程度、谈判目的、个人素养等。商务谈判空间是一个为自己划定并认为是属于他个人的空间，一旦这个空间被人触犯，就会感到不舒服或不安全，甚至恼怒起来。

二、西方交往空间的划分

谈判双方在空间上的距离越近，彼此交流的机会和频率就越高，它会受到各种主客观因素，如交往对象、交往内容、交往场合、交往心境等的影响。美国人类学家爱德华·霍尔博士被公认为是研究人类空间问题的奠基人。他对人类交往空间距离进行了划分，认为人类个人交往空间距离可以划分为以下四个区域：

（一）亲密空间

这是人际交往中最小的间隔，是个人最重要的领域，只有最亲密的人才能接近。其近段距离在约 15 厘米之内，彼此可能肌肤相触，耳鬓厮磨，以致相互能感受到对方的体温和气息。其远段在 15~44 厘米，身体上的接触可能表现为挽臂执手，或促膝谈心，体现接触交往双方亲密友好的人际关系。在这个范围内，人们只允许与自己最亲近的人接近，如父母、子女、兄弟、姐妹、亲戚、亲密的好朋友、恋人等。只有这些人进入到这个范围，人才不会警觉，才有安全感。如果是这些人之外的人进入到这个范围内，人就会不安、焦急，甚至恼怒或害怕。

亲密空间是一个心理安全空间。因为这种亲密空间不属于大众所有，不适合在大众面前呈现出来。就交往情境而言，亲密距离属于私下情境。在近段距离中，基本上只谈论相互间切身利益的私事，而少谈正式公事，最适宜窃窃私语、说贴心话；就交往对象而言，亲密距离内最具排他性。在同性别的人之间，往往限于贴心朋友，彼此十分熟识和随和，可以不拘小节，无话不谈；在异性之间，一般只限于夫妻和情人之间，超出这种感情关系之外的第三者闯入这个空间，就会引起十分敏感的反应和冲突。

一个不属于别人亲密距离圈子内的人，随意闯入这个空间，都是不礼貌的，会引起对方的反感，也会自讨没趣。

（二）个人交往空间

这是个人空间中与熟人、同学、朋友、老师、同事等在一起时所保持的空间距离，这在人际间隔上稍有分寸感，较少直接的身体接触。近段距离在 46~76 厘米，正好能相互亲切握手，友好交谈，这是与熟人交往的空间；远段距离在 76~122 厘米，已有一臂之隔，恰在身体接触之外。

距离与人相隔一臂，两人握手、寒暄、友好地交谈，都不嫌远，也不会对自己身体产生接触，双方都感到自由、安全。一般人在这个空间范围内是与"私人"接触时的距离，是相熟的关系。如果是陌生人走进来，交谈者会高度警觉，甚至会不由自主地向后退，一直退出这个范围，心理才会平衡，才有安全感。相反，如果是老友重逢、朋友相遇，对方站在这个范围之外时，便会主动上前，进入到这个范围，与对方拉手，这样才感到温馨、和睦，心理上才愉快。个人交往空间是让熟人进来，让陌生人出去的调节空间。

（三）社会交往空间

这已超出了亲密或熟悉的人际关系，而是体现出一种社交或礼节上的较正式关系。近段距离在 1.2~2.1 米，一般出现在工作环境和社交聚会、谈判协商场合；远段距离在 2.1~3.7 米，表现了一种更加正式的交往关系。

这是人们与陌生人、刚认识的人在社交活动中所保持的空间距离，这个距离被认为是社交距离，主要用在工作中、社会交往活动中，包括谈判活动中。社会交往空间不是有意要与对方保持一段距离的，而是从庄重、严肃、尊重等方面考虑。在社会交往活动中，如果距离太近，就会显得不够严肃、庄重。谈判时保持这样的距离还便于交流，双方都能清晰地听到对方的话，都能清楚地注视对方的脸，这样的沟通是最有效的。

（四）公众交往空间

该空间中，人际之间的直接沟通大大减少了。其近段距离在 3.7~4.6 米，远段距离在 7.6 米之外，这是个人在公众场合自顾忙活而不必介意他人的空间距离，是几乎能容纳一切人的"门户开放"空间。人们完全可以对处于这个空间内的其他人"视而不见"，不予交往，因为相互之间未必发生一定联系。在这个距离以外，人们互不相熟，也不用打招呼，各人为个人的事忙碌着，不必考虑他人的存在，甚至不用在意发生的其他事情。人们走在街上，对距离三米远的人根本不用去看。

三、个体空间的伸缩性

个体空间对于商务谈判的意义在于：一方面可以帮助了解对方心理，从个体空间距离随个人性格而变化这一点，谈判人员可以观察、分析对方的性格，以及文化、涵养等；另一方面使谈判者了解不同的个人空间距离，对于把握谈判结果会有很大帮助。当谈判者希望从对方那里获取更多利益时，就应该表示一下亲近，与对方接近一些，从感情上让对方更多地得到一些抚慰。这样，谈判时就会减少一些对方因让利而产生的心理压力。如果谈判者占据很强的实力，或者持币代购者，那么，谈判者就可以离对方稍远一点距离，以免太过亲热，谈判时不便使自己态度更强硬。

个体空间的距离不是一成不变的，它会随着不同人的文化背景、社会地位、不同的性格进行改变，甚至同一个人会因不同的心情、不同的环境而发生改变。不同的谈判人员所需的个体空间范围有所不同，同一个谈判者在不同心理状态下所需的个体空间也会发生变化。

首先，现代谈判学家对不同民族交往距离的研究表明，不同文化背景或不同民族的谈判者需要的个体空间不同。例如，同是美洲国家，对两个成年的北美人来说，最适宜的交谈距离是相距一臂至1.22米，即在个人距离之间，而南美人交谈则喜欢近一些，所以很容易闯入北美人的亲密距离。因此，不同文化背景的人交往时常会因个体空间的不同需要产生误解：一方会觉得另一方粗俗无礼，而另一方则会觉得对方冷淡傲慢。这样，很可能影响谈判双方之间的融洽与沟通。

其次，性格差异会导致对个体空间的要求不同。性格开朗、喜欢交往的人更乐意接近别人，也较能容忍别人的靠近，他们的个体空间就较小；而性格内向、孤僻自守的人不愿主动结交别人，宁愿把自己孤立地封闭起来，他们的个体空间就较大。

再次，谈判者的社会地位不同，也会表现出个体空间的差异。地位尊贵的人物，往往需要较大的个体空间，总是有意识地与下属和人群保持一定距离；就年龄而言，任何人可以抚摸儿童的头和脸，但如此对待一个成年人常是不尊敬的表现。

又次，谈判者的情绪状态也会造成个体空间的伸缩性。心情舒畅，个体空间就会有较大的开放性，甚至不熟识的人接近也不会引起反感；而若独自生闷气时，个体空间就会非理性地扩张，甚至亲朋好友也可能被拒之门外。

最后，特定的场合下，人们对个体空间的需要会自然发生变化。例如，在拥挤的公共汽车上或电梯上，人们无法考虑自己的个体空间，因而也就能容忍别人靠得很近，这时已没有亲密距离还是公众距离的界限。但在这种情况下，人们会以背靠背来避免视线或呼吸相接触，还常把手放在身体两侧来阻挡别人贴得太近。如果是面对面时，则眼睛注意头顶或空间某个位置而不相互对视或打量对方。然而，若在较为空旷的公共场合，人们的个体空间就会扩大，如谈判会场、公园、阅览室，别人毫无理由地挨着自己坐下，就会引起怀疑和不自然的感觉。

第五节 商务谈判文字语言的运用

所谓商务谈判文字语言，是指对谈判前的准备、谈判过程和谈判结果全部内容的文字表现。它包括谈判准备工作的文字处理、谈判过程的文字处理和谈判后的文字处理，具体内容有谈判方案、议程的拟订，谈判记录、备忘录及合同的文字处理。

一、商务谈判文字处理的特征

（一）客观即时

这是指商务谈判中的任何一个环节的文字处理要及时、准确、迅速、精练、如实、完整地反映谈判过程中的全部内容。商务谈判的文字记录和处理不需要像文学作品那样去构思、准备、修改、最后定稿。所以在商务谈判中的倾听、归纳、抽象、简明、得体的文字处理就十分重要。

（二）格式固定

商务谈判中文字处理的内容均属应用文范畴，一般都有固定的格式，比如商务信函大致由八个部分组成，即信头、日期、受信人姓名和地址、称谓及客套语、正文、信尾、结束礼词、署名。如果缺一项会给受信人带来疑问。记录、备忘录、协议书、合同等更是如此。

（三）语言质朴

除记录、备忘录外，商务谈判其他内容的文字处理要求质朴、准确、简明。所谓质朴，是指文字语言表达必须实事求是、直截了当、不追求辞藻、不咬文嚼字、不堆砌词语、不做文字游戏、不过多描绘；准确是指文字不含糊其辞、不模棱两可；简明是指语言精练、准确，双方理解或解释不存在歧义。

（四）时间性强

商务谈判的文字处理与一般行文的又一重要区别就是它具有很强的时间性。因为这些文字内容具有按法律的规定约束双方行为的作用，也是处理日后合同纠纷的依据。如签订书面合同的依据主要是来往的函电及谈判、磋商后的记录及备忘录。在商务谈判实践中，函电的时间、谈判的时间、出席人数等均成为处理合同纠纷的重要依据。

二、商务谈判文字语言运用的基本原则

（一）实用性原则

这是指无论商务谈判哪一环节的文字表达都要简明、易懂，直接服务于谈判，有助于谈判过程的加速，直至合同契约的形成，并以此作为双方执行的凭证，起到规范和约束谈判双方行为的作用。因此，客观上要求这样的文字处理必须语言大众化、术语专业化，真实间接地反映谈判全过程。

（二）可靠性原则

这是指谈判中达成的文字协议所依据的材料、情节真实可靠，具体包括谈判中的情况、资料、所涉及的数字（购销量、价格等）等必须真实可靠、合法，做到情况全面、事实清楚、数据准确、根据充分、合同具有法律效力。

（三）准确性原则

这是指表达方式的选择要恰当，内容的反映要准确无误。商务谈判文字表达是否准确，将直接关系到谈判双方切身利益以及谈判能否成功。商务谈判中的文字表述是否准确，主要取决于其表达方式是否符合文章样式的需要。如记录要求实；签订合同要概念明确，判断恰当，推理合乎逻辑；使用简称要坚持约定俗成，避免牵强和武断；文字书写要符合一般的规定标准或习惯；正确使用标点符号等。

三、商务谈判文字处理技巧

商务谈判文字处理贯穿谈判的整个过程。下面简单介绍商务谈判方案、记录、备忘录、合同起草等文字处理技巧。

（一）商务谈判方案

商务谈判方案是指为实现商务谈判目标，事前进行全面、总体的设想所写出的书面材料，即根据谈判目标将所指定的谈判内容、谈判方法、谈判组织、谈判策略、完成期限等内容写成的文字材料。谈判议程和可行性方案是商务谈判方案

的重要组成部分。在商务谈判中如果有一个好的计划，就能避免盲目性，增强自觉性，工作起来就能按部就班、有条不紊、提高效率。可见谈判方案在商务谈判中有着非常重要的作用。

拟定商务谈判方案的要求有：

（1）讲求写作效率。制定谈判方案的时间性较强，必须认真准备，提高写作效率。为此，谈判文书需事前做好一些工作，如掌握领导意图，领会谈判目标，研究我方可能采取的策略、所能提供的利益保障，研究谈判对手的基本情况，包括参加的人员年龄结构、身份地位，对我方可能做出的反应等，以缩短谈判方案的写作时间。

（2）从实际出发。从实际出发主要指拟定的谈判方案既要使谈判者有章可循，又要给其留有充分的余地，能应变自如，还要有针对性地为谈判文书提供更多的信息资料，包括书面的和会议的，以便对现实情况做出科学的分析，拟定出切实可行的商务谈判方案。

（3）行文通畅易记。商务谈判方案要语句通顺流畅、逻辑严谨、结构紧凑；要紧紧围绕已经确定的谈判目标展开，其布局、对策应与目标融为一体，上下连贯；文字必须简洁、醒目、流畅；语言力争言简意赅。

（4）具有应变能力。谈判方案要有一定的灵活性。从某种意义上讲，任何谈判方案都是纸上谈兵。在实际谈判中，会有一些难以预料的情况。因此，谈判方案中的一些关键用语不要过于绝对，以免束缚谈判人员的随机应变能力，可使用一些弹性语言，如接近、尽可能、成功系数在 X%~Y% 等，便于谈判人员有回旋的余地。

（5）严格写作格式。谈判方案的写作格式一般包括：谈判方案的名称，如××商品购销谈判方案；正文，主要包括建立目标、预期分析和形式分析、相应的对策、组选谈判队伍、对前述目标的评价和再完善等；结尾，包括谈判方案的附件、拟定时间等。

处理商务谈判方案的文字处理技巧很多，诸如：句子长短适宜，要巧妙地选择和组织词语，一般句子字数以不超过 20 字为宜；段落简单明了，理想的结构是一个重要部分由 3~4 个段落组成，各段落之间由一个一句话的段落搭桥衔接，不仅容易理解，而且可以加深记忆；措辞严谨通俗。

（二）商务谈判记录

商务谈判记录是指用文字形式如实、及时、准确、完整地反映谈判全过程的书面材料。其作用在于：一是有利于推动并加速谈判过程，避免无休止的重复、反复谈判；二是可作为约束谈判双方行为的凭据，也为撰写备忘录和最终签订合同（协议）提供依据。

记录必须符合谈判的实际情况，不能随意添加或删改谈判的内容和基本精神。谈判进入达成协议的关键阶段，对重要人物的发言要做详细记录。严格谈判记录的格式，谈判记录的格式一般包括如下部分：谈判概况，包括谈判名称、时间、地点、参加谈判人员、列席人员、主持人、记录人等项；谈判内容，是谈判记录的主要部分，主要记录双方发言人的发言，谈判中所做出的决议、结论等。

商务谈判记录与一般会议记录的方法大致相同，一般包括：摘要记录（重点记录），即把谈判中的全部内容，包括每个发言人的原话、动作表情、谈判气氛都记录下来；如果谈判时间较长，争论问题较多，中间需要注明休息时间；谈判结果，可另起一行空两格写"结束"二字，以保证内容的真实、完整；关键性的谈判阶段，要由主持人和记录人在记录末尾右下方签名，以示负责。具体采用何种方法，要视谈判的需要而定。

（三）商务谈判备忘录

商务谈判备忘录是指用文字形式对每一次重要谈判的双方达成的协议如实反映的书面材料。商务谈判备忘录与记录有一定的联系：首先，两者都作为签订大宗商品买卖合同的重要依据；其次，对期限较长的谈判，备忘录与记录都对下一轮谈判的重要议题和谈判内容的确定起着决定或参考作用；最后，备忘录的形成要以每次谈判的记录为依据。

当然，它与商务谈判记录也有区别：备忘录是就谈判中达成的协议，用文字形式表现出来；记录是对谈判中发言或重点发言内容的文字表现。备忘录要载明双方承担的权利和义务，不管双方谁起草，最终都要出示给对方，征得对方的同意并且签字方可生效；记录无须征得对方同意，即使重要任务的关键谈话以及承诺等内容的记录，也并非必须签字，但为避免事后麻烦，也可以要求当事者签字。签字后的记录，往往具备了备忘录的性质。备忘录虽不像合同那样具有法律效力，但经过双方签字后，就成为双方认可并约束双方行为的凭据；记录就不具

有这种效力。对小宗买卖活动，备忘录可起到协议或合同的作用；而记录则没有这种作用。

商务谈判备忘录在写作上必须谨慎，用词准确无误，达到以下要求：

（1）阐明义务，突出依据。备忘录要对双方达成的协议用书面形式反映出来，因此，必须要突出达成协议的依据。文字上可做这样的处理："依据我们双方某年某月某日之洽谈，现双方已达成协议如下……"

（2）主动撰写，避免被动。自己动手写备忘录有许多益处：首先，备忘录的内容是按照自己使用最习惯的词语来写的，有充分的解释权，可避免对方在备忘录中做文字游戏，有意遗漏、错写而造成自己吃亏。其次，由于自己写备忘录，所以对谈判中的任何细节都格外注意听、认真记，为打主动仗奠定基础。再次，自己可以主动选择有益的项目或条件写入备忘录中。对方提出异议的要求、修改一般不要轻易写上，可先找一些理由推辞，非写不可的，则以谈判中对方未提及或未说清为理由做让步处理，再填记漏入项目。这样既使对方满意，又显出自己高姿态，对方很可能为了这次我方的让步不愿再提其他事项，从而使我方受益。最后，因你费时间和精力写备忘录，对方还会感谢你，也可避免在一些枝节问题上挑剔。

（3）提高警惕，主动出击。如果对方写备忘录，我方需要提高警觉，不能过于天真或示弱。第一，要由两人以上审阅对方写好的备忘录，从中找出遗漏和错误的地方，这些很可能是对方有意搞错；第二，面对事实和谈判对手重新商谈备忘录中遗漏或错写的问题，并且要有面对事实的勇气，决不逃避问题；第三，要有充足的理由据理力争，因此需要对谈判的全过程认真做好记录，这样证据才会充分；第四，树立"直到最后一分钟都可以改变备忘录条款"的观念，为赢得正当的利益而穷追不舍。

（四）商务谈判合同

在商务谈判中一般的交易合同具有多种有效形式，各国也有着不同的规定。在国际上口头达成的合同只要能证明就是有效的；书面合同可以是具有一定格式的正式书面合同，可以是协议书、备忘录等各种书面形式，还可以是由往来函电，包括电传构成的合同。我国主张书面形式，但是，如果不将分散的信件、电报、电传中双方协议一致的条件集中于一份书面合同上来，会影响合同的履行与谈判效率。

书面合同主要有交易合同和交易确认书两种，并且大都有固定的格式。合同开始部分是合同的最重要部分，当争议发生时，这部分内容将起到重大法律作用，不可忽视。其中，合同的名称与编号、签约时间地点、双方当事人的身份意图、有关文件及事项都要特别注意，对于合同中所出现的某些比较复杂和容易引起歧义的概念词语，应该在合同开始的部分给出定义。合同主文部分应该注意商品名称、品质、数量、包装、检验、产权、价格、交货、运输等条款与术语，关于异议索赔、不可抗力、仲裁、合同终止、特约条款也应该清楚地规定说明。

本章小结

商务谈判的语言多种多样，按照不同的标准可以分成不同的类型。按照语言的表达方式不同，商务谈判语言可以分为有声语言和无声语言；按照语言的表达特征不同，商务谈判语言可以分为专业商务语言、法律语言、外交语言、文学语言、军事语言等；按谈判者的态度不同，可以把商务谈判语言区分为留有余地的语言、幽默诙谐的语言和威胁强硬的语言。无论有声语言还是无声语言，在商务谈判沟通中都起着十分重要的作用。因为，语言艺术是商务谈判中表达自己观点的有效工具，是通向谈判成功的桥梁，是实施谈判策略的主要途径，也是处理商务谈判中人际关系的关键。在商务谈判中运用语言艺术时需要遵循一些基本的原则：客观性原则、针对性原则、逻辑性原则、隐含性原则、规范性原则和说服力原则。

商务谈判中运用有声语言的技巧主要体现在听、问、答、叙、辩、说服等方面。在谈判桌上必须随时注意这几方面技巧的运用，以便准确地把握对方的行为与意图。

除了注重有声语言外，仔细观察、收集对方发出的无声语言也是十分重要的。商务谈判人员常常通过人的形体、姿态、表情、物体等非发音器官即人体语言与物体语言与对方沟通，传递信息、表示态度、交流思想、获得有关信息。

在商务谈判中，交往空间是指交往者彼此间为了保持自己的领域以获得心理平衡而对交往距离和空间进行控制与调整的范围。个体空间的距离不是一成不变

的，它会随着不同人的文化背景、社会地位、不同的性格进行改变，甚至同一个人会因不同的心情、不同的环境而发生改变。不同的谈判人员所需的个体空间范围有所不同，同一个谈判者在不同心理状态下所需的个体空间也会发生变化。

商务谈判文字语言包括谈判准备工作的文字处理、谈判过程的文字处理和谈判后的文字处理，具体内容有谈判方案、议程的拟订，谈判记录、备忘录及合同的文字处理。

| 第十章 |
商务谈判策略与技巧

本章目标

◆ 认识商务谈判策略含义及其分类的重要意义

◆ 了解在商务谈判过程中，根据进程、作风、性格和地位类型所采取的常用应对策略

◆ 能比较准确地判定和运用相应的谈判策略

谈判目标的实现绝不是刻板的、机械式的。谈判者个体是有情感的，而艺术化的策略是谈判双方或多方聪明智慧的无声竞赛，许多策略也是实现商务谈判目标的润滑剂。

第一节　商务谈判策略概述

商务谈判是"合作的利己主义"的过程。在这个过程中，参与谈判的双方或多方都要为自己获得尽可能多的利益而绞尽脑汁。谈判人员可能会根据有关情况，或显示自己的智慧，或摆出自己的实力，或借助天时、地利以及经过思考选择的方法、措施来开展谈判。作为一种复杂的智力竞争活动，谈判高手无不借助谈判策略的运用来显示其才华。因此，谈判策略选用是否得当、能否成功，是衡量谈判者能力高低、经验丰富与否的主要标志。在商务谈判过程中，为了使谈判

顺利进行并取得成效，谈判者应注意及时抓住时机，审时度势地制定并运用相应的谈判策略。

一、商务谈判策略的内涵

（一）商务谈判策略的含义

什么是商务谈判策略呢？尽管这是一个很常用的名词，但迄今为止，学术界对这个词还没有形成统一的被大家公认的表述。我们认为，商务谈判策略是对谈判人员在商务谈判过程中为实现特定的谈判目标而采取的各种方式、措施、技巧、战术、手段及其反向与组合运用的总称。在具体的谈判过程中，商务谈判策略包含两层含义：参加商务谈判人员的行为方针和他们的行为方式。商务谈判策略规定谈判者在一种能预见和可能发生的情况下能做什么，不能做什么。从商务谈判的角度看，商务谈判策略是谈判者在谈判过程中，为了达到己方某种预期目标所采取的行动方案和对策。

商务谈判策略是一个集合概念和混合概念。一方面，它表明，商务谈判中所运用的单一方式、技巧、措施、战术、手段等都只是商务谈判策略的一部分。对于策略，谈判人员可以从正向来运用，也可以从反向来运用；既可以运用策略的一部分，也可以运用其几部分及多部分的组合。另一方面，它还表明，商务谈判中所运用的方式、战术、手段、措施、技巧等是交叉联系的，难以再深入分割与分类。

多数商务谈判策略是事前决策的结果，是科学制定策略本身指导思想的反映，也是谈判实践的经验概括，它规定谈判者在一种能预见和可能发生的情况下应该做什么，不能做什么。谈判中所采取的许多策略，都要经历酝酿和运筹的过程。酝酿和运筹的过程，也是集思广益的互动过程。只有经历这一过程，才能选择准确、恰当的商务谈判策略。

（二）商务谈判战略与策略

有时，我们还会用"商务谈判战略"一词。那么，商务谈判战略和策略究竟是怎么回事呢？

商务谈判战略是相对于商务谈判策略而言的。一般说来，商务谈判战略又称为商务谈判宏观策略。它是指实现谈判总目标的原则性方案与途径。其目的主要是获取谈判的全局利益，实现谈判的长远利益。商务谈判战略具有完整性、层次性、阶段性、相对稳定性等特点。

商务谈判策略又称为商务谈判微观策略，是完成或实现商务谈判战略的具体方案、手段、战术的总称。实施商务谈判策略旨在赢得局部的或阶段性的利益。有时，商务谈判策略的实施，可能会暂时失去某些局部的利益，以服从整体利益和总体目标的需要。它具有派生性、单一性、应变性和针对性等特点。

商务谈判战略和商务谈判策略仅仅是一种理论上的区别。在谈判实践中，它们既对应存在又相互转化。应该注意的是，无论商务谈判战略还是策略，都不是谈判的最终目标。从一定意义上讲，它们都是解决问题的方式、方法。

二、商务谈判策略的特征

商务谈判策略不仅有其内在的规定性，而且有其独有的特征。这些特征是在长期的商务谈判实践经验和教训的基础上总结、概括出来的，主要有以下几点：

（一）针对性

商务谈判是一种应对性很强的活动。只有谈判双方或多方为了满足某种需求时才会坐到一起来交流、沟通和磋商。在商务谈判中，任何策略的出台都有其明显的针对性。它必然是针对谈判桌上的具体情形而采取的谋略和一系列举措。

在商务谈判中，谈判人员一般主要针对商务谈判的标的或内容、目标、手段、人员风格以及对方可能采取的策略等来制定己方的策略。有效的商务谈判策略必须对症下药，有的放矢。在商务谈判中，卖方为了卖个好价钱，一般会采取"筑高台"的策略，实施"喊价要高"的战术。针对这种情况，买方往往采取"吹毛求疵"的策略，实施"还价要低"的战术予以应对。策略与反策略的运用是商务谈判策略针对性最明显的体现。

（二）预谋性

商务谈判策略集中体现了谈判者的智慧和谋略。从一定意义上讲，商务谈判策略是谈判人员集体智慧的体现。在谈判中，策略的运用绝不是盲目的。无论遇到什么样的情况，出现何种复杂的局面，选择和使用什么样的应对策略，谈判人员事先已经进行了商讨与筹划。策略的产生过程就是策略的预谋过程。

商务谈判策略的预谋性，既反映了谈判人员对主客观情势的分析、评估和判

断，又在一定程度上检验了商务谈判调查情况的真实性和准确性。通常，谈判实战之前的模拟谈判，会修正商务谈判策略预谋的准确程度。在商务谈判中，如果没有事先筹划的应对策略，一定会处处被动，措手不及，只有招架之功，没有还手之力。

（三）时效性

几乎所有的商务谈判策略都有时间性和效用性的特点。一定的策略只能在一定的时间内产生效用或使效用最大化，超过这一特定的时间，商务谈判策略的针对性就会发生变化。

商务谈判策略的时效性表现在以下几个方面：

（1）某种策略适合在商务谈判过程中的某个阶段使用。通常，疲劳战术比较适合对远距离出差的谈判者使用，或大多在谈判进程的初期或签约阶段使用。

（2）在特定的时间或时刻之前使用。例如，最后通牒策略规定了具体的日期和时刻。在商务谈判中，对报盘之类的时间规定也属于这种情况。

（3）在特定的环境中使用才有预期的效果。这与商务谈判策略的针对性是一致的。

（四）随机性

在商务谈判中，无论考虑得多么周密，方案计划得多么详细，都会因时因地因环境而使一些事先谋划的策略不产生任何意义，即不会产生预期的效果。在这种情况下，商务谈判人员必须根据谈判的实际情况、过去的经验和现时的创新随机应变，采取适当的策略来解决实际的问题。在这里，策略的随机性是从应用的角度来说的。

策略的产生与应用，是一个动态的依赖时空变化的随机过程，需随时吸收信息，及时做出反馈，调整谈判策略。当谈判无法深入时，可以采取"制造僵局"的策略。

随机性是指根据谈判过程的具体情况，改变策略表达的方式或做法。它丝毫不表示要彻底改变商务谈判事先确定的谈判目标。谈判策略必须服从于谈判的目标，策略是实现目标的手段。谈判人员应牢记"敌变我变，以不变应万变"。

（五）隐匿性

在具体的商务谈判实践中，谈判策略一般只为己方知晓，而且要尽可能有意识地保密。这就是商务谈判策略使用的隐匿性特征。

隐匿己方策略的目的在于预防对方运用反策略。在商务谈判中，如果对方对己方的策略或谈判套路了如指掌，对方就会在谈判中运用反策略应对自如，处于主动的地位，反而对己方不利。

（六）艺术性

艺术性特征是从隐匿性特征衍化而来的。商务谈判策略的运用及其效果必须具有艺术性。一方面，策略的运用要为自己服务，为实现己方的最终目标服务；另一方面，为了使签订的协议能保证履行，还必须保持良好的人际关系。人际关系好坏是判断商务谈判成功与否的标准之一。

尽管许多商务谈判策略有相对稳定的要点或关键点，但是，艺术地运用这些策略确实能体现出谈判人员水平的高低、技巧的熟练程度以及运用是否得当等。

（七）综合性

前面已经论述，商务谈判策略是一种集合的概念，它包括了在商务谈判过程中对谈判方式、战术、手段、措施、技巧等的综合运用。迄今为止，还没有发现单一性很突出的商务谈判策略，因为商务谈判是一种复杂的心理过程，是一种纷繁的经济现象和社会交往现象，需要我们从客观实际出发，从不同的角度用不同的眼光去看待和思考策略、运用策略。

三、商务谈判策略的作用

充分认识和把握商务谈判策略的特征，有助于谈判人员在实践中灵活有效地谋划策略、运用策略。迄今为止，我们还没有见到或听到有谁否认过商务谈判策略在实践中的积极作用，但有相当一部分参加过商务谈判的人，难以条分缕析地说清楚、道明白商务谈判策略具体有哪些作用。

（一）得当的商务谈判策略是实现谈判目标的桥梁

谈判双方或多方都有明显的需求，彼此都很乐意坐在同一张谈判桌上，但是，他们之间的利益要求是有差别的。如何来弥补这种差别，缩短与目标的距离呢？需要谈判策略来起桥梁和基础作用。在商务谈判中，不运用策略的情况是没有的，也是不可想象的。策略本身可以促进或阻碍谈判的进程，即运用得当的策略可以促进交易的尽快达成，运用不当的策略在很大程度上起副作用或反作用，

延缓或阻碍目标的实现。

（二）商务谈判策略是实现谈判目标的有力工具和利器

我们把商务谈判策略看作一种"工具"和一种"利器"，是为了让谈判人员认识它、磨炼它、灵活地运用它。工具各式各样，各有不同的用途。如果商务谈判人员拥有的工具多、选择性大，则容易出精活、细活。俗语说："手艺妙须家什好。"在商务谈判中，如果谈判人员拥有的策略仅仅只有几招，就很容易被竞争对手识破，也就难以顺利地实现自己的目标。一般说来，谈判高手能够在众多的谈判策略中选用适合的策略来实现己方的目标，因此，商务谈判人员掌握的策略应该是"韩信点兵，多多益善"，多注重平时积累。

谈判各方的关系并不是敌对关系，彼此之间的冲突多为经济冲突和利益冲突，各方都会竭尽全力来维护自己的利益。因此，了解并正确选择适当的谈判策略，借助这种有利的工具和利器，可以维护自己的权益。这是正常的、光明的"取胜之道"。

（三）商务谈判策略是谈判中的"筹码"和"资本"

在商务谈判中，参与谈判的各方都希望建立己方的谈判实力，强化己方在谈判中的地位，突出己方的优势。而要建立自己的谈判实力，必须有谈判的"筹码"和"资本"。要拥有谈判的"筹码"和"资本"，必须既做好己方充分的准备，又对对方有足够的了解，做到知己知彼。掌握了较多的"筹码"和"资本"之后，就会成竹在胸，灵活自如地运用各种策略。

（四）商务谈判策略具有调节、调整和稳舵的作用

在商务谈判过程中，为了缓和紧张的气氛，增进彼此的了解，有经验的谈判者会选用一些策略来充当"润滑剂"。比如，在谈判开局阶段通过彼此的问候、谈论一些中性的话题来调节气氛；在大家比较累的时候，采取场外娱乐性策略来增进了解；当谈判出现僵局的时候，运用化解僵局的策略来使谈判继续进行等；当谈判偏离主题的时候，会借用适当的策略回到正题，避免局部问题偏离大的方向，避免走弯路。在商务谈判中，如果方向掌握不好，误入歧途，谈判将达不到目的，既耽误时间又浪费精力。因此，商务谈判策略能起"稳舵"的作用。

（五）商务谈判策略具有引导功能

商务谈判的各方都是为了己方的利益，初一看，谈判各方彼此是对立的，其实，仔细分析会发现彼此在一条船上。既然在一条船上，如果破釜沉舟，谁也没有好处，大家都会被淹。与其如此，不如齐心协力，增强船的抗风险能力，同舟共济，利益共享。把蛋糕做大了，分蛋糕的人得到的实惠就更多。高明老练的谈判人员在商务谈判过程中经常会借助各种策略，引导并提醒对方"现实一点，顾大局、识大体"，大家是"一根绳子上的两个蚂蚱"，彼此同是"一条船上的人"，彼此应该在各自坚持己方目标利益的前提下，共同努力，把船划向成功的彼岸。所以，商务谈判策略被理解为引导谈判顺利发展的航标和渡船。

虽然商务谈判策略是制约谈判成败得失的一个重要砝码，但并非所有的商务谈判策略都同时具备上述作用和功能。而且，同一策略在不同的环境下运用，其作用也有差异。不过，从所有的商务谈判策略显示的作用看，上述作用是主要的。

四、制定商务谈判策略的程序

制定商务谈判策略的程序是指制定策略所应遵循的逻辑步骤，主要包括进行现象分解、寻找关键问题、确定目标等七个方面。

（一）进行现象分解

现象分解是制定商务谈判策略的逻辑起点。谈判中的问题、趋势、分歧、事件，必须把这个组合分解成不同的部分，从中找出每一部分的意义之后，再重新安排，借以找出最有利于己方的形式。

制定商务谈判策略的目的是判断谈判进程中进退的最有利时机，寻求该采取的手段或方式，借以达成最有利的协议。除了必须具有的分析能力和习惯外，还必须针对谈判中的消长趋势随机应变，而不只是一眼看破玄机。

（二）寻找关键问题

进行现象分解与科学分析之后，就要有目的地寻找关键问题，即抓主要矛盾。因为只有找到关键问题，才能使其他问题迎刃而解。寻找关键问题要求的是抽象方法、问题分析、谈判对手分析、发展趋势分析等技术。

（三）确定目标

确定目标关系到谈判策略的制定，以及整个谈判的方向、价值和行动。确定目标是根据现象分解和关键问题分析得出的结论，是根据己方条件和谈判环境要求，对各种可能目标进行动态分析判断的过程，其目的在于取得满意的谈判结果。

（四）形成假设性解决方法

这是制定策略的一个核心与关键步骤。对假设性解决方法的要求是必须既能满足目标，又能解决问题。方法是否有效，要经过比较才能鉴别，所以谈判人员在提出假设性解决方法时，要解放思想，打破常规，力求有所创新，并尽力使假设性解决方法切实可行。

（五）对解决方法进行深度分析

对各种假设方法根据"可能"与"有效"的原则进行排列组合、优化选择。对少数可行策略进行深入研究，为最终选择打下基础。准确地权衡利弊得失，要求谈判人员快刀斩乱麻，运用定性与定量相结合的分析方法。

（六）生成具体的谈判策略

在深度分析的基础上，确定评价的准则，得出最后的结论。确定评价准则的科学方法是指明约束条件，做谈判环境分析，所谓"上策""下策"就是对一种策略的评价。

（七）拟定行动计划方案

有了具体的谈判策略，还要考虑把这种策略落到实处，这就要按照从抽象到具体的思维方式，列出各个谈判者必须做的事情，把它们在时间、空间上安排好，并进行反馈控制和追踪决策。一般来讲，商务谈判策略的制定方式主要有仿照、组合和创新三种。

（1）仿照，即对应于规范性、程序性问题，采用仿照过去已有的策略方式。

（2）组合，组合与仿照来源相同，但它有一种结构上的变化。组合是将各策略中既有的策略，经分割、抽取，再重新综合在一起，构成新的策略。它从部分来说是仿照，而从整体来讲是创新。

（3）创新，即对应于非规范、非程序性问题，需要从全局出发，去寻找各策略变动中的最佳策略。如重新调整资源分配，以便加强某些实力而增加谈判主动权；利用自己与竞争对手之间竞争条件的差异，采取非传统性策略，把目标放在破坏对手所依赖的成功关键因素的优势上。这种方法称为主动攻击谈判策略，借助于寻找新的谈判对象取得谈判优势。

第二节 商务谈判进程应对策略

本节依据开局阶段、磋商阶段和结束阶段的划分，介绍一些谈判进程的应对策略。需要说明的是，在现实的谈判过程中，相同名称的策略可以运用在不同的阶段，需要谈判人员灵活运用。

一、开局阶段策略

谈判开局是商务谈判过程的起点。开局的好坏在很大程度上决定着整个谈判进一步发展的状况与前途，谈判人员应给予充分的高度重视。谈判人员的首要任务就是积极创造和谐的谈判气氛，其次是运用自然的话题转入实质性的谈判阶段，最后是向对方陈述自己的观点、立场，同时注意观察和推测对方的意图。

开局阶段策略的选择需要考虑多方面的因素。首先，应考虑谈判双方的关系。如果彼此过去有往来，关系较好，那么，这种友好关系应该作为双方谈判的基础。在这种情况下，开局阶段的气氛应该是友好的、热烈的、真诚的、轻松愉快的。开局内容的选择可以回顾过去的友好交往，寒暄之后转入谈判正题。如果没有交往，或曾经有交往但没有成功业绩，也需要根据具体情况创造良好的谈判氛围。其次，考虑双方谈判人员个人之间的关系。谈判虽然多为群体行为，但它需要通过个体之间的相互交流来进行。如果双方人员有交往接触，并结下友谊，可以选择在开局阶段畅谈友谊。一旦彼此建立和发展了私人感情，那么，提出要求、作出让步、达成协议就不是一件太困难的事。最后，考虑双方的谈判实力。实力不同，可以考虑不同的策略。

在开局阶段，可以选用不同策略，常见的策略如下：

(一) 留有余地策略

这种策略实际上是"留一手"的做法。它要求谈判人员对所要陈述的内容应留有余地，以备讨价还价之用。从表面来看，这种策略与开诚布公相抵触，但也并非是绝对的。两者的目标是一致的，都是为了达成协议，只是实现目的的途径

不同而已。不可忽视的是，留有余地的策略如何运用要因人而异，一般在不了解对手的情况下或开诚布公失效之际适用，其他情况下切忌使用，以免造成失信。

（二）开局陈述策略

在任何商务谈判中，开始的陈述都非常重要，它往往决定谈判的整个基调。开局陈述主要包括向对方叙述自己的观点和立场。它要求陈述的内容应言简意赅、诚挚友好。因为诚挚陈述的开局一般会得到良好的反应，言简意赅的陈述容易让对方把握要领，尽快切入主题，避免在枝节问题上纠缠。在听清对方基本观点后，另一方就可以谈自己的观点了。在发言中应保持其意图原貌，不受对方适才发言的影响。

对于开局陈述自己的意见，有两种不同的看法：

一种看法认为应抓住机会抢先发言，以争取谈判中的主动，并为未来谈判定方向。抢先发言有很多优点。如可占先入为主之利，宣扬自己的观点和论据，并对谈判过程进行必要的暗示，还可以对对方的目标进行影响，告诉对方我方已摸清"敌"情。此外，抢先发言在心理上占有优势。

另一种看法是，谈判开始应保持沉默，迫使对方先发言。沉默是谈判中的一个重要技巧。从国际商务谈判的实践看，大部分美国人较难对付这种技巧，美国人难以忍受沉默寡言，在死一般的沉静之中，他们会不安、忙乱，最后开始唠叨起来。这种策略主要是给对方造成心理压力，使之失去冷静，发言就可能言不由衷，泄露许多对方急于获得的信息，同时还会干扰他们的谈判计划。

开局陈述的时机应根据不同的对手、自己的实力和市场需求情况相机而定。如果谈判双方都不肯先发言，致使开局出现冷场，在这种情况下，谈判的东道主应有主人的风度，以热情友好的言语先讲话。

（三）察言观色策略

谈判对手的性格、态度、风格以及经验等情况，是借助他的言谈举止来体现的。通过对对方目光、手势的观察来判断谈判人员的态度和意向，进而确定其谈判策略。例如，在开局之初谈判对手就瞻前顾后、优柔寡断，显然他是位犹豫型的谈判代表。又如，如果对方一开始就从容自若、侃侃而谈，设法调动起对方的谈判兴趣，或是巧妙地谈些中性话题，或是旁敲侧击、想方设法探测对方的实力和谈判人员的兴趣、爱好，那么很显然，他肯定是位行家里手。

除上述策略外，在谈判开局阶段还可以选择掌握议程、未雨绸缪、投石问路等策略。

二、磋商阶段策略

磋商阶段是商务谈判的实质性阶段，是谈判双方竞智斗脑比实力的阶段。谈判策略的丰富复杂性在这个阶段体现得最充分。

（一）报价策略

这里所说的报价是指向对方提出自己的所有要求。在谈判中，报价和还价是整个谈判过程的核心和最重要的环节。在报价与还价的关系中，报价又是还价的基础。谈判人员必须遵守一定的原则。比如：报价态度要坚定；报价的表述要清楚；对报价不解释、不说明；作为供方，报价策略是"喊价要高"，需方的报价策略是"出价要低"。

1."喊价要高"的含义及作用

高报价给己方的要价规定了一个最高标准。报价一经抛出，一般来讲，己方就不能再提出更高的要价了。对方也不会接受比此更高的价格。高报价为对方提供了衡量和评价己方条件的尺度。高报价为磋商留有余地。在商务谈判过程的还价阶段，高报价是很有用的交易筹码。一般情况下，高报价会获得较多的回报。采用这个策略，谈判人员一开始就能削弱对方的信心，同时还能乘机摸清对方的实力和立场。

2."出价要低"的含义及作用

"出价要低"与"喊价要高"的道理是相同的，但立场是相反的。

商务谈判的实践表明：倘若供方喊价较高，就容易以较高的价格成交；倘若需方出价较低，就易以较低的价格成交。需要指出的是，无论是供方还是需方报价，不能信口开河、漫天要价、盲目杀价。任何一个报价要能讲出道理，否则会阻碍谈判的顺利进行。

3.报价策略的制定

在商务谈判中，价格谈判占有突出重要的位置。制定报价策略的基本原则是不仅要考虑按报价所能获得的利益，还要考虑该报价能被对方接受的可能性：①价值在先，价格随后。谈判报价时应先谈项目的价值，等对方对项目的使用价

值有所了解以后，再谈项目价格问题。提出价格问题的最恰当的时间是对方询问价格的时候。因为这说明对方已对所提供的项目产生了兴趣，这时提出价格是水到渠成，可以减少谈判的阻力。②价格分割策略。利用对方的求廉心理，将价格进行分割。它包括两种形式：用较小单位的价格报价和用较小单位的价格进行比较。③价格比较策略。比较可以从两个方面来进行：一是将所谈项目的价格与另一种可比项目的价格进行比较，突出相同使用价值的不同价格。二是拿己方所谈项目的各种附加服务与其他可比项目进行比较，突出相同价格的不同使用价值。④价格差异策略。同类、同质产品因它的流向、客户需求急缓程度、购买数量、购买时间、付款方式不同会形成不同的购销价格。一般地说，对于老客户或大批量需求的客户，价格可适当打折扣，以建立稳定的需求。对于新谈判对手，有时为了扩大市场面或挖掘潜在需求，亦可给予适当优惠。

（二）还价策略

这里的还价泛指谈判双方针对对方的报价和策略而使用的反提议和相应对策。还价策略很多，举例如下：

1. 摸清价格虚实策略

在还价阶段弄清对方报价的虚实，是谈判人员在还价过程中首先要解决的问题。摸清对方报价虚实需要遵循一些基本的原则，包括：不要将任何事情视为理所当然，对报价内容都要进行调查；对缺少报价依据的提议要持怀疑态度；在询问调查中应主次分明，认清关键问题，不要被对方所迷惑。

在谈判一方拒绝提供与报价相关的资料的情况下，应采取摸清报价真相的策略。具体做法如下：强调按谈判的议事日程办事。在第一个程序未完之前，阻止进入下个程序；运用竞争的力量挤出真相；称赞对方的信誉和经营思想，以此迫使对方为我方的询问调查提供方便；动用国家的法律、政策向对方施加压力，了解真相；在没了解真相前延期成交。如果无法了解真相，谈判只好告吹。

2. 穷追不舍策略

穷追不舍策略用在还价中，常常是借助"假如……那么……"或是"如果……那么……"的问话来实现。这样的问话在谈判中往往很有效。例如，"假如我与你签订长期合同，那么你怎样让步呢？""假如我方让你在淡季或产品的衰退期接下订单，那么你会怎样？""假如我方向你提供技术咨询，那么你会给我方什么优惠?"对方对这些问题的回答往往会暴露他的底线或留下口实。

如何对付"穷追不舍"策略呢?有经验的谈判者在接到对方报过来的"假如……那么……"的问话时,总是仔细考虑后再给予答复。通常的做法是:不对"假如……那么……"的要求马上估价;要求对方以承诺一些提议作为条件,才给予回答;反问对方是否马上签订合同;转移对方的注意力;用"我们都可以考虑一下"的回答拖延时间,以便充分考虑再作回答。谈判的实践表明,有效地运用"假如……那么……"的问话和破解,可以使谈判双方达成公平协议。

3. 吹毛求疵策略

在谈判的还价中,谈判一方为了实现自己的利益,会专门对对方的提议或产品再三挑剔,提出一堆问题和要求,迫使对方在他身上先作一笔时间和精力的投资,最终争取到讨价还价的机会。如何对付"吹毛求疵"的策略呢?通常的做法如下:必须沉住气,因为对方的挑剔和要求,有的是真的,有的是虚的;遇到了真实的问题,要能直攻腹地,开门见山地和对方商谈;要学会运用大事化小、小事化了的技巧;对于无谓的挑剔或无理的要求要给予理智的回击;己方也可以提出某些问题来加强自己的议价力量。

4. 不开先例策略

当需方所提的要求使供方感到为难,供方可以运用这一策略来对付。不开先例策略的内容是:供方主谈人向需方解释清楚,如果答应了你的要求,对我来说就等于开了一个先例,这样就会迫使我今后对其他客户也提供同样的优惠,这是我方所负担不起的。谈判的实践表明,这种不开先例的策略,对于供方来说,是一个可用来搪塞和应付需方所提的不可接受要求的简便办法。

5. 最后通牒策略

当一方在谈判中处于有利地位,而双方的谈判又因某些问题纠缠不休时,一方可运用最后通牒策略。运用最后通牒策略必须慎重,因为它容易引起对方的敌意。人们运用最后通牒策略,总希望能够成功,那么具备什么条件才会使最后通牒成功呢?第一,送给对方的最后通牒的方式、时间要恰当。第二,送给对方的最后通牒的言词不要太锋利。立场太"硬"的最后通牒容易伤害对方的自尊。第三,送给对方最后通牒的根据要强硬。第四,如果你能为自己的立场提出某些文件或道理来支持,那就是最聪明的最后通牒了。第五,送给对方的最后通牒的内

容要有弹性。第六，最后通牒不要将对方逼上梁山，别无他路可走，应该设法让对方在你的最后通牒中选择出一条路。

6. 得寸进尺策略

这种策略是指在向对方索取东西时一次取一点，最后聚沙成塔。这一策略抓住了人们对"一点"不在乎的心理，所以在还价中很奏效。利用这一策略时，不要引起对方的注意。此外，运用这一策略的主谈人应具有小利也是利的思想。纵使是对方小的让步，也值得你争取。在整个谈判的过程中，小小的让步就对方而言或许算不了什么，但对你却是不同的，说不定对方举手之劳，就能为你节省资金和时间。

三、结束阶段策略

经过报价和还价阶段的反复磋商，克服了一个又一个的障碍和分歧，谈判双方都会不同程度地向对方发出有签约意愿的信号。在这一阶段促成签约的策略主要有以下几点：

（一）期限策略

这一策略买卖双方都可以采用。供方利用期限的力量促成签约的方法有：向需方指出"存货不多，欲购从速"；向需方解释，我们只剩下这么多货了，新的产品要过××时间才能生产出来；向需方示意其他用户已等得不耐烦了；这个优惠价的截止日期是×××；如果你现在还不与我们签订合同，我们就无法按你规定的期限交工；唯有立刻订货，才能保证季节前到货；告诉对方由于受某些因素的影响，若不尽快签约，以后难免遭受损失。

需方利用期限的力量促成签约的方法有：假如对方的某项条件不肯让步，我们只好另找门路；我方来电催促，要求5天以内必须到货，否则就不买了；我们不接受××日期的订单；你先考虑，我去接待其他合作方；告诉对方这时成交效果最好。

（二）优惠劝导策略

向对方提供某种特殊的优待作为尽快签订合同的鼓励。例如，采用打折扣、附送零配件、提前送货、允许试用等手段可促使尽快签约。

（三）行动策略

假设主要问题已基本谈妥，谈判双方都可采用大胆行动，促成签约。如果你是需方可以拿起笔或向对方借一支钢笔草写协议，边写边询问对方喜欢哪一种付款办法。如果是供方可以边写边询问对方愿意将货物运送到哪个地点或仓库等。

（四）主动提出签约细节策略

谈判一方主动向对方提出协议或合同中的某一具体条款的签订问题。例如，验收条款，要共同商量验收的时间、地点、方式以及技术要求等。

（五）采取一种表明结束的行动策略

谈判一方可以给对方一个购货单的号码、明信片，或者和他握手祝贺谈判成功。这些做法有助于加强对方已经做出的承诺。必须注意，不要恭维对方。

第三节　商务谈判对方作风应对策略

在商务谈判中，谈判作风因人而异。就谈判人员个体或集体在谈判中所显现的态度和姿态看，主要有强硬型、不合作型、阴谋型和合作型等风格。对不同作风的对手，应该采取不同的策略。

一、对付"强硬型"谈判作风的策略

这种谈判作风最突出的特点是：主谈人很自信，态度傲慢。面对这种谈判对手，寄希望于对方的恩赐是枉费心机，因此要避其锋芒，设法改变谈判力量的对比，以达到尽力保护自己、满足己方利益的目的。除前述沉默策略外，还可采取以下策略：

（一）争取承诺策略

该策略是指在商务谈判中利用各种方法获得对方某项议题或其中一部分的认可。争取到有利于自己的承诺，就等于争取到了有利的谈判地位。在正式的商务谈判中无论哪方谈判代表，无论什么性格的谈判者，从信誉出发，通常总要维护自己已经承诺的条件，但有时，谈判者为了加快谈判进程或躲避对方的追问会有

意识做出一些假的承诺。为此，对待承诺要善于区分，既不盲目听信，也不全盘否定，要认真考虑对方承诺的原因和内容，见机行事，以取得有利的谈判效果。

（二）软硬兼施策略

这个策略是指将组成谈判的班子分成两部分，其中一部分成员扮演强硬型角色，即鹰派。鹰派在谈判某一议题的初期阶段起主导作用。另一部分成员扮演温和的角色，即鸽派。鸽派在谈判某一议题的结尾阶段扮演主角。

这种策略是商务谈判中常用的策略，而且在多数情况下能够生效。如何运用此项策略呢？在洽谈某项议题时，担任强硬型角色的谈判人员，毫不保留、果断地提出有利于己方的要求，并且坚持不放，必要时带一点疯狂，酌量情势，表现一点吓唬式的情绪行为。此时，承担温和角色的谈判人员则保持沉默，观察对方的反应寻找解决问题的办法。等到谈判气氛十分紧张时，鸽派角色出台缓和局面，一方面劝阻自己的伙伴，另一方面也平静而明确地指出，这种局面的形成与对方也有关系，最后建议双方都做些让步。需要指出的是，在谈判中，充当鹰派角色的人，在要威风时应有理，切忌无理搅三分，此外，鹰派、鸽派角色配合要默契。

（三）以柔克刚策略

这种策略是指对咄咄逼人的谈判对手，可暂不做出反应，以我之静待"敌"之动，以持久战磨其棱角，挫其锐气，使其精疲力竭之后，我方再发起反攻，反弱为强。运用以柔克刚策略必须树立持久战的思想，同时还要学会运用迂回策略和反守为攻策略。

（四）制造竞争策略

这种策略是指在谈判中创造一种竞争的姿态。例如，"这种订单，我已经接到了几份，他们都希望与我们合作"。这种做法可以转变谈判中所形成的局面。运用该策略的前提条件是让对方知道你对所谈问题确实有多项选择，切忌在没有选择的情势下运用这种策略。

二、对付"不合作型"谈判作风的策略

具有这种谈判作风的主谈人突出的特点是：以我为中心，善用谈判技巧。作为我方谈判人员，要坚信对方是可以改变的。因为他的谈判目的是通过此次谈判

获得经济利益。那么如何与之交锋呢？应该采取求同存异、适度冒险、利益共沾的原则，可以选择以下策略：

（一）感化策略

人是有感情的。在谈判过程中，经过接触和交往，相互尊敬、相互体谅就能建立良好的工作关系，从而使每一次谈判变得顺利和有效率。"感化"作用的发挥要求谈判者在任何场合、任何内容的谈判中，不使对方难堪。即使对手语言过激，也要忍耐，不要因人的情绪问题影响谈判的进行，要把对手看成解决问题的伙伴，想方设法用坦诚的态度和诚恳的语言感化对方。

（二）改良策略

改良策略的作用是让对方能接受我方更多的观点，达到由不合作转变为合作的谈判。使用该策略时要掌握好以下七条原则：①少说多听，中途不打岔。②说话语气温和，不作无谓争论。③不急于说出自己的观点，要先让对方"露底"。④用对手的话说出自己的观点。⑤利用休会的时间与对方讨论谈判中的分歧点。⑥对于一些不太重要的问题和要求，本着求同存异的原则，一笔带过。⑦向对方提出一个具体建议，抛弃原有的无关紧要的问题。不过，千万不要做出轻率的让步。

（三）制造僵局策略

在商务谈判中出现僵局是令人不愉快的，但多次实践证明：人为地制造僵局，并把僵局作为一种威胁对方的策略，会有利于己方的谈判。但在制造僵局时应考虑以下条件：①市场情况对己方有利。②让对方相信自己是有道理的，僵局是由对方造成的。③在制造僵局之前要设计出消除僵局的退路，以及完整的僵局"制造"方案。④制订消除僵局后的提案。谈判人员应该牢记：制造僵局并不等于宣告谈判结束；打破僵局的真正目的不是相互道歉，而是达成协议。

（四）"搅和"策略

"搅和"就是要打破原有的秩序，把要讨论的议题搅在一起，将事情弄得复杂化。通过搅和形成僵局，或促使对方在困惑时犯错误，或借此机会反悔已经答应的让步，有时候还可以趁机试探对方在压力下保持机智的能力。

（五）"荆棘地"策略

这种策略是将对方的注意力吸引到看起来对我们深具威胁，而事实上对我方

较为有利的事情上，对方很可能因此而被说服不致采取我们所真正害怕的行动。

（六）出其不意策略

在商务谈判过程中，突然改变谈判的方法、观点或提议，使对方为之惊奇或震惊，从而软化对方立场，施加某种压力的策略，就是出其不意策略。出其不意策略的内容包括：令人惊奇的问题，如新要求、新包装等；令人惊奇的时间，如截止日期的改变、谈判速度的突然改变等；令人惊奇的行动，如不停地打岔、退出商谈等；令人惊奇的表现，如提高嗓门、人身攻击等；令人惊奇的人物，如专家、权威的突然加入；令人惊奇的地方，如杂乱无章的办公室、豪华的办公室等。实施出其不意策略的方法是通常采取极具戏剧性的事件，比如，在谈判过程中有一方突然毫无理由地大发雷霆，行为很不理智，让对方难以招架。

三、对付"阴谋型"谈判作风的策略

除秘密谈判外，谈判应是光明的、公平的，但是在商务谈判中，有些人为了满足自身的利益和欲望，常使用一些诡计来诱惑对方达成不公平的协议。当遇到谈判对手使用一些阴谋型策略时，我们要采取反策略主动对付。

（一）反车轮战的策略

在商务谈判中，对手采取车轮战术，通过不断更换谈判人员的方法来使对方筋疲力尽，从而迫使其做出某种让步。如何对付这种车轮战术呢？①及时揭穿对方的诡计，使其停止使用车轮战术。②找借口拖延谈判，让对手重新回到原来的谈判上。③对更换上的谈判对手拒绝重复以前的陈述，反而静静地听对手替你作报告。④如果新对手否认过去的协定，己方也可以用同样的方法否定己方曾许过的诺言。⑤在消极对抗中，不要忽视对方提出的新建议，抓住有利时机立即签约。⑥采用私下会谈的形式与新对手谈话。其用意是了解情况，另外是为对方的谈判设置障碍。

（二）对付滥用权威的策略

在商务谈判中，人们对专家、权威的意见往往是比较看重的。有些谈判者就是利用人们这种心理，在谈判中当对某个重要议题产生争论时，便请出"权威"给对方施加压力。对付这种做法的策略是：①沉着应战。面对"权威"不要畏惧，要用你熟悉的业务知识与专家交谈，抓住某些"权威"不太熟悉的技术难点向"权威"进攻，使其难堪，达到使"权威"失去其威力的目的。②向对方表明，即使对手请出来的是位专家，他的观点只是个人的学术观点，并不是谈判的协议，要想达成协议还需要洽谈双方可接受的条件。③如果确认自己不是"权威"的对手，不妨可用无知作为武器，表明这些东西我们不懂，无法确认其真伪，也无法对此做出什么承诺。这种做法可以为你带来许多好处，它能够使你有足够的时间去思考、请教专家，并考验对方的决心，还可以造成对方"权威"的失落感。

（三）对付"抬价"的策略

抬价策略在商务谈判中经常用到，它是否符合谈判惯例要看如何运用。当谈判双方已经谈好价款，第二天供方却又突然要求提价，需方尽管很生气，但为了避免谈判破裂或损失，也只好再和供方磋商，最后结果肯定以较高的价格成交，这种情况称为抬价。抬价作为一种常见的现象，在商务谈判中经常出现。其中，有些抬价是不合理的。对待不合理抬价，商务谈判人员应该遵循一些基本的原则：①若看出对方的诡计，应直接指出，争取主动。②在讨价还价中，要争取让对方达到临界的边缘。③尽早争取让对方在协议或合同上签名，这样可以防止对方以种种借口推翻。④必要时可以向对方要求某种保证，以防反悔。⑤中止谈判。

（四）对既成事实再谈判的策略

严格说，既成事实再谈判是一种不讲道理的策略，但在特定的条件下，使用它也可以讲出一些正确的道理来。为了防止既成事实再谈判造成损失，谈判人员应掌握以下策略：①对谈判者爽快地答应己方提出的要求要有戒心。②一旦悲剧发生，要敢于向对方的领导抗议，若不能解决，可向当地的司法机关上诉。③搞联合战线，揭穿他们的行为，使对方的信誉扫地。④切记在没有获得对方押金或担保时，不要预付货物或款项。

（五）假痴不癫策略

这种策略是表面装糊涂，暗中筹划不露声色，伺机迫使对方让步或诱使对方上当。用这种策略来对付"阴谋型"谈判者，可视为上策。比如，谈判对手将其经营的产品乔装打扮，售价由 1000 元提高到 1500 元，己方明知是骗局，但还是向对方表明愿出 1200 元购买，并当下预付少量定金。一般来说，对方不会再考虑其他需方了。如果己方本身还有存货可以低于对方价格出售，但是还想要这批

货源，可拖些时候再来惠顾，到那时，己方可以提出种种理由作为杀价的筹码。例如，"现在市场价格最多只能值 1000 元啦，因此，实在无法继续按 1200 元完成交易"。

（六）"兵临城下"策略

这种策略是指对你的对手采取大胆的胁迫做法，看对方如何反应。虽然它具有冒险性，但对于"阴谋型"的谈判代表时常有效。因为谈判对手本想通过诡计诱使我方上当，一旦被我方识破反击过来，一般情况下会打击他们的士气，从而迫使对手改变态度，或是重新谈判。

四、对付"合作型"谈判作风的策略

"合作型"谈判作风的主谈人是人们最愿意接受的，因为他最突出的特点是合作意识强，他能给谈判双方带来皆大欢喜的满足，所以对付"合作型"的主谈人总的策略思想应是互利互惠。

（一）谈判期限策略

明确某一谈判的结束时间是很有必要的，这样做可以使谈判双方充分利用时间，在不违背互利互惠原则的前提下，灵活地解决争议问题，适时做出一些让步，使谈判圆满结束。运用该策略时应注意两点：一是提出的时间要恰当，如果过早地提出最后期限，会给双方或一方造成时间上的压力，造成消极的影响。二是提出的方法要委婉，强硬提出最后期限，会引起对方不满，使谈判向不利于自己的一方发展。

（二）假设条件策略

在谈判过程中，向对方提出一些假设条件，用来探知对方的意向，这一策略就是假设条件策略。这种做法比较灵活，使谈判在轻松的气氛中进行，有利于双方达成互利互惠的协议。一般地说，假设条件的提出应在谈判的开局至还价阶段。

（三）适度开放策略

它是指谈判人员在谈判过程中坚持开诚布公的态度，尽早向对方吐露自己的真实意图，从而赢得对方的通力合作。开放策略的"度"的大小要视情况而定。在谈判中遇到"不合作型"的谈判代表，开放策略的"度"就应掌握得小一些；如果遇到老朋友，这个"度"就要放得大一些，以增强协作意识，取得皆大欢喜的效果。

（四）私下接触策略

该策略指谈判者有意识地利用空闲时间，主动与谈判对手一起聊天、娱乐，目的是增进了解、联络感情、建立友谊，从侧面促进谈判的顺利进行。

（五）润滑策略

润滑策略是指谈判人员在相互交往过程中馈赠一些礼品以表示友好和联络感情。这是国内外谈判经常采取的一种策略，但它容易产生副作用。为了防止其产生副作用，应注意：第一，要根据对方的习俗选择礼品；第二，礼品的价值不宜过重；第三，送礼的场合要适当，一般不要选在初次见面的场合。

（六）缓冲策略

该策略指在谈判气氛紧张时，适时采取调节手段，使之缓和。缓和紧张气氛的手段主要有：转移话题，比如讲一些当前国内外的大事或名人轶事，也可以开一些比较轻松的玩笑等。临时休会，使谈判人员适当休息，以便失掉不平衡感。回顾成果，使谈判双方醒悟方才的过失。谈一些双方比较容易达成一致意见的议题。

第四节　商务谈判对方性格应对策略

由于人的心理、生理因素以及所处周围环境的复杂性，商务谈判人员的性格千差万别，归纳起来，主要有感情型、固执型、虚荣型三种类型。对待不同性格类型的谈判人员，我们应该采取不同的策略。

一、对待"感情型"谈判对手的策略

我国多数商务谈判人员属于感情型。感情型谈判对手的性格很容易被人接受。实际上，感情型的谈判者比强硬型谈判对手更难对付。强硬型性格的人容易引起对方的警惕，但感情型性格的人却容易被人忽视。因为感情型性格的人在谈判中十分随和，能迎合对手的兴趣，能够在不知不觉中把人说服。

为了有效地应付感情型性格的主谈人，必须利用他们的特点及缺点制定相应策略。感情型性格的对手的一般特点是：心胸开阔、富有同情心、与人为善、相互影响、着眼于战略问题，不拘小节，不能长时期专注于单一的具体工作，不适应冲突气氛，对进攻和粗暴的态度一般是回避的。针对上述特点，可以采用下面的策略取得谈判的成功：

（一）以弱为强策略

谈判时，柔弱胜于刚强，因此，要训练自己，培养一种"谦虚"的习惯，多说"我不懂""我不明白""你给我弄糊涂了""我要向你请教"等。由于感情型的主谈人需要有一个良好的人际关系环境，他会帮助你搞清楚不明白的东西。这样他便会为你提供越来越多的信息资料，这就意味着你的谈判力量也越来越得到增强。

（二）恭维策略

感情型的主谈人有时为了顾及"人缘"而不惜代价，希望得到对方的承认，受到外界的认可，为了争取到有利于自己的谈判，可以满足他们的需要。在即将成交时，要抛出一些让对手高兴的赞美话，这些对于具有感情型性格的人非常有效。

（三）在不失礼节的前提下保持进攻态度

在谈判一开始就创造一种公事公办的气氛，不与对手谈得火热，在感情上保持适当的距离。与此同时，就对方的某些议题提出反对意见，以引起争论，这样就会使对方感到紧张。但不要激怒对方，因为一旦撕破脸面，很难指望会有好结果。

（四）提出大量细节问题，并拖延讨论时间

感情型性格的人对细节问题不感兴趣，也不喜欢长久局限于某个问题之中，他们希望以一种友善的方式尽快取得具有实质意义和影响全局的成果，以此证明他们的能力。在细节上长时间纠缠，会使他们感到烦躁和紧张，从而使他们就某些有争议的议题达成协议。

二、对待"固执型"谈判对手的策略

在各类谈判中都会遇到固执型的谈判者。他们有一种坚持到底的精神，对其所认定的观点坚持不改，对新建议和新主张很反感。他们需要较长的时间来适应环境的变化，谈判中需要不断地得到上级的指导和认可，喜欢照章办事。对固执型谈判者可采用以下策略：

（一）休会策略

当商务谈判进行到一定阶段或遇到某种障碍时，谈判双方或一方提出休会几分钟，使谈判双方人员有机会调整对策和恢复体力，推动谈判的顺利进行，这种策略就是休会策略。休会一般是由一方提出的，只有经过对方同意，这种策略才能发挥作用。那么怎样才能取得对方同意呢？一是看准时机，当谈判处于低潮或出现了新情况难以调和时，一方提出休会，对方一般不会拒绝。二是提出休会的方式要委婉，休会的意义要讲清。在休会之前，要明确目前需要解决的问题是什么、休息的时间等。这种策略为固执型谈判者提供了请示上级的机会，同时也为自己创造了养精蓄锐的机会。

（二）试探策略

该策略用来观察对方的反应，分析对方虚实真假，摸清"敌情"。比如，需方向供方提出一项对己方很有利的提议，如果供方反应强烈，就可以放弃这种提议；如果供方反应温和，就说明谈判有很大余地。这一策略还可以试探固执型谈判对手的权限范围。

（三）先例策略

固执型谈判者所坚持的观点不是不可改变，而是不易改变。为了使对手转向，不妨试用先例的力量影响他、触动他。例如，向对手出示有关协议事项的文件以及早已成为事实的订单、协议书、合同等，并且可以告诉他调查的地点和范围。

（四）以守为攻策略

与固执型性格的人谈判是很痛苦的事情，一方面，必须十分冷静和耐心，并温文尔雅地向最终目标推进；另一方面，还要准备详细的资料，注意把诱发需求与利用弱点结合起来进行攻击。

三、对待"虚荣型"谈判对手的策略

爱虚荣的人自我意识较强，好表现自己，嫉妒心理较强，对别人的暗示非常

敏感。对待这种性格的谈判人员，一方面要满足其虚荣的需要，另一方面要善于利用其本身的弱点作为跳板，可以选择以下具体策略：

（一）以熟悉的事物展开话题

与虚荣型谈判者洽谈，以他熟悉的东西作为话题，效果往往是比较好的。这样做可以为对方提供自我表现机会，同时己方还能了解对手的爱好和有关资料，但要注意到虚荣者的种种表现可能有虚假性，切忌上当。

（二）间接传递信息

这一策略是依据由间接途径得来的信息比公开提供的资料更有价值的心理设计的。例如，非正式渠道得到的信息，对方会更重视。运用此种策略的具体方法是，在非正式场合，由一些谈判中非常重要的角色有意透露一些信息。

（三）顾全面子策略

谈判中一方如果感到失掉了面子，即使是再好的交易条件也会造成不良的后果。实验资料表明，失掉面子的人都会从交易中撤出，对方攻击越是切中要点，失掉面子的一方撤退得越彻底，没有一点商量余地。因此，必须记住，无论你是如何气愤或是为自己的立场辩护，都不要相信激烈的人身攻击会使对方屈服。要多替对方设想，顾全他的面子。

在谈判中，怎样做才能顾全对方的面子呢？首先，提出的反对意见或争论应该针对所谈的议题，不应该针对人。其次，当一个人被逼到非常难堪的地步时，可选择一个替罪羊，为你承担责任。最后，当双方出现敌意时，要尽量找出彼此相同的观点，然后一起合作将共同的观点写成一个协定。

（四）制约策略

具有虚荣型性格的谈判人员，其最大的弱点就是浮夸，因此对方应有戒心。为了免受浮夸之害，在谈判的过程中，对虚荣型谈判人员的承诺要有记录，最好要他本人以书面的形式来表示。对达成的每项协议应及时立下字据，要特别明确奖罚条款，预防他以种种借口否认。

第五节　商务谈判地位应对策略

在商务谈判过程中，由于谈判人员在素质、经济实力、拥有的信息量、准备的情况等方面存在着许多差异，因此，总会存在被动、主动和平等地位的区别。当谈判人员所处的地位不同时，就会选择不同的谈判策略来实现自己的谈判目的。

一、平等地位的谈判策略

谈判的目的是达成某种协议。在双方地位平等条件下，谈判的基本原则是平等互利，求同存异。按照这个原则，首先要建立一种热情友好的合作气氛与环境，然后双方才能融洽地进行工作。在这种条件下，谈判的策略有以下几种：

（一）抛砖引玉策略

抛砖引玉策略是指在商务谈判中主动地提出各种问题，但不提解决的办法，而让对方去解决的一种战术。它一方面可以达到尊重对方的目的，使对方感觉到自己是谈判的主角和中心；另一方面，自己又可以摸清对方底细，争得主动。但该策略在两种情况下不适用：一是在谈判出现分歧时不适用；二是在了解了对方是一个自私自利、寸利必争的人时不适用，因为对方会乘机抓住他有利的因素，使你方处于被动地位。

（二）避免争论策略

谈判人员在开谈之前，要明确自己的谈判意图，在思想上进行必要的准备，以创造融洽、活跃的谈判气氛。然而，谈判双方为了谋求各自的利益，必然要在一些问题上发生分歧。分歧出现以后，要防止感情冲动，保持冷静，尽可能地避免争论。因为，争论不仅于事无补，而且只会使事情变得更糟。最好的方法是采取下列态度：

（1）冷静地倾听对方的意见。在谈判中，最好的方法是让他陈述完毕之后，先表示同意对方意见，承认自己在某些方面的疏忽，然后提出对对方的意见进行重新讨论。

（2）婉转地提出不同意见。在谈判中，当你不同意对方意见时，切忌直接提出自己的否定意见。最好的方法是先同意对方的意见，然后再作探索性的提议。

（3）分歧产生之后谈判无法进行，应马上休会。休会策略不仅可以避免出现僵持局面和发生争论，而且可以使双方保持冷静，调整思绪，平心静气地考虑双方的意见，达到顺利解决问题的目的。

（三）声东击西策略

在军事上，该策略被称作"明修栈道，暗度陈仓"。在商务谈判中，该策略指己方为达到某种目的和需要，有意识地将洽谈的议题引导到无关紧要的问题上故作声势，转移对方注意力，以求实现自己的谈判目标。具体做法是：在无关紧要的事情上纠缠不休，或在自己不成问题的问题上大做文章，以分散对方对自己真正要解决的问题的注意力，从而在对方无警觉的情况下，顺利实现自己的谈判意图。比如，对方最关心的是价格问题，而己方最关心的是交货时间，这时，谈判的焦点不要直接放到价格和交货时间上，而是放到价格和运输方式上。

二、被动地位的谈判策略

当己方在谈判中处于被动地位时，应避其锋芒，设法改变谈判力量的对比，以达到尽量保护自己、满足己方利益的目的。具体运用的策略是：

（一）沉默策略

谈判开始就保持沉默，迫使对方先发言。沉默是处于被动地位的谈判者常用的一种策略。运用沉默策略要注意审时度势，运用不当，谈判效果会适得其反。要有效地发挥沉默策略的作用：首先，要做好准备。要明确在什么时机运用该策略。事先要准备好使用哪些行为语言。在沉默中，行为语言是唯一的反应信号，是对手十分关注的内容。如果是多人参加的谈判，要统一谈判人员的行为语言口径。其次，要耐心等待。只有耐心等待，才可能使对方失去冷静，形成心理压力。为了忍耐可以作些记录。

（二）忍耐策略

在商务谈判中，占主动地位的一方会以一种咄咄逼人的姿态来表现自己。这时如果表示反抗或不满，对方会更加骄横，甚至退出谈判。在这种情况下，对对方的态度不做反应，采取忍耐的策略，以我之静待"敌"之动，以我方的忍耐来磨对方的棱角，挫其锐气，使其筋疲力尽之后，我方再做反应，以柔克刚，反弱为强。如果被动的一方忍耐下来，对方得到默认和满足之后，反而可能会通情达理，公平合理地与你谈判。同时，对自己的目标、要求也要忍耐，如果急于求成，反而会更加暴露自己的心理，进一步被对方所利用。忍耐的作用是复杂的，它可以使对方最终无法应付，也可以赢得同情和支持；可以等待时机，也可以感动他人。总之，只要忍耐，奇迹就有可能出现。

（三）多听少讲策略

处于被动地位的谈判者，应让对方尽可能多地发言。这样做既表示出对对方的尊重，也使自己可以根据对方的要求，确定自己应对对方的具体策略。对方多谈，可以大大减少对方的逆反心理和戒备心理，他就会因暴露过多而回旋余地较小。

（四）迂回策略

如果与对方直接谈判的希望不大，就应采取迂回的策略，即通过其他途径接近对方，彼此了解，联络感情，沟通了情感之后，再进行谈判。人都具有七情六欲，满足人的感情和欲望是人的一种基本需要。在谈判中利用感情的因素去影响对手是一种可取的策略。这种策略的方法很多，可以有意识地利用空闲时间，主动与谈判对手一起聊天、娱乐或谈论对方感兴趣的问题，也可以馈赠小礼品、请客吃饭、提供交通食宿的方便，还可以通过帮助解决一些私人的疑难问题，从而增进了解，联络感情，建立友谊，从侧面促进谈判的顺利进行。

三、主动地位的谈判策略

处于主动地位的谈判者，可以利用自己的优势，迫使对方做出更大的让步，以谋取更大的利益。具体可以采取以下几种策略：

（一）先苦后甜策略

先苦后甜策略是指在谈判中先给对方提出全面苛刻的条件，造成一种艰苦的局面，给对方一个苦的信号，在这一先决条件下再做出退让，使对方感到欣慰和满足。先苦后甜的策略只有在谈判中处于主动地位的一方才有资本使用。同时，在具体运用该策略时，开始向对方提出的方案不要过于苛刻，否则，对方就会退出谈判。

（二）以战取胜策略

以战取胜策略指当己方在谈判中处于主动或优势地位时，通过战胜对方来赢得谈判目标，满足自己的需要。使用这一策略会有许多弊端。

第六节　商务谈判僵局的处理技巧

谈判僵局是指在商务谈判过程中出现难以再顺利进行下去的僵持局面。在谈判中谈判双方各自对利益的期望或对某一问题的立场和观点存在分歧，很难达成共识，而又都不愿做出妥协向对方让步时，谈判进程就会出现停顿，谈判即进入僵持状态。

谈判僵局出现后对谈判双方的利益和情绪都会产生不良影响。谈判僵局会有两种后果：打破僵局继续谈判或谈判破裂，当然后一种结果是双方都不愿看到的。因此，了解谈判僵局出现的原因，避免僵局出现，以及一旦出现僵局能够运用科学有效的策略和技巧打破僵局，重新使谈判顺利进行下去，就成为谈判者必须掌握的重要技能。

一、产生僵局的原因

（一）立场观点的争执

双方各自坚持自己的立场观点而排斥对方的立场观点，形成僵持不下的局面。在谈判过程中，如果双方对各自立场观点产生主观偏见，认为己方是正确合理的，而对方是错误的，并且谁也不肯放弃自己的立场观点，往往会出现争执，陷入僵局。双方真正的利益需求被这种立场观点的争论所搅乱，而双方又为了维护自己的面子，不但不愿做出让步，反而用否定的语气指责对方，迫使对方改变立场观点，谈判就变成了不可相容的立场对立。

谈判者出于对己方立场观点的维护心理往往会产生偏见，不能冷静尊重对方观点和客观事实。双方都固执己见排斥对方，而把利益忘在脑后，甚至为了"捍卫"立场观点的正确性而以退出谈判相要挟。这种僵局处理不好就会破坏谈判的合作气氛，浪费谈判时间，甚至伤害双方的感情，最终使谈判走向破裂的结局。立场观点争执所导致的僵局是比较常见的，因为人们很容易在谈判时陷入立场观点的争执不能自拔而使谈判陷入僵局。

（二）面对强迫的反抗

一方向另一方施加强迫条件，被强迫一方越是受到逼迫，就越不退让，从而形成僵局。一方占有一定的优势，他们以优势者自居向对方提出不合理的交易条件，强迫对方接受，否则就威胁对方。被强迫一方出于维护自身利益或是维护尊严的需要，拒绝接受对方强加于己方的不合理条件，反抗对方强迫。这样，双方僵持不下，使谈判陷入僵局。

（三）信息沟通的障碍

谈判过程是一个信息沟通的过程，只有双方信息实现正确、全面、顺畅的沟通，才能互相深入了解，才能正确把握和理解对方的利益和条件。但是实际上双方的信息沟通会遇到种种障碍，造成信息沟通受阻或失真，使双方产生对立情绪，从而陷入僵局。信息沟通障碍指双方在交流信息过程中由于主客观原因所造成的理解障碍。其主要表现为：由于双方文化背景差异所造成的观念障碍、习俗障碍、语言障碍；由于知识结构、教育程度的差异所造成的问题理解障碍；由于心理、性格差异所造成的情感障碍；由于表达能力、表达方式的差异所造成的传播障碍等。信息沟通障碍使谈判双方不能准确、真实、全面地进行信息、观念、情感的沟通，甚至会产生误解和对立情绪，使谈判不能顺利进行下去。

（四）谈判者行为的失误

谈判者行为的失误常常会引起对方的不满，使其产生抵触情绪和强烈的对抗，使谈判陷入僵局。例如，个别谈判人员的工作作风、礼节礼貌、言谈举止、谈判方法等方面出现严重失误，触犯了对方的尊严或利益，就会产生对立情绪，使谈判很难顺利进行下去，造成很难堪的局面。

（五）偶发因素的干扰

在商务谈判所经历的一段时间内有可能出现一些偶然发生的情况。当这些情况涉及谈判某一方的利益得失时，谈判就会由于这些偶发因素的干扰而陷入僵局。例如，在谈判期间外部环境发生突变，某一谈判方如果按原有条件谈判就会蒙受利益损失，于是他便推翻已做出的让步，从而引起对方的不满，使谈判陷入

僵局。由于谈判不可能处于真空地带，谈判者随时都要根据外部环境的变化而调整自己的谈判策略和交易条件，因此这种僵局的出现也就不可避免了。

以上是造成谈判僵局的几种因素。谈判中出现僵局是很自然的事情，虽然人人都不希望出现僵局，但是出现僵局也并不可怕。面对僵局不要惊慌失措或情绪沮丧，更不要一味指责对方没有诚意，要弄清楚僵局产生的真实原因是什么，分歧点究竟是什么，谈判的形势怎样，然后运用有效的策略技巧打破僵局，使谈判顺利进行下去。

二、避免僵局形成的态度

处理谈判僵局最有效的途径是将形成僵局的因素消灭在萌芽状态。所以，为避免僵局的形成，在谈判过程中谈判者应持如下态度：

（一）欢迎反对意见的态度

从"贬低是买主"的意义上讲，谈判人员提出的反对意见一方面是谈判顺利进行的障碍，另一方面又是他们对议题感兴趣或想达成协议的信号。所以，听到对方的反对意见应闻过则喜，持欢迎态度，因为这标志着实质性的谈判已经开始。站在对方的立场来看，被提意见的一方如果态度诚恳和热心，就会影响对方的心理，使他们感到自己受到尊重。只有在这种情况下，被提意见一方的说服工作才能奏效。

（二）保持冷静的态度

在谈判中会出现形形色色的反对意见，其中包括那些不合理的反对意见。在这种情况下，谈判人员一定要谨慎从事，切记不能带愤懑的口吻反驳对方的意见。从心理学的角度看，商务谈判双方的供求决定都受理智和感情的控制，如果谈判双方对某些议题出现争吵或冷嘲热讽，即使一方的意见获胜也难以使对手心悦诚服，对立情绪难以消除，无法达成协议。因此，谈判人员应注意研究对方的心理状态，变争吵为倾听，对立状况就可能化解。然后，再用对方可以接受的语气委婉地说服他，使谈判顺利进行。如心平气和地对对方说："这些情况我们都认可，您能否换个角度来分析……"利用事实根据来证明所谈判内容的正确性，可以解除与转化对方的疑虑和不同见解。

（三）遵循平等互利的原则

谈判双方尽管从规模和经济实力看有大小、强弱之别，但在法律上享有的权利、义务应当是平等的。恃强凌弱，损人利己，不会建立良好的公共关系；如果在强大的谈判对手面前诚惶诚恐，不敢维护自己合理的利益，一味让步，只能使对手认为你软弱可欺，而提出更加苛刻的要求。

（四）持欣赏对方的态度

在谈判中，谈判人员要善于发现对方的优点，在适当的时间、适当的地点，采用合适的话题来表扬对方，如："别人都说你有这些优点，依我看，你还有另外的优点……"对方听到这出人意料而又合乎情理的表扬，会产生一种特别的喜悦感，相应地也会以欣赏的态度来看待你，这样有利于谈判工作的进展。切记说话时目光要平视对方，要使用诚恳、平静的语气，千万不可使用过头的话去奉承或讥讽对方。

（五）敢于承认错误的态度

"三思而后言之"，人是要为自己说过的话负责的，千万不可口出戏言。但一般人难免出错，特别是在谈判中常常会因为一句话闹得不欢而散。在这种情况下，说了错话的一方应敢于承认错误，或直接向对方道歉，博取对方的原谅，或立刻镇定下来，随后再若无其事地夸奖对方。例如，"虽然如此，但我认为这也正是你吸引我的魅力所在"，这样可以转移对方的注意力，缓解尴尬的局面。

（六）语言要适中，语气要谦和

语言要适中是指谈判者与对方洽谈业务时既不多讲，也不能太寡言。谈判者不多说话的好处有：一方面，可以减轻对方的负担；另一方面，可以有更多的时间倾听对方的意见，以观察和探寻对方的谈话动机和目的，为制定对策提供基础。谈判者语言适中的好处有：一方面，可以满足对方自尊心的需要；另一方面，可以将自己的看法、意见反馈给对方，试探对方的反应。此外，谈判者语言适中还可以形成对等的谈判气氛。在谈判中，声调要适当。古希腊哲学家亚里士多德在《修辞学》一书中指出，什么时候说得响亮，什么时候说得柔和，或者介于两者之间；什么时候说得高，什么时候说得低，或者不高不低……这都是关系到演讲成败的关键问题。概括来说，谈判人员在谈判中忌盛气凌人、攻势过猛、以我为主，也忌含糊不清、枯燥呆板。

（七）积极探寻对方的价值

人被承认其价值时，即使是小小的价值也总是喜不自胜。因此，在谈判中经常肯定对方的价值，就成为使对方产生好感、增强合作意识的重要因素。

例如，我国北方某市在开发经济项目时，与一位美籍华人洽谈一个合资经营化纤的项目。起初，由于该华商对我方政策、态度不甚了解，戒心很大。我方由主管工业的副市长亲自出面与之谈判。在会谈过程中，我方态度友好坦率，肯定了对方为家乡发展做贡献的赤子之心，明确指出国家的发展需要华商的大力支持，我方政策非常欢迎华商回国投资，并对投资项目给予优惠政策。该华商十分感动，打消了原有的顾虑和担心，最后与我方签订了意向书。

（八）抛弃成见，正视冲突的态度

许多谈判人员把僵局视为失败，在这种思想指导下，不是采取积极的措施加以缓和，而是消极躲避，企图竭力避免它。在谈判开始之前，就祈祷能顺利地与对方达成协议，完成交易，别出意外或麻烦。特别是当他负有与对方签约的使命时，这种心情就更为迫切，为避免出现僵局，会事事处处迁就对方，一旦陷入僵局，就会很快地失去信心和耐心，甚至怀疑自己的判断力，对预先制订的计划产生动摇，还有的人悔不当初……这种思想阻碍了谈判人员更好地运用谈判策略。事事处处迁就的结果，就是达成一个对己不利的协议。

应该看到，僵局出现对双方都不利。如果能正确认识，恰当处理，会变不利为有利。我们不赞成那种把僵局视为一种策略，运用它胁迫对方妥协的办法，但也不能一味地妥协退让，这样，不但僵局避免不了，还会使自己十分被动。只要具备勇气和耐心，在保全对方面子的前提下，灵活运用各种策略和技巧，僵局就不是攻克不了的堡垒。

（九）认真倾听的态度

在对方发言时，己方代表一定要认真倾听，对对方的话表示出极大的兴趣，其间可用一些肢体语言（如点头、微笑、赞同式手势等）表达你的专心和关注。这种态度一方面可向对方传递对其尊重的信号，调动其发言的积极性，获取一些意想不到的信息；另一方面可较为明确而充分地弄清楚对方的意见，为下一步的谈判工作掌握主动权做好准备。

三、打破谈判僵局的策略与技巧

当采用上面避免僵局形成的方法与态度没有抑制住潜在僵局，反而让潜在僵局演变成现实僵局时，可以采用以下的策略与技巧：

（一）回避分歧，转移议题

当双方对某一议题产生严重分歧都不愿意让步而陷入僵局时，一味地争辩解决不了问题，可以回避有分歧的议题，换一个新的议题与对方谈判。这样做有两点好处：一是可以争取时间先进行其他问题的谈判，避免长时间的争辩耽误宝贵的时间；二是当其他议题经过谈判达成一致之后，会对有分歧的问题产生正面影响，再回过头来谈陷入僵局的议题时，气氛会有所好转，思路会变得开阔，问题的解决便会比以前容易得多。

（二）尊重客观，关注利益

谈判双方各自坚持己方的立场观点，由于主观认识的差异而使谈判陷入僵局，这时候处于激烈争辩中的谈判者容易脱离客观实际，忘掉大家的共同利益是什么。所以，当谈判者陷入僵局时，要克服主观偏见，从尊重客观的角度看问题，关注企业的整体利益和长远目标，而不要一味追求论辩的胜负。如果是由于某些枝节问题争辩不休而导致僵局，这种争辩是没有多大意义的。即使争辩的是关键性问题，也要客观地评价双方的立场和条件，充分考虑对方的利益要求和实际情况，认真冷静地思索己方如何才能实现比较理想的目标。理智地克服一味地希望通过坚守自己的阵地来"赢"得谈判的做法。这样才能静下心来面对客观实际，为实现双方共同利益而设法打破僵局。

（三）多种方案，选择替代

如果双方仅仅采用一种方案进行谈判，当这种方案不能为双方同时接受时，就会形成僵局。实际上谈判中往往存在多种满足双方利益的方案。在谈判准备期间就应该准备出多种可供选择的方案。一旦一种方案遇到障碍，就可以提供其他的备用方案供对方选择，使"山重水复疑无路"的局面转变成"柳暗花明又一村"的好形势。谁能够创造性地提供可选择的方案，谁就能掌握谈判的主动权。当然这种替代方案要既能维护己方切身利益，又能兼顾对方的需求，才能使对方对替代方案感兴趣，进而从新的方案中寻找双方的共识。

（四）尊重对方，有效退让

当谈判双方各持己见互不相让而陷入僵局时，谈判人员应该明白，坐到谈判桌上的目的是达成协议实现双方共同利益，如果促使合作成功所带来的利益要大于固守己方立场导致谈判破裂的收获，那么退让就是聪明有效的做法。

采取有效退让的方法打破僵局基于三点认识：第一，己方用辩证的思考方法，明智地认识到在某些问题上稍做让步，而在其他问题上争取更好的条件；在眼前利益上做一点牺牲，而换取长远利益；在局部利益上稍做让步，而保证整体利益。第二，己方多站在对方的角度看问题，消除偏见和误解，对己方一些要求过高的条件做出一些让步。第三，这种主动退让姿态向对方传递了己方的合作诚意和尊重对方的宽容，促使对方在某些条件上做出相应的让步。如果对方仍然坚持原有的条件寸步不让，证明对方没有诚意，己方就可以变换新的策略，调整谈判方针。

（五）冷调处理，暂时休会

当谈判出现僵局而一时无法用其他方法打破僵局时，可以采用冷调处理的方法，即暂时休会。由于双方争执不下，情绪对立，很难冷静下来进行周密的思考。休会以后，双方情绪平稳下来，可以静静地思考一下双方的分歧究竟是什么性质，对前一阶段谈判进行总结，考虑一下僵局会给己方带来什么利益损害，环境因素有哪些发展变化，谈判的紧迫性如何等。另外，也可以在休会期间向上级领导做汇报，请示一下高层领导对处理僵局的指导意见，将某些让步策略的实施授权给谈判者，以便谈判者采取下一步的行动。再有，可以在休会期间让双方高层领导进行接触，融洽一下双方僵持对立的关系，或者组织双方谈判人员参观游览，参加宴会、舞会和其他娱乐活动。在活动中，双方可以在轻松愉快的气氛中进行无拘无束的交流，进一步交换意见，重新营造友好合作、积极进取的谈判气氛。经过一段时间的休会，当大家再一次坐到谈判桌上的时候，原来僵持对立的问题会比较容易沟通和解决，僵局也就随之被打破了。

（六）以硬碰硬，据理力争

当对方提出不合理条件，制造僵局，给己方施加压力时，特别是在一些原则问题上表现得蛮横无理时，要以坚决的态度据理力争。因为这时如果做出损害原则的退让和妥协，不仅会损害己方利益和尊严，而且会助长对方的气焰。所以，己方要明确表示拒绝接受对方的不合理要求，揭露对方故意制造僵局的不友好的行为，使对方收敛起蛮横无理的态度，自动放弃不合理的要求。这种方法首先要体现出己方的自信和尊严，以及不惧怕任何压力、追求平等合作的原则；其次要注意表达的技巧性，用棉里藏针、软中有硬的方法回击对方，使其自知没趣，主动退让。

（七）孤注一掷，背水一战

当谈判陷入僵局时，如果己方认为自己的条件是合理的，无法再做让步，而且又没有其他可以选择的方案，可以采用孤注一掷、背水一战的策略，将己方条件摆在谈判桌上，明确表示自己已无退路，希望对方能做出让步，否则情愿接受谈判破裂的结局。当谈判陷入僵局而又没有其他方法解决的情况下，这个策略往往是最后一个可供选择的策略。在做出这一选择时，己方必须做好最坏的打算，做好承受谈判破裂的心理准备。因为一旦对方不能接受己方条件，就有可能导致谈判破裂。在己方没有做好充分的准备以及没有多次努力尝试其他方法打破僵局时，不能贸然采用这一方法。这种策略使用的一个前提条件是己方的要求是合理的，而且没有退让的余地，因为再退让就会损害己方根本利益。另一前提条件是己方不怕谈判破裂，不会用牺牲企业利益的手段去防止谈判破裂。如果对方珍惜这次谈判和合作机会，在己方做出最后摊牌之后，有可能选择退让的方案，使僵局被打破，从而达成一致的协议。

本章小结

商务谈判策略是对谈判人员在商务谈判过程中为实现特定的谈判目标而采取的各种方式、措施、技巧、战术、手段及其反向与组合运用的总称。商务谈判策略不仅有其质的规定性，而且还有其独有的特征：针对性、预谋性、时效性、随机性、隐匿性、艺术性、综合性。制定商务谈判策略的程序是指制定策略所应遵循的逻辑步骤。其主要步骤包括现象分解、寻找关键问题、确定目标等七个方面。

根据商务谈判的进程不同，可以把商务谈判策略归纳为开局阶段策略、磋商阶段策略和结束阶段的策略。在商务谈判中，谈判作风因人而异。就谈判人员个体或集体在谈判中所显现的态度和姿态看，主要有强硬型、不合作型、阴谋型和

合作型等风格。对不同作风的对手，应该采取不同的策略。由于人的心理、生理因素以及所处周围环境的复杂性，商务谈判人员的性格千差万别，归纳起来，主要有感情型、固执型、虚荣型三种类型。对待不同性格类型的谈判人员，我们应该采取不同的策略。

在商务谈判过程中，由于谈判人员在素质、经济实力、拥有的信息量、准备的情况等方面存在着许多差异，因此，总会存在被动、主动和平等地位的区别。当谈判人员所处的地位不同时，就会选择不同的谈判策略来实现自己的谈判目的。

谈判僵局是指在商务谈判过程中出现难以再顺利进行下去的僵持局面。在谈判中谈判双方各自对利益的期望或对某一问题的立场和观点存在分歧，很难达成共识，而又都不愿做出妥协向对方让步时，谈判进程就会出现停顿，谈判即进入僵持状态。因此，了解谈判僵局出现的原因，避免僵局出现，以及一旦出现僵局能够运用科学有效的策略和技巧打破僵局，重新使谈判顺利进行下去，就成为谈判者必须掌握的重要技能。

|第十一章|
商务谈判礼仪与禁忌

本章目标

◆ 了解礼仪和礼节在商务谈判中的重要作用

◆ 了解、掌握并能运用常用的商务谈判礼仪和礼节

◆ 重点掌握见面礼仪与馈赠礼品的礼仪与禁忌

"礼仪"是拉近双方距离的桥梁，也是谈判的技术手段之一。由于地域、语言、思维逻辑、组织、经济等因素的影响，世界各国之间，甚至同一国家不同地区之间存在着巨大的文化差异，因此，不同文化的接触必然存在着文化相互适应性问题。商务谈判中的礼仪就是在长期的商务谈判交往过程中，满足、迎合文化的适应性而形成的行为活动规范。商务礼仪是在商务活动中体现相互尊重的行为准则，是用来约束日常商务活动的方方面面。在商务活动中，遵循一定的礼仪能够为企业、公司和职业人员带来利润和商业成功。相反，在商战中，"不学礼，无以立"。

第一节　商务交往中的一般礼仪与禁忌

商务谈判策略的应用和在谈判中进行交流沟通，都需要人与人之间的平等相待与尊重。怎样才能体现对他人的尊重呢？人类需要寻找一种规范，这就是礼

仪。礼仪作为重要的生活规范和道德规范，是对他人表示尊敬的方式与体现。同时，它也是人类文明的重要表现形式，在一定程度上反映了一个国家、一个民族、一个地区或个人的文明、文化程度和社会风尚。商务交往中的一般日常交往礼节主要体现在以下几个方面：

一、守时守约

参加谈判或其他商务活动，应遵守时间，按约定时间到达。过早到达，会使主人因没准备好而感到难堪；迟到，使主人长久等候、担心牵挂，则是失礼。万一因特殊原因迟到，应向主人表示歉意。如果因故不能赴约，要有礼貌地尽早通知主人，并以适当方式表示歉意。

二、尊妇敬老

尊重妇女、照顾老人是国际社会公认的一项重要的礼节。许多国家的社交场合都奉行"女士优先""老人优先"的原则。很多国家的社交场合，上下楼梯、车船、飞机或进出电梯，均让老人和妇女先行；对同行的老人和妇女，男子应为其提拎较重的物品；进出大门，男子帮助老人和妇女开门、关门；同桌用餐，两旁若坐着老人和妇女，男子应主动照料，帮助他们入座就餐等。

三、尊重各国、各民族的风俗习惯

不同的国家、民族，由于不同的历史、文化、宗教等，各有特殊的宗教信仰、风俗习惯和礼节，应该受到理解和尊重。天主教徒忌讳"13"这个数字，尤其是"13日，星期五"，遇上这个日子，不举行宴请；印度、印度尼西亚、马里、阿拉伯国家等，不用左手与他人接触或用左手传递东西；使用筷子的国家，用餐时不可用一双筷子来回传递食物，也不能把筷子插在饭碗中间；保加利亚、尼泊尔等一些国家，摇头表示同意，点头表示不同意等。不了解或不尊重其他国家、民族的风俗习惯，不仅失礼，严重的还会影响双边关系，阻碍谈判达成一致协议，因此必须高度重视这一问题。

四、举止得体

商务谈判人员的举止，是指其在谈判过程中站姿、坐姿及行走时的步姿所持态度的表现，以及这些表现对谈判产生的效果。在出席商务谈判时，站姿会首先引起别人注意，优美挺拔的站姿能显示个人的自信、气质和风度，给他人留下美好印象。

端庄典雅的坐姿可以展现商务谈判人员的气质和良好的教养。在谈话活动或其他礼宾活动中，谈判人应做到坐有坐姿，行有行态，落落大方，端庄稳重，诚恳谦恭。正确的坐姿是轻入席、雅落座、慢离身。即入座要轻，动作要柔和，女士应用手把裙子向前拢一下，落座时要文雅，脊背要与椅背有一拳左右的距离。在正式场合或有地位较高的人在座时，不能坐满座位。同时，收腹挺胸，上身正直，目视前方，两肩持平，双手放于膝上或扶手上，双膝、双脚并拢。离座时要轻轻起身，由椅子的左侧离座。

商务谈判人员的步姿应从容稳健，这样可以增强自信，使交往对象产生信任感。在行进中，保持目视前方，上身正直不动，两臂自然摆动，步幅均匀。如果站立过久，可以在保证上身挺直的情况下，将左脚或右脚交替后撤一步，做稍息状。站立时，应两腿自然分开，约相距一肩宽，双手相握放在两腿间，或两手背放身后，挺胸、抬头，目光平视对方，面带微笑，对所负谈判任务充满信心、兴趣和进取精神。坐时，应将双手放在桌子上，挺腰近台，目光平视对方，面含微笑，神情专注，从容不迫，缓急适度。如果是陪同宾客走入房间，应先请客人坐到各自的座位上，然后自己轻步入席，如果谈判者因故迟到，应当疾步入门，眼睛搜寻主宾，边走边伸手给主宾致意，以表达迟到的歉意。

在谈判时，态度要诚恳、谦恭、热情。当对方在谈判中摆出虚假、傲慢、冷漠的态度时，不应持同样错误的态度。要分析原因，对症下药。总之，应不卑不亢，或婉转指出对方表现上的失礼，奉劝其应以维护谈判的融洽气氛为重，不要因失礼而危及谈判的成功。在公共场所，应保持安静，不要喧哗。在举行重要仪式、听演讲、看演出等隆重场合，要保持肃静，不要交头接耳、窃窃私语，或者表现出不耐烦的情绪。

五、注意交谈礼仪

交谈时要自然，要充满自信，态度要和气，语言表达要得体，手势不要过多过大，不要用手指别人，不要唾沫四溅，谈话距离要适当。交谈内容一般不要涉及病、亡等不愉快的事情，不要径直询问对方履历、工资收入、家庭财产、衣饰价格等个人生活问题，与西方人一起谈判，或与自己不很熟悉的中国人谈判，不要询问妇女年龄、婚姻、薪金等。对方不愿回答的问题不要追问。涉及对方反感的问题要表示歉意。不要批评长者、身份高的人，不要讥讽别人，不要随便议论宗教，不要议论他国内政。争论问题要有节制，不可进行人身攻击。言语得体还表现在选择交谈词语，准确表达自己的意思。

在交谈中语速、语调和音量对意思的表达有比较大的影响。交谈中陈述意见要尽量做到平稳中速。如果说话太快，对方往往难以抓住你说话的主要意思，难以集中注意力正确领会和把握你的实际表达。有时还会给对方留下敷衍了事、完成任务的印象，认为不必要做出什么反应，导致双方语言交谈不畅。如果说话太慢、节奏不当、吞吞吐吐、欲言又止，容易被对方认为不可信任。在特定的场合下，可以通过改变语速来引起对方的注意，加强表达的效果。

在交谈中，不同的语调可以使同一句话表达出不同的含义。声音的大小则反映说话人的心理活动、感情色彩、某种情绪或某种暗含的意思。通常的经验是，一般问题的阐述应使用正常的语调，保持能让对方清晰听见而不引起反感的高低适中的音量。切忌出现音调、音量失控，如果这样，将会损害自己的礼仪形象。

交谈中不要只顾自己长篇大论、滔滔不绝，不留意对方反应，应该给对方空出时间表达自己的看法和观点。参加别人谈话时要先打招呼；别人在个别谈话时，不要凑近旁听。若有事须与某人交谈，要等到别人谈完。第三人参与交谈时，应以握手、点头或微笑表示欢迎。谈话中有急事需要处理和需要离开时，应先向对方打招呼并表示歉意。交谈现场超过三人时，应不时地与在场的所有人交谈两句，不要只和一两个人讲话，而不理会其他人。不要轻易打断别人发言。

任何人都会对诚心诚意倾听自己谈话的人产生感激之情，从而开启心扉，倾吐真情实意的。所以，在交谈过程中，我们要耳到、眼到、心到，做一个善解人意的人，赢得对方的尊敬，并让对方乐于与你交谈。

第二节　见面礼节

见面是交往的开始，尤其初次见面是商务谈判人员留给对方第一印象的重要组成部分。在第一次见面时，商务谈判人员一定要举止庄重大方，谈吐幽默文雅，在商务交往之初能使对方形成牢固的心理定式，会对以后的商务活动产生积极影响。为此，商务谈判人员对见面的礼仪规范应予以特别重视。商务谈判人员初次见面，介绍、握手和交换名片等是必不可少的礼节。

一、介绍

介绍是指经过自己主动沟通或者通过第三者从中沟通，从而使交往双方相互认识、建立联系、增进了解的一种最基本、最常规的交往方式。商务谈判中，介绍是相互了解的基本方式。通过介绍，可以缩短彼此之间的距离，以便更好地交谈、沟通和深入了解，所以介绍是商务谈判活动中的重要环节。

（一）自我介绍

自我介绍是指当自己与他人初次见面时，由自己主动向他人介绍自己，或是应他人的请求对自己的情况做一定程度的介绍。自我介绍是商务人员在社交场合运用最多的一种介绍方式。

自我介绍应根据当时的具体场合、具体对象以及实际需要来确定自我介绍的内容。一般来说，自我介绍的内容比较简单。在商务谈判活动中，应首先问候对方，然后介绍自己所在企业名称、自己的姓名和身份。

进行自我介绍时要注意以下几点：一是内容要实事求是，真实可信。二要充满自信，态度要自然、友善、随和，语速不快不慢，目光正视对方。三要简洁、清晰，一般来说时间不宜太长，应不超过一分钟。四要选择好时间，当对方无兴趣、无要求，或正在用餐、忙于处理事务时，切勿打扰，以免尴尬。

（二）为他人介绍

为他人介绍又称第三者介绍，是指经第三者为彼此不相识的双方引见。为他

315

人介绍是双向的，即第三者对被介绍的双方都作一番介绍。

商务谈判活动中，人人都有可能承担介绍他人的义务，当需要由你负责介绍陌生人相识时，应担当起介绍人的责任。如果你是活动的组织者，你就应当主动为客人做介绍。当有人请你做介绍时，你应热情表示愿意承担此任。

在为他人介绍时，必须遵守"尊者优先"的原则，即在为他人做介绍时，先要确定双方地位的尊卑。国际上公认的为他人介绍的顺序是：先将职位低的人介绍给职位高的人；先将年轻者介绍给年长者；先将男性介绍给女性；先将主方人士介绍给客方人士；先将晚到者介绍给早到者。值得注意的是，当所要介绍的双方符合其中两个或两个以上顺序时，一般以先职位再年龄，先年龄再性别的顺序做介绍。商务谈判场合的介绍与社交介绍略有不同。在商务谈判中，通过介绍，主要是建立某种贸易往来关系，以发展自己的事业。这种介绍一般不分男女老少，只以社会地位的高低作为衡量的标准，遵从社会地位高者有了解对方优先权的原则。在任何场合下，都是将社会地位低者介绍给地位高者。在实业界，当男士被介绍给比他地位低的女士时，无须起立。只有当两个人的地位相同时，才遵循先介绍女士这一习惯，在介绍中，通常以职务相称。

为他人做介绍，要先了解双方是否有结识的愿望，切不可贸然引荐。最好先征求一下双方意见，以免为原来就相识者或关系不好者做介绍。

介绍的内容大体与自我介绍的内容相仿。介绍时，多用敬词、谦词、尊称。在做具体介绍时应面带微笑，表情自然。无论介绍哪一位，应有礼貌地平举右手掌示意，并且眼神要随手势指向被介绍者，向对方点头微笑。

被介绍时，除年长者或妇女外，一般应起立，但在宴席、会谈桌上不必起立，而以微笑、点头表示。如为他人做介绍，应先了解双方是否有结识的愿望，介绍时要自然周全，讲清楚被介绍者的姓名、身份、单位或国籍。为第三者介绍，还可介绍其与自己的关系，便于新结识的人相互了解与信任。介绍完毕，双方应依照礼仪顺序握手，彼此问候，也可以互换名片，作为联络方式。

二、握手

握手是全世界最通用的、最司空见惯的礼仪。握手是见面致意和问候的一种礼节，它看似平常，却是沟通思想、交流感情、增进友谊的重要方式，热情、文雅、得体的握手能让人感受到愉悦、信任和接受。握手是为了表示对对方尊重、友好、关心或敬意，有时也表示祝贺、感谢、慰问或鼓励。例如，某人在工作中取得了成绩，同事们可握手向他表示祝贺，他也可以采取握手的方式向前来祝贺者表示感谢；运动员在比赛之前，教练员和同事们可握手鼓励他取得好成绩，当他取得好成绩之后，教练员可以采取握手的方式向他表示祝贺，他同样也可以采取握手的方式表示对祝贺者的感谢之情。

握手的礼节在社交场合应用很广，商务人员应本着"礼貌待人、自然得体"的原则，进行灵活的掌握和运用，以显示自己的修养和对对方的尊重。在商务谈判中，通过谈判双方的相互介绍之后，彼此握手以示友好和交往的意愿以便更多地交谈和更深入地了解。

（一）使用场合

握手之前要审时度势，留意握手信号，选择适当时机。通常，两人初次见面，熟人久别重逢，告辞或送行都可以握手表示自己的善意。在一些商务活动中，双方交谈中出现了令人满意的共同点时，或双方原先的矛盾出现了某种良好的转机或彻底和解时也以握手为礼。

（二）握手的次序

国际上惯例，在商务活动中，握手时伸手的顺序应遵循"尊者先伸手"的原则。一般情况下，上下级之间，上级先伸手，下级才能接握；长辈与晚辈之间，长辈先伸手，晚辈才能伸手相握；男士与女士之间，女士伸手后，男士才能伸手相握。在接待来访者时，当客人到达时，应由主人先伸手与客人相握，表示"欢迎"；而当客人告辞时，由客人先伸手与主人相握，表示"再见"。应该强调的是，上述伸手顺序主要用于律己，不可处处苛求他人。在社交场合中，无论谁先向我们伸手，即使他忽视了握手礼仪的先后顺序，我们都应将其看作是友好表示，要马上伸手与其相握。

（三）握手的时间

对握手的时间，没有统一的规定。在商务谈判中，彼此见面相互介绍之后，双方握手的时间以 3~5 秒、5~6 秒为宜。如果握手的时间过短，彼此手一接触便即刻松开，表明双方完全出于客套、应酬或没有进一步加深交往的愿望。如果一方握对方的手时间过长，尤其是第一次见面的时候，则易被对方视为热情过度，

不懂社交礼仪。当然，如果双方之间的关系十分密切，握手的时间可适当延长，并可将握着的手上下摇晃几下，表示热烈、真诚的感情。

（四）握手的力度与握手者间距离

握手时，一般应走到对方的面前，不能在与他人交谈时，漫不经心地侧面与对方握手。握手者的身体不宜离得太近，但也不宜离得太远。握手时应距对方约一步远，保持站立姿势，右臂向前伸出。特别要注意，不要从他人的头顶上或会议桌上方与对方握手，如果在就餐时确有握手的需要，应注意不要在餐桌或食物上方握手，以免令人生厌。

双方握手时用力的大小，常常表示感情深浅的程度。握得有力，表示握手者充满热情、诚意、信任或感激之情。当然，也要注意，握手不要用力过大、过猛致使对方有痛感，那样也不会收到预期的效果。初次见面者，则应听完介绍之后轻轻地相握，握一下即可。年轻者对年长者，身份低者对身份高者握手，上身应稍稍前倾，以双手相握，表示尊敬；男士与女士握手，往往只需要握一下女士的手指部分或轻轻贴一下；女士与男士握手，只需要轻轻地伸出手掌。

（五）握手的面部表情与身体弯度

握手者的面部表情是配合握手行为的一种辅助动作，通常可以起到加深情感、加深印象的作用。因此，握手时双方应面对面地对视，面部表情要流露出发自内心的喜悦和表达真诚的笑容；同时应双目注视对方，切忌目光左顾右盼；面带微笑，并用语言配合动作和眼神。握手时，双方应先打招呼或点头示意，然后是相互握手、寒暄致意。关系密切的双方，可边握手边问候。谈判双方握手时，切忌表情呆滞冷淡，心不在焉。

握手者身体的弯度，要根据对方的情况确定。例如，与地位相等的人握手，身体稍微前倾即可。以握手形式表达谢意时，则要稍微躬腰。与长辈握手，则应以深躬表示尊重。除非有特别用意，一般不要挺胸昂首握手，以免给人造成蠢而无礼的不良印象。

（六）握手的其他注意事项

握手时手必须保持干净，不要戴着手套或墨镜与人握手（女士身着礼服礼帽戴手套除外）。在多人同时握手时，不可交叉握手。当自己伸手时发现别人已经伸手，应主动收回，并说声"对不起"，待别人握完手后再伸手相握。交际时人数较多，可以只跟相近的几个人握手，向其他人点头示意或微微鞠躬就行。

三、名片

名片是中国人使用最早的礼仪信物之一，是当今社会商务交往中一种最为经济实用的介绍性媒介。名片是一个人身份、地位的象征，是一个人尊严、价值的一种外显方式，也是使用者要求社会认同、获得社会理解与尊重的一种方式。互换名片已经成为现代人相互介绍并建立联系，以使信息活动多元化的一个重要步骤。

（一）名片的制作规范

商务交往中使用的名片，一般色彩淡雅，要单色，多选择浅白色、浅黄色、浅灰色、浅蓝色。图案选择上，一般要有企业标志、单位所处位置、本企业标志性建筑、主打产品等。字体多用标准印刷体和楷体，中文和外文要两面印刷。名片通常应以耐折、耐磨、美观、大方、便宜的纸张为首选材料。名片上一般印有单位名称、本人称谓（姓名、行政职务、学术头衔）、联系方式（地址、邮政编码、电话号码）。目前我国通行的名片规格为 9cm×5.5cm，而国际上流行的名片规格是 10cm×6cm，如无特殊原因，不必制作过大或过小的名片。

（二）名片的放置

名片不要和钱包、笔记本等放在一起，原则上应该使用名片夹，且应该放置在容易拿出的地方，以免用时手忙脚乱。穿西装时，名片夹应该放在左胸的口袋里。因为名片是一个人身份的象征，而左胸是靠近心脏的地方，将名片放在靠近心脏地方，其含义无疑是对对方的一种礼貌和尊重。由于在商务活动中接受的名片很多，因此，最好将他人的名片与自己的名片分开放置。否则，一旦慌乱中误将他人的名片递出，那就失礼了。

（三）名片的使用场合

通常，初次与交往对象见面时，除了必要口头介绍外，还可以把名片作为辅助的介绍工具。这样不仅能向对方明确身份，而且还可以节省时间，强化效果。在交往中，商务人员如欲结交对方，往往可以通过名片表示结交之意。因为递交名片给初识之人，即意味着想结交认识。在这种情况下，对方一般会"礼尚往来"，将其名片也递过来，从而完成双方结识的愿望。如果是事先约定好的面谈，

或事先双方都有所了解，不一定忙着交换名片，可在交谈结束、临别之时取出名片递给对方，以加深印象，表示保持联络的诚意。

（四）名片的递送礼仪

名片代表一个人的身份，在未确定对方来历之前，不要轻易递出自己的名片，否则，不仅有失庄重，而且可能日后名片被他人冒用。名片递送的先后顺序没有太严格的讲究，一般来说，是由职位低的先向职位高的递送，晚辈先向长辈递送，男士先向女士递送。当对方人数不止一人时，应先将名片递给职位较高或年龄较大者。如果分不清职位高低和年龄大小，则可先给自己对面左侧方的人名片。总之，在与多人递送名片时，应讲究先后顺序，由尊到卑，由近到远，顺时针依次进行。递名片给他人时，应郑重其事，面带微笑，最好是起身站立，走上前，用双手将名片的正面朝向对方，交予对方，并说"请多指教""今后保持联系"等寒暄词。

在递、接名片时，如果是单方递、接，最好能用双手递、双手接，双方互送名片时，应右手递，左手接。两种情况都要求名片的正面（写中文字样的一面）朝着对方。

（五）名片的接收礼仪

接收他人递过来的名片时，除了长者、女性外，应尽快起身或欠身，面带微笑，用双手接住名片的下方两角，并视情况口头道谢，或重复对方所使用的谦词、敬词，如"请您多指教""请您多关照"，不可一言不发。接过对方的名片应点头致谢，并认真地看一遍，最好能将对方的姓氏、主要职称或身份轻轻地读出来，以示尊重。遇有看不明白的地方也可以请教。将对方的名片放在桌子上时，其上面不要压任何东西。收起名片时，要让对方感觉到，你是将其名片认真地放在了一个最重要、最稳妥的地方。切忌接过对方的名片一眼不看就立即收起，也不要将其随意地摆弄，因为这样会被对方感觉是一种不恭。

案例 11-1

礼仪不周　悔之晚矣

一位作家出访，他自认为是文雅之士，但他国之行，许多细小礼节上的反差却令他汗颜。送名片时，某公司老总双手接住，端详一刻，口中念念有词，然后微笑着放入公文包中，再致谢。而他，接住，随即放入袋中。一次，在去拜访一位企业经理时，终于酿成大错，他把这位企业经理送给他的名片顺手放在桌上了，告别时，接待员过来转达了对方经理的一句忠告："也许你在轻视我，但无论如何这都是不礼貌的。"

资料来源：https://wenku.baidu.com/view/7c686b732aea81c758f5f61fb7306b4c2f3f2ac2.html。

四、称谓

要形成良好的交往关系，尊重他人，首先从礼貌、友好的称谓开始。称谓是人们交谈时所使用的用以表示彼此身份与关系的名称。在商务谈判活动中不称呼对方，直接开始谈话是非常失礼的行为。

在商务谈判中，称呼得体、准确，既能反映自身的教养、对对方尊敬的程度，甚至还体现着双方关系发展所达到的程度。称谓的选择既要合乎常规，又要亲切自然，照顾被称呼者的个人习惯。讲究礼节的第一要素是正确、清楚地道出每个人的姓名和头衔。如果不注意，张冠李戴或称谓错误，不仅使对方不高兴，引起反感，而且还会危及谈判的顺利进行。一些不恰当的俗称、简称及地方性称呼也不能在商务谈判活动中出现。与多人见面打招呼时，称谓对方应遵循先上级后下级、先长辈后晚辈、先女士后男士、先疏后亲的礼遇顺序进行。

不同国家、民族的语言、风俗习惯不同，反映在称呼方面，也有不同的礼节。在对外交往中，对男子一般称先生。对英国人则不能单独称"先生"，而称"××先生"。美国人比较随便，容易接近，很快就可直呼其名。对妇女，一般称夫人、女士、小姐，不了解其婚姻情况的女子可称其为女士。在日本，对妇女一般不称女士，而称"先生"。美国、墨西哥、德国等国家，没有称"阁下"的习惯。在我国，德高望重的女士，有时也称"先生"。例如，很多人尊称全国人大常委会副委员长、著名社会学家雷洁琼教授为"先生"。对年纪较大的人，习惯上不直呼其名，而应称"某先生""某公""某翁""某老"等以示特别尊重。称呼的基本原则是先长后幼、先上后下、先疏后亲、先外后内，这样较礼貌、周到和得体。

在商务场合，依照惯例，无论亲疏远近，都应该以职务相称。最正式的称谓

有三种：

（1）行政职务。可以只称谓职务，如"总经理""主任"等；也可在职务前加上姓名或姓氏，如"××总经理"或"张总经理"。

（2）技术职称。可以仅称谓职称，如"教授""律师"等；也可以在职称前加上姓名或姓氏，如"××教授""王律师"等。

（3）泛尊称。即先生、小姐、女士等。

五、致意

致意是指将向他人表达问候的心意用礼仪举止表示出来。它通常在迎送、被人引见、拜访时作为见面所必施的礼节。礼貌的致意，会给人一种友好愉快的感受。反之，会被看作是缺乏教养、不友善的表现。

（一）致意的基本规则

一般来说，在社交场合，致意应遵循以下规则：下级应先向上级致意，年轻者应先向年长者致意，男士应先向女士致意。在实际交往中，有时，长者、上级为了表示自己的谦虚、随和，会主动向晚辈、下级致意。

（二）致意的方式

致意作为一种见面礼仪，主要的行礼方式有点头致意、招手致意、躬身致意、注目致意等。当谈判双方或多方之间相距较远，一般可举右手打招呼并点头致意；有时与相识者侧身而过时，从礼貌上讲，也应说"你好"；与相识者在同一场合多次会面时，点头致意即可；对一面之交或不相识的人在谈判场合会面时均可点头或微笑致意；如果遇到身份高的熟人，一般不要径直去问候，而是在对方应酬活动告一段落时，再前去问候致意。女士致意的方式一般只要点头或微笑就可以了。当对方向自己致意时，应还以致意，毫无反应是失礼行为。

第三节　电话联系礼节

电话联系是一种重要的交际方式，其中也有一些礼节应当遵守。在谈判双方休整过程中，一方给另一方打电话，一般是有重要的事情，双方对此类电话都会注意。对于商务人员来讲，电话不仅仅是一种传递信息、获取信息、保持联络的工具，而且也是商务人员所在单位或个人形象的一个载体。在国际商务谈判中，双方互通电话于礼节上很有讲究，必须自觉自愿地做到知礼、守礼、待人以礼。

一、接电话的礼节

（一）通话的准备

商务人员需要在谈判前掌握各种资料。所以说在接电话之前，应该准备好一些物品，如电话记录本和记录用笔等。

（二）接电话的时机

电话铃声一旦响起，即应在三声之内接起来。利用这三声之内的时间，接电话的人可以平静自己的情绪，不要将自己的心情毫无掩饰地传递给对方，无论电话是谁打来的，保持一个平静的心态和愉悦的情绪来接听都是对对方的尊重。

（三）注意接电话的礼节

接电话的礼节要求很多，注意事项有以下几个方面：一是无论在哪里接电话，都要文雅、庄重，应轻拿、轻放。在通话时应该声调适中，语气柔和沉稳。接电话时首先应是一句亲切的问候语，有时还需说出自己的工作单位、部门或姓名，最后再加上"请讲"两个字，告知对方可以说话了。二是如果办公室有其他客人，应先向在座的客人道歉，并且解释为什么接听电话。如发现打来的电话内容不宜为外人所知，可以告诉对方："我身边有客人，一会儿我再给你回电话。"注意不要抛下客人，在电话里谈个没完，使客人有被轻视的感觉。三是在通话过程中，为了使对方知道自己一直在倾听，或表示理解与同意，应时不时地轻声说些"是""对""好"之类的短语。通话结束时，可以询问对方"还有什么事吗？"或者"还有什么吩咐吗？"这一类的客套话，既表示尊重对方，也是提醒对方，要请对方先放下电话，再轻轻放下自己的电话。四是接到拨错号码的电话时，要语气温和地告诉对方："你打错了，这是×××单位电话。"然后礼貌地放下电话。

二、打电话的礼节

（一）打电话的准备

在谈判双方休整过程中，一方给另一方打电话，一般是有重要的事情，双方对此类电话都会很注意。因此，打电话之前应做好准备，打好副稿，选择好表达方式、语言声调。

（二）时间适宜

考虑通话的时间问题，要注意两点：一是何时通话为佳。二是通话多久为宜。公务电话最好在上班时间打。双方约定的通话时间轻易不要变动。还可以根据受话人的工作时间、生活习惯选择打电话的时间。例如，不宜在每日早上8点之前、晚上10点以后以及午休、用餐的时间打电话，以免影响别人休息和用餐。给国外的客户打电话，要特别注意其所在地与国内的时差和生活习惯。在一般情况下，每一次通话的时间应遵循"三分钟原则"，即发话人应自觉地、有意识地将每次通话时间限定在三分钟之内，尽量不要超过这一限定。

（三）内容简练

在通话时，发话人在问候完对方后，即开宗明义，直言主题。每次谈话的内容，发话人要做到内容简练，要力求简明扼要、逻辑严密、节奏适中，关键的地方要放慢速度，询问对方听清没有，记下没有，特别是涉及谈判议程、会议通知、谈判时间、谈判地点和出席人员等方面的内容，更不能马虎，要请对方重复一遍，经核对无误才保险。在通话时，要讲的话结束后，应当机立断，终止通话。由发话人终止通话，是电话礼节的惯例之一。

（四）打电话礼节事项

打电话应注意以下事项：发话人在通话的过程中，无论事情多急，都要向对方首先恭恭敬敬地问一声"您好！"然后通报自己的单位、姓名，再询问接电话的是否是某先生或某女士。如果要找的人不在，对方礼貌地询问是否需要留言时，应该先向对方致谢，然后留下姓名和电话号码。打电话时虽然双方相互看不见，但说话的声音大小、语调高低、频率快慢、对待对方态度都可以通过电话传递给对方，因此发话人的语调应平稳、柔和、安详，加上良好的心情，面带微笑地与对方交谈，可使你的声音听起来更为友好、热情。

三、转接电话的礼节

（一）使用正确的转接用语

在办公室替别人转接电话是常有的事情。正确的做法是：先礼貌地说："请稍等！"如果被找的人就在身旁，立即转交电话。如果被找的人在别处，应迅速地过去寻找。倘若对方要找的人不在，应该立即告之："对不起，您找的人不在。需要我为您效劳的话，请吩咐！"这样既表示了自己可以"代为转告"的意思，又比较含蓄。如果对方确有留言，应当当场笔录下来，之后，还应再次复述一遍，以免有误。如果对方不需要留言，千万不要追问对方姓名，礼貌结束通话即可。

（二）拿着话筒与放下话筒一个样

大部分的商务人员在拿着话筒通话时，非常注意自己的语言，能够使用礼貌用语。但是，手持话筒找人时，有时会出现随心所欲、乱说乱讲，这些话就会传到对方那边，这样既是对对方的不尊重，同时也会使对方感到不愉快，最好是用手捂上话筒隔音。

案例 11-2

是个男的

一天，办公室里所有的人都在，这时电话铃响了，小李赶忙去接，在告诉对方"请您稍等"之后，便大声说道："喂，王经理，你的电话，是个男的。"整个办公室的人都听到了有个男的找王经理，大家都抬起头来看着王经理。王经理非常不好意思地过去接电话，因为王经理是个女的。

资料来源：https://www.sohu.com/a/206078619_100071030。

第四节　迎送礼节

迎送礼节是商务谈判中最基本的礼节之一，这一礼节包含迎来、送往两个方

面。迎来送往是商务谈判活动中最基本的形式和重要的形式，是商务谈判中一项基本礼仪，也是表达主人情谊、体现礼貌素养的重要方面。特别是重要客商或初次来的客商，要专人迎送。一般的客商、常来的客商，不接也不为失礼。

在谈判中，谈判一方对应邀前来参加谈判的人员，要视其身份和谈判的性质，以及双方关系等综合考虑安排。这样，既可以给对方留下好的第一印象，又可以为形成良好的谈判气氛创造条件，也为下一步深入接触奠定基础。做好迎送工作，需注意以下几个问题：

一、确定迎送规格

通常，接待规格一般分为高规格接待、低规格接待和对等接待。迎送规格的确定主要依据谈判人的身份、目的、双方关系及惯例。主要迎送人的身份和地位通常与来宾相差不大，以对等为宜。若当事人因故不能出面或不能完全对等，应灵活变通，由职位相当的人士或副职出面。此时，无论做出何种处理，都应非常礼貌地向对方做出解释。也有从发展双方关系或其他需要出发，破格接待，安排较大的迎送场面。除此之外，均应按常规接待。

二、掌握来宾抵达和离开时间

迎候人员应当准确掌握对方抵达时间，提前到达机场、车站或码头，以示对对方的尊重。只能由你去等候客人，绝不能让客人在那里等你。客人经过长途跋涉到达目的地，如果一下飞机、轮船或火车，就看见有人在等候着，一定会感到十分愉快的。如果是第一次来这个地方，则能因此而获得安全感。如果你迟到了，对方会立即陷入失望和焦虑不安之中。不论事后怎样解释，都很难使对方改变对你失职的印象。

同样，送别人员亦应事先了解对方离开的准确时间，提前到达来宾住宿的宾馆，陪同来宾一同前往机场、码头或车站，亦可直接前往机场、码头或车站恭候来宾，与来宾道别。在来宾临上飞机、轮船或火车之前，送行人员应按一定顺序同来宾一一握手话别。飞机起飞或轮船、火车开动之后，送行人员应向来宾挥手致意。直至飞机、轮船或火车在视野里消失，送行人员方可离去。不到机场、码头或车站送行，或者客人抵达后才匆忙赶到，对来宾都是失礼的。来宾一登上飞机、轮船或火车，送行人员立即离去，也是不妥的，尽管只是几分钟的小事情，可能因小失大。

三、做好接待的准备工作

在得知来宾抵达日期后应首先考虑到其住宿安排问题。对方尚未启程前，先问清楚对方是否已经自己联系好住宿，如未联系好，或者对方系初到此地，可为其代预订旅馆房间，最好是等级较高、条件较好的旅馆。

客人到达后，通常只需稍加寒暄，即陪客人前往旅馆，在行车途中或在旅馆简单介绍一下情况，征询一下对方意见，即可告辞。客人到达的当天，最好只谈第二天的安排，另外的日程安排可在以后详细讨论。

四、迎送礼仪中的有关事务

（一）献花

献花是常见的迎接客人时用来表达敬意的礼仪之一，在接待身份特殊人士或尊贵的领导时均需要安排献花。献花时应注意以下两点：

1. 献花时机

一般是客人走下飞机（车、船）时，迎接的主要领导人与客人握手后，由女青年或儿童将鲜花献上，也可由女主人向女宾献花。

2. 花束选择

选择花束时应该注意尊重对方的风俗习惯。献花时一定要用鲜花，并且所献花束应整洁、鲜艳。迎接贵宾的鲜花以红花色系和紫花色系最受欢迎，以代表"友谊、喜悦、欢迎、期待、惦念"的含义为主。

（二）介绍

通常先将前来欢迎的人员介绍给来宾，并由主方领导介绍。客人初到，一般较拘谨，主人应主动与客人寒暄。

（三）陪车

应请客人坐在主人的右侧。若有译员，可坐在司机旁边。上车时，先请客人从右侧车门上车，主人再从左侧车门上车，避免从客人膝前穿过。如果客人先上车，坐在主人位置上，那也不必请客人再移位。

第五节 宴请与赴宴礼仪

在商务谈判中，谈判双方互相宴请或进行招待，是整个谈判过程中不可缺少的组成部分。采用何种宴请形式通常由活动目的、邀请对象和经费开支等因素决定。

一、宴请的形式

在商务谈判中，可视不同情况采取不同形式的宴会或招待会。宴请的种类和形式较多，但以宴会、招待会、茶会、工作进餐为主。

（一）宴会

宴会是根据接待规格和礼仪程序而进行的一种隆重而又正式的餐饮活动，有国宴、正式宴会、便宴和家宴四种。按照举行的时间来分，宴会分为早宴、午宴、晚宴。一般情况下，晚宴和家宴最为隆重。

国宴是国家元首或政府首脑为国家庆典或为外国元首、政府首脑来访而举行的正式宴会，因而规格最高。宴会厅内悬挂国旗，奏国歌，席间致辞或祝酒。

正式宴会与国宴基本相同，除了不挂国旗、不奏国歌以及出席规格不同。宾主均依据身份就位，讲究排场。菜肴较丰盛，席间，主宾相互致辞、祝酒。有些宴会对服饰规格、餐具、酒水、菜道、陈设以及服务人员的着装、仪表等都做严格要求。

便宴是非正式的宴会，常见的有午餐、晚餐，有时也有早餐。便宴形式简单，不排座位、不作正式讲话，随便亲切，菜道也可以酌减。西方人的午宴有时不上烈性酒、不上汤。

家宴是在家中设宴招待客人，多由主妇亲自掌勺，家人共同招待，共同进餐，不拘束。西方喜欢这种形式，以示亲切友好。

在商务谈判中，上述宴会形式都可以选用。小型的正式宴会和便宴比较切合实际。必要时，可设宴家中，寻找或促进谈判良机。

（二）招待会

招待会是指各种较为灵活的、不备正餐但准备有食品和酒水饮料的宴请形式。招待会期间不排座位，宾客自由活动。常见的有冷餐会、酒会两种形式。

冷餐会，即自助餐。其特点是不排座位，菜肴以冷食为主，也备有热菜，供客人自取，客人可以自由活动，也可以多次取食，酒水可以放在桌上，也可由招待端送。冷餐会可在室内或庭院、花园等地举行，可设小桌、椅子自由入座，也可不设椅子站立进餐。举办时间为中午 12 时至下午 2 时或下午 5 时到 7 时。冷餐会有以下优点：可以安排下更多的客人，即无论室内或室外、客厅或餐厅，只要有位子，都可以在冷餐会上派上用场。缺乏人手招待时也毫不影响，客人可自己拿取食物，不受任何正宴礼仪上的约束，无论是用餐前还是用餐中，客人都可以自由活动。目前，冷餐会已成为社交活动中很盛行的一种款待客人的方式。在商务谈判中也可以用这种形式宴请客人或对方人员。

酒会，又称鸡尾酒会。这种宴请形式活泼，便于广泛接触交谈。招待品以酒水为主，略备小吃，不设座椅，仅设桌、几以便客人随意走动。酒会举行的时间亦较灵活，中午、下午或晚上均可。

（三）茶会

这是一种简单的招待形式，以茶或咖啡招待客人，略备点心，不排座席。时间一般安排在上午 10 点、下午 4 点左右举行。

（四）工作进餐

这是现代交往中经常采用的一种非正式宴请形式，利用进餐时间，边吃边谈问题。这类活动一般只请与工作有关的人员，而且工作餐往往排席位。工作进餐按时间可分为工作早餐、工作午餐和工作晚餐。经济谈判中，因日程安排不开时可采用这种形式，而且这种形式往往能缓解某些对抗，促进问题的解决。

二、宴请活动的组织工作

一般来说，宴请的组织工作主要包括以下几点：

（一）确定宴请目的

宴请的目的多种多样：有为表示欢迎、欢送、答谢、庆贺、纪念；有为某一个人、某一件事等；有为某展览、展销、订货会的开幕、闭幕；有为某工程的破

土与竣工等；在经济谈判中，可为双方合作的开始或合作的成功或为谈判中某环节、某阶段的问题等。总之，宴请的目的要明确并且理由要充分。

（二）确定宴请的名义和对象

确定宴请的名义或对象主要是依据主客双方的身份，即主宾双方身份要对等，经济谈判中多以一方主谈人的名义出面邀请对方主谈人及其从属人员。

（三）确定宴请的范围与形式

邀请范围是指请哪方面人士、哪一级别、请多少人，主人一方请什么人出陪，这要考虑宴请的性质、主宾身份、惯例等多方面因素，不能只顾一面。邀请范围确定后，就可草拟具体邀请名单。

采用何种形式，很大程度上取决于习惯做法，根据习惯和需要选择宴请形式。目前各种谈判交际活动中的宴请工作都在简化，范围趋向偏小，形式更加简便。酒会、冷餐会被广泛采用。

（四）确定宴请时间和地点

宴请的时间应对主客双方都适宜，一般不要选择对方的重大节日、有重要活动或有禁忌的日期和时间，最好口头询问或电话联系，以征求对方的意见。

宴请地点的选择，一般讲，正式的、隆重的宴请活动安排在高级宾馆大厦内举行。其他可按宴请的性质、规模大小、形式，主人意愿及实际可能而定。原则上选定的场所要能容纳全体人员。

（五）发出邀请及请柬

宴请一般都要用请柬正式发出邀请，这既是礼貌，也是提醒客人备忘之用。请柬一般提前一到两周发出，有些地方还需要再提前，以便被邀人及早安排。

请柬的内容包括活动形式，举行的时间、地点，主人的姓名。请柬行文不加标点，所提到的人名、单位名、节目名等都应用全称。中文请柬行文中不提被邀请人姓名，其姓名写在请柬封面上，主人姓名放在落款处。请柬格式与行文，中外文本差异不大，用到时不要硬译。请柬可以印刷也可以手写，但手写字迹要美观清晰。请柬信封上被邀请人的姓名、职务书写要准确。

（六）宴请过程

宴请过程是需要认真对待和科学安排的，主要包括以下几点：

1. 现场布置

宴会厅、休息厅的布置取决于活动的形式、性质。官方的和其他正式的活动场所的布置应严肃、庄重、大方,不要用彩灯、霓虹灯装饰,可以少量点缀鲜花、刻花等。

宴会上可用圆桌、长桌或方桌。桌子之间距离要适当,各个座位之间距离要相等。

冷餐会常用方桌靠四周陈设,也可根据情况摆在房间中间。座位要略多于全体人数,以便客人自由就座。酒会一般摆小圆桌或茶几,以便放花瓶、烟灰缸、干果、小吃等,也可在四周设些椅子供妇女和年迈体弱者用。

2. 宴请座次的安排

按国际习惯,桌次高低以离主桌位置远近而定,右高左低。我国习惯于按每人的职务排列。正式宴会一般都要排席位,也可只安排部分人的席位,其他人只排桌次或自由入座。在入席前要通知到每位来宾,现场还要有人引座。

同一桌上,席位高低以离主人远近而定。外国习惯,男女掺插安排,以女主人为准,主宾在女主人右上方,主宾夫人在男主人右上方。我国则习惯于按各人本身的职务排列,如夫人出席,通常把女方排在一起,即主宾坐男主人右上方,其夫人坐女主人右上方。

有关宴会座位具体安排,大致可分为下列几种情况:

(1)圆桌。如宴请只设一桌时,一般以设宴的房间正面或对着房门的一边为正席,排第一主人。正席的正对面为副席,排第二主人,也可排第一主人的夫人。与正席和副席成90度角的线上为两个侧席,右侧的为右侧席,排第三主人,左侧的为左侧席,排第四主人。

关于客人的排列法,一律按先右后左排列。在正席的右侧和左侧是第一客人夫妇;副席的右侧和左侧是第二客人夫妇;在右侧席的右侧和左侧是第三客人夫妇;在左侧席的右侧和左侧排第四客人夫妇。

如果未请宾客的夫人赴宴,则可将第一、第二宾客,以先右后左的次序,排在正席两侧,将第三、第四宾客排在副席的右侧和左侧,其余依次类推。

如需配译员时,可安排在第一宾客右侧。如在同一桌上需安排第二译员时,也按上列次序,安排在副席右侧与第三宾客隔开的座席上。大型的宴会桌,可多

列二三十个座席。有时需安排三四名译员，以利于主宾间进行交谈。第三、第四名译员，仍参照上列次序依次排列。

（2）多桌。如果参加宴请的人数较多，一桌难以安排，也可排多桌。两三桌，四五桌，甚至十几桌、几十桌都可以。如果桌次多，第一桌称为主宾桌，人数可适当安排得多一些，十几人到二十人均可。用大桌时，桌中央可以鲜花填空。其他桌次以 10~12 人为好。多桌的正席，均应面向主宾桌的正席（第一主人席）。排法也如同圆桌的排法一样。在每桌上，应设置桌序牌，供来客按桌次与席次入座，但桌序号的排法，除主宾桌外，自右向左，按二、三……依序排列。

（3）长方桌。要排席桌，常常根据房间的形状和席桌的形状而定。如举行宴请的房间是长方形的，也可将主宾全安排在一长方桌上就座。其排法如下：

正席可安排在长方桌一顶端，也可安排在长方桌宽边的中央。

如果正席安排在长方桌顶端，则副席为长方桌的另一顶端。来宾与陪客按身份高低的礼宾顺序，仍以先右后左的次序，间隔地分坐于第一主人和第二主人两侧，如有译员，自然也安排在第一或第二客人右侧，与主人席间隔一席，以便主宾交谈。

如果正席安排在长方桌宽边的中央，则另一宽边中央为副席。来宾与陪宾也按礼宾顺序，以先右后左的顺序，间隔地分别坐于第一主人或第二主人两侧。译员的位置也按上述方法安排。桌次多的大型宴会，常将桌次排列在请柬上写明，以便于受邀请的人对号入座。桌次不多的，有的将桌次与座席排列成图，张贴于宴会厅前，供来宾在入席前查看。对主要宾客一般的做法是，入席前先在客厅内休息、寒暄，然后由主人陪同引导入席。一般来宾或陪客，则应在宴会前了解一下自己的桌次和席次，免得宴会开始，还没有找到自己的座位。大型的宴会常有几十桌，甚至二三百桌之多，往往在宴会开始后，将桌次序号的牌子撤掉。迟到的来客，如不能预先知道自己桌次席位的大概位置，有时会因找不到座位而弄得十分狼狈。

不论圆桌还是长方桌，也不论是一桌、多桌，一般将参加宴会的人的姓名与职称写在名签上，摆在每人应坐的桌前。

案例 11-3

我坐错了!

小王是公司销售部门的职员,一次陪同销售经理接待客户。在就餐时,一进门小王就将客户让到了背门的位子,而自己坐到了面门的位子,他认为这样可以让客户少走几步路,但是后来他发现整个宴会经理和客户都十分不高兴,后来他才知道是他坐错了。

资料来源:http://www.360doc.cn/mip/253761421.html。

3. 订菜

宴请的酒菜根据宴请形式和规格及规定的预算标准而定。选菜不以主人的爱好为准,主要考虑主宾的爱好与禁忌。如果宴会上有个别人有特殊要求,也可以单独为其上菜。无论哪种宴请,事先都应列菜单,并征求主管负责人的同意。

宴请的菜肴一般都较丰盛。例如,在中餐宴席上,除冷盘和甜点外,还有鸡鸭鱼肉虾等数道热菜,最后是汤、冷食和水果。一般都备有精致的菜谱,分别放在第一主人及第二主人的下手。上菜的先后与菜谱相符。中餐宴会菜肴的道数,并不一定以主宾身份的高低而定。一般国宴在礼仪规格、场面上虽然都十分宏伟壮观,但菜肴并不一定十分丰富。而往往一些企业间的互相宴请,由于费用标准之高,其菜肴道数之多,山珍海味之丰盛程度,选料之精,往往是国宴无法相比的。

西餐宴请的菜肴与中餐不同,一般菜肴道数不多。其选料、丰盛程度及可口美味诸方面,实在无法与中餐相比。西餐一开始先喝汤,然后陆续上两三道菜,这些菜或是肉类与蔬菜搭配,或水产品(如鱼类)与蔬菜搭配,之后就是甜点、冷饮(如冰激凌)等。至于咖啡,可离席而饮。西餐常以生菜(即色拉)、奶酪配之。

4. 餐具的准备

总的来说,根据宴会的人数、菜道数的多少准备足够的餐具。餐桌上一切用品都要十分清洁卫生。桌布、餐巾都应浆洗洁净熨平。各种器皿、筷子、刀叉等都要预先洗净擦亮,如果是宴会,还应备好每道菜撤换用的菜盘。

（1）中餐具及摆设。中餐主要用筷子、碗盘、匙、小碟、酱油罐等，水杯放在菜盘上，右上方放酒杯，酒杯数目和种类应与所上酒品种相同。餐巾叠成花插在水杯中，或平放在菜盘上。在宴请外国客人时，以中餐西吃为宜，此时要备必要的西餐具。酱油、醋、辣油等作料，通常一桌数份。公筷、公勺应备有筷、勺架子，其中一套摆在主人面前。餐桌上应备有烟灰缸、牙签。

（2）西餐具及其摆设。西餐具有刀、叉、匙、盘、杯等。刀分为食用刀、鱼刀、肉刀、奶池刀、水果刀；叉分为食用叉、鱼叉、龙虾叉；匙有汤匙、茶匙等。杯的种类更多，茶杯、咖啡杯均为瓷器，并配小碟，水杯、酒杯多为玻璃制品，不同的酒使用的酒杯规格不同。宴会有几道酒就配有几种酒杯。公用刀叉一般大于食用刀叉。西餐具的摆设是：正面应放食盘（汤盘），左手位放叉，右手位放刀。食盘上方放匙（汤匙及甜食匙），再上方放酒杯，右起烈性酒杯或开胃酒杯、葡萄酒杯、香槟酒杯、啤酒杯（水杯）。餐巾插在水杯内或摆在食盘上。面包奶油放在左上方。吃正餐，刀叉数目应与菜道数相等，按上菜顺序由外至里排列，刀口向内。用餐时按此顺序使用，撤盘时，一并撤去使用过的刀叉。

5. 宴请程序及现场工作

在宴会开始前的 30 分钟，主人应在门口迎接客人。主客握手后，由工作人员引到休息厅，无休息厅可直接入会厅，但不入座。休息厅内应有相应身份的人员照料，由招待人员送饮料。主宾到达后，由主人陪同进入休息厅与其他客人见面。如其他客人尚未到齐，可由其他迎宾人员代表主人在门口迎接。

主人陪同主宾进入宴会厅，全体客人就座，宴会即开始。宴会时间应控制在 1~2 小时，不宜过长。吃完水果，主人与主宾起立，宴会即告结束。主宾告辞，主人送至门口。主宾离开后，原迎宾人员顺序排列，与其他客人握别。

6. 宴请服务工作

工作人员应提前到现场检查准备工作。服务人员要训练有素，讲文明，懂礼貌，服饰整洁。上菜时要先客人，后主人；先女宾，后男宾；先主要客人，后其他客人。上菜与撤菜盘时要先打招呼。如果由于不慎，发生异常情况时，要协助递上毛巾或餐巾，并表示道歉。

三、赴宴礼仪

赴宴即参加宴请，和宴请宾客一样，在大型谈判交际活动中具有同等的机会，因而有必要了解参加宴请的一些礼仪。

（一）应邀

被邀请者在接到邀请后应及时礼貌地给予答复，可以打电话或复以便函。如果不能应邀，应婉言告之原因。如果应邀，就要主要核准时间、地点，核实邀请范围，是否携带夫人、子女，对服装有何要求等。接受邀请后，不要随便改动。

（二）出席礼节

赴宴前要稍作梳洗打扮、着装整洁地赴宴，这不仅是对主人的尊重，也是对自己的尊重。按时出席宴请是礼貌的表示。迟到被视为失礼或有意冷落。一般可按规定时间提前两三分钟到达。有些国家规定赴宴要晚到一两分钟，但不可迟到太长时间。赴宴时可带一些鲜花或礼品表示祝贺或慰问。到达宴请地点后，应主动向主人问好。然后，根据主人的安排，找到自己的座位，即所谓客随主便，不要乱坐。如邻座是年长者与妇女，应主动协助他们先坐下。然后，自己以右手拉椅子，从椅子左边入座。同时，应与同桌点头致意。在社交场合，无论天气如何炎热，不能当众解扣脱衣。小型便宴，如主人请客人宽衣，男宾可脱下外衣搭在椅背上。

（三）席间礼节

1. 餐姿、餐巾和餐具

餐桌前的坐姿和仪态都很重要。身体与餐桌之间要保持适当距离，太远不易处理食物，太近则易使手肘过弯而影响邻座。理想的坐姿是身体挺而不僵，仪态自然，既不呆板，也不轻浮。在餐桌上一个劲"埋头苦干"的人，比狼吞虎咽更令人感到不快。用餐时一般不要把桌面弄得非常凌乱。适度的文雅与细心，可以防止餐桌上许多不快之事发生，且能获得众人的赏识与尊敬。

进餐前用餐巾纸擦拭餐具是极不礼貌的陋习。如发现不洁餐具，可要求服务员调换。餐巾须等主人动手摊开使用时，客人才能将它摊开置于膝盖上。餐巾的主要作用是防止油污、汤水滴到衣服上，其次是用来轻擦嘴边油污，但不可用它擦脸、擦汗或除去口中之食物。餐纸亦同。用餐完毕或用餐离席时，将餐巾放于

座前桌上左边，不可胡乱扭成一团。中餐宴请外国客人时，既要摆碗筷，也要放刀叉，以中餐西吃为宜。西餐刀叉的使用是右手持刀，左手使叉，将食物切成小块后用叉送入口中。吃西餐时，按刀叉顺序由外往里取用，每道菜吃完后，将刀叉并拢平放于盘内，以示吃完，否则摆成八字或交叉型，刀口向内。

2. 进餐礼节

将送到你面前的食物多少都用一点，特别合口的食物请勿一次用得过多，不合口的食物也不要显出厌恶的表情。在用西餐时，如果吃不完盛在你盘中的食物是失礼行为，所以，取食要量力。不要把自己用过的餐具放在大家共同吃的食物旁边。吃西餐中的肉类，边切边吃，切一次吃一口。面条之类的食物，可用叉、筷卷起一口之量食之，不要吸食发声。吃鸡、龙虾等食物时，经主人示意，可用手撕开吃。

喝汤时，宜先试温，待凉后再用，忌用口吹，或嘶嘶出声。要用勺喝汤，忌像喝水一样，发出咕咚咕咚的声音。应闭嘴咀嚼，喝汤不要啜，吃东西不宜发声。口头的骨头、鱼刺等，不要直接外吐，用餐巾掩口上，放在盘内。嘴内有食物时，切勿说话。正餐中不易当众用牙签剔牙，可用餐巾掩嘴。同席客人尚在嚼食时应避免向其问话或敬酒。席间如无主人示意抽烟，须先征得邻座同意，否则不宜抽烟。进餐时应尽量避免打喷嚏、长咳、打哈欠、擤鼻涕，无法抑制时用手帕掩口对人。吃带腥味食品时，常备有柠檬，可用手将汁挤出滴在食品上，以去腥味。

通常牛奶、白糖均用单独器具盛放，喝茶、咖啡时自愿加牛奶、白糖，可自取加入杯中，用小茶匙搅拌，茶匙放回小碟内。喝时用右手拿杯把，左手端小碟。

吃水果时，总的来说不要整个拿着咬食，要根据不同水果的不同特点，先借助水果刀进行分解，然后再食。用刀时，刀背要朝内。

在筵席上，上鸡、龙虾、水果时，有时送上一个小水盂（铜盆、瓷碗或水晶玻璃缸），水上漂有玫瑰花瓣或柠檬片，供洗手用。洗时两手轮流沾湿手指头，轻轻刷洗，然后用餐巾或小毛巾擦干。

冷餐会、酒会上，招待员上菜时，不要抢着去取，待送至本人面前时再拿。周围人没有拿到第一份时，自己不要急于取第二份。勿围在菜桌旁边，取完即退开，以便让别人去取。

宴会进行中，由于不慎，发生异常情况时，如用力过猛，使刀子撞击盘子发出声响，或餐具摔落，或打翻酒水等，要沉着应付，可向邻座人说声"对不起"。掉落餐具可由招待员另送一副，若打翻的酒水等溅到邻座人身上，应表示歉意，并协助擦掉。如果对方是妇女，只要把干净餐巾或手帕递上即可，由她自己擦去。

3. 交谈礼节

无论是做主人、陪客或宾客，都应与同桌人交谈，特别是左右邻座。邻座如不相识，可先自我介绍。就餐时，静吃不语是不礼貌的。但要注意交谈要适度。交谈内容应愉快、健康、有趣，交谈对象尽量广泛，交谈音量要适中，不可过大，切忌一边嚼食物，一边与人含含糊糊地说话。如主人、主宾致辞时，应停止交谈，端坐恭听。在餐桌上，手势、动作幅度不宜过大，更不能用餐具指点别人。若要咳嗽、打喷嚏，将头转向一边，用手帕捂住口鼻。切忌用手指当众掏牙。离席打电话时，应向主人或左右的客人致歉，轻轻拉开椅子离去。

4. 祝酒礼节

作为主宾参加宴请，应了解对方的祝酒习惯，即为何人祝酒、何时祝酒等，以便做必要的准备。碰杯时，主宾与主人先碰，人多时可同时举杯示意，不一定碰杯。祝酒时注意不必交叉碰杯。在主人和主宾致辞、祝酒时应暂停进餐，停止交谈，注意倾听，不要借机抽烟等，遇到主人和主宾来桌前敬酒时，应起立举杯。碰杯时，要目视对方致意。

宴会上互相敬酒，表示友好，活跃气氛，但切忌喝酒过量，否则会失言失态。

（四）中途道别礼节

客人在席间或在主人没有表示宴会结束前离席是不礼貌的。一旦赴宴，就应尽量避免中途退场。如实在因事需要中途离席，不要选择席间有人讲话时或刚讲完话之后，这样很容易让人误会以为告辞者对讲话者不满意。最好是在宴会告一段落时，如宾主之间相互敬上一轮酒或客人均已用完饭后。如果席前就准备中途道别，最好在宴会开始之前就向主人说明情况，并表示道歉，走时向主人打个招呼便可悄悄离去。

（五）宴会结束离席礼节

等主人宣布宴会结束时，客人才能离席。一般是在主人和主宾离开座位后，其他宾客才能离席。客人应向主人致谢，感谢主人的热情款待。无论宴会多么乏

味，但是赴宴者必须展现出良好的礼节风范。

有的主人为每位出席者备有小纪念品或一朵小鲜花，宴会结束时，主人招呼客人带上。遇此，可说一两句赞扬小礼品的话，但不必郑重示谢。除了主人特别示意作为纪念品的东西外，各种招待用品，包括糖果、水果、香烟等，都不要拿走。

第六节　舞会礼仪

在现代交际中，谈判人员应邀参加舞会的机会越来越多。舞会是一种较好的交际手段。常见的交谊舞，传统的华尔兹、探戈、快步舞，现代的迪斯科、牛仔舞，具有民族特色的伦巴、桑巴、恰恰舞等，都是从国外传入我国的。因此，舞会所涉及的礼仪不同程度地要遵循西方礼节的要求。通常所指的舞会是规模较大并有专人提供服务的社交活动。

一、舞会前的准备工作

在西方，参加舞会必须正式着装。男士通常为黑色西服，女士为袒胸长裙。在我国，虽然没有规定特殊的服饰，但必须穿戴整齐。女性可以化妆，佩戴发光的首饰。有专家根据舞会灯光的设计，建议舞会服饰最好选用绿、橙、黄、深红色调及中性色调，不宜采用紫罗兰、钢蓝或浅红色调。在饮食方面，参加舞会前忌食带刺激性气味的食物，如酒、葱、蒜、韭菜等。如果已食，舞会前应清洁口腔，并含一点茶叶或口香糖消除异味。如果患有传染病，即使被邀请，也不应该到这种公共场合，以免把疾病传给他人。

二、来宾向主人通报

由于参加舞会的人较多，主人不可能全都认识参加舞会的人。客人应主动向主人通报自己的姓名和身份。单身女宾或男宾应向主人通报自己的全名，而不能自称某小姐或某先生。夫妇应一起通报。未婚伴侣、恋人或自带舞伴的来宾应一起通报，但应先报女方的全名，再报男方。有时主人没有在门口等候，或客人迟到，舞会已经开始，这时客人要注意一到达会场便找机会向主人打招呼。

三、邀舞

跳舞是从邀舞开始的。舞会中通常由男士邀舞。彬彬有礼的邀舞会让每位女士都十分乐意地接受。男士在邀女士共舞时，应先问她是否愿意跳这支曲子。在舞会中，男士可以邀请任何女性跳舞，但不能整个晚上只与一个女性跳。带女伴的男士要记得在第一支和最后一支邀请自己的女伴共舞。而在邀请有男士或长辈陪同的女士跳舞时，应先征得男士或长辈的同意，并在跳完舞后把女士送回原处，向其陪伴者点头致意。在舞会中，男宾要注意至少应邀请女主人跳一次舞。如果女主人还有女伴、女儿在场，在礼貌上也应一一共舞。

四、应邀

以礼貌的邀舞开始，还必须辅以礼貌的应邀才能达到一次愉快的共舞。女士在接受男士的邀舞时，如果愿意，应先说谢谢，也可以微笑起身走向舞池。当女士不想接受男士的邀舞时，可以选择一些委婉而礼貌的话加以推辞，如"对不起，我现在不想跳"或"抱歉，我不喜欢这曲子"等，以免伤了邀舞男士的体面和自尊。在刚拒绝了一位男士后，马上接受另一位男士的邀请是十分失礼的，除非你们事先有约定。成熟的女性对于在舞会中被人冷落、不受注意并不当一回事，但很多女性做不到这点。在这种情况下，她可以中途退出舞会或向同伴建议回家。她有权要求舞伴送她回家，舞伴不应拒绝。

五、愉快地共舞

在跳舞时男女应保持适当的距离。男士不要把女士搂得太紧，或老盯着对方的脸看，也不能低着头看自己的脚。正确的做法是目光越过对方的肩向后看。男士个高腿长，在跳舞过程中要注意照顾女伴，舞步不要太大，以免女伴跟不上或跳起来很吃力。一曲结束，男士和女士应互道"谢谢"，同时，男士还应将女士送回原处。

六、道别

舞会结束或中途退场，应向主人辞行。辞行时应向主人表示舞会举办得很成功，自己或同伴很愉快，表示感谢。有时，还可以在一两天后寄上一封简短的感谢信表示感谢。除了向主人辞行外，还应向在舞会上结识的新朋友或以前认识的老朋友说一些客套话道别。

第七节 馈赠礼品的礼仪

古今中外的各种交往，几乎离不开馈赠礼品这项活动。礼品是谈判的"润滑剂"，它有助于加强双方的交往，增进双方的感情，有助于巩固彼此的交易关系。

商务交往中常互赠礼物以增添双方的情感与友谊，巩固交易伙伴关系。赠送礼品是商务谈判活动中的一项重要礼仪。只有合乎礼仪的馈赠，才有利于情意的表达，为受礼方所接受，使馈赠恰到好处。馈赠不仅起到表达友好和增进双方友谊的愿望，同时也表达了对该次合作成功的祝贺和对再次合作能够顺利进行的愿望。

一、礼物的选择

（一）注意对方的习俗和文化修养

赠送礼品，首先要注意考虑对方的文化背景。由于谈判者所属的国家、民族、地区等存在文化背景的差异，其爱好、兴趣与习俗必然存在着差异。因此，必须根据以上的条件选择合适的赠送礼品。比如，在阿拉伯国家，酒类不能作为礼品，更忌讳给当事者的妻子送礼品；在英国，受礼人讨厌有送礼人单位或公司标记的礼品；法国人不欣赏别人送菊花，原因在于菊花只有在法国人办丧事时才会使用；日本人不喜欢有狐狸图案的礼品，因为日本人视狐狸为贪婪的象征。所以，在馈赠礼品时就要注意和重视这些差异。

因此，赠送礼品一般选择有一定纪念意义或有民族特色、地域特点，或是一些手工艺品、书籍等。在国际商务交往活动中，许多中国原汁原味的物品都深受西方人士的喜爱。据了解，外国朋友大都喜欢我国如下礼品：景泰蓝礼品、玉佩、绣品、水墨字画、瓷器、茶具、玉饰、蜡染或真丝服饰等。

案例 11-4

礼品的风波

国内某家专门接待外国游客的旅行社，有一次准备在接待来华的意大利游客时送每人一件小礼品。于是，该旅行社订购制作了一批纯丝手帕，是杭州制作的，还是名厂名产，每个手帕上绣着花草图案，十分美观大方。手帕装在特制的纸盒内，盒上又有旅行社社徽，显得是很像样的小礼品。中国丝织品闻名于世，料想客人会很喜欢。

旅游接待人员带着盒装的纯丝手帕，到机场迎接来自意大利的游客，欢迎词热情、得体。在车上他代表旅行社赠送给每位游客两盒包装精美的手帕，作为礼品。

没想到车上一片哗然，议论纷纷，游客显出很不高兴的样子。原来是西方一些国家有这样的习俗：亲朋好友相聚告别时才送手帕。了解并尊重外国人的风俗习惯，这样既对他们表示尊重，也不失礼节。

资料来源：https://wenda.so.com/q/1523088924214375。

（二）注意礼品的数量

送礼的数量也有讲究。入国问禁、入乡随俗，要注意不要使用有忌讳的数字作为礼品的数量。我国一向以双数为吉祥，而在日本则以奇数表示吉利。西方一些国家通常忌讳"13"这个数，因此，无论在送水果还是其他任何数量较多的礼物时要注意这一点。

（三）把握礼品的价值

赠送给对方礼物的价值多少为宜？这应该根据交易及客商的具体情况而定。

在国际商务谈判中，在选择馈赠礼品时不必追求礼品的贵重，有时馈赠贵重的礼品效果反而不好，会使对方怀疑此举有行贿之意或另有企图。

在一般情况下，欧美等国在送礼方面较注重的是礼物的意义价值而不是礼物

的货币价值，他们只把礼物作为传递友谊和感情的媒体或手段。因此，我们在选择礼物时货币价值不要过高，但要有中国特色，有异国情调。在美国，一般的商业性礼物的价值在 25 美元左右。而亚洲、非洲、拉丁美洲、中东地区的客商与欧美的客商相比有所不同，他们往往比较注重礼物的货币价值。

（四）注意礼品的暗示作用

同时应当注意的是，礼物往往有暗示的作用，不要因馈赠礼品造成误解。例如，我国一般忌讳送梨或送钟，因为"梨"与"离"同音，"钟"与"终"同音，而"送离"和"送终"都是不吉利的字眼。又如，男性对一般关系的女子，不可赠送贴身的内衣、腰带和化妆品，更不宜送项链、戒指等首饰物品，否则容易引起误解。正确选择礼品的做法是，既要考虑到对方的文化、习俗、爱好、性别、身份、年龄，又要考虑礼品本身的思想性、实用性、艺术性、趣味性和纪念意义等，还要注意避奢脱俗。

总之，馈赠礼品要尽可能考虑受礼人的喜好，"投其所好"是赠送礼品最基本的原则。

二、送礼时机的选择

谈判人员在相互交往中馈赠礼品，一般除表示友好、进一步增进友谊和今后不断联络感情的愿望外，更主要的是表示对此次合作成功的祝贺，及对再次合作能够顺利进行所做的促进。既然如此，为表达心意而选择适当的时机，就成为一门敏感性、寓意性都很强的艺术。因此，送礼的时机和场合亦应注意。

各国、各地区大同小异，一般都有初交不送礼的习惯。法国人喜欢下次重逢时馈赠礼品，英国人多在晚餐或看完戏之后乘兴时赠送礼品，我国则在离别前赠送纪念品较为自然。如果是有意给对方惊喜的礼物，那送礼物的时间更是重要。比如，飞机起飞了，空中小姐代你的朋友送来一份祝你旅途愉快的小礼品；火车快开了，朋友给你递上一个小包，这样是很特别的。

一般来说，客人到来时宜把礼品先拿出来赠送给主人，而反过来，主人一般是在客人告别时，才向对方送礼。商务交往中的礼品赠送适合在公开场合进行。赠送礼物应根据不同情况，用礼品纸包装，并且一般要面送，当面受礼时，应双手接受礼品，握手并感谢对方。

三、接受礼品的礼仪

在商务交往中，当他人赠送礼品时，作为受赠者不应该对他人所赠送的礼品漠然相对，也应讲究接受礼品的礼仪，做到有礼、得体。

接受礼品，一定要把握原则和分寸。在一般情况下，对他人诚心诚意赠送的礼品，只要不是违法、违规的物品，最好的方式应该是大大方方、欣然接受为好。接受礼品时，应起身站立，双手接受礼品，然后伸出右手，与对方握手，并向对方真诚地表示感谢。按照国际惯例，受赠者应当面打开欣赏一番，并说一些感谢的话。

中国人崇尚"礼尚往来"，外国人也同样重视。接受馈赠后，要想办法回礼才合乎礼貌。如果接受馈赠时无法马上回礼，也得准备好礼品选择合适的时间和形式回赠对方。

还礼的形式也是有讲究的，有时还礼不当，不如不还。在所还礼品的选择上，可用对方赠送的同类礼品作为还礼，也可以用对方所赠送物品价格大致相同的物品作为还礼。还礼的价格没必要非超出赠送的礼品价格。另外，也可给对方写信或打电话向对方表示感谢，可以在再次见到对方时，使用其赠送的礼品，以示重视和不忘。

四、接收礼品的礼仪

当确定对方的礼物不太恰当，就面临着拒绝接受的问题了。因为如果你接受了一件礼物，就失去了对某些事物的一些控制。道理很明白，送礼者总是想得到你的某些方面的让步。对于在涉外商务交往中是否可以接受礼物，以及礼物的处置，国内有关部门和企业都有相应的政策和纪律，谈判人员一定要遵守这些政策规定。当有人送礼给你而你又不能接受其礼物时，应当向对方说明我们的国家政策和企业制度有规定，必须遵守，但对方的情谊我们领了，这样，才能防止对方误解和不愉快事件的发生。

综上所述，由于种种原因，不能接受他人赠送的礼品时，要讲明原因，婉言拒绝。切忌不讲究方式方法，使对方产生误会和难堪。一般情况下，拒收礼品应当场进行，最好不要接收后再退还。如果确因一些原因无法当场退回，也应在

24 小时之内将保持完整的礼品退还。

第八节　商务谈判相关的其他礼仪

一、服饰礼仪

在商务场合讲究服饰，会给人留下良好的印象，得体的服饰能够反映人的内在追求、风貌、风度和气质。商务谈判人员的服饰，总的要求是朴素、大方、整洁。所选择的服饰要从自己的经济状况、职业特点、体型、气质出发，做到和谐、均衡，给人以深沉、有活力的形象。在国际商务谈判中，服饰要尽可能与谈判对手的相匹配，尊重当地的习惯与东道主要求。

（一）着装原则

1. 整洁原则

整洁是商务人员着装的第一大原则。任何服装都应该注意清洁整齐，衣服应熨平整，裤子要熨出裤线。穿着时，应按各种服装的特点，将扣子、领钩、衣带扣好、系好。无论在社交场合还是商务场合，一个打扮干净整齐的人给人以积极向上的感觉，可以缩短彼此之间的距离，协调彼此之间的关系，同时能为自身赢得必要的尊重。

2. 个性原则

个性原则是指得体的着装应该穿出自己的个性、品位，树立自己的个人形象。不同的年龄、经历、身份、职业、文化素养等条件造就了每个人不同的气质，同样颜色、款式的服装穿在不同气质特点的人身上会有不同的风采。一名追求成功的商务人员应该掌握自身的特点，挑选符合自身特点的服装才能塑造出得体、良好的个人形象。盲目追赶潮流或模仿别人的穿着只会落在潮流背后，只会带来"东施效颦"的效果。只有敢于保持自己个性的人才永远不会被时尚抛弃。

3. 肤色、脸型相协调

只有充分地认识与考虑自身的具体条件，一切从实际出发来进行穿着打扮，才能真正达到扬长避短、美化自己的目的。要达到和谐的要求，需要从以下几个方面注意：

（1）年龄。年龄是人们成熟的标尺，也是选择服饰的重要"参照物"。不同年龄层次的人，只有穿着与其年龄相适应的服饰才算得体。商务人员在选择服饰时，只有选对了适合自己色彩和款式的服装，才能更好地表现出自己应有的气质和风度。一般来说，年轻人的服装款式比较新颖，色彩较亮丽，而中老年人的服装款式通常是简洁大方，色彩较深沉。

（2）体型。虽然人们的体型千差万别，而且往往难以尽善尽美，但是只要掌握一些有关服装造型的知识，根据自己的身材选择服装，就能达到扬长避短、显美隐丑的效果。个子矮小的商务人员可以利用衣着改变人们的视觉，单一颜色的衣服可以使身材"变高"。选择与衣服同色的裤、袜，直条纹的衣料、直幅裙等都可以有增高的作用。个子高而瘦的商务人员不应该从头到脚都穿深颜色的服装，那样会显得更瘦，过于紧身或过于宽松的服装也不合适，可以选择色彩鲜艳的样式。如女士可穿长及小腿中部的 A 型裙，横间条的衣服，视觉上的感觉会丰满一些。个子高大的商务人员可以挑选较为冷色面料，款式要尽量简洁、清雅，也比较适合穿着不同颜色的上衣和下装。V 型领、长背心、宽长的衣袖都会在视觉上产生高瘦的效果。我们在努力隐藏自己短处的同时，千万不要忽略自己的长处，要尽量强调个人特有的长处，服装的价值在于表露人的不同气质。

（3）肤色。人的肤色是与生俱来、难以改变的。人们选择服饰时，应使服饰的颜色与自己的肤色相配，以产生良好的着装效果。一般认为，肤色偏黄的人适宜穿蓝色或浅蓝色上装，可以将偏黄的肤色衬托得洁白娇美，而不适合穿品蓝、群青、莲紫色上衣，这些颜色会使皮肤显得更黄。肤色偏黑的人适宜穿浅黄、浅粉、月白等色彩的衣服，这样可衬托出肤色明亮感，而不宜穿黑色服装。皮肤白皙的人选择颜色的范围较广，但不宜穿近似于皮肤色彩的服装，而适宜穿颜色较深的服装。

（4）脸型。服饰审美选择，首先要考虑的就是如何有效地烘托和衬托人的面孔，而最靠近面孔的衣领造型就显得特别重要。领型适当，可以衬托面孔的匀称，给人以美感。反之，如果领型与面孔失调，则会有损于人的视觉形象。例如，面孔小的人，则不宜穿着领口开得太大的无领衫，否则会使面孔显得更小。

面孔大的人，通常脖子也较粗，所以领口不能开得太小，否则会给人勒紧的感觉。这种人适合穿 V 字领，会使面部和脖子有一体感，视觉效果会好得多。

4. TPO 原则

穿着的 TPO 原则是欧美国家提倡的穿戴原则，要求人们在着装时以时间、地点、场合三项要素为准。

（1）时间要素。在着装时要考虑时间因素，做到随"时"更衣。商务人员在工作时间的着装，应根据工作特点和性质，以服务于工作、庄重大方为原则。商务谈判人员在谈判中男士穿西服比较普遍，多为上下同色同质，配黑皮鞋，系领带；女士可穿西装或西装套裙等。对于宴请、舞会等活动，可根据情况着装，但也应讲究一些，以晚礼服为宜。服饰应当随着一年四季的变化而更替变换。夏季以凉爽、轻柔、简洁为着装格调，在使自己凉爽舒服的同时，让服饰色彩与款式给予他人视觉和心理上良好的感受。冬季应以保暖、轻便为着装原则；春、秋两季可选择的范围更大、更多一些。

（2）地点要素。地方、场所、位置不同，着装应有所区别，特定的环境应配以与之相适应、相协调的服饰，才能获得视觉上和心理上的和谐美感。商务人员无论在什么地方，都不能穿得使人感到古怪，要穿着使人显得较自然的服装，并和周围的环境协调。

（3）场合要素。不同的场合有不同的服饰要求，只有与特定场合的气氛相一致、相融洽的服饰，才能产生和谐的审美效果。商务人员在正式场合应严格符合穿着规范。一般男士的职业着装是衬衫、西服和西裤，这样显得端庄稳重。女士的着装应围绕两点：一是成熟优雅；二是含蓄低调。按照常规，应穿着深色毛料套装、套裙，而夏天套装颜色可以浅些。商务人员在观看演出、宴请宾客、参加舞会时的着装应当是"时尚个性"的风格，既不必过于保守从众，也不宜过分随便，尽可能地使自己的衣着时尚一些，并且使之充分地体现出自己与众不同的个人特点，一般穿着西服、礼服或时装。

（二）着装规范

服装分为正装和便装两大类型。正装和便装种类和款式也是多种多样，每一种服装的穿着都有一定的规范。

1. 正装的穿着规范

西装是目前世界各地最标准、最普遍的服装。西服套装属于正式服装，有着严谨的穿着规范。要注意以下几个问题：

（1）西装、衬衫、领带的选择。西装、衬衫可以选择各种颜色，但是西装、衬衫、领带如果是同一色系时，则要求衬衫的颜色最浅，领带的颜色最深。商务谈判人员应尽量选择属于正装的白色长袖衬衫。领口的大小要根据脖子的粗细进行相应选择，并且在衬衫内部不能穿着高领衫，衬衫的下摆必须均匀地掖进裤腰之中。搭配西装时领子应平整，领口和袖口要比西装长出 1~2 厘米，袖口的扣子一定要系上。打领带之前应扣好领扣。在正式场合必须系上领带，选择的质地大多为丝绸，颜色多为素色或深色，这样显得既礼貌又庄重。一般领带打好后，下端正好碰到皮带扣或最长不超过皮带扣的下端。女性商务人员在正式场合应穿着西装套裙。一般应选择上衣与裙子同色同料，以黑色、藏蓝色、灰褐色、灰色和暗红色为上选颜色，可以接受精美的方格、印花和条纹图案。套裙面料，可选择毛织品和亚麻制品。女士裙装要追求大方、简洁、纯净、素雅的风格。

（2）西装纽扣的系法。出席正式的商务谈判活动，就座时需要将扣子全部解开。站立时西装要系扣，一个扣的要扣上，两个扣的只需扣上面的一个，三个扣的扣中间一个，双排扣的西装，通常情况下，纽扣全部扣上。

（3）西装口袋的使用。西装上方下方两侧的口袋属于装饰性的口袋，一般不能放置物品。上衣胸部的口袋可以装折叠好的手帕。西装裤子两侧的口袋只能装纸巾，后侧的两个口袋不应放任何东西。

（4）西装鞋袜的选择。商务谈判人员穿着西装最好配以黑色硬底皮鞋，并保持鞋面的清洁。袜子的颜色与西装一致或深于西装，不要穿白袜子或尼龙袜，最好选择毛质或棉质的袜子。另外要注意鞋袜应大小配套、完好无损。不能随意乱穿，也不能当众脱下。不要暴露袜口，在正式场合这是既缺乏品位又失礼的表现。黑皮鞋也是女士在配衬各种正式服装时合适的选择。女士也可以选择与套装同一色彩的皮鞋，鞋子的合适高度是 3~5 厘米，作为商务场合正式着装，应避免一些过于时髦和鲜艳的皮鞋款式，可选择款式以浅口为宜。商务谈判场合不适合穿着凉鞋。袜子宜选择长筒丝袜。

（5）西装穿着的禁忌。穿新西装之前把上衣左袖口的商标或质地标志拆掉。

不能在西装内穿多件羊毛衫。穿着西装时，禁忌颜色过于杂乱，即全身的颜色不能多于三种，其中同一色系中深浅不同的颜色算一种颜色。穿西装时为了体现男士的风度，必须使皮鞋、腰带、公文包这三种饰品同色。女士穿着套裙时，不宜搭配色彩艳丽、图案繁多的袜子，也不能选择短袜或中筒袜，以免出现三截腿现象，更不能出现光腿、光脚，否则有失典雅。

2. 便装的穿着规范

便装是相对于正式场合所穿着的正式服装而言的其他服装的总称。它的款式多种多样，颜色也较丰富多彩。正是由于其款式、颜色多种多样，商务人员在穿着便装时更应考虑场合和搭配等问题。便装分为职业休闲装、运动休闲装、生活休闲装等类型。职业休闲装是指公司没有严格的着装规定时，可以在一般工作场合穿着的服装。运动休闲装是指人们在参加体育活动时穿着的服装。而生活休闲装是指人们在平时的生活中，如一般性的拜访、旅游等场合穿着的服装。和正式服装穿着相比，便装在搭配方面有着更多的个人发挥的空间，基本要求是舒适、自由，但在整体风格上仍应注意各方面协调统一。

（三）服装搭配的常识

掌握服饰搭配的基本原则对商务人员塑造自身良好形象有重要帮助。服装的搭配涉及色彩学和美学的知识。

1. 选择适合自己的服装款式和颜色

要先了解服饰中的常用颜色及其表现效果。如白色表示淡雅、圣洁、纯净，不仅适合于夏天，也适合各种肤色和不同气质类型的人；红色是具有扩张感的颜色，代表喜庆、成功和胜利，但肤色偏黄的人不大适合；蓝色代表平稳、宁静，对黄种人的肤色起到修饰的作用；黑色具有神秘感，能体现高贵、沉着的气质，适用于庄重的场合，但身体缺乏张力，不够挺拔自信的人不适宜选择黑色。当然并非说选择了某种颜色的衣服就一定能表现出相应的气质，不同颜色有不同的明度和纯度，不同明度和纯度的色彩能体现人的不同风韵。人的气质和体态对服装色彩选择有更大的制约。服装的款式是否适合自己，要看穿的服装是否能表现一个人的神采。款式得体的服装能够把人最光彩的一面展现出来。

2. 掌握服装搭配的基本知识

（1）款式和质地的搭配要协调。服装的款式多种多样，但不是每一种服装都适合搭配在一起，一件运动休闲的棉质针织 T 恤和一条丝质长裙搭配在一起会显得不伦不类。因为运动休闲棉质针织 T 恤让人感觉轻松而随意，丝质长裙是非常淑女化的装束，这件上衣和裙子无论在面料和款式上都不应搭配在一起。

（2）色彩搭配要协调。商务谈判人员出席正式的场合一般选择西装套装，女士多选择套裙，所以不容易出现搭配上的重大失误，但仍要注意衬衫的搭配和领带的选择。除了穿着套装外，其他服装的穿着就要注意色彩的搭配。一般同一时间全身着装配饰的颜色不要超过三种，通常服装的配色有以下几种方法：①统一法，指使服装色彩获得统一效果的方法。正式场合的男士西服和女士套裙都以统一颜色为好。这种色调统一的配套方法对于不同年龄、个性和气质的人都适用，如果自己对色彩搭配不是很熟悉，建议使用这种方法，但要注意色调完全统一。②点缀法，在统一法的基础上加上一些反差较大的色块作为点缀，起到画龙点睛的作用。男士的领带、衬衫，女士的丝巾，通常有较好的点缀效果。③渐进法，即上衣与下面的裙子或裤子属于同一色系的不同颜色，比如说一位女士穿着深棕色上衣，浅咖啡色长裤，会给人柔和、雅致的感觉。④呼应法，是指同样颜色或同一系列的颜色相互照应，产生和谐的效果。比如，具有红白两色的上衣陪衬一条白色长裤的效果会好于陪衬黑裤的效果。这是因为白裤与上衣中的白色相互呼应，产生和谐统一的美感。以上几种是日常着装中常用的配色方法，饰品的搭配、鞋袜的选择同样也适宜采用。

（四）饰品佩戴规范

在商务谈判活动中，谈判人员除了要注意服装的选择外，还要根据不同场合选择对服装起到辅助、美化作用的饰品。佩戴饰品应该遵守饰品与服装、时间、场合、目的相搭配的原则。对于配饰，宜少不宜多，所有饰品须同色、同质、同款，全身饰品不得多于三件，否则给人一种张扬、压抑、零乱、不稳重的感觉。

1. 常见配饰的佩戴

常见的配饰有丝巾、帽子、手套、腰带、包等。

（1）丝巾。丝巾是商务女性人员的钟爱。在正式场合佩戴丝巾应注意其颜色、图案不能过分夸张，也不宜选择纯黑、纯白的颜色。

（2）帽子、手套。参加商务谈判活动，进入室内，男士就应该摘掉帽子，女士的限制少一些，可以不摘帽子。男士无论在什么场合握手都要脱手套，而女士

握手，如是网眼手套有时不用脱掉。

（3）腰带。男士的腰带一般比较单一，质地多为皮革的，没有太多装饰。穿西服时，都要系腰带，其他的服装可以不扎。女士腰带更重要的是起到装饰作用，但女士使用腰带要注意以下几个原则：一是和服装协调搭配，二是和体型搭配，三是和社交场合协调。

（4）包、手袋。男士的包比较单一，一般都是公文包。公文包面料应该是牛皮、羊皮，而且以黑色、棕色为最好。除商标外，公文包在外表上不要带有任何图案、文字，否则是有失身份的。女士出席各种社交与商务场合，无论是出于美观还是方便，都应携带一个手袋。制作精美的手袋可以增强服饰的美感，并且烘托出职业女性的干练与柔美。手袋的颜色应与平时穿着的大部分服装协调，多选择黑色、白色等。商务谈判人员在出席各种商务场合时，无论男女都可在公文包或手袋中放置一些物品，以备不时之需。

2. 常见首饰的佩戴

佩戴首饰不是为了显得珠光宝气，而是为了提升着装的品位。最常见的首饰有戒指、项链、耳环、手镯（手表）、胸针等。

（1）戒指。在所有首饰的佩戴中，戒指的戴法是最讲究的。戒指不仅是一种装饰品，而且代表了社交信息。戒指戴在左手的不同手指上代表不同的含义，暗示佩戴者的婚姻和择偶状况。戴在食指上表示想结婚或已经求婚，戴在中指上表示已有恋人，戴在无名指上表示已订婚或结婚，戴在小指上则表示独身。戒指一般只佩戴一枚。

（2）项链。项链种类繁多，主要有金银项链和珠宝项链两大类。当穿着柔软的丝绸套裙时，适合佩戴精致、细巧的项链；当穿着单色或素色套裙时，适合佩戴色泽鲜明的项链。在正式的商务场合中，以佩戴金银项链为最佳，不要佩戴有宗教信仰的项链。

（3）手镯、手表。一般情况下，手镯可以戴一只，通常戴在右手上。穿着正式西装时不要佩戴木、石、皮、骨、塑料等艺术性手镯。在商务场合中，佩戴手表通常意味着时间观念强、作风严谨。在正规的社交场合，手表往往被看作首饰。它也是一个人地位、身份、财富状况的体现。在正式场合佩戴的手表，在造型上要庄重、保守。另外，与别人谈话时，不要有意无意地看表，否则对方会认为你对谈话心不在焉。

（4）胸针。胸针男女都可佩戴。当穿着西装时，应别在左胸部位，具体高度应在从上往下数的第一粒、第二粒纽扣之间。在正式的商务谈判中，商务人员一般不佩戴胸针。

在国际商务谈判活动中，绝不可穿着任何表明自己某些社会联系或信仰的服装，这也包括佩戴的戒指、领带、胸针、政治性徽章、宗教象征等。

案例 11-5

一双丝袜丢了一百万美元

张女士是其所在公司的业务员，在一次与日商的谈判中表现得十分出色，谈判接近尾声时，日方代表说日方公司的董事长对这项生意十分看重，马上要来亲自签约。当日，张女士兴高采烈地去机场接机，董事长一下飞机就发现张女士的丝袜破了一个洞，他的脸色立马有些难看，随着走的路越远，洞越来越大，董事长终于忍不住了，对张女士说："贵公司是生产服装的大企业，但是你却对自己的形象如此不在意，我很难相信贵公司产品的质量。"说完，董事长就返回日本了。

资料来源：https://zhidao.baidu.com/question/33024599687055085.html。

案例 11-6

不恰当着装毁掉一项合作

郑伟是一家大型国有企业的总经理。有一次，他获悉有一家著名德国企业的董事长正在本市进行访问，并有寻求合作伙伴的意向，于是想尽办法，请有关部门为双方牵线搭桥。

让郑总经理欣喜若狂的是，对方也有兴趣同他的企业进行合作，而且希望尽快与他见面。到了双方会面的那一天，郑总经理对自己的形象刻意进行了一番修饰，他根据自己对时尚的理解，上穿夹克衫，下穿牛仔裤，头戴棒球帽，足蹬旅游鞋。无疑，他希望自己能给对方留下精明强干、时尚新潮的印象。然而事与愿违，外商认为：此人着装随便，个人形象不合常规，给人的感觉是过于前卫，尚欠沉稳，与之合作之事当再做他议。

资料来源：https://www.shangxueba.cn/3034161.html。

二、签约礼仪

签约既是一种非常常见和实用的仪式，又是一种纯礼仪方式。谈判人员了解签字仪式的礼仪规范和基本常识是非常必要的。

（一）签约仪式的准备

1. 布置好签字厅

签字厅有常设的，也有临时由会议厅或会客室来代替的。布置签字厅的总体原则是庄重、整洁、清静。一间标准的签字厅，应当室内铺满地毯，除了必要的签字桌椅外，其他一切陈设都不需要。正规的签字桌应为长桌，其上面最好铺设深绿的台布并摆好签字人的姓名牌。按照仪式礼仪的规范，签字桌应当横放于室内。在其后面，可适当摆放适量的座椅。签署双边性合同时，可放置两张座椅，供签字人就座。签署多边合同时，可以仅放一张座椅，供各方签字人轮流就座，也可以为每位签字人各自提供一张座椅。签字人在就座时，一般应当面对正门。在签字桌上，按常规应事先放好待签的合同文本以及签字笔等签字时所用的文具。与外商签署涉外商务合同时，还需要在签字桌上插放有关各方面的国旗。插放国旗时，在其位置与顺序上，必须按照礼宾序列而行。签署双边性涉外商务合同时，有关各方面的国旗须插放在该方签字人座椅的正前方。

2. 确定出席签约仪式人数

一般来说，参加签约仪式的双方或多方的人数应大致相同。如一方要求未参加会谈的人员出席，另一方应予以同意，但各方出席签约仪式的人数最好差别不大。为了表示对签订的协议、协定的重视，往往由更多或更高的领导人出席签约仪式，此时就不必坚持"对等、相当"的要求了。

3. 安排签字时的座次

签字时各方代表的座次是由主方代为先期排定的。合乎礼仪的座次排列做法一般分为两种情况：第一种情况是在签署双边性合同时，双方主签人应当坐在签字桌后面面对正门，客方签字人应坐在右侧，主方签字人应同时坐在左侧。其他助签人应站在双方主签人的外侧。双方其他的随员，可以按照一定的顺序在己方签字人的正对面就座。也可以依照职位的高低，依次自左至右或自右至左地排为一行，站立于己方签字人身后。当一行站不完时，可以按照以上顺序并遵照"前高后低"的惯例，排成两行或多行。第二种情况是在签署多边性合同时，一般只设一个签字椅。各方签字人签字时，需依照各方事先商量好的顺序，依次上前签字。各方的助签人，应随之一同行动。与此同时，有关各方的随员，应按照一定的序列，面对签字桌就座或站立。

4. 预备待签的合同文本

在正式签署合同之前，应由举办签字仪式的主方负责准备待签合同的正式文本。举行签字仪式，是一件严肃而庄重的大事。在决定正式签署合同时，就应当拟定合同的最终文本。它应当是正式的、不再进行任何更改的标准文本。负责为签字仪式提供待签的合同文本的主方，应会同有关各方一道指定的专人，共同负责合同的定稿、校对、印刷与装订。按常规，应为在合同上正式签字的有关各方均提供一份待签的合同文本。必要时，还可再向各方提供一份副本。比照国际惯例，签署涉外商务合同时，待签的合同文本，应同时使用有关各方法定的官方语言，或者是使用国际上通行的英文、法文等。使用外文撰写时，应反复推敲，字斟句酌，不要发生望文生义或不解其意而乱用词汇的情况。待签的合同文本，应以精美白纸印制而成，按大 8 开的规格装订成册，并配以高档质料作为其封面。

（二）签字仪式的程序

签字仪式是签署合同的高潮，时间不长，但程序规范，庄重而热烈。

1. 签字仪式正式开始

有关各方人员进入签字厅，在既定的座位上就座。

2. 签字人员正式签署合同文本

通常的做法是首先签署己方保存的合同文本，再接着签署他方保存的合同文本。商务礼仪上规定，签署合同文本必遵循"轮流制"。其含义是在位次排列上轮流使各方均有机会居于首位一次，以显示机会均等、各方平等。每个签字人均应首先签署己方保存的合同文本，按照惯例应当名列首位，然后再交由其他方签字人签字。

3. 签字人正式交换已经有各方正式签署的合同文本

双方交换完合同文本后，各方签字人应热烈握手，互致祝贺，并相互交换各自一方刚才使用过的签字笔，以示纪念。全场人员应鼓掌，表示祝贺。

4. 共饮香槟互相道贺

交换已签的合同文本后，有关人员，尤其是签字人当场干一杯香槟酒，是国际上通行的用于增添喜庆色彩的做法。

5. 礼毕退场

主持人宣布仪式结束后，应让双方最高领导及宾客先退场，然后东道主再退场。

在一般情况下，商务合同在正式签署后，应提交有关方面进行公证，才能正式生效。

案例 11-7

注意通行的国际惯例

经过长期洽谈之后，南方某市一家公司终于同美国的一家跨国公司谈妥了一笔大生意。双方在达成合约之后，决定正式为此举行一次签字仪式。

因为当时双方的洽谈在我国举行，故此签字仪式便由中方负责。中方的工作人员在签字桌上摆放中美两国国旗时，误以中国的传统做法"以左为上"代替了目前所通行的国际惯例"以右为上"，将中方国旗摆到了签字桌的右侧，而将美方国旗摆到了签字桌的左侧。结果让美方人员恼火不已，他们甚至因此而拒绝进入签字厅。

资料来源：https://wenku.baidu.com/view/d042ba5a5a1b6bd97f192279168884868762b8ad.html。

三、参观礼仪

安排外宾的参观日程，应根据接待计划、外宾的特点和要求，有针对性地安排。对外宾提出的合理要求，在允许的情况下，要尽可能予以满足。确实无法满足的，应做好解释。参观日程一旦确定后，应尽快通知参观接待的有关单位和部门加以落实。无特殊情况，不应随便改变日程，如确需改变日程，也要妥善安排，尽可能保证整个活动的衔接。

接待单位一般应事先准备相应语种的中外文对照的情况介绍。如果外宾所属国家或地区所用语种不甚通用，或准备起来有一定难度，也可准备中英文对照。介绍材料力求简明扼要、实事求是，体现本单位特点，而且对谈判要有实际意义。接待单位要针对事先了解和掌握的外宾的情况、特点和要求，提出的问题和需要注意的问题进行充分考虑，以便有针对性地进行准备。对外宾不宜用"莅临指导""检查工作""汇报""指示"等词语。陪同参观人员不宜过多，但应该有能够回答技术问题的人员。对可能涉及的技术问题要求事先有充分的准备，不要临时抱佛脚，以免出现应答失误，或者时间耽搁。引导外宾参观的人，要走在左前方，如果为了表示尊重而让外宾走在前面的话，反而会使他感到不知如何是好。上下楼梯时，引导的人，应该靠扶手走，而让外宾靠墙走。有时，为了对具有一定规格的外宾表示欢迎，应该在被参观企业或其他单位的适当地方，竖起参观客人国家国旗和我国国旗。在参观途中，如果碰巧到了午餐时间，不必特意从外面叫好菜来，也不必到外面的高级餐厅去招待，在企业或单位的内部餐厅用餐就可以了。招待过于豪华，有时反会使外宾产生不良的印象。应当注意，在接待外宾的过程中，要内外有别，注意保密。属于保密产品的，不要引导外宾参观，没有把握的不要轻易表态，更不要随意允诺送给外宾产品、资料等。

四、出席娱乐活动礼节

在紧张的谈判之余，主方常常会安排一些文体活动。当你决定接受邀请的时候，要准时出席，并按座号或主人的安排入座。在观看节目时，要保持肃静，不要谈话，不要大声咳嗽或打哈欠。即席翻译要小声，最多大略译几句。在观看电影、戏剧、舞蹈、交响乐等文艺节目时，最好事先了解一下梗概，自己欣赏。场内禁止吸烟，不吃零食。一般不要对节目表示不满或失望。节目结束，应报以掌声，电影除外。

本章小结

商务交往中的一般日常交往礼节主要体现在以下几个方面：守时守约、尊妇敬老、尊重各国各民族的风俗习惯、举止得体和注意交谈礼仪等。

在第一次见面时，商务谈判人员一定要举止庄重大方，谈吐幽默文雅，在商务交往之初能使对方形成牢固的心理定式，会对以后的商务活动产生积极影响。为此，商务谈判人员对见面的礼仪规范应予以特别重视。商务谈判人员初次见

面，介绍、握手和交换名片等是必不可少的礼节。

对于商务人员来讲，电话不仅是一种传递信息、获取信息、保持联络的工具，而且也是商务人员所在单位或个人形象的一个载体。在国际商务谈判中，双方互通电话于礼节上很有讲究，必须自觉自愿地做到知礼、守礼、待人以礼。

迎送礼节是商务谈判中最基本的礼节之一，这一礼节包含迎来、送往两个方面。迎来送往是商务谈判活动中最基本的形式和重要的形式，是商务谈判中一项基本礼仪，也是表达主人情谊、体现礼貌素养的重要方面。特别是重要客商或初次来的客商，要专人迎送；一般的客商、常来的客商，不接也不为失礼。

在商务谈判中，谈判双方互相宴请或进行招待，是整个谈判过程中不可缺少的组成部分。采用何种宴请形式通常根据活动目的、邀请对象和经费开支等各种因素决定。成功的宴请需要成功地组织。赴宴即参加宴请，和宴请宾客一样，在大型谈判交际活动中具有同等的机会，因而有必要了解参加宴请的一些礼仪。

商务谈判中的舞会是规模较大并有专人提供服务的社交活动。它包括了舞会前的准备工作、来宾向主人通报、邀舞、应邀、愉快地共舞和道别等方面的礼仪。舞会所涉及的礼仪要不同程度地遵循西方礼节的要求。

商务交往中常互赠礼物以增添双方的情感与友谊，巩固交易伙伴关系。赠送礼品是商务谈判活动中的一项重要礼仪。只有合乎礼仪的馈赠，才能有利于情意的表达，为受礼方所接受，使馈赠恰到好处。馈赠不仅起到表达友好和增进双方友谊的愿望，同时也表达了对该次合作成功的祝贺和对再次合作能够顺利进行的愿望。

第十二章
商务谈判的文化差异与谈判风格

 **本章目标**

◆ 理解文化差异对商务谈判的影响

◆ 掌握谈判风格的概念和特点

◆ 掌握判断商务谈判成败的标准

◆ 区分中西方商人谈判过程中存在的主要差异

不同国家的谈判代表有着不同的社会、文化、经济、政治背景，谈判各方的价值观、思维方式、行为方式、交往模式、语言和风俗习惯等各不相同，从而导致谈判风格也是不同的。

在当今经济一体化与全球化的趋势下，国际贸易与跨国经营成为了世界经济的常态。为了国家和民族的发展，中国企业要在世界经济发展过程中发挥力量，贡献中华民族的才智，很显然，参与国际商务活动，开展国际商务谈判就成为必然之选。

国际商务活动及谈判与国内商务活动及谈判既存在联系又有许多差异。国际商务谈判是商务谈判的重要组成部分，是国内商务谈判的延伸和发展。更为重要的是与国内商务谈判相比，国际商务谈判具有国际性、跨文化性、复杂性、政策性和困难性等特征，尤其是跨文化性的特征，决定了不同国家的商务人员谈判风格是不一样的。不同国家的谈判代表有着不同的社会、文化、经济、政治背景，谈判各方的价值观、思维方式、行为方式、交往模式、语言和风俗习惯等各不相同，从而导致谈判风格也是不同的。因此，要想在国际商务谈判中拔得头彩，必

须了解不同国家商人的谈判风格，从而有针对性地进行应对。

第一节　文化差异和谈判风格

一、正确认识并对待文化差异

文化是人类在社会历史发展过程中所创造的物质财富和精神财富的总和，是历史的积淀，同时也是不同地域、不同国家和不同民族特质的一种载体。它包含了一定的思想和理论，是人们对伦理、道德和秩序的认定与遵循，是人们生活的方式方法与准则。虽然在历史的进程中不同文化相互影响和渗透，但是不同国家和民族的文化却依然保持了各自独特的一面。

文化差异对谈判者的行为、心理及思维方式有深刻的影响。商务谈判必须遵循一定的礼仪规范，礼仪规范不仅会影响双方的情感交流，而且会影响对方对自己在修养、身份、能力等方面的评价，甚至会影响谈判的成效。

国际商务谈判的跨文化特征要求谈判者必须正确认识和对待文化。世界上不同国家和不同民族的文化没有高低贵贱之分。文化习俗的差异，反映了不同文化中的民族与自然、地理环境等斗争的历史。尊重对方的文化是对国际商务谈判者最起码的要求。"入乡随俗，出国问禁"。从事国际商务谈判的谈判人员要善于从对方的角度看问题，善于理解对方看问题的思维方式和逻辑判断方式。切记：在国际商务谈判中，以自己熟悉的文化的"优点"去评判对方文化的"缺点"，是谈判的一大禁忌。当跨出国门与他人进行谈判，自己就成为别人眼中的外国人。

二、文化差异对商务谈判的影响

文化差异是指不同国家、不同民族间文化的差别，如语言文字、价值观念、风俗习惯、宗教信仰、道德观念、行为准则等方面的差异。不但不同民族、国家之间存在文化差异，即使一个国家之内不同地域之间也会存在文化差异。它既会给贸易谈判带来矛盾和冲突，也会给贸易谈判带来竞争优势。在跨文化谈判中，谈判双方应互相尊重彼此的文化习惯。商务谈判者要了解文化差异，注意来自不同背景的人在讨价还价、介绍情况、观点争执和方式方法上所表现出来的文化特征和反映出来的文化风格。

涉外商务谈判是跨越国界的谈判，谈判的根本区别源于谈判者成长和生活的环境及谈判活动与谈判协议履行的环境的差异。国内商务谈判双方通常拥有共同的文化背景，生活于共同的政治、法律、经济、文化和社会环境之中。在谈判中，谈判者主要应考虑的是双方公司及谈判者个人之间的某些差异。而在涉外商务谈判中，谈判双方来自不同的国家，各自生活于不同的政治、法律、经济、文化和社会背景之中，这种差异不仅形成了谈判过程中谈判行为的差异，而且会对未来谈判协议的履行产生重大影响。比较而言，由于上述背景的差异，在涉外商务谈判中，谈判者面临着若干在国内谈判中极少出现的问题。

（一）语言的差异

在国内谈判中，谈判双方通常不存在语言差异（谈判者通常都认同并能使用共同的官方语言），从而也就不存在由于使用不同语言而导致的信息沟通上的障碍。但在涉外商务谈判中，语言问题及由此而引起的其他问题始终值得引起谈判者的注意。即便是在使用同样语言的国家，如使用英语的美国、英国，在某些表达上仍存在着一定的差异。语言差异，特别是在两种语言中都有类似的表达但含义差别很大时，以及某种表达只在一种语言中存在时，极易引起沟通上的混淆。比如，在中国，政府管理企业的方法之一是根据企业经营管理状况及企业规模等评定企业的等级，如"国家一级企业""国家二级企业"等，在美国则没有这种概念。简单地将"一级企业""二级企业"解释为"first class enterprise"和"second class enterprise"，很难让对方理解这种表达的含义，起不到在国内谈判中同样表达所能起到的效果，并且有可能使对方产生误解，将"二级企业"理解为"二流企业"，这定会给谈判带来不利。

（二）沟通方式的差异

不同文化背景的人群有其所偏好和习惯的沟通方式。涉外商务谈判中的双方经常属于不同的文化圈，有各自习惯的沟通方式。习惯于不同沟通方式的双方之间要进行较为深入的沟通，往往会产生各种各样的问题。在高内涵文化国家（如中国、日本等）中，人们的表达通常较为委婉、间接，而在低内涵文化国家，直

截了当的表达较为常见。高内涵文化的谈判者比较注重发现和理解对方没有通过口头表达出的意思，而低内涵文化的谈判者则偏爱较多地运用口头表达，直接发出或接受明确的信息。来自这两种不同文化的谈判者在进行谈判时，一方可能认为对方过于鲁莽，而另一方则可能认为对方缺乏谈判的诚意，或将对方的沉默误解为对其所提条件的认可。沟通的差异不仅表现为表达方式的直接或间接，还表现为不同国家或地区的人们在表达过程中动作语言（肢体语言）运用上的巨大差异。有些国家或地区的人在进行口头表达的同时，伴随着大量的动作语言，而另一些国家或地区的人则不习惯在较为正式的场合运用幅度较大的动作语言。值得注意的是，与口头语言和书面语言一样，动作语言同样也表现出一定的地域性，同样的动作在不同的国家或地区含义可能完全不同，甚至会截然相反。对动作语言认识和运用的差异，同样会给谈判中的沟通带来许多问题。

（三）时间和空间观念上的差异

大量研究表明，在不同国家或地区，人们的时间观念有着明显的差异。就谈判而言，有些国家或地区的谈判者的时间观念很强，将严格遵守时间约定视为"一种起码的行为准则，是尊重他人的表现"。如在美国，人们将遵守时间约定看成是商业活动及日常生活中的基本准则之一，比预定时间提早到达经常被视为急于成交的表示，而迟到则会被看成是不尊重对方，至少也是不急于成交的表示。但在拉丁美洲或阿拉伯国家，如果这样去理解对方在谈判桌上的行为，则可能很难达成任何交易，这些国家或地区的谈判者有着完全不同的时间观念。

空间概念与时间概念是两个完全不同的问题。在不同的文化环境中，人们形成了不同的心理安全距离。在与一般人的交往中，如果对方突破这种距离，就会使自己产生心理不适。有关研究表明，在某些国家如法国，在正常情况下人们相互之间的心理安全距离较短，而一般美国人的心理安全距离则较法国人长。如果谈判者对这一点缺乏足够的认识，就可能使双方都感到不适。

（四）决策结构的差异

谈判的重要准则之一是要同拥有相当决策权限的人谈判，至少也必须是与能够积极影响有关决策的人员谈判。这就需要谈判者了解对方企业的决策结构，了解能够对对方决策产生影响的各种因素。由于不同国家的政治经济体制和法律制度等存在着较大差异，企业的所有制形式存在较大差异，商务活动中的决策结构也有着较大差异。以在国内商务活动中的习惯做法去评判对手，可能会犯各种各样的错误。如在有些国家，企业本身对有关事务拥有最终决策权，而在有些国家，最终决策权则可能属于政府有关主管部门，对方企业的认可并不意味着合同一定能被合法履行。而同样是在企业拥有决策权的情况下，企业内部的决策权在不同的国家或地区也会有很大的差异。

在注意到不同国家企业决策结构差异的同时，尤其值得注意的是政府介入国际商务活动的程度和方式。政府对国际商务活动的干预包括通过制定一定的政策，或通过政府部门的直接参与来鼓励或限制某些商务活动的开展。通常情况下，社会主义国家政府对国际和国内商务活动的介入程度较高，但这并不是说资本主义国家的政府不介入企业的国际和国内商务活动。在工业化程度较高的意大利、西班牙及法国，某些重要的经济部门就是为政府所有的。当商务活动涉及国家的政治利益时，政府介入的程度可能更高。20世纪80年代初，跨越西伯利亚的输油管道建设问题就充分印证了这一点。当时，某一美国公司的欧洲附属公司与苏联签订了设备供应合同，但美国公司及其欧洲附属公司在美国和欧洲国家的政府分别介入的情况下，处于十分被动的局面。美国政府要求美国公司的附属公司不提供建设输油管道的设备与技术，而欧洲国家的政府则要求公司尊重并履行供应合约。争议最终通过外交途径才得以解决。由于涉外商务活动中可能面临决策结构差异和不同程度的政府介入，因而涉外商务谈判可行性研究中的对手分析远比国内商务谈判中的有关分析复杂，在某些情况下，谈判者不仅要有与对方企业谈判的安排，而且要有与对方政府谈判的打算。

（五）法律制度的差异

基于不同的社会哲学有不同社会发展轨迹的差异，不同国家的法律制度往往存在着较大区别。要保证谈判活动的正常进行，保证谈判协议能够得以顺利实施，正确认识法律制度的差异是不可忽视的。与此同时，一个值得注意的现象是，不仅不同国家的法律制度存在着明显的不同，不同国家法律制度得以遵照执行的程度也有较大不同。在涉外商务谈判中，谈判者需要遵守那些自己并不熟悉的法律制度，同时，还必须充分理解有关的法律制度，了解其执行情况，否则就很难使自身的利益得到切实的保护。

（六）谈判认识的差异

不同文化中的人们对参与谈判的目的及所达成的合同的认识也有很大差异。如在美国，人们通常认为，谈判的首要目的也是最重要的目的是与对方达成协议，人们将双方达成协议视为一项交易的结束，至少是有关这一交易的磋商的结束。而在东方文化中，如在日本，人们则将与对方达成协议和签署合同视为正式开始了双方之间的合作关系。对达成协议的这种理解上的差异直接关系到人们对待未来合同履行过程中所出现的各种变化的态度。根据完成一项交易的解释，双方通常就不应修改合同条件，而若将签署协议视为开始合作关系，则随着条件的变化，对双方合作关系做某些调整是十分合理的。

（七）经营风险的差异

在国内商务活动中，企业面临的风险主要是因国内政治、经济、社会、技术等因素变化而可能导致的国内市场条件的变化。在涉外商务活动中，企业在面临这些风险的同时，还要面对远比这些风险复杂得多的国际经营风险，包括国际政治风险，如战争、国家之间的政治矛盾与外交纠纷、有关国家政局及政策的不稳定等；国际市场变化风险，如原材料市场和产成品市场供求状况的急剧变化；汇率风险，如一国货币的升值或贬值等。国际商务活动中的这些风险一旦成为现实，就会对合作双方的实际利益产生巨大的影响，会对合同的顺利履行构成威胁。因此，谈判者在磋商有关的合同条件时，就应对可能存在的风险有足够的认识，并在订立合同条款时，考虑采取某些预防性措施，如订立不可抗力条款，采用某种调整汇率和国际市场价格急剧变化风险条款等。

（八）谈判地域的差异

在面对面的国际商务谈判中，至少有一方必须在自己相对不熟悉的环境中进行。由此必然会带来一系列的问题，如长途旅行所产生的疲劳、较高的费用、难以便捷地获得自己所需要的资料等。这种差异往往要求谈判者在参与国际谈判前，给予更多的时间投入和进行更充分的准备。

三、跨文化谈判中的中西文化冲突

跨文化谈判中的中西文化冲突主要体现在语言、宗教、社会习惯、政治哲学、社会结构、教育等层面。涉外谈判人员需要培养跨文化意识，掌握必备的知识，加强跨文化商务交往能力。中外文化差异的类型有以下几种：

（一）语言的文化冲突

语言是人类所特有的用于表达思想、交流思想的工具，是一种特殊而又普遍的社会现象。语言是文化的根本，每一种语言都有其特殊的文化内涵。国际贸易活动，由于文化差异的存在导致了不同语言之间交流转换的困难，从而影响了国际商务交往。一个非常有创意的广告往往因为语言的差异导致拓展市场的不利。由此可见，语言对国际贸易的开展具有很大的影响。

（二）风俗习惯

社会习惯是长期逐渐养成的、不容易改变的行为、倾向或社会风尚。它不仅会影响消费者的消费价值观，而且会影响人们的工作和思维模式。国际贸易的不断深入，带动了跨国公司的发展，一个成熟的跨国公司必定是一个了解目标国文化的公司、一个注重文化差异的公司。希尔顿酒店是世界著名的酒店，重视社会习惯的差异是其取得成功的原因之一。希尔顿强调每个酒店必须有个性，针对其所在地区或国家市场的需要进行具有个性的装潢和服务，同时鼓励厨师利用当地的原料做出具有地方风味的饭菜。

（三）交际障碍

每个国家都有自己的习俗和禁忌。比如：中国人握手表示友好，但如果与德国人握手，他会惶恐不安；中国人吃饭用筷子，西方人则用刀叉。这些日常生活习惯，也会影响谈判中的沟通。西方人一般认为"13"这个数字不吉利，在任何场合都要尽力避开它，如果你将与很在意这个数字的人约在有"13"的日期、时间、楼层或房间见面，就会使对方不愉快，即使再周到的沟通策划也可能失败。跨文化谈判中，微妙的表情、手势等体态语言的交往沟通也有很大差异。美国人用大拇指和食指做成圆圈来表示"OK"，而在日本表示钱，在法国却表示零或"无价值"，在其他国家可能还意味着其他不同的意思。

（四）思维差异

西方文化的思维模式注重逻辑和分析，而东方文化的思维模式则表现出直觉整体性。中国人往往特别重视直觉，注重认识过程中的经验和感觉，在交往中也往往以这种经验和感觉去"以己度人"。中国人的这种思维模式具有明显的笼统性。

由于存在思维差异，不同文化的谈判者呈现出谈判方式上的差异。按照讨论问题的先后顺序可将谈判方式区分为横向谈判和纵向谈判。横向谈判是首先确定谈判所涉及的所有议题，将各项议题综合起来考虑，循环反复地讨论，齐头并进，交错进行。纵向谈判是对所确定的议题按先后顺序一个一个依次地进行谈判。一般来说，选择应用横向谈判和纵向谈判要根据谈判内容和谈判活动的具体情况而定，而实际上更受文化习俗的影响。比如，美国人往往采用纵向谈判方式，而法国人则主要采用横向谈判方式。因为美国的谈判人员在谈判中喜欢"一揽子交易"的方式，按议题的先后顺序一个一个依次地进行商谈，而法国谈判人员则喜欢先为谈判议题画一个大致的轮廓，然后经过反复交谈确定议题中的各个方面。所以要成功地进行商务谈判，必须认清中西方思维方式上的差异。

（五）市场经济意识的差异

涉外经济活动中，中国与西方的谈判者在意识上的反差主要表现在：一是自主意识。在商务谈判中，中国谈判者与西方谈判者一样都认为自己有较为充分的决策权，但中国谈判者的决策权一般由企业集体领导或上级主管部门赋予，西方谈判者的决策权往往由企业经营者直接赋予。中国谈判者更习惯于接受政府对企业的商务合同的了解和审批，在出现合同纠纷时，缺乏自主意识，独立自决能力较差。而西方谈判者则具有较强的自主意识，享有较大的自决权，更能显示其创造性。二是主体意识。在主体意识方面，中国较注重群体的力量，而西方人更喜欢以个人为中心。三是谈判的态度。西方谈判者显然比中国谈判者更积极，更关心谈判的成败。在市场经济条件下，人们都受到利益的驱动，强调对个人利益的追求。对于中国谈判者而言，在进行商务洽谈时较多关心上级、领导和同事对自己谈判结果的评价，在谈判决策时往往较谨慎、保守，不太急于求成。西方则不同，其谈判结果的好坏直接影响企业对自己能力和业绩的评价，并且与个人奖酬密切相关。所以，西方谈判者承担责任的能力较强，比中国人更希望谈判成功。

（六）利益意识与人情意识的差异

中国人的人情意识浓厚，对谈判结果是否能为脸上增光看得十分重要。而西方人则具有强烈的利益意识，重视利益机制的作用，在谈判过程中关注的是能否获得利益。中国谈判者在关注利益的同时，还存在一种与西方谈判者截然不同的人情意识，尤其是"面子"观念。由于儒家文化的影响根深蒂固，自古以来，我们在人际交往中讲究礼节，重人情面子，讲关系，希望对方把自己看作大权在握、负有使命的人。在"体面"和"利益"的选择上，中国人往往会选择体面，而西方人则会毫不犹豫地选择利益。谈判过程中，西方人着装整洁、举止得体、谈吐文雅、礼尚往来，也非常重视谈判者之间的人际沟通，但这一切都是围绕利益而展开的，他们绝不会因为人情而牺牲利益。在国际商务谈判中，建立良好的人际关系和相互信任是谈判成功的重要因素，但过分的人情意识、看重面子则会妨碍我们客观地认识和处理问题。我们可以借鉴西方谈判者的谈判观念和谈判方式，正确处理利益与人情的关系，努力克服思想和行为上的偏见，以健康的心态参与竞争，争取谈判的主动权。

四、商务谈判风格

（一）谈判风格的定义

英国哲学家弗朗西斯·培根曾在《谈判论》一书中指出：与人谋事，则须知其习性，以引导之；明其目的，以劝诱之；知其弱点，以威吓之；察其优势，以钳制之。这句话是对谈判经验的深刻总结，尤其是"与人谋事，须知其习性，以引导之"更是成为至理名言。

每一个谈判人员来到谈判桌前，都带着自己深深的文化烙印。谈判风格是一个经常被人们使用的词。但是，对这个词至今还没有比较确切的定义。

大多数对谈判风格的理解来源于文学作品中对"文学风格"的类推。大多数谈判著作对这个词未作定义。对谈判风格比较难下定义，是因为对"风格"的理解存在差异和相对的困难。王维忠先生认为，商务谈判风格是指"谈判者在谈判时，无论是谈判的用语、举止、仪态，还是在谈判的控制和价值观的取向等方面所表现出来迥异于他人、相对稳定、与众不同，带有清晰的民族、文化、个人标志的谈判态度和行为所体现的气度和作风"。这是比较全面且比较长的关于谈判风格的定义。他还说，谈判风格是"某类人或某个群体多次、反复地在经济谈判中所表现出来的一贯风格"。

我们认为，谈判风格是指谈判人员在谈判过程中通过言行举止表现出来的建立在其文化积淀基础上的与对方谈判人员明显不同的关于谈判的思想、策略和行为方式等的特点。这一概念包括如下几层含义：首先，谈判风格是在谈判场合与

过程中表现出来的关于谈判的言行举止；其次，谈判风格是对谈判人员文化积淀的折射和反映；再次，谈判风格有其自身的特点，与不同国家或地区的风格存在显著的差异；最后，谈判风格历经反复实践和总结，被其他国家或民族的商人所认同。

世界各地不同国家、不同民族、不同地域的人，因生活环境不同、历史背景不同，形成了各具特色的生活方式、消费习惯、价值观念和文化背景等，因而谈判也各具特点。谈判者只有了解世界各地、各地区商人不同的谈判风格，才能有的放矢地采取有效的谈判策略，取得谈判的成功。

（二）谈判风格的特点

1. 对外的独特性

谈判风格的独特性是指特定群体及其个人在谈判中体现出来的独特气质和风格。从社会学观点看，任何集团的人和集团都是一种群体。各群体有自己的主文化和亚文化，会体现出群体与群体之间的差异。在同一个群体内，个体与个体之间也存在着差异。谈判风格的独特性决定了它的表现形式的多样化。所以，不同国家、不同民族，或同一个国家、同一个民族，由于文化背景、生活方式、风俗习惯等的影响，会表现出不同的特点和风格。

2. 对内的共同性

同一个民族的谈判人员或有着相同文化背景的谈判人员，在商务谈判中会体现出大体相同的谈判风格，这就是谈判风格的共同性特点。比如，受儒家文化影响的中国人、韩国人和日本人，都有"爱面子"的思想。这一特征是由文化对人的同化和影响形成的。从这个意义上说，世界上才存在不同国家或地区商人的特点。

3. 成因的一致性

任何一个民族都深深植根于自己的文化土壤中。无论其是否意识到、是否承认，都会受到本民族风俗习惯、价值观念和思维方式等潜移默化的影响，形成他们的世界观，并由此指导自己的行为处事方式，表现出该民族在特定的文化背景下形成的共同气度和作风。如果忽视这一点，很难对其表现出来的谈判风格做出合理而深刻的理解，很难适应其谈判风格，当然也难以获得谈判的成功。

人的性格与文化背景有着源远流长的关系。根据社会心理学的研究，在先天因素的基础上，人的性格与后天环境影响有着密切的关系，是社会化的结果。社会化的内容之一，就是社会文化的内化。我国北方人多以从事农业为主，多处于征战与政治旋涡的中心，形成了直爽、豪侠、慷慨的性格。南方人长期遨游商海，形成了机智灵活的特点。

一个国家和一个民族的价值观、文化传统以及思维方式造就出体现自己风格的优秀谈判人员，并不等于其国家和民族所有的人都具有这种优秀的素质。同时，不同性格的人，同样都可以成为优秀的谈判人员。原因何在？是后天因素的影响。后天因素是指个体所受的教育程度，表现为知识、修养、能力的提高等。谈判人员的风格不仅与其性格、民族有一致性，更与其文化素养一致。为此，要形成和培养自己良好的谈判风格，还需要努力学习，从提高自己的文化素养入手。

（三）谈判风格的作用

谈判风格对谈判有着不可忽视的作用，甚至关系到谈判的成败。学习和研究谈判风格，对我们具有重要的意义和作用。

1. 营造良好的谈判气氛

良好的谈判气氛能够保证谈判的顺利进行。如果我们对谈判对手的谈判风格十分熟悉的话，言行举止会十分得体，会比较快地赢得对方的好感，让对方从感情和态度上接纳你。在这样的氛围下开展谈判，深入探讨问题，自然会容易得多。谈判风格是一种看不见、摸不着的东西，但它会在谈判中反复顽强地表现出来，并成为始终起重要作用的因素。我们可以通过了解对方的民族、宗教、习惯、习俗、文化背景、思维方式、价值取向等来掌握其谈判风格。

2. 为谈判策略提供依据

学习和研究谈判风格不仅仅是为了创造良好的谈判气氛，更重要的意义是为谈判谋略的运筹提供依据。如果我们不研究对方的谈判风格，不了解谈判风格的形成、表现形式及其作用，那就会在制定谈判谋略的时候无的放矢，更谈不上主动地根据对方的谈判风格设谋用略。

3. 有助于提高谈判水平

商务谈判往往是很理性化的行为，但理性往往受到非理性或感性东西的引导或驱使。谈判风格在认识上有可能是理性的，但其表现形式多为感性。我们研究谈判风格的过程本身，就是一种学习和提高的过程。我们要汲取不同国家、不同

民族和不同地区优秀的谈判经验与艺术，减少失误或避免损失，进而形成自己的谈判风格，或使自己的谈判风格更加完善。

（四）考察商务谈判风格的方法

不同国家的商人在长期谈判实践中形成的谈判风格，在他们的日常言谈举止中都会有所表现。想要用比较少的文字来描述或总结这些风格显得非常困难。因此，需要我们先确立考察商务谈判的方法。

从哪些角度来考察不同国家、不同地区商人的谈判风格呢？主要有两个：一是从谈判者的性格特征来总结或描述。由于个人的性格特点千差万别，很难取舍。二是从地理分布及其不同国家的商人表现的大体特点来介绍。我们主要选取第二个角度做介绍。为了便于比较，我们选取了一些特定的角度来观察一些比较重要的国家。

第二节　美国商人的谈判风格

美国人的谈判风格很有特点，从我国对外贸易的角度讲，美国是我国的主要贸易伙伴，在合资、合作的项目中，美国的资金与技术的引进占较大比重。因此，研究并掌握美国人的谈判风格是十分必要的。

一、自信心强，自我感觉良好

美国现在是世界上经济、技术最发达的国家，国民经济实力也最为雄厚。英语几乎是国际谈判的通用语言，世界贸易有50%以上用美元结算。所有这些，都使美国人对自己的国家深感自豪，对自己的民族充满强烈的自尊感与荣誉感，这种心理在他们的贸易活动中也充分地表现出来。他们在谈判中，自信心和自尊感都比较强，加之他们所信奉的自我奋斗的信条，常使与他们打交道的外国谈判者感到美国人有自我优越感。

美国人的自信还表现在他们坚持公平合理的原则上。他们认为两方进行交易，双方都要有利可图。在这一原则下，他们会提出一个"合理"方案，并认为是十分公平合理的。他们的谈判方式是喜欢在双方接触的初始就阐明自己的立场、观点，推出自己的方案，以争取主动。在双方的洽商中充满自信，语言明确肯定，计算也科学准确。如果双方出现分歧，他们只会怀疑对方的分析、计算，而坚持自己的看法。

美国人的自信，也表现在对本国产品的品质优越、技术先进性毫不掩饰的称赞上。他们认为，如果你有十分能力，就要表现出十分来，千万不要遮掩、谦虚，否则很可能被看作是无能。如果你的产品质量过硬、性能优越，就要让购买你产品的人认识到。那种到实践中才检验的想法，美国人认为是不妥的。

美国人的自信与傲慢还表现在他们喜欢批评别人、指责别人。当谈判不能按照他们的意愿进展时，他们常常直率地批评或抱怨。这是因为，他们往往认为自己做的一切都是合理的，缺少对别人的宽容与理解。

此外，美国专家也指出，美国人的谈判方式也往往让人觉得美国人傲慢、自信。他们说话声音大、频率快，办事讲究效率，而且很少讲对不起。他们喜欢别人按他们的意愿行事，喜欢以自我为中心。要想让美国人显得谦卑、暴露自己的不足、承认自己的无知实在太困难了。

二、讲究实际，注重利益

美国人做生意时，更多考虑的是做生意所能带来的实际利益，而不是生意人之间的私人交情。尽管他们注重实际利益，但他们一般不漫天要价，也不喜欢别人漫天要价。他们认为，做买卖要双方都获利，不管哪一方提出的方案都要公平合理，所以，美国人对于日本人、中国人习惯的注重友情和看在老朋友的面子上可以随意通融的做法很不适应。亚洲国家和拉美国家的人都有这种感觉：美国人谈生意就是直接谈生意，不注意在洽商中培养双方的友谊、感情，而且还力图把生意和友谊清楚地分开，这种观念使他们在谈判中的行为显得比较生硬，也与亚洲人的文化观念相去甚远。正如一位美国专家所指出的：美国人感到，在中国，像是到朋友家做客，而不是做生意。同中国人谈判，是"客人"与"主人"的谈判。中国人的地主之谊、客气和热情，常使美国的"客人"为顾全情面做出慷慨大方的决策。美国的一家地毯公司，在这样的好客气氛中，居然用两倍的价格一口气买下了好几家中国地毯厂半年的产品，尽管这样做是非理智的，事后他们也

为这种感情冲动而后悔不已。美国人注重实际利益，还表现在他们一旦签订了合同，便非常重视合同的法律性，合同履约率较高。在他们看来，如果签订合同不能履约，那么就要严格按照合同的违约条款支付赔偿金和违约金，没有再协商的余地，所以，他们也十分注重违约条款的商洽与执行。

三、热情坦率，性格外向

美国人属于性格外向的民族，他们的喜怒哀乐大多通过他们的言行举止表现出来。在谈判中，他们精力充沛、感情洋溢，不论在陈述己方观点，还是表明对对方的立场态度上，都比较直接坦率。如果对方提出的建议他们不能接受，也是毫不隐讳地直言相告，甚至唯恐对方误会了。谈判中的直率也好，暗示也好，看起来是谈判风格的不同，实际上是文化差异的问题。东方人认为直接地拒绝对方，表明自己的要求，会损害对方的面子，僵化关系，像美国人那样感情爆发、直率、激烈的言辞是缺乏修养的表现。同样，东方人所推崇的谦虚、有耐性、涵养，可能会被美国人认为是虚伪、客套、耍花招。

四、重合同，法律观念强

美国是一个高度法制的国家。据有关资料披露：平均450名美国人就有一名律师，这与美国人解决矛盾纠纷习惯于诉诸法律有直接的关系。他们这种法律观念在商业交易中也表现得十分明显。美国人认为，交易最重要的是经济利益，为了保证自己的利益，最公正、最妥善的解决办法就是依靠法律、依靠合同，而其他的都是靠不住的。因此，他们特别看重合同，十分认真地讨论合同条款，而且特别重视合同违约的赔偿条款。美国人重合同、重法律，还表现在他们认为商业合同就是商业合同，朋友归朋友，两者之间不能混淆起来。私交再好，甚至是父子关系，在经济利益上也是绝对分明的。因此，美国人对中国人的传统观念——既然是老朋友，就可以理所当然地要对方提供比别人优惠的待遇，出让更大的利益——表示难以理解。这一点也值得我们认真考虑，并在谈判中加以注意。

五、注重时间效率

美国是一个经济高度发达的国家，生活节奏比较快，这使美国人特别重视、珍惜时间，注重活动的效率。所以在商务谈判中，美国人常抱怨其他国家的谈判对手拖延时间，缺乏工作效率，而这些国家的人也埋怨美国人缺少耐心。常常出现美国人认为三天就能解决的问题，而其他国家的人在一个星期也未必能决策的情况。所以在国际间的谈判中，美国人常显得不合拍。

在美国国内的企业，各级部门职责分明、分工具体，因此，谈判的信息收集、决策都比较快速、高效率。加之他们个性外向、坦率，所以，一般他们谈判的特点是开门见山，报价及提出的具体条件也比较客观，水分较少。他们也喜欢对方这样做，几经磋商后，双方意见很快趋于一致。但如果对手的谈判特点与他们不一致或正相反，他们就会感到十分不适应，而且常常把他们的不满直接表示出来，就更显得他们缺乏"涵养"。人们也就常常利用美国人夸夸其谈、准备不够充分、缺乏必要的耐心的弱点，谋取最大利益。当然，干脆利落的美国人，如果遇到的谈判对手也是这种风格，也确实很有工作效率。在美国人的时间概念中，"时间即是金钱，时间也是商品"。他们常以分、秒计算时间，比如月薪1万美元，每分钟就是8美元。因此，在工作中他们时间观念特别强，即使是非常重要的交易谈判，他们也不喜欢进行"毫无意义"的谈话。如果你占用了他的时间，在他的观念中，就认为你偷了他的金钱。所以，美国人十分珍惜时间、遵守时间，他们也希望对方如此，从而保证谈判的高效率。美国商人重视时间，还表现在做事要一切井然有序，有一定的计划性，不喜欢事先没安排妥当的不速之客来访。与美国人约会，早到或迟到都是不礼貌的。

第三节　欧洲商人的谈判风格

一、英国商人的谈判风格

英国是世界上资本主义发展最早的国家之一。它率先进入工业化，曾为世界头号经济大国，经济、政治、军事实力显赫一时。英国人的"曾经称霸过"世界的大国民意识仍旧很强，总是有一副悠然自得的样子。同时，他们依然保留着岛

国民族的特性，比较保守、害羞，并且显得傲慢、矜持，给人难以接近的印象。

（一）冷静持重，充满自信

英国人在谈判初期，尤其是在初次接触时，常与谈判对手保持一定距离，决不轻易表露感情。他们常常在开场陈述时十分坦率，愿意让对方了解他们的有关立场和观点，同时也常常考虑对方的立场、行动，对于建设性意见反应积极。在商务谈判中，英国人往往表现得沉默、冷静、谨慎、自信，而不是激动、冒险、夸夸其谈。英国人生性内向而含蓄，尤其是受过高等教育的人，表现得很自谦。他们把夸夸其谈的人视为缺乏教养，把自吹自擂的人视为低级趣味。英国商界赞同这样一句话："不要说'这种商品我们公司没有'，应该说'只要您需要，我们尽量替您想办法'。"这一点，不仅反映了英国人的灵活态度，也表现了他们十足的自信心。他们的自信心强，还特别表现在讨价还价阶段，如果出现分歧，他们往往固执己见，不肯轻易让步，以显其大国风范，让人觉得他们持有一种非此即彼、不允许讨价的谈判态度。

（二）注意礼仪，崇尚绅士风度

英国人谈吐文明，举止高雅，珍惜社会公德，很有礼让精神。无论在谈判场内还是场外，英国谈判者都很注重体现个人修养，尊重谈判业务。同时，他们也很关注对方的修养和风度，如果你能在谈判中显示出良好的教养和风度，就会很快赢得他们的尊重，为谈判成功打下良好的基础。英国人的绅士风度常使英国谈判者受到一种形象的约束，甚至成为他们的心理压力，对此应充分利用。在谈判中大力宣扬、高抬其形象，然后以确凿的论据、有礼有力的论证施加压力，英国谈判者就不会为坚持其不合理的立场而丢面子，从而刺激其自尊心，取得良好的谈判效果。

（三）行动按部就班，慢条斯理

在商务活动中，英国人招待客人时间往往较长。当受到英国人款待后，一定要写信表示谢意，否则会被视为不懂礼貌。要与英国人约会时，若是过去不曾谋面的，一定要先写信告之面谈目的，然后再去约时间。一旦确定约会，就必须按时赴约，因为英国人做生意颇讲信用，凡事要规规矩矩，不懂礼貌或不重诺守约，以后办事就难以顺利进行。英国人在商务活动中有些明显的缺点。比如，他们经常不遵守交货时间而造成延迟，据说这一点"举世闻名"。这使他们在谈判中比较被动，外国谈判者会利用这一点迫使他们接受一些苛刻的交易条件，如索赔条款等。

（四）忌谈政治，宜谈天气

英国由英格兰、威尔士、苏格兰、北爱尔兰组成，四个民族在感情上有许多微妙之处。在和英国人交谈时，话题尽量不要涉及爱尔兰的前途、共和制和君主制的优劣等政治色彩较浓的问题，比较安全的话题是天气、旅游、英国的继承制度等。与英国人初识，最安全的话题是天气。英国人无论熟悉程度如何，见面后都有一个共同的话题，即谈论天气。有人说，谈论天气是英国民族的主要消闲方式，这与英国天气的特殊性有关系。据说，只有在英国（尤其在伦敦）才能在一天中体验到四季的变化。外国人常常会看到英国人在阳光明媚的早上出门时穿雨衣、带雨伞。英国人生活条件优越，每年冬、夏两季有 3~4 周的假期，他们利用这段时间出国旅游，因此较少在夏季以及圣诞节到元旦期间做生意，在这些节假日应尽量避免与英国人洽谈生意。

二、德国商人的谈判风格

德国是世界著名的工业大国。1990 年东德和西德合并为统一的德国。虽然统一，但是东德和西德的意识形态、价值观念等方面存在很大的差异，导致德国的商业惯例存在着南北差异和东西差异，更不用说个体差异。

（一）很自信，甚至自负

德国在世界上是经济实力最强的国家之一，他们的工业极其发达，生产率高，产品质量堪称世界一流。这主要是由于企业的技术标准十分精确具体，德国人对这一点一直引以为豪。如果要与德国人谈生意，务必要使他们相信对方的产品可以满足德国人要求的标准。

（二）办事效率高

德国人在办事效率上享有名副其实的声誉，他们信奉的座右铭是"马上解决"，他们不喜欢对方支支吾吾、拖拖拉拉的谈判语言。他们具有极为认真负责的工作态度、高效率的工作程式。所以，在德国人的办公桌上，看不到搁置很久、悬而未决的文件。德国人认为，一个谈判人员是否有能力，只要看其经手的事情是否能快速、有效地处理清楚。

（三）计划性强

像日本人一样，德国谈判代表因他们的准备充分而闻名。他们另外一个著名的特点就是，面对说服和压力战术始终坚定不移地坚持自己的谈判立场。德国人在谈判之前的准备比较充分。他们不仅要研究购买产品的问题，而且还研究销售产品的公司、公司所处的大环境、公司的信誉、资金状况、管理状况、生产能力等问题。他们不同于那种只要有利可图就与之做生意的赚钱公司，他们不喜欢与声誉不好的公司打交道。所以，有的人认为德国人比较保守，这可能是一个影响因素。

（四）重合同、守信用

德国人很善于商业谈判，他们的讨价还价与其说是为了争取更多的利益，不如说是工作认真、一丝不苟。他们严守合同信誉，认真研究和推敲合同中的每一句话和各项具体条款，一旦达成协定，很少出现毁约行为，所以合同履约率很高，在世界贸易中有着良好的信誉。大多数德国人更喜欢符合实际的初始报价，而不喜欢典型的"先高后低"策略。他们对杂货店议价的方式很是反感。因此，与德国人谈判时可以考虑为开始的出价留一点余地来防止意外事件的发生，但是要注意避免出价过高。

（五）谈判态度严谨

德国人相对来说是比较保守的，他们不会当众表露他们的感情，虽然有些南部的德国人稍微比较善于表现一点。与拉丁裔的欧洲人和拉美人不同，德国人很少使用手势，也不鼓励使用面部表情。德国礼仪也通常会表现在见面礼仪和问候礼仪上，不管是见面还是分手，都要握手。注意不要让笑话出现在销售陈述中。幽默很难翻译得很好，而且在德国销售陈述是一件严肃的事情。不过，也许是高度理性化的结果，德国人的谈判风格有时会使人感到有些机械性。

总之，德国人的谈判风格是审慎、稳重。他们追求严密的组织、充分的准备、清晰的论述、鲜明的主题。为此，谈判前他们会花费大量的时间和精力，详细研究与谈判有关的一切情况。他们提出的意见，给人的印象是有理有据、深思熟虑。谈判过程中，德国人善于明确表达思想，论述富有系统性和逻辑性，总是强调自己方案的可行性，不会轻易做出让步，使人产生一种缺乏通融性的感觉。此外，德国人在个人之间的交往上也是十分严肃正统的。

三、法国商人的谈判风格

法国是一个老牌的资本主义国家。法国人具有浓厚的国家意识和强烈的民族文化自豪感。他们性格开朗、热情，对事物比较敏感，工作态度认真，十分勤劳，善于享受。法国是一个讲究等级制度和社会地位的国家。在法国，受教育程度、家庭背景以及财产数量共同决定了人们社会地位的高低。

（一）珍惜人际关系，奉行个人主义

法国人是重视关系的，但同时他们又是奉行个人主义的国家。此外，尽管他们不喜欢过于直接地提出自己的观点，但又很容易发生争执，并且在谈判过程中，如果他们有不同意见，会坦率地提出。再有，法国是欧洲国家当中社会等级制度最为明显的国家。法国人的个人友谊，甚至会影响生意。一些谈判专家认为，如果与法国公司的负责人或谈判人员建立了十分友好、相互信任的关系，那么也就建立了牢固的生意关系。同时，也会发现他们是十分容易共事的伙伴。在实际业务中，许多人发现，与法国人不要只谈生意上的事，适当的情况下，与法国人聊聊社会新闻、文化、娱乐等方面的话题，更能融洽双方的关系，创造良好的会谈气氛。这都是法国人所喜欢的。

（二）坚持使用法语

法国人具有一个人所共知的特点，就是坚持在谈判中使用法语，即使他们英语讲得很好，也是如此，而且在这一点上很少让步。因此，专家指出，如果一个法国人在谈判中使用英语，那么这可能是争取到的最大让步。之所以会这样，原因有很多，可能是法国人爱国的一种表现，也有可能是说法语会使他们减少由语言不通产生的误会。

（三）偏爱横向谈判

法国人喜欢先为谈判协定勾画出一个大致的轮廓，然后再达成原则协议，最后再确定协议中的各项内容。所以，法国人不像德国人那样签订协议之前认真、仔细地审核所有具体细节。法国人的做法是：签署交易的大概内容，如果协议执行起来对他们有利，他们会若无其事；如果协议对他们不利，他们就会毁约，并要求修改或重新签署。

（四）重视个人力量

法国的管理者在管理公司的时候具有独裁主义的风格。管理者们需要有很强的能力，甚至需要知道具体每一个问题的解决办法。他们不愿意采取委托管理的方式。他们重视个人的力量，很少有集体决策的情况。这是由于他们组织机构明确、简单，实行个人负责制，个人权力很大。在商务谈判中，也多是由个人决策负责，所以谈判的效率也较高。

（五）特别的时间观念

法国人在商业往来或社会交际中经常迟到或单方面改变时间，而且总会找一大堆冠冕堂皇的理由，比如说交通阻塞。在法国还有一种非正式的习俗，即在正式场合，主客身份越高，来得越迟。如果你的客人是公司总裁，你应该等待他至少迟到半小时。所以，要与他们做生意，就需要学会忍耐。但是，法国人对于别人的迟到往往不予原谅。对于迟到者，他们会很冷淡地接待。因此，如果你有求于他们，千万别迟到。法国人严格区分工作时间与休息时间，这与日本人工作狂般的时间观念相比有极大的反差。在法国8月是度假的季节，全国上下、各行各业的职员都休假，这时候想做生意是徒劳的。如果在7月谈的生意，8月也不会有结果。此外，法国人习惯在各种社交场合，而不是在家里请朋友做客。

第四节　亚洲商人的谈判风格

一、日本商人的谈判风格

日本人是世界各国谈判者中最具有个性和魅力的佼佼者。各国的谈判专家也都默认：日本人是最成功的谈判者。

（一）具有强烈的群体意识，集体决策

日本文化所塑造的日本人的价值观念与精神取向都是集体主义的，以集体为核心。在一个企业中，如果某个职工工作出色，他并不希望得到上司的单独表扬或特殊奖励。这是因为，他们认为这是集体智慧的结果，如果要奖励或表扬，对

象往往是整个班组。日本人在提出建议之前，必须与公司的其他部门和成员商量，这个过程十分烦琐，日本人的决策如果涉及制造产品的车间，那么决策的酝酿就从车间做起，一层层向上反馈，直到公司决策层反复讨论协商。如果谈判过程协商的内容与他们原定的目标又有出入的话，那么很可能这一程序又要重复一番。对于我们来讲，重要的是要了解日本人的谈判风格不是个人拍板决策，即使是参与谈判代表有签署协议的权力，合同书的条款也是集体商议的结果。谈判过程具体内容的商洽要随时反馈到日本公司的总部，所以，当成文的协议在公司里被传阅了一遍之后，它就已经是各部门都同意的集体决定了。需要指出的是，日本人做决策费时较长，但一旦决定下来，行动起来却十分迅速。

（二）信任是合作成功的重要媒介

与欧美商人相比，日本人做生意更注重建立个人之间的人际关系，以至许多谈判专家都认为，要与日本人进行良好的合作，朋友之间的友情、相互之间的信任是十分重要的。许多在日本工作的外国企业家也认为，要想在日本社会取得成功，关键是看你能否成功地与日本人结交。美国研究日本问题的著名专家齐默尔曼先生指出："外国谈判者必须了解，日本人不喜欢对合同讨价还价，他们特别强调能否同外国合伙者建立可以相互信赖的关系。就我个人的经验而言，如果能成功地建立这种相互信赖的关系，几乎可以随便签订合同。因为对于日本人来讲，大的贸易谈判项目有时会延长时间，那常常是为了建立相互信任的关系，而不是为了防止出现问题而制定细则。一旦这种关系得以建立，双方都十分注重长期保持这种关系，这种态度常常意味着放弃用另找买主或卖主获取眼前利益的做法，而在对方处于困境或暂时困难时，则乐意对合同条款采取宽容的态度。"齐先生用他在日本经商的经验证明了这一点。日本人与他们的公司签署了销售和采购协议后，尽管后来受到国际市场价格变动的不利影响（对日方不利），但日本人仍按协议购买他们的产品，而且毫无怨言。原因就是日本人与他们建立了良好的相互信任关系，他们坚信，从长期来讲，维持与美国人的合作关系是十分有益的。如果他们只图眼前利益，那么以后许多共向研究项目和技术转让的机会就会丧失。所以，日本人重信誉而不是重合同。合同在日本一向就被认为是人际关系的一种外在形式，如果周围环境发生变化，使情况有害于公司利益，那么合同的效力就会丧失。如果外商坚持合同中的惩罚条款，或是不愿意放宽已签订了的合

同的条款，日本人就会感到极为不满。但如果根据情况的变化，体谅他们的处境，日本人也会忠诚地与你合作。

（三）中间人很重要

在与日本人的合作中，中间人是十分重要的。在谈判的初始阶段，或是在面对面地讨论细则之前，对谈判内容的确定往往都由中间人出面。中间人告诉你是否有可能将洽谈推向下一步。总之，中间人在沟通双方信息、加强联系、建立信任与友谊上都有着不可估量的作用。所以，在与日方洽商时，我们要千方百计地寻找中间人牵线搭桥，中间人既可以是企业、社团组织、皇族成员、知名人士，也可以是银行、为企业提供服务的咨询组织等。需要注意的是，利用中间人，最好寻找男性。日本公司是男性占统治地位的机构，选用女性作中间人会被认为不恰当。中间人的身份、地位要同与之打交道的日方代表地位相等。如果地位相差较大，不论高或低，都可能造成紧张或尴尬的局面。一般来讲，中间人同中层管理人员接洽最为理想，这主要是因为在日本公司，决策的形成是从中下层开始，逐级向上反馈，而进行商贸谈判的决策也始于中层。另外，中间人与日方的首次接触，最好是面谈的形式，通信和电话联系都不理想，会面也最好在中立场所。

（四）讲究礼仪，要面子

我们都知道，日本是一个礼仪之邦，日本人所做的一切，都要受严格的礼仪约束。比如，见面鞠躬，日本人习以为常。不仅家里人之间如此，商店开门营业，走亲访友，见面都要鞠躬。再如，"对不起"是日本人的口头禅，在我们看起来是正常的要求与行动，也要附之"对不起"。日本人的礼仪，我们可以从插花、茶道、婚礼、高度礼节性的谈话，以及名目繁多的送礼等方面领略。许多礼节在西方人看起来有些可笑或做作，但日本人做起来却一丝不苟、认认真真。正因为如此，专家们认为，如果外国人不适应日本人的礼仪或表示出不理解、轻视，那么，他就不大可能在推销和采购业务中引起日本人的重视，不可能获得他们的信任与好感。尊重并理解日本人的礼仪，并能很好地适应，并不是要求你学会像日本人那样鞠躬，喜欢喝日本人的大酱汤，而是在了解日本文化背景的基础上，理解并尊重他们的行为。要面子是日本人最普遍的心理。在日本，最畅销的香皂是"颜"牌，"颜"即指人的脸面，当然，无人敢指责这种产品。无论在什么情况下，日本人都非常注意留面子，或者说不让对方失掉面子。这在商务谈判中表现得最为突出的一点就是，日本人从不直截了当地拒绝对方。许多西方谈判专家明确指出：西方人之所以不情愿同日本人谈判，最重要的一点就是，日本人说话总是拐弯抹角、含糊其辞。日本人认为直接的表露是粗鲁的、无礼的。有关调查资料也证明了这一点，美国人喜欢坦率、直接的交谈方式的占大约61%，而日本人采用婉转、含混的交谈方式的也占61%，可见美国人与日本人截然相反的谈判风格。

对此，把保全面子作为与日本人谈判需要注意的首要问题，有以下几点需要注意：

第一，千万不要直接指责日本人，否则肯定会有损于相互之间的合作关系。较好的方法是把你的建议间接地表示出来，或采取某种方法让日本人自己谈起棘手的话题，或通过中间人去交涉令人不快的问题。第二，避免直截了当地拒绝日本人。如果你不得不否认某个建议，要尽量婉转地表达，或做出某种暗示，也可以陈述你不能接受的客观原因，绝对避免使用羞辱、威胁性的语言。第三，不要当众提出令日本人难堪或他们不愿回答的问题。有的谈判者喜欢运用令对方难堪的战术来打击对方，但这种策略对日本人最好不用。如果让他感到在集体中失了面子，那么，完满的合作是不存在的。

案例 12-1

日本式谈判的最大缺点在于言行不一

纽约大学打算成立一家日本经济研究中心，大约需要300万美元的基金，其中的150万美元想在日本筹集。于是他们派了一位很有名望的学者前来日本，拜会了首相和金融界的头面人物，结果得到了相当积极和热忱的回应。日本人一致答复这位美国学者，认为成立这样一个中心非常有意义，他们肯定会全力帮助实现这一目标。美国学者以为他得到了保证，兴冲冲地回国了。当筹建工作开始后，问题出现了，日方连1美元也没捐出来，愤怒的学者马上拜会了日本驻美大使，强烈指责日方的不讲信义。其实，问题的关键正如律师矢部正秋指出的："日本式谈判的最大缺点在于言行不一，尽管嘴上在答应，心里却并不认为正在做出某种承诺。这种情形无论在政府或民间都普遍地存在着。"

资料来源：https://ishare.iask.sina.com.cn/f/12ucRHRMqKs5.html。

（五）日本人最重视人的身份地位

在日本社会中，人人都对身份地位有明确的概念。而且在公司中，即使在同一管理层次中地位也是不同的，这些极其微妙的地位、身份的差异常令西方人摸不着头脑。但是，每个日本人却非常清楚自己所处的地位、该行使的职权，知道如何谈话、办事才是正确与恰当的言行举止，而在商业场合更是如此。美驻日商务总代表齐默尔曼先生曾讲过这样一个事例：美国一家医药公司准备与日本人谈一笔买卖，他们派出一组认为是"最精明强干的人"来谈判。这个小组由一些头脑敏捷的青年人组成，其中包括一名女士，年龄大都在20~30岁。结果他们访日三次，均遭挫折，甚至未能让与他们合作的日方部门首脑听一听他们的意见，更不用说讨论他们原打算与日方洽谈的具体内容了。在走投无路的情况下，他们找到了齐默尔曼先生，并听取了他的建议，在谈判小组中增补了一名在公司任职25年以上的有经验的人员，职位是公司的副总经理，结果日方立刻转变了态度，双方开始了积极的会谈。原因是，日本公司中的负责人，都是年龄较大、经验丰富的资深企业家，他们不相信美国公司派来的年轻人有什么实权，更主要的是，他们感到和"毛孩子"谈判有损于他们的尊严，是对他们地位的贬低。

（六）喜欢发挥名片的作用

与日本人谈判，交换名片是一项绝不可少的仪式。所以，谈判之前，把名片准备充足是十分必要的。这是因为在一次谈判中，你要向对方的每一个人递送名片，绝不能遗漏任何人。齐默尔曼先生就曾有过一次会面中交换112张名片的记录。他花了整整15分钟才完成这个仪式，他知道，除了走遍房间的每一个角落，向每一个人鞠躬，同其交换名片外，没有其他方法可以表示相互之间的尊敬和友好。如果日方首先向我方递上名片，切不要急急忙忙马上塞到兜里或有其他不恭敬的表示，日本人十分看重面子，最好把名片拿在手中，反复仔细确认对方名字、公司名称、电话、地址，既显示了你对对方的尊重，又记住了主要内容，显得从容不迫。如果收到对方名片，又很快忘记了对方的姓名，这是十分不礼貌的，会令对方感到不快。同时，在传递名片时，一般是职位高的、年长的先出示。另外，很随意地交换名片，日本人也认为是一种失礼。

（七）十分注意送礼方面的问题

赠送各种礼品是日本社会最常见的现象。日本的税法也鼓励人们在这方面的开支，这是因为送礼的习惯在日本已是根深蒂固了。日本人在送礼上的慷慨大方令西方人十分惊讶，但与我们却有一定相似之处。送礼是表示对对方的看重，希望借此加深友谊，既表示一种礼貌，款待客人的热情，又表示一种心意。但日本人的送礼十分注意受礼对象的职位及其他相关因素，会精心考虑礼品的价值。同样，对日本人送礼也要注意这一点。要注意根据日方职位的高低，确定礼品价值的大小。如果总裁收到的礼物和副总裁的价值相等，那么前者会感到受到了污辱，后者也会觉得尴尬。礼品价值在高级管理人员中 100 美元较为理想，在中级管理人员中 50 美元为适宜。此外，送礼的标志也十分重要。对特殊或重要人物，最好送带有特殊标记的礼品，一般的可酌情选择具有民族特色的纪念品等。

（八）谈判中的耐心举世闻名

耐心是谈判成功的保证。日本人在谈判中的耐心是举世闻名的。我们前面提到日本人的决策过程十分缓慢，这只是对欧美人而言的。欧美人注重时间效率，他们认为如果一个星期能够解决的问题，用上两个星期，就是拖延。所以他们常把耐心与缓慢相提并论。对我们而言，日本人的耐心不仅仅是缓慢，而是准备充分，考虑周全，洽商有条不紊，决策谨慎小心。为了一笔理想交易，他们可以毫无怨言地等上两三个月，只要能达到他们预想的目标或取得更好的结果，时间对于他们来讲不是第一位的。另外，日本人具有耐心还与他们交易中注重个人友谊、相互信任有直接的联系。要建立友谊、信任就需要时间。像欧美人那样纯粹的业务往来，谈判只限于交易上的联系，日本人是不习惯的。耐心使日本人在谈判中具有充分的准备；耐心使他们手中握有利剑，多次成功地击败那些急于求成的欧美人；耐心使他们成功地运用最后期限策略；耐心使他们赢得了每一块利润。所以，与日本人谈判，缺乏耐心或急于求成，恐怕会输得一败涂地。

二、东南亚商人的谈判风格

（一）新加坡

新加坡位于连接太平洋和印度洋的咽喉要道，具有十分重要的战略地位。新加坡的经济很发达，被誉为亚洲"四小龙"之一。新加坡总人口中，华人占 70% 以上，其次是马来人、印度人、巴基斯坦人等。新加坡华裔有着浓重的乡土观念，同甘共苦的合作精神非常强烈，他们的勤劳能干举世公认。他们注重信义、

友谊，讲面子，在商业交往中十分看重对方的身份、地位及彼此的关系。对老一辈华侨来说，"面子"在商业洽谈中具有决定性意义，交易要尽可能以体面的方式进行。交易中，遇到重要决定，新加坡华人往往不喜欢签订书面字据，但是一旦签约，他们绝不违约，并对对方的背信行为十分痛恨。

（二）泰国

泰国是亚太地区的新兴发展中国家，20世纪70年代以来，泰国经济发展十分迅速，目前的发展重点是农业、机械制造业、交通运输业、水利、电力、建筑业、服务业和对外贸易。泰国的国内市场以曼谷和曼谷周围地区为中心，比较集中，市场条件较好，而且泰国政府为外商提供了优惠的投资环境。对中国商务人员而言，中泰关系良好，贸易前景光明。控制泰国产业的也多为华裔，但泰国华裔已消除了与其他民族之间的隔阂，完全融入了泰国的民族大家庭中，没有形成华裔自成一个社会的现象。泰国商人崇尚艰苦奋斗和勤奋节俭，不愿过分依附别人，他们的生意也大都由家族控制，不信赖外人。在泰国，同业之间会互相帮助，但却不会形成一个稳定的组织来共担风险。与泰国商人进行商务谈判时，要尽可能多地向他们介绍个人及公司的创业历程和业务开展情况，以获得他们的好感。与泰国商人结成推心置腹的朋友要付出相当多的时间和努力，而一旦建立友情，他们就会比较信任你，遇到困难也会给你帮助。他们喜欢的是诚实、善良和富有人情味的人，而不仅仅是精明强干的形象。

（三）菲律宾

菲律宾是一个岛国，资源丰富，教育普及，居民中有42个种族，其中马来裔人和印尼裔人共占90%以上。菲律宾人天性和蔼可亲，善于交际，做事落落大方。他们在商务活动中常常举行聚会，并且大多在家中举行，稍微正式一点的聚会，请帖上会注明"必须穿着无尾礼服等正式服装"，若没有无尾礼服，可以穿着当地的正装，即香蕉纤维织成的开襟衬衫式衣服。同菲律宾人做生意，最容易取得沟通的途径是入乡随俗，在社交场合尽可能做到言行得体、举止有方，表现出良好的修养和十足的信心。

三、中国商人的谈判风格

1. 人际关系

在中国，建立关系是寻求信任和安全感的一种表现。在商业领域和社会交往的各个环节，都渗透着"关系"。"关系"成为人们所依赖的与他人、与社会进行沟通联系的一个重要渠道。在商务交往中建立业务关系，一般情况下，应该借助于一定的中介，找到具有决策权的主管人员。建立关系之后，中国商人往往通过一些社交活动来达到相互的沟通与理解。这些活动通常有宴请、观光、购物等。

2. 决策程序

决策结构和关系一样，人的因素始终是决定性的。从某种程度上说，中国企业的决策系统比较复杂，改革过程中企业的类型多、差异大。企业的高层领导往往是谈判的决策者，争取他们的参与，有利于明确彼此所需要承担的义务，便于执行谈判协议。

3. 时间观念

中国人对时间的流逝并不十分敏感；人们喜欢有条不紊、按部就班；在商务交往中，对时机的判断直接影响到交易行为；信奉欲速则不达，防止拔苗助长、急躁妄为；如果时机不成熟，他们宁可按兵不动，也不草率行事。随着市场经济的确立和深入，中国人的时间观念正在逐渐加强，工作效率正在不断提高。

4. 沟通方式

中国文化追求广泛意义上的和谐与平衡。受儒家文化的影响，"面子"观念深入社会生活的各个方面与层次，并直接影响商务谈判。在商务谈判中，商人不喜欢直接、强硬的交流方式，对对方提出的要求常常采取含糊其辞、模棱两可的方法作答，或利用反问把重点转移。名片被广泛使用在商业往来中。备好自己的名片是聪明的做法。通过名片的交换，可以了解到双方各自的等级地位，以便注意相应的礼节。在沟通过程中，一些被西方人认为是交谈禁区的话题，如家庭状况、身体状况甚至年龄、收入等，都可以作为很好的加深了解的话题。不过，无论什么话题，都要表现得谦虚有礼。谦虚是儒家思想提倡的美德。

5. 对合同的态度

传统中国社会重视关系胜于重视法律。改革开放后，中国加强了法制建设和

执法的力度，人们的法制观念和合同意识不断增强。中国正处于快速发展时期，大量条件发生变化后，政府和企业都可能对某些方面做调整，从而影响对事先签订的协议的履行。

第五节　其他国家或地区商人的谈判风格

一、阿拉伯商人的谈判风格

在阿拉伯国家，商业活动一般则由扩大了的家族来指挥。在这些国家中，人们十分看重对家庭和朋友所承担的义务，相互提供帮助、支持和救济，家族关系在社会经济生活中占有重要地位。此外，阿拉伯人多信奉伊斯兰教，生活禁忌较多，酒是绝对不能饮的，自然，酒也不能作为礼品馈赠。

阿拉伯世界凝聚力的核心是阿拉伯语和伊斯兰教，虽然对这些你不一定精通和信奉，但当你到这些国家访问、洽商时，做些基本了解还是十分必要的。比如，遇到斋月，阿拉伯人在太阳落山之前既不吃也不喝。你也要做到入乡随俗，尽量避免接触食物水，如果主人没把这些放在待客的房间里，你也要表示理解并尊重他们的习俗。阿拉伯人具有沙漠地区的传统：

首先，他们十分好客，任何人来访，他们都会十分热情地接待。因此，谈判过程也常常被一些突然来访的客人打断，主人可能会抛下你，与新来的人谈天说地。所以，与他们谈判，你必须适应这种习惯，学会忍耐和见机行事，这样，你就会获得阿拉伯人的信赖。这是达成交易的关键。

其次，阿拉伯人有时使人感觉不太讲究时间观念，谈判中会出现随意中断或拖延谈判的现象，决策过程也较长。但阿拉伯人决策时间长，不能归结于他们拖拉和无效率。这种拖延也可能表明他们对你的建议有不满之处，而且尽管他们暗示了哪些地方令他们不满，你却没有捕捉到这些信号，也没有做出积极的反应。这时，他们并不当着你的面说"不"字，而是根本不做任何决定，他们希望时间能帮助他们达到目的，否则就让谈判的事在置之不理中自然地告吹。

再次，阿拉伯人不喜欢同人面对面地争吵，但他们却有自己的一套委婉拒绝别人的办法或撒手锏，这就是 IBM。我们不要误以为是美国的 IBM 公司。阿拉伯词语中的 IBM，"I"是"因谢拉"，意为"神的意志"；"B"是"布克拉"，意为"明天"；"M"是"迈利西"，意为"不介意"。这是阿拉伯人在交易谈判中保护自己、抵挡对方的一种有力武器。如果阿拉伯人想取消与你的合同，便凭借"神的意志"，你也无可奈何；如果交易气氛对你有利，他要借口"明天"再谈；如果你为他的上述行为不愉快或恼怒，他会轻松地拍着你的肩膀说："不要介意。"

阿拉伯人也不喜欢刚同你见面就匆忙谈生意。他们认为，一见面就谈生意是不礼貌的事。他们希望能花点儿时间同你谈谈社会问题和其他问题，一般要占去 15 分钟或更多的时间，有时要聊几个小时。因此，你最好把何时开始谈生意的主动权交给阿拉伯人。

最后，与阿拉伯人做生意，寻找当地代理商也是十分必要的。专家建议，不论是同私营企业谈判，还是同政府部门谈判，代理商是必不可少的。这些代理商要操着纯正的阿拉伯语，有着广泛的社会关系网，熟悉民风国情，特别是同你所要洽商的企业有着直接或间接的联系，这些都是你做生意所必需的。阿拉伯人做生意特别重视朋友的关系，许多外国商人都认为，初次与阿拉伯人交往，很难在一两次交谈中涉及业务问题，只有经过长时间的交往，特别是与他们建立了友谊后，才可能开始真正的交易谈判。而有中间商从中斡旋，则可大大加快这种进程。如果是中间商替你推销商品，交易也会比较顺利。

需要指出的是，中东是一个敏感的政治冲突地区，在谈生意时，要尽量避免涉及政治问题，更要远离女性话题，在任何场合都要得体地表示你对当地人宗教的尊重与理解。

二、非洲商人的谈判风格

非洲是面积仅次于亚洲的世界第二大洲，东临印度洋，西濒大西洋，北隔地中海与欧洲相望，东北角的苏伊士运河与亚洲相连，地理位置十分重要。非洲大陆有 50 多个国家，近 6 亿人口，绝大多数国家属于发展中国家。

按地理习惯，非洲可分为北非、东非、西非、中非和南非 5 个部分。不同地区、不同国家的人民在民族、历史、文化等方面的差异极大，因而他们在生活、

风俗、思想等方面也各具特色。

非洲各国内部存在许多部族，各部族之间的对立意识很强，其族员的思想大都倾向于为自己的部族效力，对于国家的感情则显得淡漠。非洲人有许多禁忌需要注意，比如，他们崇尚丰盈，鄙视柳腰，因此在非洲妇女面前，不能提"针"这个字。又如，非洲人认为左手是不洁的，因此尽管非洲商人也习惯见面握手，但千万注意别伸出左手来握，即使对方人很多也一样，否则会被视为对对方的大不敬。

非洲人的权利意识很强，利用采购权吃回扣的事也屡见不鲜。因此，去非洲做生意，谈判者可以小恩小惠来取得各环节有关人士的信任和友谊，才可能使交易进展顺利。

另外，非洲有些从事商务谈判的人员对业务并不熟悉，因此与其洽谈时，应把所有问题乃至各个问题的所有细节都以书面形式确认，以免日后产生误解或发生纠纷。非洲国家的法制不健全，因此很难依靠法律追究他们的责任。

在非洲诸国中，南非的经济实力最强，黄金和钻石的生产流通是其经济的最大支柱。南非商人的商业意识较强，他们讲究信誉、付款守时。他们一般派出有决定权的人负责谈判，通常不会拖延谈判时间。尼日利亚的经济实力也较强，虽以农业为主，但石油储量丰富，工业发展很快，商务管理人员都受过高等教育，能巧妙运用关税政策，低价进口物美价廉的外国产品。刚果民主共和国以农业为主，是重要的矿产国，其国民缺乏商业知识和技巧。坦桑尼亚、肯尼亚和乌干达三国位于非洲东部，形成共同市场，期望经济合作。三国的地方资本已有所发展，但商人缺乏经验，推销也不可靠，因此谈判者与这三国的商人洽谈时不能草率行事。

三、拉美商人的谈判风格

拉丁美洲和北美同处一个大陆，但人们的观念和行为方式却差别极大。谈判专家曾这样描述他们：一个北美人已急着落实计划时，拉美人却刚刚开始认识你；当北美人想大展宏图时，拉美人却刚想怎样开张；当北美人想让他们的产品占领整个拉美市场时，拉美人却只关心在国内自己掌握的那一小部分市场上如何打开产品销路。由此，你可以清楚地看出他们之间的差别是什么。一般来讲，拉美人的生活节奏比较慢，这恐怕是一切非工业化国家的特点，这也在谈判中明显地表现出来。

第一，与拉美人做生意，要表现出对他们风俗习惯、信仰的尊重与理解，努力争取他们对你的信任，同时，避免流露出与他们做生意是对他们的恩赐，一定要坚持平等、友好互利的原则。

第二，由于拉丁美洲是由众多的国家和地区构成，国际间的矛盾冲突较多，要避免在谈判中涉及政治问题。

第三，在中南美国家中，各国政府对进出口和外汇管制都有不同程度的限制，而且差别较大。一些国家对进口许可证审查很严，一些国家对外汇进出入国境有繁杂的规定和手续。所以，一定要进行认真调查研究，有关合同条款也要写清楚，以免发生事后纠纷。

第四，和处事敏捷、高效率的北美人相比，中南美人显得十分悠闲、乐观，时间概念也较淡薄，他们的悠闲表现在有众多的假期上。常常在洽商的关键时刻，他们要去休假，生意就只好等休假完了再商谈。拉美人也很看重朋友，商业交往常带有感情成分。

第五，拉美人不重视合同，常常是签约之后又要求修改，合同履约率也不高，特别是不能如期付款。另外，这些国家经济发展速度不平衡，国内时常出现高通货膨胀率，所以，在对其出口交易中，力争用美元支付。

第六，拉美地区国家较多，不同国家谈判人员特点也不相同。如阿根廷人喜欢握手，巴西人以好娱乐、重感情而闻名，智利、巴拉圭和哥伦比亚人做生意比较保守等。

总之，只要不去干预这些国家的社会问题，耐心适应这些国家的人做生意的节奏，就会同拉美人建立良好的个人关系，从而保证谈判的成功。

四、俄罗斯商人的谈判风格

俄罗斯是世界上面积最大的国家，在经历了苏联解体的重大社会变革后，社会生活发生了极大的变化，人们的社会地位和价值观念也发生了显著的变化。

（一）固守传统，缺乏灵活性

受苏联经济体制的影响，俄罗斯人带有明显的计划经济体制的烙印，习惯照

章办事、上传下达。在正式谈判时，喜欢按计划办事，缺乏灵活性。如果对方的让步与他们原定的具体目标相吻合，容易达成协议；如果有差距，他们很难让步，即使明知自己的要求不符合客观标准，也拒不妥协。因为谈判人员往往要对所经办的商品质量以及所做出的决策承担全部责任，所以他们非常谨慎，喜欢墨守成规。

（二）节奏慢，效率低

受官僚主义办事拖拉作风的影响，俄罗斯人办事断断续续，节奏慢。他们一般不会让自己的工作节奏适应外商的时间安排，除非外商提供的商品正是他们急切想要的。不仅如此，俄罗斯人谈判往往喜欢带上各种专家，这样不可避免地扩大了谈判队伍，各专家意见不一也延长了谈判时间和减慢了谈判节奏。因此，与俄罗斯人谈判做生意，切勿急躁，要耐心等待。

（三）善于讨价还价

俄罗斯人十分善于与外国人做生意，在谈判桌前显得非常精明。他们不仅擅长寻找合作伙伴，而且很看重价格，会千方百计地迫使对方降价。不论对方的报价多么低，他们都不会接受对方的首轮报价，而要想方设法挤出其中的水分。他们的压价手法多种多样、软硬兼施。比如，他们会"诱以远利"，说"我们第一次向你们订货，希望你给个最优惠价，以后我们会长期向你订货"，以日后源源不断的新订单引诱对手降价。一旦对方降低了价格，他们就会永远将价钱压在低水平上。另外，他们会"欲擒故纵"，告诉对手："你的开价实在太高，你的竞争者们报价都相当低。如果跟他们做生意，现在都快可以达成协议了。"再不然，他们就使出"虚张声势"的强硬招数，比如大声喊叫"太不公平了"，或是吹胡子、敲桌子以示不满，甚至拂袖而去。这时，你千万别太实在，最好报个虚价，坚守阵地，不为所动，坚持到底。更为灵活的做法是：事先为他们准备好一份标准报价表，所有价格都有适当溢价，为后面的洽谈减价留下后路，迎合俄罗斯人的心理。

（四）注重礼节

俄罗斯人文明程度较高，不仅家中搞得比较整洁，而且注意公共卫生。俄罗斯人很重视仪表，喜欢打扮。在公共场合注意言行举止，如从不将手插在口袋里或袖子里，即使在热天也不轻易脱下外套。在商务谈判中，他们也注意对方的举止。俄罗斯人对于研究过俄罗斯文化艺术的外商特别尊重，这会给商务谈判带来友善的气氛。每年的 4~6 月是俄罗斯的度假季节，不宜进行商务往来。圣诞节前后两周及复活节前后一周也不宜访问。俄罗斯大多数机关是 9 点上班、18 点下班，所以商务会谈的时间应定在 10~17 点，最好是定在 13~15 点进行午餐面谈。

案例 12-2

英国人在游泳池里谈成生意

英国某啤酒公司的副总裁在去南美做商务旅行时接到总部的传真，要他在归途顺便去牙买加和当地一家甜酒出口公司的经理谈生意。但问题是他没有去牙买加做公务旅行的签证，想临时办一个，时间又来不及。

于是，他只好以旅游者的身份来到金斯敦的诺尔曼雷机场。在检查护照的关口，移民官从他皮包的工作日志及来往信函中判明他是在做公务旅行，所以不许他入境。他反复向移民官声明，自己不过是在返回伦敦前来这儿做短暂的休整，这才勉强被允许入境。

他一在旅馆安顿好，便打电话和那位甜酒出口商联系。刚打完电话，就来了位移民局的官员，说他是怀着商务目的来到此地，而没有取得应有的签证。对他说，他将受到有关方面的严密监视，一旦发现从事商务活动，便将被立即驱逐出境，并处以高额罚款。

足足两天，他身边总有一位警察，像个影子似的，使他不得不像个旅游者一样打发时光。看来此行只能是白费时间和金钱了。

但是他在离开之前却在警察的眼皮底下与那位出口商谈成了生意。

旅馆设有游泳池，池旁有个酒吧供客人喝喝饮料，稍事休息。监视的警察只见他与一位身着比基尼泳装的妙龄女郎坐在酒吧前喝酒，还有一搭没一搭地和酒吧服务员聊天。

谁知那位服务员竟是出口商打扮的，而那名妙龄女郎则是他的女秘书。

英国商人比较看重秩序、纪律和责任，组织中的权力自上而下流动，等级性很强，决策多来自于上层。只要会想办法，任何官样文章都阻止不了人们谈生意，任何地方、任何场景都可以用来谈生意。在国内很多私人老板特

别会利用与客人吃饭的时间做成生意，也有很多人会在陪客人游玩时把生意谈成。

资料来源：中华演讲网（http：//www.zhyjw.Com/Article/ShowArticle.asp？ArticleID=8430），2006-09-20。略有改动。

第六节　中西方商务谈判风格比较

我们考察了世界上部分国家的商务谈判风格之后，对商务谈判风格有了感性认识和了解。下面，我们进一步从中西方文化划分的角度，再简略地比较一下基于中西方文化的商务谈判风格。

一、先谈原则或细节的问题

中国商人喜欢在处理细节问题之前先就双方关系的一般原则取得一致意见，把具体问题安排到以后的谈判中去解决，即"先谈原则，后谈细节"。而西方商人如美国人则往往是"先谈细节，避免讨论原则"。西方人认为细节是问题的本质，细节不清楚，问题实际就没有得到解决，原则只不过是一些仪式性的声明而已。所以，他们比较愿意在细节上多动脑筋，对于原则性的讨论比较松懈。

事实表明，先谈原则必然会对后面的细节讨论产生制约作用。然而中西方对谈判原则的重视程度不同，常常导致中西方交流中的困难。美国一些外交官曾感受到中国人所具有的谈判风格对西方人的制约。专门研究中国谈判风格的美国学者查尔斯·弗里曼告诫西方外交界，在与中国人打交道时应"坚持先谈具体而特定的细节，避免关于一般原则的讨论"。中国人重视"先谈原则，再谈细节"的原因在于：第一，先谈原则可确立细节谈判的基调，使它成为控制谈判范围的框架。第二，可以利用先就一般原则交换意见的机会来估计和试探对方，看看对方可能有哪些弱点，创造一些有利于自己的机会。第三，可以很快地把原则性协议转变成目标性协议。第四，先谈原则可以赢得逻辑上或道德上的优势。第五，通常原则问题的讨论可以在与对方的上层人物的谈判中确立下来，从而既避免了与实质性谈判中的下层人员（这些人对具体问题很精明）可能的摩擦，又能在一定程度上控制他们的举动。应当指出，先谈原则的谈判作风虽然有对于具体细节谈判的某种制约作用，但是在协议的执行过程中，如果对方对于自己的违约站定脚跟而对中国的批评不予理睬，那么这种手法就不会特别有效，因为毕竟依照原则精神来谈细节与依照原则精神来执行协议是两码事。

二、重视集体或个体的问题

中西方在谈判中都既重视集体，又重视个体。但西方人比较强调集体的权力，强调个体的责任，即"分权"；中国人比较强调集体的责任，强调个体的权力，即"集权"。

三、重立场与重利益的问题

中国人比较重立场，而西方人比较重利益。中国人由于自己的国民性把"面子"看得极重，在谈判中对于立场特别敏感。美国谈判学家雷法指出："如果谈判者在立场上争执，他们会使自己更加陷入该立场中。你越澄清你的立场，越抵抗别人对它的攻击，你就越会执着于它；你越设法叫别人相信你不可能改变立场，你越难做到这一点。于是，你的'自我'变得与你的立场混为一体。你现在有了'保住面子'这项新利益——把未来的行动与过去的立场联系起来——也就越不可能达成一项调和双方最初利益的明智的协议……在立场上投入的注意力越多，越不会注意如何调和双方利益。任何达成的协议，都只不过是机械式地消除双方在最后立场上的歧见，而不是精心拟出符合双方合法利益的解决方案。这种协议不可能使双方都满意。"立场争执往往会使谈判陷入僵局，导致彼此的尖锐对立。多年的合作伙伴会因此而分道扬镳，朋友从此会视同陌生人。

西方人对利益看得比立场更为重要。对任何人，评价其工作绩效的标准是看其谈判成果。一个在谈判中"勤恳稳重"有余而低效无利的谈判者，在西方人看来是绝对不能容忍的。"苦劳"在西方人眼睛里不可能被记入"功劳簿"。因此，一个在谈判中过分坚持立场而不能获得利益或放弃了应得利益的人在西方是不可能被重用或提拔的。由于西方的谈判者重效果而轻动机，他们对立场问题往往表现出极大的灵活性，在谈判中努力追逐利益。他们对待事物的态度，取决于其是

否能为自己带来好处，是否会损害自己的利益。

本章小结

要想在国际商务谈判中拔得头彩，必须正确认识与处理文化差异对谈判的影响，必须了解不同国家商人的谈判风格，从而有针对性地进行应对。不同国家的商人在长期谈判实践中形成的谈判风格，在他们的日常言谈举止中都会有所表现。

美国商人的谈判风格主要表现为：自信心强，自我感觉良好；讲究实际，注重利益；热情坦率，性格外向；重合同，法律观念强；注重时间效率。英国商人的谈判风格为：冷静持重，充满自信；注意礼仪，崇尚绅士风度；行动按部就班，慢条斯理；忌谈政治，宜谈天气。德国商人的谈判风格为：很自信，甚至自负；办事效率高；计划性强；重合同，守信用；谈判态度严谨。法国商人的谈判风格为：珍惜人际关系，奉行个人主义；坚持使用法语；偏爱横向谈判；重视个人力量；特别的时间观念。

日本商人的谈判风格为：具有强烈的群体意识，集体决策；信任是合作成功的重要媒介；中间人很重要；讲究礼仪，要面子；最重视人的身份地位；喜欢发挥名片的作用；十分注意送礼方面的问题；耐心是谈判成功的保证。阿拉伯商人的谈判风格主要表现为：首先，他们十分好客，任何人来访，他们都会十分热情地接待；其次，阿拉伯人有时使人感觉不太讲究时间观念，谈判中会出现随意中断或拖延谈判的现象，决策过程也较长；再次，阿拉伯人不喜欢同人面对面地争吵，但他们却有自己的一套委婉拒绝别人的办法或杀手锏；最后，与阿拉伯人做生意，寻找当地代理商也是十分必要的。俄罗斯商人的谈判风格为：固守传统，缺乏灵活性；节奏慢，效率低；善于讨价还价；注重礼节。

中西方商务谈判风格的差异主要是先谈原则或细节的问题，重视集体或个体的问题，以及重立场或重利益的问题。

参考文献

［1］〔美〕杰弗里·库瑞. 国际商务谈判 ［M］. 王琼译. 北京：中国人民大学出版社，2011.

［2］〔美〕戴蒙德. 沃顿商学院最受欢迎的谈判课 ［M］. 北京：中信出版社，2012.

［3］〔美〕H.雷法. 谈判分析 ［M］. 詹正茂译. 大连：东北财经大学出版社，2005.

［4］〔美〕弗兰克. 国际商务谈判 ［M］. 刘永涛译. 上海：上海人民出版社，1995.

［5］〔英〕P.D.V. 马什. 合同谈判手册 ［M］. 章汝奭主译. 上海：上海翻译出版公司，1988.

［6］〔美〕H.雷法. 谈判的艺术与科学 ［M］. 宋欣，孙小霞译. 北京：北京航空学院出版社，1987.

［7］〔美〕杰勒德·I. 尼尔伦伯格. 谈判的艺术 ［M］. 曹景行，陆延译. 上海：上海翻译出版公司，1986.

［8］〔英〕比尔·斯科特. 贸易洽谈技巧 ［M］. 叶志杰，卢娟译. 北京：中国对外经济贸易出版社，1986.

［9］杨剑英，常军. 商务谈判理论与实务（第二版）［M］. 南京：南京大学出版社，2020.

［10］刘俊. 谈判让你在交易中扭转局面 ［M］. 北京：中国民主法制出版社，2019.

［11］樊建廷，干勤等. 商务谈判 ［M］. 大连：东北财经大学出版社，2018.

［12］王军旗. 商务谈判 ［M］. 北京：中国人民大学出版社，2018.

[13] 陈鹏. 商务谈判与沟通实战指南 [M]. 北京：化学工业出版社，2018.

[14] 饶雪玲，宝音. 商务谈判与操作 [M]. 北京：北京交通大学出版社，2018.

[15] 李爽，刘萍，杨辉. 商务谈判 [M]. 北京：人民邮电出版社，2017.

[16] 林晓华，王俊超. 商务谈判理论与实务 [M]. 北京：人民邮电出版社，2016.

[17] 龚荒. 商务谈判与沟通理论、技巧、实务 [M]. 北京：人民邮电出版社，2014.

[18] 闫洪深. 现代商务谈判 [M]. 苏州：苏州大学出版社，2013.

[19] 张晓明. 商务沟通与礼仪 [M]. 北京：中国水利水电出版社，2013.

[20] 赵秀玲，贾贵浩. 商务谈判简明教程 [M]. 上海：上海财经大学出版社，2013.

[21] 汤晓华. 如何靠谈判赚钱 [M]. 北京：化学工业出版社，2012.

[22] 张煌. 现代商务谈判 [M]. 成都：西南财经大学出版社，2012.

[23] 檀文茹. 商务谈判与合同管理 [M]. 北京：中国人民大学出版社，2012.

[24] 张翠英. 商务谈判理论与实训 [M]. 北京：首都经济贸易大学出版社，2012.

[25] 宋莉萍. 商务谈判理论、策略与技巧 [M]. 上海：上海财经大学出版社，2012.

[26] 张强，杨明娜，傅剑波. 商务谈判 [M]. 北京：中国人民大学出版社，2012.

[27] 姚凤云，苑成存，朱光. 商务谈判与管理沟通 [M]. 北京：清华大学出版社，2011.

[28] 朱春燕，陈俊红，孙林岩. 商务谈判案例 [M]. 北京：清华大学出版社，2011.

[29] 方明亮，刘华. 商务谈判与礼仪 [M]. 北京：科学出版社，2011.

[30] 胡介埙. 商务沟通 [M]. 大连：东北财经大学出版社，2011.

[31] 黄卫平. 国际商务谈判 [M]. 北京：中国人民大学出版社，2011.

[32] 韩乐江，王心泉. 商务谈判 [M]. 北京：北京邮电大学出版社，2011.

［33］杨震.模拟商务谈判［M］.北京：经济管理出版社，2010.

［34］张强.商务谈判学［M］.北京：中国人民大学出版社，2010.

［35］万丽娟.商务谈判［M］.重庆：重庆大学出版社，2010.

［36］徐卫星.商务谈判［M］.北京：经济科学出版社，2009.

［37］陈建明.商务谈判实用教程［M］.北京：北京大学出版社，中国农业大学出版社，2008.

［38］张煜.商务谈判［M］.成都：四川大学出版社，2008.

［39］王爱国.商务谈判与沟通［M］.北京：中国经济出版社，2008.

［40］彭庆武.商务谈判［M］.大连：东北财经大学出版社，2008.

［41］聂元昆.商务谈判学［M］.北京：高等教育出版社，2008.

［42］张昊民.管理沟通［M］.上海：格致出版社，2008.

［43］李昆益.商务谈判技巧［M］.北京：对外经济贸易大学出版社，2007.

［44］李爽.商务谈判［M］.北京：清华大学出版社，2007.

附　录

附录一　商务谈判案例集

一种理论，无论多么严谨、科学，脱离了实践都是苍白无力的。科学的理论只有成功运用，方能显示其真正的价值所在。谈判学理论亦是如此。下面，我们精选出了一些谈判案例。　通过这些大大小小的谈判案例，展示了中外谈判者在谈判的竞技场上，既有因深谙谈判理论的真髓、能巧妙地运用谈判策略，而在谈判场上大获成功者，也有因对谈判理论、规律和策略缺乏正确的认识和运用，在谈判中遭受挫折者。我们可以从这些成功或失败的例子中，进一步加深对谈判学的理解和认识，从中汲取有益的东西，避免重蹈覆辙。

案例 1

一家旅馆的迁移

史蒂夫是爱姆垂旅店董事会成员。该旅店专门面向 18~25 岁的青年。这些青年人需要得到富有同情心的帮助和专业上的指导，以使他们能轻松地完成从学校走入社会的转变。旅店的许多旅客或者已是精神分裂者，或者已到精神分裂症的边缘，或者刚从吸毒的不幸经历中解脱出来。但是旅店的地理位置实在不理想，它位于波士顿郊外一个名叫萨默维尔的工业城中，可容纳约 20 名旅客。它的隔壁是一家交通中转站，有些人说这种环境不利于旅店的发展，另有一些人说有利于旅店的发展。显然由于吵吵闹闹的环境，它绝不是一个理想的住所。不过旅店也并非一无是处。它的占地面积还是挺大的，有一个 4047 平方米大的庭院。以前还有一片美丽的榆树林，尽管已经枯死了许多，毕竟还有活着的。

董事会曾委派一个小组委员会，调查了将爱姆垂旅店从萨默维尔迁到一个安静的、半居住性的社区的可能性。合适的迁移地点是布鲁克莱恩市、梅德福市或奥尔斯顿市区。但从财务上看，迁移是不可行的，因而搬迁的想法就勉强被打消了。

几个月以后，一位名叫威尔逊的先生来找爱姆垂旅店的经理——彼得斯夫人。彼得斯夫人和她的丈夫、孩子就住在旅店内。威尔逊表示他的公司（一家建筑开发承包公司）愿意买下爱姆垂旅店。这个情况太突然了，爱姆垂旅店并未公开对外宣布过想要搬迁。彼得斯夫人当时回答道，她从来没想过要卖旅店；但是如果价钱合适的话，董事会也许会考虑。威尔逊留给彼得斯夫人一张名片，并告诉她，如果有成交的可能性，他以后愿意继续谈这笔交易。

董事会委派史蒂夫去办理这项有希望的交易。董事会的其他成员是临床心理学专家、医药学专家、职业介绍人、牧师等，然而除了史蒂夫以外，谁也不对这种商业谈判感兴趣。而且既然他们都充分信赖史蒂夫，也就基本上委托史蒂夫全权代理旅店。当然，如果没有董事会的正式批准，任何具有法律约束的交易都不可能最后完成。

史蒂夫找他的朋友，一位谈判家帮忙，看看他应该怎样与威尔逊先生取得联系。他们决定先给威尔逊先生打个非正式电话，尔后，史蒂夫接受了参加一次鸡尾酒会的邀请，酒会在附近的一家酒店里举行。届时他将与威尔逊先生讨论成交的可能性。他决定在第一次会谈中，先不谈任何财务问题——只是去试探一下威尔逊的看法，看看他心里是怎么想的。他坚持要自己付自己的账单，他的朋友认为此举是合宜的，并使他确信，他甚至不应向威尔逊暗示，董事会正在寻找别的地点准备搬迁。

根据首次会晤的结果和对威尔逊商业往来所做的一些深入调查，史蒂夫确认威尔逊是一位有信誉的合法商人。史蒂夫认为，威尔逊的公司想买爱姆垂旅店，可能是想在这里建造公寓。威尔逊希望马上讨论价格问题，而史蒂夫则需要两个星期来做些谈判准备工作。所以他借口说，他需要得到董事会的批准，才能开始实质性的谈判。

在接下来的 12 天里，史蒂夫做了几件事。首先，他想要确定爱姆垂旅店的保留价格或能够轻易成交的价格，即卖方能够接受的最低价格。既然保留价格取决于是否可以找到合适的搬迁地点，所以很难确定下来。史蒂夫得知，在所有以前曾确定的地点中，位于布鲁克莱恩的那个不能再用了，而位于梅德福和奥尔斯顿的两个地点还是可以用一个合适的价格得到的。史蒂夫分别和这两块房产的所有人谈过了，他得知：梅德福的那块房地产可以以 175000 美元的价格买到，奥尔斯顿的那块可以以 235000 美元的价格买到。

史蒂夫断定，爱姆垂旅店搬迁到梅德福至少需要 220000 美元，而搬迁到奥尔斯顿则至少需要 275000 美元。这笔钱包括搬迁费、小修费、保险费和一小笔风险贴险费。奥尔斯顿的那个地点（需 275000 美元）比梅德福的那个（需 220000 美元）好得多，而后者又比现在爱姆垂的这个好。所以史蒂夫决定，他的保留价格是 220000 美元，低于这个价格，他就不干了，而且盼望能高一些——足够买下奥尔斯顿那块房地产。这个简单的调查研究花费了他大约 6 个小时，或者说 2 个晚上。

与此同时，史蒂夫的夫人玛丽，与几位房地产经纪人联系过，她想找些其他的地点。有那么几个地点，但是并没有发现任何特别合适的。

下一步该干什么呢？

史蒂夫下一步又调查了如果在市场上公开销售，爱姆垂旅店能卖多少钱。通过考察附近地区的销售价格，以及与本地的房地产经纪人和房地产专家的谈话，他了解到爱姆垂旅店可能大约仅值 125000 美元。他觉得：如果没有威尔逊参加，它的售价在 110000~145000 美元的概率是 0.5，并且售价低于 110000 美元和售价高于 145000 美元的可能性是一样的。多么令人失望呀！这项调查又花费了他 4 个小时。

再下一步该干什么？

威尔逊那方面有什么情况呢？很难判断他的保留价格，即威尔逊愿意出的最高价格，这不是暂时的策略性行为，而是最终的决断行动。史蒂夫和他的朋友都没这方面的专业知识。他们请教了一些房地产专家（其中几位在哈佛工商管理学院），还询问了波士顿地区的两家承包商。他们指出，售价的高低很大程度上取决于这些开发者的意图。能够允许他们在这块地基上建造多高的建筑物？

以及他们是否还要买别的地基？史蒂夫发现，后一个问题的答案是肯定的。事情要比以前所想象的复杂得多。在他们进行了十多个小时的调查之后，他们得出结论：再不能对威尔逊的保留价格含含糊糊，而应作出估计了。在还有两天就要进行谈判时，史蒂夫断定，威尔逊的保留价格是在 275000 美元至 475000 美元之间。

做完了这些准备后，史蒂夫和他的朋友一起讨论了他应采取的谈判策略。早已商定，会谈在某一酒店内举行，威尔逊的公司在那里包套房间。对这次会谈的地点，史蒂夫和他的朋友都没有想出好主意；爱姆垂旅店的餐厅太吵了，他在大学的办公室也不合适。

考虑到史蒂夫在会谈中需要一位助手帮助提些法律细节方面的建议，他决定邀请哈里·琼斯参加谈判。哈里·琼斯是波士顿的律师，以前曾是旅店董事会会员。琼斯接受了邀请，在谈判之前，史蒂夫又用两小时向他简要介绍了情况。

卖方还认为，让彼得斯夫人参加谈判是一个好主意。她是最熟悉爱姆垂旅店的人，而且可能还有助于启发威尔逊的社会同情心。大家一致商定，只由史蒂夫一个人去谈价格问题。彼得斯夫人负责协助讨论有关城镇之间旅店的重要社会作用和证实爱姆垂旅店的搬迁并不能解决这方面的问题，除非周围的环境有可观的改善。她常说："您知道孩子们出外旅行是多么艰难吗？想一想爱姆垂旅店的旅客，这些年轻人将要受到多么可怕的影响？"彼得斯夫人实际上并不希望搬迁，因而她很容易对搬迁计划提出反对意见。

史蒂夫应采取什么样的开局策略？谁应当首先报价呢？如果威尔逊坚持让史蒂夫首先报价，史蒂夫应该怎么办？如果威尔逊开价 X 千美元，史蒂夫应该怎样还价？有没有任何明显的圈套应该避免？

史蒂夫和他的朋友都感到，他们对威尔逊的保留价格作出的估价太笼统了，以致很容易出错，他们的首次报价很可能就比他的实际保留价格低。但是如果他们一开始就漫天要价，比如说 900000 美元——远远地高于可能成交的价格，那么就会破坏谈判的气氛。

史蒂夫决定试着让威尔逊首先报价，如果不成功，或一开始就被迫首先报价，他就使用大概的价格 750000 美元，但他准备使这个报价有较大的灵活性。史蒂夫曾想过一开始就报出 400000 美元，并在一段时间里坚持不变。但是经商量后他们认为只有 40% 的概率，这个价格会低于威尔逊的保留价。如果威尔逊首先报价，史蒂夫将不让他有时间仔细考虑他的报价，而将迅速做出反应，立即给出一个还价，比如说 750000 美元，让对方在心理上觉得他的报价太低了。

史蒂夫的朋友告诉他，一旦两个报价都拿到了桌面上来——每方一个，那么自然可以预料到，最终的合同价格就在这两个报价之间。假如威尔逊的报价是 200000 美元，史蒂夫的还价是 400000 美元，则最终价格一般为 300000 美元——当然，这个价格要在可能达成协议的范围之内，即在史蒂夫（卖方）和威尔逊（买方）的真正保留价格之间。作为先开价者，史蒂夫认为最后能卖到 350000 美元就很不错了，而且他当然记得自己的保留价格只是 220000 美元。

现在，如果威尔逊最近的报价高于 220000 美元，史蒂夫是否应该离开谈判桌，暂停谈判呢？他的朋友提醒史蒂夫，对这个问题没有客观的标准。他将面临一种典型的不确定情况下的决策问题。而且，在试探了威尔逊的态度之后，再对他的保留价格作出估计，会比以现有资料作出估计有用得多。暂停谈判的危险在于，在休会时威尔逊可能会继续寻求别的机会。当然这种危险在于他们是怎样停下来的。

当第一轮谈判结束后，史蒂夫认为他简直经历了一场灾难，而且往下想，他甚至不敢断定会有第二轮谈判。彼得斯夫人干得漂亮，但是不起任何作用。看来威尔逊不会把他的报价提到旅店的保留价以上了。谈判一开始，双方说了几句幽默的笑话和几句客套话。接着威尔逊就说："请告诉我，你们能够接受的最低条件是什么。好让我看看是否能再做点什么。"史蒂夫早已料到了这样的开场白，没有直接回答，他问道："为什么不告诉我们，你愿意出的最高价格，好让我来看看是否能再削减点价格。"幸运的是，威尔逊被这个答案逗乐了，他最后报出了他的开盘价格 125000 美元，而且首先讲了在萨默维尔那个地区许多房地产买卖的实例作为支持他的证据。史蒂夫立即回答说，爱姆垂旅店完全可以卖得比这个价格高，再说他们一点也不想搬迁。只有当他们能够搬到更安静的地方去，他们才可能考虑搬迁。但是在环境安静的地方，房地产价格是很高的。史蒂夫最后提出，只有售价 600000 美元，才可能抵消这次麻烦的搬迁。彼得斯夫人赞同这个价格。史蒂夫之所以选择这个价格，是因为他心里盘算着 150000 美元和 600000 美元的中间值，高于所盼望的 350000 美元。威尔逊反驳道，这个价格根本不可能被接受。双方让了一小点儿步，最后决定休会，双方都暗示，他们将再作一些调查。

史蒂夫找他的朋友商量，应怎样重新评价和判断威尔逊的保留价格所用的分布函数。史蒂夫的明确印象是，600000 美元实际比威尔逊的保留价格高得多。他的朋友提醒他，威尔逊是这方面的老手，假如他的保留价格比 600000 美元高，他就会引导史蒂夫向别的方面想问题。他们决定等一星期以后，史蒂夫告诉威尔逊，旅店董事会愿意把价格降到 500000 美元。

但是两天以后，史蒂夫接到了威尔逊的电话，他告诉史蒂夫，他的良心受到了责备，他做了一个梦，梦到了彼得斯夫人和她给这个世界带来的社会福利。他被感动了，尽管不是出于商业上的考虑，他还是应该将他的价格提到 250000 美元。史蒂夫忘乎所以了，脱口而出他的第一个错误："现在这个价格比较接近他了！"但是马上恢复了镇定，说道，他相信他能说服理事会把价格降到 475000 美元。他们商定两天后再次会见，并希望那是最后一轮谈判。

刚与威尔逊通完电话，史蒂夫就告诉他的朋友，他没留神，让威尔逊知道了 250000 美元的报价就足够了，但是史蒂夫觉得，他的 475000 美元也较接近威尔逊的保留价格。并且认为，这似乎就是威尔逊提出再进行最后一轮会谈的唯一原因。他们进一步商定了以后应采取的策略，并且商定了以后应采取的谈判策略，另外还修正了一些概率估计。

在以后的两天中，双方各作了一些让步。威尔逊逐渐地将报价提高到 290000 美元，最后停在确定的报价 300000 美元上。史蒂夫则从 475000 美元降到 425000 美元，又降到 400000 美元，然后当威尔逊强硬地停在 300000 美元时，他又"费力地"降到了 350000 美元。史蒂夫最后停止了谈判，并告诉威尔逊，他将必须与董事会的主要成员取得联系，看看是否可以突破 350000 美元这个界限。

现在 300000 美元不仅突破了史蒂夫的 220000 美元，而且使爱姆垂旅店有可能买下奥尔斯顿的房地产。在这一点上，他成了一块"有油水可榨的肥肉"。朋友问史蒂夫，他是否认为威尔逊将会把价格提高到 300000 美元以上。他回答道，他认为可能需要采用一些保全面子的花招，这样威尔逊是可能提高报价的。他感到，问题是如果威尔逊还做着别的交易，一旦其中一项成交了，那么威尔逊会很

快决定放弃爱姆垂旅店的交易。

随后，史蒂夫做了两件事。首先，为了准备购买奥尔斯顿的那块房地产，他请哈里·琼斯为签订一份合法的合同作全面细致的准备。琼斯第二天就汇报说，除了需要超出原预算再花费 20000 美元，对房子作一些必要的修理，以达到奥尔斯顿的防火标准外，一切都与原计划一样。300000 美元仍然能满足这个需要。其次，史蒂夫和彼得斯夫人商量，旅店可以用余下的 25000 美元或 5000 美元干点什么。彼得斯夫人说，任何一笔额外的钱都应拿出一半放入"财务援助基金"中。这个基金是为了帮助那些不能完全负担起爱姆垂旅店的住宿费的旅客的。还要用这笔钱来买一些"必要的奢侈品"，为此她列了一张清单。随着热情不断高涨，她的小单子也不断加长——但是只要做一点合理的压缩，10000~20000 美元就足够了。随着彼得斯夫人的侃侃而谈，她变得醉心于这些鸡毛蒜皮的小事，而不是搬迁到奥尔斯顿，她十分希望能获得 350000 美元。

第二天，史蒂夫给威尔逊打了一个电话，向他解释说，旅店对是否接受 300000 美元的报价有不同意见（这当然是实情）。"您的公司能不能再多出一点儿？如果咱们的买卖做成了，您的公司能否免费为爱姆垂旅店新买的房子做相当于 30000 美元或 40000 美元的维修工作？要是这样的话，我可以接受 300000 美元的报价。"威尔逊回答说，他非常高兴董事会能明智地接受他的 300000 美元的慷慨报价。史蒂夫没说什么。接着，威尔逊又解释道，他的公司有一项一贯的政策，就是不让自己卷入免费承包这种限制性的交易之中。他并不想让史蒂夫难堪，但是这个建议根本行不通。

"那么好吧，"史蒂夫回答道，"如果您的公司能为爱姆垂旅店提供一笔免税的赞助，比如说 40000 美元的赠款，这笔钱将放入旅店的"财务援助基金"中，专供帮助急需的旅店之用，这也确实是一种帮助。"

"噢，这倒是个主意！40 个格兰德太多了（grand，美俚语，一千美元），但我可以问问我们的律师，是否捐赠 20 个格兰德。"

"25 个怎样？"

"好吧，就 25 个。"

结果，根据法律，威尔逊的公司要直接付给爱姆垂旅店 325000 美元。这样威尔逊既保全了面子，又巧妙地突破了他自己的最终报价。而爱姆垂旅店则通过曲折道路充分满足了自己的需要。

资料来源：https://wenku.baidu.com/view/4791a00773fe910ef12d2af90242a8956aecaa2e.html。

问题：

1. 价格谈判具体包括哪几项工作？

2. 报价时应该注意哪些问题？报价策略有哪些？

3. 还价时的注意事项有哪些？

4. 怎样让谈判对方妥协与让步？

案例 2

建造游泳池的谈判

美国有个谈判专家想在家中建个游泳池，建筑设计的要求非常简单：长 30 英尺（1 英尺 =0.3048 米），宽 15 英尺，有水过滤设备，并且在一定时限内做好。谈判家对游泳池的造价及建筑质量方面是个外行，但这难不倒他。在极短的时间内，他不仅使自己从外行变成了内行，而且还找到了质量好、价钱便宜的制造者。

谈判专家先在报纸上登了个想要建造游泳池的广告，具体写明了建造要求，结果有甲、乙、丙三位承包商来投标，他们都交给他承包的标单，所提供的温水设备、过滤网、抽水设备和付款条件都不一样，总费用也有差距。

接下来的事情是约这三位承包商来他家商谈，第一个约好早上 9 点钟，第二个约 9 点 15 分，第三个则约在 9 点 30 分。第二天，三位承包商如约而至，他们都没有得到主人的马上接见，只得坐在客厅里彼此交谈着等候。

上午 10 点，主人出来请第一个承包商甲进到书房去商谈。甲一进门就宣称他的游泳池一向是造得最好的，好的游泳池设计标准和建造要求他都符合，顺便还告诉谈判家承包商乙通常使用陈旧过滤网，而承包商丙曾经丢下许多未完成的工程，并且丙现在正处于破产的边缘。接着同承包商乙进行谈话，从他那里了解到甲和丙所提供的水管都是塑胶管，他所提供才是真正的铜管。承包商丙告诉谈判家的是，其他人所使用的过滤网都是品质低劣的，并且往往不能彻底做完，而他则绝对做到保质保量。

谈判专家通过静静地倾听和旁敲侧击地提问，基本上弄清楚了游泳池的建筑设计要求及三位承包商的基本情况，发现承包商丙的价格最低，而乙的建筑设计

质量最好。最后他选中了乙来建造游泳池，而只给丙所提供的价钱。经过一番讨价还价之后，谈判终于达成一致。

资料来源：https://wenku.baidu.com/view/09896543ecfdc8d376eeaeaad1f34693dbef1073.html。

问题：

1. 上述案例使用了哪两种谈判策略？

2. 在商务谈判的不同阶段经常使用的策略与技巧有哪些？

案例 3

美日汽车贸易谈判

1995 年 6 月 28 日日内瓦时间 18 点整，日内瓦最著名的国际饭店挤满新闻记者，大家等待着一个贸易谈判最终结果的公布。18 点 30 分，美国贸易代表坎特和日本通产大臣桥本龙太郎来到会场，举行联合记者招待会，宣布美日达成了"汽车及汽车零配件协议"，从而结束了两国之间 22 个月的艰苦谈判，同时，它也标志着一场贸易战最终得以避免，旷日持久的美日汽车贸易争端终于暂时得以缓和。

一、争端的由来

美日汽车贸易争端可以说由来已久，同时它也是美日贸易间最主要的贸易摩擦。在过去的 25 年间，美国在对日汽车贸易中存在着巨大逆差。据美国公布的数字，过去 25 年间美国共向日本出口汽车 40 万辆，与此同时，日本向美国出口的汽车却多达 4000 万辆。1994 年美国对日本贸易逆差为 660 亿美元，其中汽车贸易逆差占的比例多达 60%，达 370 亿美元，占美国全年外贸逆差的 1/4。汽车工业是美国最大的支柱产业，在过去的 30 年间，汽车工业的产值占其国内生产总值的 5%，汽车业直接、间接就业人数达 250 万人。尤其让美国人感到恼火而又无从下手的是，日本汽车市场，这个由日本财界、厂家、经纪人等组成的排他性系统，外人针插不进、水泼不入。美国一直在琢磨和努力，欲打破和粉碎日本这种铁幕一般的流通体制。美国代表曾毫不掩饰地宣称，美国谋求的就是要推动日本市场产生深刻的根本性的变化。正是由于美日汽车贸易中存在着严重的不平衡，和这种不平衡后面存在着深刻的背景和动因，双方在汽车贸易领域的争执和摩擦不断，新一轮汽车贸易谈判就是在这样的背景下发生的。

二、艰苦的谈判

1993 年克林顿当选为美国总统后不久，就将日本输往美国的汽车配额由 230 万辆减至 160 万辆，但美国汽车界并未就此罢休，不久又要求美国政府制定新的进口日本汽车限额。同年 7 月，双方开始谈判。到 1994 年，日本宣布调整美国汽车零部件的采购政策，在美国以动用 301 条款相威胁后，双方再次谈判，谈判至 9 月底即处于僵局之中，于是美国便扬言要对日进行贸易报复。1995 年 1 月，美日重开汽车贸易谈判。日本拒不接受美国提出的市场开放的数字目标，并提出 5 年过渡，这受到美国强烈的抨击。3 月底，新一轮谈判搁浅。5 月 5 日，谈判彻底破裂。5 月 16 日，华盛顿单方面宣布将对日本 13 种豪华汽车及其零部件征收 100% 的进口关税，使原来只征收 2.5% 的进口关税一下子提高了 40 倍，并将 6 月 28 日定为最后期限，28 日一过，上述制裁清单即自动生效付诸实施。日本不服，翌日即上诉总部设在日内瓦的世界贸易组织，指责美国推行新的贸易保护主义。6 月 12 日，双方在日内瓦举行磋商，但很快就不欢而散。6 月 22 日，为避免爆发贸易战，双方 4 位副部级官员走马上任，再次展开谈判，仍无进展。于是决定阵前换将，提高谈判级别，由美国贸易代表坎特和日本通产犬臣桥本龙太郎直接会谈做最后努力。坎特和桥本的会谈在 26 日晚间开始，二人唇枪舌剑，各不相让。次日上午和下午双方均举行了会谈，据美方谈判人员透露，双方提出了一些新东西，但未触及实质问题。27 日晚 23 点再谈，谈至 28 日凌晨 2 点，双方仍各执一词。此时与双方接近的人士已陷入深度的悲观情绪之中。直到 28 日 16 点 30 分，坎特才向记者透露，谈判取得了一点进展。同时又表示，如谈判不能取得实质性进展，美国的制裁将付诸实施。到 17 点 30 分会谈结束，于是有了开头的一幕。

根据美日双方达成的协议，美国取消对日本的贸易制裁，与此同时，日本收回其向世界贸易组织递交的指责美国制裁行为不合法的起诉书，日方同意美国在 1996 年可以在日本增开 200 家汽车及零部件经营店，今后 5 年增加 1000 个。协议规定，日本在今后 3 年里购买美国的汽车零部件增加 90 亿美元，比现在增长近 50%；日本政府还将开始取消它对汽车修理部件的严格控制等。

这次谈判历时 22 个月，谈判主将几番走马换将，一直到美方规定实施制裁前的几个小时，谈判才出现转机，这是美日间以往谈判所未曾有过的，以至于美

国贸易代表坎特在达成协议后的联合记者招待会上，说的第一句话就是：我们是从悲观情绪跳过乐观情绪直接达成协议的。由此可见此次谈判的艰难程度。

三、实力的较量

谈判协议达成后，美国总统克林顿在华盛顿发表讲话说："这项协议既是美国人民的胜利，也是日本人民的胜利……"同时美国官员公开声称：美国在谈判中实现了"90%的目标"。而桥本龙太郎强调"日本坚持了基本原则"，即日本反对美国的"数值指标"，改由日本汽车生产商提出"自愿计划"，认购美国汽车零部件。即使是这方面，美国的立场在最后一刻才软化。据称这是美国所做的唯一让步。

美国之所以能迫使日本做出如此大的让步，最根本的原因在于日本尚不具备与美国展开全方位抗衡的实力，尤其在汽车贸易方面，这更是日本的"软肋"。由于日本汽车的出口市场对美国有较大的依赖度，相反，日本市场在美国的汽车出口市场中的分值无足轻重，由于日本有求于人，因此受制于人自然也在预料之中。同时日本当前国内经济疲软，出口不振，如果谈判失败，美国实施制裁，对日本汽车业无疑是雪上加霜。再加上谁也承担不了让日美经济贸易关系全面破裂、两国长期存在的战略伙伴和安全盟友的关系受到损害的政治责任。因此，尽管日方进行了顽强抵抗，但最后也不得不妥协，再次接受"美国施压，日本让步"的争端解决模式。

但是，如果细究美、日双方在此轮谈判中的表现及其策略，可以说在谈判达成协议那天前的所有日子里，双方的态度均是毫不松口、毫不让步，只是到了6月28日那天，日方谈判代表终于承受不住压力而妥协，落得个虎头蛇尾，而美方咄咄逼人的攻势则得以贯彻始终，最终得手。尽管这次谈判以日本妥协而告终的主要原因是双方实力的差距，但在谈判的策略及其表现上，日方也较美方逊色不少。美国从这次谈判一开始，就大打心理战、宣传战，大有不撬开日本市场不罢休的气势。首先，官民一致，形成了同仇敌忾、志在必得的局面。美国政府与国会一致，厂方与工人一致，全国上下形成了少有的一致局面。据调查，全国70%的人支持对日制裁。我们只要听听美国总统克林顿6月27日用手敲着桌子说出的那段话，就可以明白美国的决心之大。他说："我并不是在发动新时代的贸易保护主义运动，但是我们20年或30年来一直在努力打开这个（日本）市场，这是妨碍制定明智的全球经济政策的最后一个重大障碍……几十年来的美国历届总统都努力要打开这个市场，但都失败了。这一点现在正在给日本造成很大的损害。他们富得不能再富了，但是如果说情况有什么变化的话，那就是日元币值定得太高了。"其次，再度祭起特殊 301 条款这个"神器"，对日本施加巨大压力。由于美国过去曾多次启用 301 条款，屡试不爽。因此，美国一旦动用 301 条款，就必定要不达目的不罢休。如果 301 条款这件"神器"失效，美国就失去了在贸易争端中最后也是最厉害的一件武器，这是美国绝对不愿意看到的。最后，从美日双方在日内瓦的谈判情况看，美国明显气盛，日本则消极被动，虽然硬着头皮死顶。美国贸易代表处散发了厚厚一本背景材料，不但数字丰富翔实，而且还采用了"时事问答"的方式，说明美国如何有理，日本如何不对。在日内瓦的谈判过程中，日方也频频举行记者招待会，但讲的都是些"双方立场差距甚远"的话，毫无新意。

较之美方，日本从谈判一开始，就竭尽全力同美国抗争。它不惜花费巨资争取亚洲和欧洲发表反对美国要求的观点；花钱做广告，鼓动美国的利益集团批判本国政府的立场；特别是以通产大臣桥本龙太郎为代表的新一代比较年轻和更有冲劲的官僚们，想改变过去"一压就服"的局面，不想再屈服于美国的压力。他们甚至说得非常明白：小让可以，大让不行，因为做实质性的让步，日本的地位就要倒退 20 年。并说，这一次下决心要挫挫美国的傲气，否则以后的日子也不会好过，等等。事实上，在谈判中，他们也确实是这么做的，只是到了最后的关键时刻，因实力的差距而不得不屈服。

四、结论和启示

美日汽车贸易谈判最终以双方妥协告终。美国凭借其强大的经济实力和庞大的国内市场，同时在谈判中采用了正确的策略，一方面积极争取获得国内政界、商界、民众等各个阶层的支持，形成一致对外的局面；另一方面，依仗特殊 301 条款这件武器，对自己的要价不松口、不让步，贯彻始终，最终迫使日本做出重大让步。而日本明知其食品和原材料要依赖进口，而且它在美国市场上的巨大利害关系，使它较美更不容易承受使贸易谈判破裂而给自己带来的伤害，还硬着头皮抵抗，最终不得不以做出巨大让步而告终。从这个谈判的过程和结局可以得到如下启示：实力强大的一方谈判时，在充分发挥自己实力的同时采取正确的谈判

策略，将比单纯发挥实力优势能获致更大的成果；而实力较弱的一方在谈判时如不采取正确的谈判策略，则会招致更大的损失。

资料来源：https://max.book118.com/html/2012/1006/2956339.shtm。

问题：

1. 双方的形势与地位对谈判的进展有哪些影响？

2. 优势谈判方可以使用哪些技巧？

3. 劣势谈判方可以使用哪些技巧？

案例4

讨论复印机故障的顾客和销售员

顾客："你卖给我的这台复印机不好。"

业务员："听到你这么说，令我感到很遗憾。它究竟是哪里不对劲呢？"

顾客："它老是发生故障。"

业务员："我也很遗憾听到这一点。你所指的故障，是需要更换部分零件，还是只要修理就行了？"

（请注意，销售员并不是在抗议顾客，而是提醒顾客这两种故障的类型，以及其中有所差别。）

顾客："别在那儿啰嗦。我不管你如何称呼它，反正只要是机器不能动，我就说它是故障。"（注意，顾客想表明自己的强硬态度，这种策略的效果好坏不一，视业务员的反应而定，他或许会相信对方深感不悦而设法平息，也可能会恼怒地放弃与顾客沟通的希望。）

业务员："好，我明白你的意思，你所指的故障频率有多高？"

顾客："我不知道，大概是每隔几星期吧。"

业务员："每隔几星期？的确相当多。"

（注意，虽然业务员尚未确定复印机的问题何在，和自己是否应该负责，但仍以这种方式表示他愿意负责让顾客满意，留给后者亲切的印象。）

业务员："你认为大约多少张呢？我是指每印一百张、一千张或一万张便发生故障呢？"

顾客："我想大概一万张吧。"

业务员："我可以理解这的确令你很不高兴，尤其是当你正在进行重要工作的时候。可是无论信不信，以这个价格范围内的机器来说，每隔一万张的修理概率十分少见。事实上，消费者基金会曾经调查5万元以下的复印机——那比你的机器贵了一倍多，平均损坏的间隔只有3000张，而你所拥有的机种在消费者基金会的调查中，平均最高比率是7000张，你的机器性能比那优良了将近50%。"

顾客："把你这份推销口才用在别人身上吧！总之，这台机器损坏的次数超出它应有的程度。"（业务员有效地解除了顾客抱怨机器故障的理由，顾客视之为"推销言论"而仍然抱着反感。业务员原可如前述情形一般视之为单一问题的对立来处理，并且宣称自己获胜，然而……）

业务员："这么办吧！如果你让我看看服务上的记录是每隔不到一万张便需要修理，那么我就以你当初购买它所付的金额向你买回来。可是在我们更进一步地说下去之前，我想知道更多关于你的抱怨。最常造成故障的原因是什么？挤纸？漏印？"（注意：显然业务员想碰碰运气，假使顾客真的要他以原价买回机器，他只好损失金钱。但是业务员更相信这位顾客真正要的不是退钱，而是要业务员尽力使机器达到令人满意的操作状况。）

顾客："呃，有几次是挤纸，漏印的情形不太多，有时候机器就是不能动，此外，纸经常皱成一堆。"

业务员："是只有在印双面的时候，还是连印单面的时候也会这样？"

顾客："主要是印双面……大概是只有在印双面的时候吧！"（请注意谈话气氛的转变。销售员显得热心帮忙，顾客则不知不觉地开始叙述症状。）

业务员："噢！如果在你购买这台机器之前我曾和你谈过话就好了。老实说，它并非设计用来做大量的双面复印，难道我们的推销员没有告诉你这一点吗？"

顾客："没有。不过，我也不记得是否曾提及我将会使大量的双面复印，所以我想这也不能怪他。"（请注意，业务员毫不辩驳，愿意以负责的态度使顾客产生信心）。

业务员："噢！无论如何，我希望多知道一些关于你的抱怨。你有没有和我们订立服务契约？"

顾客："有的。"

业务员："我懂了，那么你的抱怨与修理费用无关，因为无论修理多少回，

你付的是相同费用。你最关切的是当机器使用时，严重影响了你的工作。"

顾客："完全正确。"

业务员："我们的服务反应通常有多快？四小时？或六小时？"

顾客："差不多是那样。"

业务员："换句话说，当天以内——除非你的电话是过了中午。"

顾客："通常如此。"

业务员："如果你是在中午以前打电话，我们是否曾经没有当天就派人去修理？"

顾客："顶多一两次吧，现在我一下子想不出来具体的时间。"

业务员："好，那么最短的时间呢？是否曾经在两三个小时以内赶到？"

顾客："有时候。"

业务员："你想有没有一半的次数？或 1/3 的次数？"

顾客："也许有 1/3 吧！"

业务员："哦，那么我不能太责怪我们的维修人员，毕竟他们的反应和我所知道的任何同行一样迅速。工作时间以外的服务如何？换句话说，假使你是在中午以后打电话，而维修人员没有在你们五点半下班之前赶到，你是否有兴趣签订一份提供紧急服务的契约？维修人员一定会在晚上赶去，使你的机器能在第二天早上九点派上用场。"

顾客："不，我没有兴趣，下班后没人留在公司让维修人员进去。"（注意，谈话持续友好的气氛，双方似乎已开始试着共同处理问题。）

业务员："好，在我试建议一些解决方法之前，先让我确定一下我了解整个问题范围。维修人员是否礼貌周到，有所帮助？"

顾客："他们都很好，关于这一点没有任何问题。但是你们有一位电话接线生需要注意一下礼貌问题。"

业务员："请告诉我有关她的事。"

顾客："她实在很聪明，总有借口，而且她做事懒惰，数不清有多少次让我等在电话另一端，有时候甚至长达四分钟。"

业务员："这个我一定查清楚。我不会让任何顾客受伤害。至于拖延电话这一点，偶尔总是无法避免，但不应该经常发生，更不该让你等上四分钟。我怀疑接线生是否在上班时间打私人电话，或者是哪个部门需要加派人手也说不定，我必须调查这件事。对了，你是否知道那名带给你这么多麻烦的接线生叫什么名字？"（注意这名销售员指派自己扮演判决顾客不满的仲裁角色，连其他员工的责任也一并担负，这种策略相当冒险，也许会激怒某些能识破它的人。）

顾客："我从未问过她的名字。"

业务员："那么请帮我一个忙，万一再度发生这种事情，问问对方的名字，好吗？然后直接打电话给我。我真的很庆幸有这个机会抓住问题核心。现在，你是否还有别的问题？"（其言下之意，假使顾客想不出别的问题，就等于没有其他问题。）

顾客："没有，此刻我想不出来。"（顾客聪明得不愿上当，故而限定"此刻"。）

业务员："好吧！如果你想到任何问题的话，请立刻通知我本人。"（即假使没有你的消息，就表示没有问题。）

顾客："一定。"（无合理方式避开这项结论。）

业务员："谢谢。现在我把你的问题和我们的协议做个总结。你说我们的一名电话接线生对你礼貌欠佳，我将处理这件事情。另一个问题是你的电话经常被延迟回话，而且有几次时间过长，我也会加以处理。我提议安排下班的修理服务，以免机器故障隔夜，但你因为那段时间内公司无人留守而不感兴趣。你想做大量的双面复印，但这台机器不是纯粹为此而设计，我们尚未决定如何处理这项问题。此外，它的机种亦非设计用来承受你的工作量，因负荷不了而需要超过你所希望的修理次数，这个问题我们也还没解决。我这么说，是否将一切问题网罗在内？"（意味着"如果还有问题就趁现在提出来。"）

顾客："啊，我猜这些就是全部的主要问题了。"（顾客仍然不上钩，所以用"主要"一词来加以设限。销售员原可以要求确认其他问题来箍紧对方，却明智地适可而止，避免招致不必要的反应。最重要的是，他把最初单一项目的不满解开为四项不满，现在准备将自己针对其中几项的行动与顾客针对其余几项行动联在一起。）

业务员："好，那么我尚未令你满意的两点是关于双面复印，以及由于你的高工作量而造成在所难免的频繁修理次数。"（含义："你接受了我在其他项目的

让步，所以现在轮到你来合作了。"）

业务员："噢！恐怕你所拥有的机种在这两方面均将无法表现得比目前更好。因此这里是我给你的建议：先去瞧其他价钱贵五成的机种，再回到我这里。假使你发现一台优于你目前持有的机种，而我又无法提供你比那更佳的机器，但价钱较好，那么我就以全额向你买回我的机种，如此便解决了这个问题。同时，我很希望请你到展销室看看我们目前拥有的一些机器，或许价格比你的贵了一点，但性能也相对地提高甚多。我想我可以替你介绍一台将符合你一切需要的复印机，万一我错了，我愿意立刻买回你现有的机种。等你参观过其他复印机后，给我一通电话，我们再安排会面？"

顾客："呃，此刻我实在不觉得有必要去看看其他机器。你看起来像是个讲道理的人，而且我认为我们相处得还不错。就让我到你们的展销室参观一下吧。"（老实说，顾客不想浪费几天时间去比较竞争商品，而业务员一开始便看穿了这一点。）

业务员："太好了，让我们安排个会面时间吧！下星期二早上如何？"

总之，高明的谈判者懂得如何"解开"单一问题的对立，使针对某一问题的让步相互联结、制衡。

资料来源：https://www.docin.com/p-70322078.html。

问题：

1. 谈判中双方进行交流与沟通时需注意哪些问题？

2. 当对方所提的问题比较单一不具有针对性时，如何引导对方从而获得所需要的信息？

3. 该案例给了你哪些启示？

案例 5

农机设备谈判中的竞争与合作

中国某公司和日本的一家公司，围绕进口农业加工机械设备，进行了一场别开生面的竞争与合作、进取与让步的谈判。

在谈判的准备阶段，双方都组织了精干的谈判班子。特别是作为买方的中方，在谈判之前，已做好了充分的国际市场行情预测，摸清了这种农业机械加工设备的国际行情和变化情况及趋势，同时制定了己方的谈判方案，从而为赢得谈判的成功奠定了基础。

谈判一开局，按照国际惯例，首先由卖方报价。关于买卖谈判开局的报价，是很有文章可做的。如果报高了会给买方传递一种没有诚意的信息，甚至会吓跑对方；如果报低了，则会让对方轻易地占了便宜，实现不了获得高收益的目标。因此，谈判的报价，既不能高得吓跑了对方，也不能低得一拍即合，把握其间的"度"是非常重要同时又很难的。谈判高手总是在科学地分析己方价值构成的基础上，在这个幅度内"筑高台"来作为讨价还价的基础。日方深谙此道，首次报价为 1000 万日元。

这一报价离实际卖价偏高许多。日方之所以这样做，是因为他们以前的确卖过这个价格。如果中方不了解谈判当时的国际行情，就会以此作为谈判的基础，那么，日方就可能获得厚利；如果中方不能接受，日方也能自圆其说，有台阶可下，可谓进可攻，退可守。由于中方之前已摸清了国际行情的变化，深知日方是在放"试探气球"。于是中方单刀直入，直截了当地指出：这个报价不能作为谈判的基础。日方对中方如此果断地拒绝了这个报价而感到震惊。他们分析，中方可能对国际市场行情的变化有所了解，因而己方的高目标恐难实现。于是日方便转移话题，介绍起产品的特点及其优良的质量，以求采取迂回前进的方法来支持己方的报价。这种做法既回避了正面被点破的危险，又宣传了自己的产品，还说明了报价偏高的理由，可谓一石三鸟，潜移默化地推进了己方的谈判方案。但中方一眼就看穿了对方在唱"空城计"。

因为，谈判之前，中方不仅摸清了国际行情，而且研究了日方产品的性能、质量、特点以及其他同类产品的有关情况。于是中方运用"明知故问，暗含回击"的发问艺术，不动声色地说："不知贵国生产此种产品的公司有几家？贵公司的产品优于 A 国、C 国的依据是什么？"此问貌似请教，实则点了对方两点：其一，中方非常了解所有此类产品的有关情况；其二，此类产品绝非你一家独有，中方是有选择权的。中方点到为止的问话，彻底摧毁了对方"筑高台"的企图。中方话未完，日方就领会了其中含义，顿时陷于答也不是、不答也不是的境地。但他们毕竟是生意场上的老手，其主谈人为避免难堪的局面借故离席，副主谈也装作找材料，埋头不语。过了一会儿，日方主谈神色自若地回到桌前，因为

他已利用离席的这段时间，想好了应付这一局面的对策。果然，他一到谈判桌前，就问他的助手："这个报价是什么时候定的？"他的助手早有准备，对此问话自然心领神会，便不假思索地答道："以前定的。"于是日方主谈人笑着解释说："唔，时间太久了，不知这个价格是否有变动，我们只好回去请示总经理了。"老练的日方主谈人运用"踢皮球"策略，找到了退路。中方主谈人自然深谙谈判场上的这一手段，便采取了化解僵局的"给台阶"方法，主动提出"休会"，给对方以让步的余地。中方深知此轮谈判不会再有什么结果了，如果追紧，就可能导致谈判的失败。而这是中日双方都不愿看到的结局。

此轮谈判，从日方的角度看，不过是放了一个"试探气球"。因此，凭此取胜是侥幸的，而"告吹"则是必然的。因为对交易谈判来说，很少有在开局的第一次报价中就获成功的。日方在这轮谈判中试探了中方的虚实，摸清了中方的态度，同时也了解了中方主谈人的谈判能力和风格。从中方角度来说，在谈判的开局就成功地抵制了对方的"筑高台"手段，使对方的高目标要求受挫。同时，也向对方展示了己方的实力，掌握了谈判中的主动。双方在这轮谈判中，互道了信息，加深了了解，增强了谈判成功的信心。从这一意义上看，首轮谈判对双方来说都是成功，而不是失败。

第二轮谈判开始后，双方首先漫谈了一阵，调节了情绪，创造了有利于谈判的友好气氛。之后，日方再次报价："我们请示了总经理，又核实了一下成本，同意削价100万日元。"同时，他们夸张地表示，这个削价的幅度是不小的，要中方还盘。中方认为日方削价的幅度虽不小，但离中方的要价仍有较大距离，马上还盘还有困难。因为还盘就是向对方表明己方可以接受的价格。在弄不清对方的报价离实际卖价的"水分"究竟有多大时就轻易还盘，往往造成被动，高了己方吃亏，低了可能刺激对方。究竟还盘多少才是适当的，中方一时还拿不准。慎重起见，中方一面电话联系，再次核实该产品在国际市场的最新价格，一面对日方的二次报价进行分析。

根据分析，这个价格，虽日方表明是总经理批准的，但根据情况看，此次降价是谈判者自行决定的。由此可见，日方报价中所含水分仍然不小，弹性很大。基于此，中方确定还盘价格为750万日元。日方立即回绝，认为这个价格很难成交。中方坚持与日方探讨了几次，但没有结果。鉴于讨价还价的高潮已经过去，因此，中方认为谈判的"时钟已经到了"，该是展示自己实力、运用谈判技巧的时候了。于是，中方主谈人使用了具有决定意义的一招，郑重向对方指出："这次引进，我们从几家公司中选中了贵公司，这说明我们成交的诚意。此价虽比贵公司销往 C 国的价格低一点，但由于运往上海口岸比运往 C 国的运费低，所以利润并没有减少。另一点，诸位也知道我有关部门的外汇政策规定，这笔生意允许我们使用的外汇只有这些。要增加，需再审批。如果这样，那就只好等下去，改日再谈。"

这是一种欲擒故纵的谈判方法，旨在向对方表示己方对该谈判已失去兴趣，以迫使其做出让步。但中方仍觉得这一招的分量还不够，又使用了类似"竞卖会"的高招，把对方推向了一个与"第三者竞争"的境地。中方主谈人接着说："A 国、C 国还等着我们的邀请。"说到这里，中方主谈人把一直捏在手里的王牌摊了出来，恰到好处地向对方泄露，把中国外汇使用批文和 A 国、C 国的电传递给了日方主谈人。日方见后大为惊讶，他们坚持继续讨价还价的决心被摧毁了，陷入必须"竞卖"的困境。要么压价握手成交，要么谈判就此告吹。日方一时举棋不定，握手成交吧，利润不大，有失所望；告吹回国吧，跋山涉水，兴师动众，花费了不少的人力、物力和财力，最后空手而归，不好向公司交代。这时，中方主谈人便运用心理学知识，根据"自我防卫机制"的文饰心理，称赞日方此次谈判的确精明强干，已付出了很大的努力，但限于中方的政策，不可能再有伸缩余地。如日方放弃这个机会，中方就只能选择 A 国或 C 国的产品了。

日方掂量再三，还是认为成交可以获利，告吹只能赔本。这正如本杰明·弗兰克林的观点所表明的那样，"最好是尽自己的交易地位所能许可来做成最好的交易。最坏的结局，则是由于过于贪婪而未能成交，结果本来对双方都有利的交易却根本没有能成交"。

正确地把握自己，全面认识对方，再加上谈判策略和技巧的巧妙运用，谈判才会抵达成功的彼岸。中方在这一谈判中谋略不凡、身手高超，使这场谈判成了一个成功的范例。这个谈判的成功，既体现了双方的合作，也反映了双方的竞争。就中方而言，以有限的外汇做成了一笔质量不差的设备交易，而且仅仅两轮谈判就达成了协议，其成功的原因，最主要在于，中方在谈判之前，就为谈判投入了大量的精力，进行市场调查，收集信息，分析预测，从而为谈判做好了充分

的准备工作。同时在谈判过程中，为了准确还盘，对变动不居的市场行情仍时刻注意调查了解，从而在谈判前和谈判过程中都能做到胸有成竹，应付自如，进而为掌握谈判的主动权打下了坚实的基础。也正是在上述基础上，谈判过程中的手段、技巧、策略运用得及时、高超和有效。从谈判一开局，中方运用信息的力量，成功地扒了对方筑起的"高台"，进而适时地使用"给台阶"的方法，提供了使对方让步的机会；到第二轮谈判中，又慎重而恰当地还盘，一步到位。其后中方面对日方坚持讨价还价的情况，采用了欲擒故纵、"竞卖"等策略，陷对方于A国、C国的被动局面。最后再用出手不凡的一招，借"泄情"之法向对方亮出了关键性的王牌。上述环节紧紧相扣，谈判手段运用巧妙，一气呵成，最后达到谈判的圆满成功。

当然，中方在这个谈判中的成功，绝不意味着日方就在这次谈判中失败了。一个成功的谈判，意味着谈判各方都是胜利者。该谈判之所以作为一个成功的范例，原因之一就在于它达成了"双赢"的结局。因为，一个谈判的结局，如果使谈判一方大获其利，另一方亏损惨重，这不能说是一个成功的谈判，而且这种谈判是可一而不可再的。在谈判范例中，从表面上看，日方卖给中国的产品价格的确低了一些，但是由于他们与中国是近邻，运费和风险都比售往"别国"小得多，也就是说他们的利润并未减少。当然谈判的结局与日方的谈判目标从形式上看不相符，这是由于日方在谈判之初报了一个过高的价格作为谈判的基础。日方的成功之处在于他们既设计了一个谈判"高台"，又为这个"高台"设计了下来的台阶。另外，日方在这场谈判中不由自主地陷入"竞卖"的境地，使之在客观上处于谈判的劣势，不压低价格是谈不成功的。日方是精明的，他们宁肯低价出手，少得利润，也决不维持高价，让竞争者取胜。于是日方在谈判的时钟说"到了"的时候，及时调整了谈判的目标，勇敢地选择了成交。总之，中日双方都是该谈判无可非议的胜利者。

资料来源：https://wenku.baidu.com/view/e7ccd768ff0a79563c1ec5da50e2524de518d0b3.html。

问题：

1. 该案例中日方主要使用了哪些策略与技巧？运用的结果如何？

2. 该案例中中方主要使用了哪些策略与技巧？运用的结果如何？

3. 谈判结果中方稍胜一筹，主要是由哪些原因导致的？

案例6

通过"竞卖会"迫使对手让步

当买方面对着好几个卖方的估价单时,买方最厉害的一招就是开竞卖会,使卖方们在竞争压力下,把价钱压得一个比一个低。

1985年,某玻璃厂要引进一条浮法玻璃流水线。该厂人员到日本考察后认为,日本的生产线、质量技术都是世界最先进的,只是要价偏高了一些。为此,他们决定与日方谈判,以求在价格问题上使中方能够接受。第一轮谈判于当年4月下旬开始,中方为了谈判成功,事先做了周密的部署和充分的准备。玻璃厂的主管部门特意调来一个专搞技术引进的专家作主谈人,并配备了一个精干的谈判班子。中方主谈人精通谈判之道,为了能在谈判中掌握主动,对谈判班子的分工做了科学的安排,并让副手先与日方对谈,自己却不动声色地坐在一个不起眼的位置上,观察研究对方。日方为了做成这一笔大买卖,事先也做了充分的安排,组成了一个由日方公司专务、中国课课长和驻华事务所代表兼翻译为主体的谈判班子。日方一亮相就口气强硬,给人以坚不可摧的形象,一开场就"筑高台",报价高出中方所掌握的外汇底盘200多万美元。为了支持其报价的合理性,对方一再声称他们的浮法生产线是世界之冠,舍此莫属。中方与之恳谈了三次,但日方总是盛气凌人,寸步不让,声称宁不成交也不降价。中方主谈人一直默默不语,她深知日方的这个报价,比起中方在日考察时的价格还要高出约100万美元。经过三次对谈,她已把握了谈判中最关键的东西,即必须首先从粉碎日方舍此莫属的信念做起,否则日方是不会让步的。为了扭转被动局面,她暗示助手不能再这样谈下去了,必须暂时中止谈判。由于中方采取了欲纵先擒的谈判手段,使谈判出现了主观性假性败局。谈判中止后,她将日方搁置一边,率团赴英国考察浮法玻璃生产线,考察结果发现,英国产品不如日本,且价格也不低。尽管如此,中方还是向英方公司发出了谈判邀请。同年6月英国浮法玻璃生产线的谈判代表一行来到中国,中方热情地将他们接下了飞机,故意将他们安排在日方公司驻华事务所办公室所在的同一家饭店。日方很快得知了这一消息,日方谈判代表沉不住气了,立即向日本公司通报了中方正在选择新的贸易伙伴的情况。日本人是很有商业头脑的,他们无论如何也不能让到嘴的肥肉溜走。日本公司当机立

断，再次派谈判代表来华要求恢复谈判。这样，日方试图以"舍此莫属"的优势来赢得垄断价格的念头破灭了，中方由谈判的被动地位转为主动地位，而日方却转而陷入求助中方选择己方产品的不利局面。

日方在谈判桌上放弃了以前那种盛气凌人的架子，大讲中日友好、合作，并声称愿意"给予优惠"。这时，中方主谈人才说："我为专务先生（日方主谈人）的友好讲话感到高兴，我们已经注意到贵公司在生产线价格问题上的松动和转变，专务先生说我们是真诚合作的朋友，因此才考虑给予优惠价格，这种说法不错，但我更赞成朋友间的平等互利的贸易原则，不能一方占大便宜，而让另一方吃大亏，这不是朋友所为。我想专务先生不会对我的话有异议吧！"日方这才意识到这位富有韬略、言辞锋利的人，才是谈判桌上的真正对手，连称："说得好！说得好！"中方主谈人接着说："关于浮法生产线，我们又专程考察了英国的同类产品，他们的产品质量、性能都很好，但报价却比贵公司低得多，这很吸引人呐！我们准备与他们谈判代表接触，当然是非正式的。不过，如果贵公司的价格合适，我们也会首先考虑友好邻邦的。"这番分寸得当的话，作为此轮谈判的结束语，使日方回味无穷。这些话至少给日方传递了两层意思，一个结论：其一，英国的同类产品物美价廉，富有吸引力；其二，与日方成交仍优先考虑，结论是必须价格"合适"。真可谓进退有度，左右逢源，迫使日方自己去与英国进行价格竞争。当然，中方这种假借第三者介入的方法也有一定的风险，即一旦日方不让步，中方就很难再吃"回头食"了。对此，中方主谈人已有考虑。与日方的此轮会谈一结束，中方主谈就一屁股坐到与英国代表谈判的桌前，她分析，如日方不让步，则用日方来迫使英方让步，这是有把握的。虽说英方的设备不如日方，但仍不失为世界先进水平，如价格降低，还是可以成交的。这也正是她在与日方谈判时，敢于挺直腰杆的原因。她深深懂得，降低对谈判的依赖程度，是制服胃口过大的谈判对手的最有效方法。

她在与英方谈判时同样实施着她的整体谈判计划，她说："诸位先生想必已听说，在你们来中国后，又来了一个日本推销该产品的代表团。他们的玻璃浮法生产线不仅质量技术高于贵公司，且报价低于贵公司30%，我想贵公司应考虑这个现实情况。"中方主谈人的此番话足以使英方明白，如不降价，谈判是不可能深入下去的。英方听说日本已经来人，马上意识到己方的处境。他们满怀信心地远道而至，怎么能轻易让日本人抢走生意呢？于是立即答复"愿考虑一个适中的价格"。用日方压英方，再用英方压日方，转移矛盾，从中渔利，这正是中方引入竞争机制之妙道。这样一来，迫使日英双方竞相角逐，相互压价。事隔一天，日方就主动找上门来要求继续洽谈。在此次会谈中，日方一开始就表示愿以诚相见，再降价 100 万美元，至此，日方已经降低 200 万美元，应该说幅度是不小的。但由于日方是在"筑高台"上降下的，因此中方仍认为这个价偏高，如果接受，日方"筑高台"的计谋就会得逞。于是中方答复说："我们丝毫不否认贵国的诚意。但是跟你们竞争的英方似乎更有诚意，他们的报价比你们现在的报价还要少 140 万美元。如果贵方要争取到我们的订单的话，我看至少还要降价 100 万美元。"日方本以为这个报价已接近中方的底盘，该是握手成交的时候了，没想到中国对手比他们想象的更有毅力和耐性，等待着他们做出新的让步。

资料来源：https://wenku.baidu.com/view/a61921a549d7c1c708a1284ac850ad02df800710.html。

问题：

1. 上述谈判中中方的成功之处在哪里？

2. 谈判中通过"竞卖会"迫使对手让步时应注意哪些事项？

3. 谈判对方通过"竞卖会"迫使我方让步时该如何应对？

案例 7

中日索赔谈判

中日间这个特大索赔案起因于中国从日本进口的那批 FP-418 货车存在着严重的质量问题。为此，中日双方就这批货车的善后事宜和索赔等事项开始谈判。在谈判之前，双方都慎重地为这一不寻常的谈判做了充分的准备，分析、预测了自身以及对方的价值构成，制定了自己的谈判方案，从而为谈判过程中的讨价还价奏响了前奏曲。

由于这批货车质量问题严重，因此，谈判一开局，中方便直截了当、简明扼要地介绍了 FP-418 货车在中国各地的坏损情况以及用户对此的反映。尽管中方在此只字未提索赔问题，但实际上为索赔问题进行了举证，展示了中方谈判的威势，从而恰到好处地拉开了谈判的序幕。日方对此早已有心理准备，由于这批货车的质量问题是一个不可否认的事实，在这一问题上纠缠不休显然是不明智的。

因此日方举重若轻地说:"确实,这批车子中有一些车子存在轮胎炸裂、挡风玻璃炸碎、电路存在故障及铆钉震断等现象,有的车架还偶尔有裂纹。"

中方一听对方这番话,就知道对方在避重就轻,逃避责任,显然想将谈判的进程纳入己方的预想中去,因此,中方毫不客气地反驳道:"贵公司代表都曾到现场去过,也经过商检和专家小组鉴定,铆钉并不如你刚才所说是震断的,而是剪断的;车架出现的也不仅仅是裂纹,而是裂缝;并且车架断裂不能用'有的'或'偶尔'来描述,而最好用比例数据来表达,这样更为科学、准确……"日方对此淡然一笑,回避道:"对不起,比例尚无准确的统计数字。""那么,对该批货车的质量问题,贵公司能否达成共识?"中方在这一关键问题上穷追不舍。"中国的道路是有问题的。"针对日方这种答非所问的回答方式,中方立即反驳道:"诸位已去过现场,这种说法显然是缺乏事实根据的。"

就这样,双方在谈判开局不久,就在如何认定这批货车的质量问题上争执不下,日方反复强调,这种质量问题在他们公司从未发生过,因此这批货车的质量问题不至于严重到如此程度。在这种情况下,中方觉得到了用证据来说话的时候,于是便将有关材料向对方一推说:"这里有商检、公证机关的检验和公证结论,还有商检机构拍摄的录像带。因此,贵方如果有兴趣的话,不妨……""不!不!对商检公证机关的结论,我们愿意接受,我们想,贵国是否能够做出适当的让步,否则,我们无法向公司交代。"日方显然感到质量问题上已没法抵赖,于是话锋一转,改用以柔克刚的手法,一方面向公司踢皮球,另一方面采用哀兵战略,希望中方率先做出让步。谈判的进程发展到这儿,话题已经转移到索赔的具体金额上,因此,双方就索赔的报价、还价、压价、比价,展开了一场毅力和技巧的较量。

到了这个阶段,就要求双方的主谈代表精于计算。在这方面,中方主谈代表擅长经济管理和统计,在谈判前,他翻阅了许多国内外有关资料,深知在技术业务谈判上,不能凭大概和想当然,只有事实和科学的数据才能让人心服。因此,这时候,他胸有成竹地向对方发问:"贵公司对每辆车支付的加工费是多少?这项总额又是多少?""每辆车 10 万日元,计 5.84 亿日元。"日方接着反问道:"贵国报价是多少?"中方立即回答:"每辆 16 万日元,此项共计 9.5 亿日元。"精明强干的日方主谈人淡然一笑,与其副手耳语了一阵,问:"贵国报价的依据是什么?"中方主谈人将车辆坏损的各部件需要如何修理、加固,花费多少等逐一报价。"我们提出的这笔加工费并不高。"接着中方代表运用了欲纵先擒的一招:"如果贵公司感到不合算,派人员维修也可以,但这样一来,贵公司的耗费恐怕是这个数的好几倍。"这一招正中要害,一下把对方将住了。

日方被中方精确的计算所折服,自知理亏,转而以恳切的态度征询:"贵国能否再压低一点。"此刻,中方意识到,就具体数目的实质性讨价还价开始了。中方回答:"为了表示我们的诚意,可以考虑贵方的要求。那么贵公司每辆出价多少呢?""12万日元。""13.4万怎么样?""可以接受。"日方深知,中方在这一问题上已做出让步,因此双方很快就此项赔偿达成了协议,日方在此项费用上共支付了7.76亿日元。然而双方争论索赔的主要部分并不在此,而在于高达几十亿日元的间接经济损失赔偿金。在这一大数目的索赔谈判中,日方率先发言,他们也采用了逐项报价的做法,报完一项就停一下,看看中方代表的反应,但他们的口气却好似每报出的一个数据都是不容打折扣的,最后,日方统计可以给中方支付赔偿金30亿日元。中方对日方的报价一直沉默不语,用心揣摩日方所报数据中的漏洞,把所有"大概""大约""预计"等含混不清的字眼都挑了出来,有力地抵制了对方所采用的浑水摸鱼的谈判手段。

在此之前,中方谈判班子日夜奋战,精确计算。因此,在谈判桌上,当中方代表报完了自己计算的每个项目和金额,并论证了这些数据的测算依据,最后提出中方的间接经济损失索赔额为70亿日元。日方听完中方的报价惊得目瞪口呆,连连说:"差距太大!差距太大!"

到这个时候,讨价还价已进入了拉锯战阶段,对双方而言,谁也不敢轻言让步。因为在谈判桌上,率先让步的一方就可能被动,因此此时的谈判气氛沉闷而紧张。日方主谈人为了打破僵局,再度使用哀兵制胜的谈判策略,说道:"贵国提出的索赔数额如此之高,若不压半,我们会被解雇的,我们都有妻儿老小。""贵国生产质量如此低劣的产品,给我国造成这么大的经济损失。"中方主谈人接过日方的话头,顺水推舟地再次使用了欲纵先擒这一招:"我们不愿为难诸位代表,如果你们做不了主,请贵方决策人来与我方谈判。"话说到这种地步,双方只好暂时休会,另寻打破僵局之策。

随后,日方代表通过电话与日本总公司的决策人进行了长时间的密谈,接着

谈判重新开始，双方一开始就唇枪舌剑，几个回合以后，又沉默了下来。此时，中方意识到，己方毕竟是实际经济损失的直接承受者，如果谈判破裂，就会使已获得的谈判成果付诸东流。如果诉诸法律，麻烦就更大了。因此，为了巩固已取得的谈判成果，并争取有新的突破，做适当的让步，是打开成功大门的钥匙。中方主谈人与助手们交换了一下眼色，率先打破沉默说："如果贵公司真有诚意的话，彼此均可做适当让步。"同时为了防止由于己方率先让步所带来的不利局面，建议双方采用"计分法"，即"双方等量让步"。"我公司愿付 40 亿日元。"日方退了一步，并声称："这是最高数额了。""我们希望贵公司最低限度必须支付 60 亿日元。"中方坚持说。如此一来，中日双方各从自己的立场上退让了 10 亿日元。但双方价值界守点之间仍有 20 亿日元的差距，但这个界守点对双方来说，都是虚设的，更准确地说，这不过是双方的最后一道争取线。而对这一冲刺阶段的难题，双方的谈判行家都是精明的，谁也不希望前功尽弃。最后，几经周折，双方达成了 50 亿日元的最终谈判方案。

除此之外，日方仍同意承担其他三项责任，包括确认这批货车为不合格品，同意全部退货，更换新车，新车必须重新设计试验，并请中方专家检查验收；在新车未到之前，对旧车进行应急加固后继续使用，上述加固件和加固工具由日方提供。

就这样，一起特大谈判案，经一波三折，终于获得了圆满成功。

资料来源：https://wenku.baidu.com/view/0d1926fd86c24028915f804d2b160b4e777f8135.html。

问题：

1. 结合该案例分析如何进行讨价还价？

2. 讨价还价有哪些方式或方法？

3. 常见的讨价还价技巧或策略有哪些？

案例 8

中东客商的谈判风格

美国一家石油公司经理几乎断送了一笔重要的石油买卖，关于事情的经过，请听他的自述："我会见石油输出国组织的一位阿拉伯代表，和他商谈协议书上的一些细节问题。谈话时，他逐渐地朝我靠拢过来，直到离我只有 15 厘米才停下来。当时，我并没有意识到什么，我对中东地区的风俗习惯不太熟悉。我往后退了退，在我们两人之间保持着一个我认为是适当的距离 60 厘米左右。这时，只见他略略迟疑了一下，皱了皱眉头，随即又向我靠近过来。我不安地又退了一步。突然，我发现我的助手正焦急地盯着我，并摇头向我示意。感谢上帝，我终于明白了他的意思。我站住不动了，在一个我觉得最别扭、最不舒服的位置上谈妥了这笔交易。"

资料来源：http://www.dufep.cn/NewsDetail.aspax?id=9110。

问题：

1. 进行国际商务谈判时我们应注意哪些事项？

2. 文化因素会对国际商务谈判产生哪些影响？

附录二　模拟谈判集

模拟谈判一：房屋买卖谈判

一、双方均应了解的信息

本套房屋是复式结构，功能分区：一层有客厅、餐厅、厨房、卫生间，二层有 2 间卧室、1 间储藏室、1 间卫生间，房屋总面积为 140 平方米。

本套房屋近期才装修过，内部配备了舒适、精致的实木地板，1 个壁挂锅炉，主卧室内附带有整面墙的壁橱，厨房烹调器具完备。

房屋周边步行可及的范围内有饭馆、电影院、超市和公共交通设施，并且邻近公园，周边景观十分美丽、温馨。

最近附近其他同类房屋交易的参考价格如附表所示。

二、A 方（卖方）的资料

A 在公园附近拥有一所房子多年（房屋情况见基本情况中所述），其原来的购买总价是 350000 元。现在 A 拟将这所房屋出售，为了节省售房佣金的开支，A 决定不通过房屋中介机构而是自行出售这所房子。此前 A 与其在房地产行业工

附表　附近同类房屋参考价格

编号	卖价（元）	面积（平方米）
1	450000	140
2	400000	120
3	420000	140

作的朋友经过多次的讨论以后，决定将房子的出售总价定在 480000 元。目前 A 已经将这所房子的出售信息挂在房地产市场网站的公告栏上几个月了，尽管有对此房屋感兴趣的人，但截至目前 A 却还没有遇到一个具有实际购买意向的买主。

A 一直相信自己的房子是这个地段最好的房屋之一，尽管 A 拟出售房屋的每平方米的单价要高一些，但与其他在本地区具有可比性的房子相比，在出售标价上还是有优势的。A 查了一下售房信息，发现近期一段时间没有其他可供出售的房屋。因此可能有房屋买主在等待这个地区的房屋出售，但遗憾的是因为这套房屋已经在市场上待售几个月了，因此 A 尽管非常期望房屋的出售价格尽量接近 480000 元，但也决定如果售价能够达到 450000 元以上也可以接受。但是如果售价低于 440000 元则宁愿继续持有房子而不是急于卖掉。

上周末有一位潜在的买主来看房子，并且表现出热切的购买兴趣，昨天给 A 打电话，提出愿以 440000 元的价格买下这所房屋。A 同意与他进一步进行讨价还价。这项谈判从 A 与这位潜在的买主开始讨论房屋买卖价格开始。

三、B 方（买方）的资料

在过去的几年里，某市公园附近这个地区周边的房屋价格在迅速上涨，于是 B 有兴趣投资购买一处房产。经过对这个地段房屋买卖情况的调查分析后，B 希望能找到一处价格在 400000~450000 元的复式住宅，购买后准备先将该房子出租几年，然后再通过转卖获利。

最近，B 在杂志上看到一则出售住宅的广告，房子就在公园附近，并且是由房主直接出售。按照广告上的描述，这一处房屋恰是 B 所寻找的，适合作为投资类型的房屋。上周 B 曾经去现场看了一下房子，对房屋的情况比较满意，并且房主提出的要价是 480000 元，与 B 的期望买价比较接近，同时 B 也已经收集了一些近期该地区类似房子的买卖信息来帮助自己评估这所房子的价值（见背景资料）。经过考虑，B已经基本确定准备购买这套房屋，但是B的目标价格是最好能够接近400000元，最高不能超过450000元，如果超过这个价格B将不再考虑购买。

昨天B给房主打电话表示愿意以440000元的价格成交。房主同意与B就价格问题进一步谈判。这次谈判将从B与房主进行讨价还价开始。

模拟谈判二：技术谈判

B公司是A公司的竞争对手之一，这家公司最近向A公司的生产超级耐用玻璃制品H的生产流水线提供了250万美元的资金。12个雇员生产并销售H产品，这一产品仅拥有6个客户，这6个客户订购总共12种不同的产品。如果不能够买到这个生产流水线，B公司也愿意拥有两年的生产技术授权。

H产品生产部门的三位高级管理者——特制陶瓷生产线的产品经理、研发部门的副总裁，以及工厂的管理者，被询问如何处理这一生产线。毫不奇怪，对于是否接受来自于B公司提供的帮助，他们持有不同的态度。研发部门的副总裁是发明H产品的人，他坚决反对卖掉技术。他想把H产品保留原样，对相关的人员也不进行调整，在新的需求没有对技术提出更多的要求之前，他是不会对新技术有很大的兴趣和接纳程度的。产品经理想接受B公司提供的帮助。他认为，通过销售H产品，将带来大量的现金流，并增加短期内的收益。另外，他希望给首席执行官留下一个自己能够处理好复杂问题的好印象。工厂管理者不想让老资格的员工下岗，他倾向于把H产品技术转让一段时间，从而获取短期内的现金流，并且保留现在的团队。如果需求增加得非常快，正如产品经理所预期的，A公司将具备立刻重新开工的能力。除此之外，法律部门还担心授权协议中所涉及的知识产权风险。

和其他技术购买过程一样，相同的问题也出现在A公司和B公司之间的谈判过程中。首先，谈判者所掌握的技术复杂程度各有不同，这使他们在谈判过程中戴着有色眼镜看产品的销售、技术的储备和授权等问题。其次，产品长期需求的不确定性，以及是否可以通过关闭H产品生产线从而提升工厂的效益，大家对这些问题都有不同的看法。如果需求真的变得很大，那么储备的技术就是有意义的。如果研发部门的副总裁预测错了，A公司在技术竞标中就再也不会中标。

再次，自负也是一个因素，研发部门的副总裁可能会被"投资偏差"迷了眼睛。同样，产品线经理的主要目标看起来好像是给老板留下个好印象。最后，当成员重新进行了调整，并且和B公司构建新的关系的需求而产生额外的需求时，对技术临时授权可能会导致意料之外的组织重新调整的需求。如果竞争阻碍了发布产品的新版本，那么就需要进一步的变革。

模拟谈判三：合资谈判——保健品项目合资合作

A方：云南省昆明市某品牌绿茶公司

B方：云南省某建筑建材公司

一、双方背景资料

（一）A方背景资料

1. 拥有某品牌绿茶。这种品牌茶产自美丽而神秘的云南省，生长环境海拔超过2200米。在那里优越的气候条件下生长出优质且纯正的绿茶，它的茶多酚含量超过35%，高于其他（已被发现的）茶类产品。茶多酚有益于人体健康，它的功效已经被全世界所认识。人们发现茶多酚具有降脂、降压、减少心脏病和癌症的发病概率的功效，同时，它能提高人体免疫力，并对消化、防御系统有益。

2. 已注册生产某一品牌绿茶，品牌和创意都十分不错，品牌效应在省内正初步形成。

3. 已经拥有一套完备的宣传策划机制。

4. 已经初步形成了一系列较为顺畅的销售渠道，在全云南省某知名连锁药房及其他大型超市、茶叶连锁店都设有销售点，销售状况良好。

5. 品牌的知名度还不够，但相信此品牌在未来几年内将会有非常好的前景。

6. 缺乏足够的资金，需要吸引资金，用于扩大生产规模（具体方案略去）、扩大市场，以及加大宣传力度。

7. 现有的品牌、生产资料、宣传策划、营销渠道等一系列有形资产和无形资产由A方估算价值300万元人民币。

（除以上内容外，谈判代表还应自行查找一系列相应的茶产品、茶叶市场等资料，以供谈判使用。）

（二）A 方谈判内容

1. 要求 B 方出资额度最低为 350 万元人民币。

2. A 方要求保证控股。

3. 对资产评估的 500 万元人民币进行合理的解释（提示：包含品牌、现有的茶叶及制成品、生产资料、宣传策划、营销渠道等）。

4. 由 A 方负责进行生产、宣传以及销售。

5. 得知 B 方要求年收益达到 20% 以上，并且希望 A 方能够用具体情况保证其实现。

6. B 方要求 A 方对获得资金后的使用情况进行解释。

7. 风险分担问题（提示：如可以购买保险，保险费用可计入成本）。

8. 利润分配问题。

（三）B 方背景资料

1. 经营建材生意多年，积累了一定的资金。

2. 准备用闲置资金进行投资，由于近几年来保健品市场行情不错，投资的初步意向为保健品市场。

3. 投资预算额为 400 万元人民币以内。

4. 希望在一年内能够见到回报，并且年收益率最低为 20%。

5. 对保健品市场的行情不甚了解，对绿茶的情况也知之甚少，但 A 方对其产品提供了相应资料。

6. 据调查得知 A 方的绿茶产品已经初步形成了一系列较为畅通的销售渠道，在全云南省某一知名连锁药房销售状况良好，但知名度还有待提高。

（除以上内容外，谈判代表还应自行查找一些相应的茶产品、茶叶市场等一系列资料，以供谈判使用。）

（四）B 方谈判内容

1. 得知 A 方要求出资额度最低为 350 万元人民币。

2. 要求由 A 方负责进行生产、宣传以及销售。

3. 要求 A 方对资产评估的 500 万元人民币进行合理的解释。

4. 对如何保证资金的安全、资金的投入是否会得到回报的保障措施进行相应的解释。

5. B 方要求年收益达到 20% 以上，并且希望 A 方能够用具体情况保证其实现。

6. B 方要求 A 方对获得资金后的使用情况进行解释。

7. 风险分担问题（提示：如可以购买保险，保险费用可计入成本）。

8. 利润分配问题。

二、谈判目标

（一）解决双方合资（合作）前的疑难问题

（二）达到合资（合作）目的

资料来源：首届美国 ACI 中国区高校商务谈判模拟大赛陕西赛区组委会，校内选拔赛初赛题目。

模拟谈判四：服装布料延期交货索赔谈判

A 方：佳艺公司

B 方：尼威公司

近年我国 NM 类布料的服装市场迅猛发展，各名牌服装生产厂家都不同程度地面临此类新型布料短缺的局面。国内十大服装名牌之一的佳艺公司，主要生产 NM 类布料服装，而且占有中国 NM 类布料服装市场 1/3 强的份额，因此其布料来源问题就更加突出。此类新型布料颇受消费者欢迎，但生产技术含量高，印花染色工艺复杂，国内只有三家公司可以生产优质产品，但它们的生产安排早已被几家服装生产厂家挤满。由于多种原因，也难以从国外找到 NM 类布料货源。

2003 年初，在 NM 类布料供应最紧缺的时候，佳艺公司与国内生产 NM 类布料的尼威公司签订了购货合同。按照合同，尼威公司向佳艺公司提供 30 万米不同季节穿着的符合质量标准的布料，平均分三批分别于当年 4 月 30 日以前、8 月 31 日以前和 10 月 31 日以前交货，若延期交货，尼威公司将赔偿对方损失，赔偿事宜到时再商议。

2003 年春季，国内很多地方出现了严重急性呼吸综合征（SARS，未查明前称为非典型肺炎，简称"非典"，以下仍称为"非典"）疫情，尼威公司印染车间有 2 名高级技术人员被诊断为非典疑似病例，该车间大多数人被隔离 20 余天，生产几乎处于停顿状态。虽然 4 月底很快恢复正常生产，但尼威公司已经无法按合同规定日期向佳艺公司交货，至 5 月 5 日也只能交货 2 万米，全部交完至少要到 5 月 20 日。佳艺公司因此遭受巨大损失。5 月 10 日，佳艺公司决定实施索赔条款，并正式向尼威公司提出 600 万元的索赔要求。

一周后，尼威公司派出主管生产的副总经理到佳艺公司就索偿问题进行交涉。交涉时，尼威公司方认为，严重的"非典"疫情属于"不可抗力"，因此延迟交货不能使用处罚条款。但佳艺公司方对此有不同意见，并坚持要求对方赔偿巨大损失。由于初步交涉不能达成一致意见，双方同意三天后进行正式谈判。

谈判双方的关系很微妙：佳艺公司既希望拿到巨额赔偿金，又希望早日拿到布料，以便尽可能满足客户要求，也不愿失去尼威公司这一合作伙伴；尼威公司虽然不愿赔偿，但不愿让公司信誉受损，同时又不愿失去佳艺公司这一实力较强的大客户。因此，如何务实且富有成效地解决索赔问题，摆在了双方谈判小组面前。

模拟谈判五：丁苯橡胶交易的谈判

一、卖方：中国山东齐鲁石化公司

公司背景：中国大型石化公司，通过技术引进，装备了先进的、高效的石油加工设备。该企业受到政府的关注与支持。由于是一家新型的石化公司，各方面均具有活力，在国内、国际市场十分引人瞩目。丁苯橡胶仅是其众多产品系列中的一个品种，由于该产品市场广阔，该公司对韩国市场也十分关注。

产品：丁苯橡胶系轮胎、胶鞋等橡胶制品的增塑剂。数量：2000 吨。

客户关系：去年曾出口韩国晓星公司，成交价为 C&F、托盘包装、釜山港、1250 美元/吨。中方与韩国买家系老朋友。中方生产量较大，希望在韩国扩大市场。已与买方通过电传、电话进行了初步谈判，双方对 C&F 980 美元/吨的成交价均表示可以接受。卖方感到有希望成交，就接受了买方邀请，派人去首尔谈判签约。

市场背景：今年市场价在下跌，平均价在 C&F 1000 美元/吨左右。在韩国市场上的主要竞争对手有南非、哥伦比亚、比利时等国，但其价均比中方价格高。

谈判阶段：技术交流已完成，双方达成一致。价格解释与评论已作出，进入讨价还价阶段。

谈判目标：按照电传、电话达成的意向，以不低于 C&F 980 美元/吨的价格成交。

要求模拟：谈判组织（人员配置与角色分配）、谈判方案的准备、谈判主持与展开。

二、买方：韩国晓星公司

公司背景：韩国名列前茅的大型综合企业集团，化工产品是其经营的项目之一，丁苯橡胶只是其经营的产品中的一项。采购不是为了自用，主要利用其资金优势买进后再卖给韩国的轮胎公司，作为后者生产轮胎用的原料之一。该公司进入中国较早，对中国市场亦较熟悉。

产品：采购 2000 吨丁苯橡胶（生产轮胎用）。

客户关系：与卖家关系不错，彼此具有信誉。已买过卖家中方公司的产品，使用效果很好，并根据中方材料调整轮胎生产工艺。已通过电传、电话与中方交流价格条件，中方有意在 980 美元/吨之上成交，才邀请中方代表来首尔谈判，以便再压卖方降价。

市场背景：卖方价相比南非、哥伦比亚、比利时等国的价是优惠的。去年买价为 C&F 釜山港、托盘包装 1250 美元/吨。今年市场价平均在 1000 美元/吨。晓星公司的最终用户生产轮胎用量不小，丁苯橡胶用量大幅增加。过去从欧洲、南美等地采购较多，计划开辟第二供货商。中国山东齐鲁石化系生产该类产品的公司，从第一批供货看，产品质量不错，价格也便宜，考虑可作为新的供货商。

谈判阶段：技术交流已完成，双方达成一致。价格解释与评论已作出，进入讨价还价阶段。

谈判目标：争取以尽可能比市场价低的价成交，在保 980 美元/吨成交价的基础上能压低则压，但不能丢掉合同。

谈判地点/时间：韩国首尔买方公司，9 月。

要求模拟：谈判组织（人员配置与角色分工）、谈判方案的准备、谈判主持与展开。

模拟谈判六：汽油添加剂合同文本的谈判

一、卖方：北京华光进出口公司（简称华光公司）

公司背景：综合性的进出口公司，经营机电设备、化工产品及纺织品的进口与出口。该公司在经营化工产品的进口与出口业务方面有多年的经验，对于易燃易爆化工产品的交易既重视又谨慎。因为化工产品中危险品一般人做不了，所以谁能运作，市场就归谁。汽油添加剂是山东齐鲁石化公司的产品之一。该产品被日本山崎化工公司看中，找到华光公司询购。华光公司正好与齐鲁石化公司有密切的经济和人际关系，对山崎化工公司的订单很感兴趣，也很重视。

产品：汽油添加剂系石油提炼过程中分离出的一种副产品，有助燃的作用。在汽油的精炼过程中，以 1∶10 的比例添加该产品，可以提高汽油品级，且产品价格比汽油便宜很多。因此，对专业炼油厂来讲是一种很重要的辅助原料。

客户关系：双方系老客户，不过对山东齐鲁石化的汽油添加剂属第一次交易。山崎公司听说该公司离青岛港较近，又是新投产的企业，所有关键设备均从国外引进，产品的质量很好。该传闻得到了老朋友华光公司的确认，还得知华光公司可以拿到货。两者一拍即合，决心共同做一个试订单，3000 吨。

市场背景：汽油添加剂系原油提炼过程的副产品，炼油发达的国家均有此货。问题是运输成本与销售成本。如以铁桶装运销售，则安全性好，但成本很高，而以散装销售则成本低，但危险性加大。竞争力决定出口国的销售与运输方式。从距离角度看，中国、印度尼西亚、新加坡对于日本来讲，差别不大。运输距离不相上下，加工成本及运输方式（散装与桶装）将决定用户的选择。

谈判背景：华光公司与山崎化工公司已就 3000 吨汽油添加剂的品质、价格、运输方式等达成协议。品质按齐鲁石化标准，售价为 FOB 青岛 186 美元/吨，以散货装运。华光公司将货从工厂运到港口码头储罐，再从储罐将汽油添加剂泵到山崎公司派来接货的货船上。对于安全问题，双方也进行了分工，货到港边的一切安全问题由华光公司负责，货过船舷后的安全问题由山崎公司负责。

谈判目标：将双方达成的协议写入合同并形成合同文本。由于是试订单，要求出运必须成功，因此在确定价格、保证质量的前提下，必须强调运输环节的安全责任，尤其要注意港边与船上管道连接的防静电、火花的问题。所有工具必须是铜质的，同时不再为运输问题增加费用。由于此为特种货物，仓、港、船的时间衔接极为重要，因此，合同文本谈判时间不宜拖延，尽早签约为上。

谈判地点/时间：青岛，9 月。

要求模拟：谈判组织（人员调配及分工安排）、合同草案及关键点的准备、谈判主持与展开。

二、买方：日本山崎化工公司（简称山崎公司）

公司背景：专业经营化工产品及设备的贸易公司，在日本化工行业小有名气。随着能源越来越成为国际的政治与经济的话题，该公司看到了石化产品的前景，对于日本周边市场的关注度增加，其经营范围也更加侧重成品油的生产设备、原料与销售等方面。由于山崎公司在中国市场经营多年，对中国石化产品与能源需求更加注意调查研究，也发现了新的前景，于是对中国的工作力量也加强了。

产品：汽油添加剂系石油提炼过程中分离出的一种副产品，有助燃的作用。在汽油的精炼过程中，以 1∶10 的比例添加该产品，可以提高汽油品级，且产品价格比汽油便宜很多。因此，对专业炼油厂来讲是一种很重要的辅助原料。

客户关系：双方系老客户，不过对山东齐鲁石化的汽油添加剂属第一次交易。山崎公司听说该公司离青岛港较近，又是新投产的企业，所有关键设备均从国外引进，产品的质量很好。该传闻得到了老朋友华光公司的确认，还得知华光公司可以拿到货。两者一拍即合，决心共同做一个试订单，3000 吨。

市场背景：汽油添加剂系原油提炼过程的副产品，炼油发达的国家均有此货。问题是运输成本与销售成本。如以铁桶装运销售，则安全性好，但成本很高，而以散装销售则成本低，但危险性加大。竞争力决定出口国的销售与运输方式。从距离角度看，中国、印度尼西亚、新加坡对于日本来讲，差别不大。运输距离不相上下，加工成本及运输方式（散装与桶装）将决定用户的选择。

谈判背景：华光公司与山崎化工公司已就 3000 吨汽油添加剂品质、价格、运输方式等达成协议。品质按齐鲁石化标准，售价为 FOB 青岛 186 美元/吨，以散货装运。华光公司将货从工厂运到港口码头储罐，再从储罐将汽油添加剂泵到山崎公司派来接货的货船上。对于安全问题，双方也进行了分工，货到港边的一切安全问题由华光公司负责，货过船舷后的安全问题由山崎公司负责。

谈判目标：将双方达成的协议写入合同并形成合同文本。为确保试订单成功，在质量、价格已定的前提下，应尽量要求卖方在运输环节上做出明确的安全保证。由于本次交易试以散货形式交付，运输船亦很关键。在已同意由买方负责租船的情况下，将装船的安全细节，如防静电所需铜质工具、铜接管等措施订入合同中。由于运输比较麻烦，争取让卖方将一定的补偿写入合同中。不过，以不影响合同谈判进度为前提。

谈判地点/时间：青岛，9月。

要求模拟：谈判组织（人员调配及分工安排）、合同草案及关键点的准备、谈判主持与展开。

模拟谈判七：代理进口俄罗斯钢材未能履约的索赔谈判

一、受托方：北京天鹏进出口公司（以下简称天鹏公司）

公司背景：天鹏公司系从事国内、国际贸易的公司，产品经营范围较广。公司规模虽然不大，但信誉较好，尤其在与独联体各国的贸易方面渠道较广，经验较丰富，占其业务总量的比例也较大。在独联体各国积极向中国市场出口原材料和运输设备时，天鹏公司抓住了俄罗斯的钢材业务，并取得了一定的业绩，当然也吃了一些苦头（支付与交付不及时，甚至不守约）。

产品：废钢轨系从铁路上拆换下来的废旧钢轨，分重轨和旧轨，我国进口用作炼钢时的添加料。

客户关系：委托方山东海龙冶炼厂（简称海龙厂）与天鹏公司有过几次业务往来，彼此有一定的了解。由于俄罗斯的废钢轨价格较便宜，材质较好，双方均一致同意合作开展该项业务。

索赔事由：海龙厂与天鹏公司签订"代理进口俄罗斯钢材合同"。合同约定：1万吨废钢轨。海龙厂预付天鹏公司100万元，即合同总价的10%之后，合同即生效，且3天之后，天鹏公司应向俄罗斯供货方开信用证，俄方应在接信用证后38天发货，每逾期一天，必须赔偿0.1%的违约金，最多赔付2%。在海龙厂支付100万元预付款后，天鹏公司与俄罗斯供货方未能就供货时间与支付时间达成协议。天鹏公司出于谨慎，未在收到预付款后3天内开出信用证，俄方也没有发货，或许俄方根本就没有货。拖了3个月后，海龙厂不愿再等待，向天鹏公司提出要求：退还100万元预付款。收到退款一个月后即向天鹏公司提出索赔。

索赔谈判目标：依据合同及《中华人民共和国合同法》的规定，与海龙公司谈判，尽量在不太伤双方和气的前提下，不给对方补偿或仅支付象征性的赔偿。

谈判地点/时间：北京，12月。

要求模拟：谈判组织（人员调配及分工安排）、索赔谈判方案的准备、谈判

主持与展开。

二、委托方：山东海龙冶炼厂（以下简称海龙厂）

工厂背景：海龙厂系钢材制品厂。工厂有炼钢及轧钢设备中等规模，由于其产品对钢材材质要求较高，在购进废钢时，十分注重其成分。其产品市场定位也在高档产品市场，自然对其商业信誉也十分重视，由于自己尚无进出口权，所有进口的材料均委托外贸公司代理。除了与本地公司有联系外，在北京也主动与一些外贸公司建立了联系，以多渠道保证原材料及生产设备的采购工作。

产品：废钢轨系从铁路上拆换下来的废旧钢轨，分重轨和旧轨，我国进口用作炼钢时的添加料。

客户关系：委托方山东海龙冶炼厂（简称海龙厂）与天鹏公司有几次业务往来，彼此有一定的了解。由于俄罗斯的废钢轨价格较便宜，材质较好，双方均一致同意合作开展该项业务。

索赔事由：海龙厂与天鹏公司签订"代理进口俄罗斯钢材合同"。合同约定：1万吨废钢材。海龙厂预付天鹏公司100万元，即合同总价的10%之后，合同即生效，且3天之后，天鹏公司应向俄罗斯供货方开信用证，俄方应在接信用证后38天发货，每逾期一天，必须赔偿0.1%的违约金，最多赔付2%。在海龙厂支付100万元预付款后，天鹏公司与俄罗斯供货方未能就供货时间与支付时间达成协议。天鹏公司出于谨慎，未在收到预付款后3天内开出信用证，俄方也没有发货。或许俄方根本就没有货。拖了3个月后，海龙厂不愿再等待，向天鹏公司提出要求：退还100万元预付款。收到退款一个月后即向天鹏公司提出索赔。

索赔谈判目标：依据合同及《中华人民共和国合同法》的规定，与天鹏公司谈判索赔，尽量在不太伤双方和气的前提下，得到对方的补偿。

谈判地点/时间：北京，12月。

要求模拟：谈判组织（人员调配及分工安排）、索赔谈判方案的准备、谈判主持与展开。

模拟谈判八：五色套色印刷机交易的谈判

一、卖方：德国海堡印刷机械设备制造公司（以下简称海堡公司）

公司背景：建厂已有 50 年的专业印刷设备的制造公司。该公司开发能力强，技术更新快，其产品深受市场欢迎。尤其是技术性较高的彩色套印技术早已投入生产，技术已进入成熟阶段。该公司生产出的五色套色印刷机连续生产线更是独领风骚，在德国印刷市场首屈一指。这种技术实力与本土销售的业绩鼓励该公司向海外市场拓展。该公司在欧洲虽有竞争对手，但在市场上成绩不错。远东、中国市场是今后开发的重点市场。

产品：五色套色印刷机生产线系由计算机控制，自动调色，可连续印刷五种不同颜色，是生产彩色印刷制品不可缺少的技术设备。

市场背景：该种彩色印刷设备系印刷行业新上市的产品，也是深受用户欢迎的产品。它的出现极大地提高了彩色印刷品的质量，并增加了印刷品的生产品种。生产该类产品并可以竞争的生产厂家有德国、西班牙、比利时及日本的厂家。进入中国市场较早的设备来自日本。供应商德国海堡印刷机械设备制造公司的技术亦为世界一流，其技术竞争力不成问题，价格竞争力在中国市场仅次于日本公司。中国市场容量较大，这类设备生产厂对在中国的每一笔合同均视为下一笔合同的引子，故均全力以赴、志在必得。

客户关系：由于蓝天厂为最终用户，在进口设备时委托了沈阳白云设备进出口公司代为采购。而白云公司与德国海堡公司有过交往，算是老朋友了。听到该信息后，海堡公司对蓝天厂的订单也十分重视，并通过白云公司详细了解了蓝天厂的生产技术情况。

谈判阶段：在白云公司的组织下，蓝天印刷厂及负责世界银行贷款项目的银行代表一起与德国海堡公司在沈阳进行了技术交流。由于一个推销心切，一个急于改造，在沈阳举办的技术交流进展十分顺利。双方情绪高涨，一鼓作气就订单的技术指标、技术培训量和技术指导量达成一致。离签合同仅一步之遥——价格。海堡公司报价 218 万美元。其中含设备、备件费 190 万美元，技术指导费 18 万美元（1 人/月），培训费 10 万美元（1.5 人/月），并强调了其合理性。而中方认为难以马上认同，理由很简单：中国人不做"隔山买牛"的事，必须实地考

察后才能决定。双方一致约定在德国海堡工厂见。

两个月后，蓝天厂组团到德国考察并继续谈判。蓝天厂谈判团先考察了西班牙和比利时的同类生产厂，然后再到德国参观使用海堡公司产品的用户，从中做比较，找毛病，收集信息。完成考察后，才与海堡公司就沈阳谈判后遗留的价格问题进行最后的谈判。

谈判目标：此系公司重点业务，必须集中人力与中方认真谈判，争取成交。

成交条件：在原218万美元的报价基础上最多可以降12%。

谈判地点/时间：德国海堡公司总部，11月中旬。

要求模拟：谈判组织（人员调配及分工安排）、谈判方案的准备、谈判主持及展开。

二、买方：沈阳市蓝天印刷厂（以下简称蓝天厂）

工厂背景：该厂系国有中等规模工厂。这是一个老厂，过去在地区印刷行业享有盛誉，技术水平、设备性能、人才、信用均属国内一流。由于现代社会的进步，对印刷品种、技术要求越来越高，该厂清醒地认识到这种形势的压力，决定利用世界银行对中国的贷款来改造其现有的生产线。从彩印产品市场出发，结合本厂在彩印技术与设备上存在的问题，决定引进五色套色印刷机生产线，该项目很快得到世界银行在中国合作银行的批准。

产品：五色套色印刷机生产线系由计算机控制，自动调色、可连续印刷五种不同颜色，是生产彩色印刷制品不可缺少的技术设备。

市场背景：该种彩色印刷设备系印刷行业新上市的产品，也是深受用户欢迎的产品。它的出现极大地提高了彩色印刷品的质量，并增加了印刷品的生产品种。生产该类产品并可以竞争的生产厂家有德国、西班牙、比利时及日本的厂家。进入中国市场较早的设备来自日本。供应商德国海堡印刷机械设备制造公司的技术亦为世界一流，其技术竞争力不成问题，价格竞争力在中国市场仅次于日本公司。中国市场容量较大，这类设备生产厂对在中国的每一笔合同均视为下一笔合同的引子，故均全力以赴、志在必得。

客户关系：由于蓝天厂为最终用户，在进口设备时委托了沈阳白云设备进出口公司代为采购。而白云公司与德国海堡公司有过交往，算是老朋友了。听到该信息后，海堡公司对蓝天厂的订单也十分重视，并通过白云公司详细了解了蓝天厂的生产技术情况。

　　谈判阶段：在白云公司的组织下，蓝天印刷厂及负责世界银行贷款项目的银行代表一起与德国海堡公司在沈阳进行了技术交流。由于一个推销心切，一个急于改造，在沈阳举办的技术交流进展十分顺利。双方情绪高涨，一鼓作气就订单的技术指标、技术培训量和技术指导量达成一致。离签合同仅一步之遥——价格。海堡公司报价 218 万美元。其中含设备、备件费 190 万美元，技术指导费 18 万美元（1 人/月），培训费 10 万美元（1.5 人/月），并强调了其合理性。而中方认为难以马上认同，理由很简单：中国人不做"隔山买牛"的事，必须实地考察后才能决定。双方一致约定在德国海堡工厂见。

　　两个月后，蓝天厂组团到德国考察并继续谈判。蓝天厂谈判团先考察了西班牙和比利时的同类生产厂，然后再到德国参观使用海堡公司产品的用户，从中做比较，找毛病，收集信息。完成考察后，才与海堡公司就沈阳谈判后遗留的价格问题进行最后的谈判。

　　谈判目标：针对海堡公司在沈阳的 218 万美元总价进行谈判，争取 10%的降价并签署合同。

　　谈判地点/时间：德国海堡公司总部，11 月中旬。

　　要求模拟：完成谈判组织（人员配置与分工安排）、谈判方案的准备、谈判的主持及展开。